北京市高等教育精品教材

◎ 高等院校经济与管理核心课经典系列教材 ◎

市场营销专业

现代推销学

XIANDAI TUIXIAOXUE

（第七版）

韩光军　周　宏　等 ◎ 编著

首都经济贸易大学出版社
Capital University of Economics and Business Press
·北　京·

图书在版编目(CIP)数据

现代推销学/韩光军,周宏等编著. --7版. --北京:首都经济贸易大学出版社,2018.7

(高等院校经济与管理核心课经典系列教材·市场营销专业)

ISBN 978-7-5638-2321-5

Ⅰ.①现… Ⅱ.①韩… ②周… Ⅲ.①推销 Ⅳ.①F713.3

中国版本图书馆CIP数据核字(2014)第289288号

现代推销学(第七版)

韩光军 周 宏 等 编著

责任编辑 陈雪莲 彭 芳

封面设计 砚祥志远·激光照排 TEL: 010-65976003

出版发行 首都经济贸易大学出版社

地　　址 北京市朝阳区红庙(邮编100026)

电　　话 (010)65976483 65065761 65071505(传真)

网　　址 http://www.sjmcb.com

E-mail publish@cueb.edu.cn

经　　销 全国新华书店

照　　排 北京砚祥志远激光照排技术有限公司

印　　刷 北京市泰锐印刷有限责任公司

开　　本 710毫米×1000毫米 1/16

字　　数 352千字

印　　张 20

版　　次 1999年1月第1版 **2018年7月第7版**

2018年7月总第18次印刷

印　　数 97 001~10 000

书　　号 ISBN 978-7-5638-2321-5/F·1306

定　　价 39.00元

出版总序

经济领域竞争的实质,是人才的竞争;而人才的培养,有赖于教育,尤其是培养高素质专业人才的高等教育。目前直至今后相当长的一个时期内,我们还缺乏一大批理念先进,勇于创新,善于管理,精通业务,既熟悉现代市场经济运行规则,又精通专业知识,适应国内经济发展和国际竞争需要的高级经济类、管理类专业人才。

教育是当代科技生产力发展的基础,是科学技术转化为现实生产力的条件,是培养高素质专门人才和劳动者的根本途径,也是实现管理思想、管理模式、管理手段现代化的重要因素。

人才的培养离不开教材,教材是体现教学内容的知识载体,是进行教学的基本工具,更是培养人才的重要保证。

教材质量直接关系到教育质量,教育质量又直接关系到人才的培养质量。因而,教材质量与人才培养质量密切相关。

正是由于教材质量在实施科教兴国的发展战略中具有十分重要的作用,我们在策划与组织编写本套教材的过程中倾注了大量的心血、人力和物力。

我们希望奉献给广大教师、学生、读者的是一套经得起专家论证和实践检验的经济与管理类各专业核心课精品系列教材。

在策划和编写本套教材的过程中,我们始终贯彻精品战略的指导思想,使之具有如下特点:

第一,以全面推进素质教育为着眼点,以教育部《普通高等教育教材建设与改革的意见》为指导,面向现代化,面向未来,面向经济全球化,充分考虑学科体系和知识体系的完备性、系统性和科学性,同时兼顾教材的实用性和可读性,以适应教学和教材改革的需要,适应国内外经济发展的需要,适应培养高素质、创新型、复合型专业人才的需要,并力求教材具有体系新、内容新、资料新、方法新的特点。

第二,在广泛调查研究的基础上,通过多所国内著名高等院校一批有着丰富教学经验的专家教授论证和推荐,优化选题,优选编者。参加本套教材论证和编写的专家教授分别来自北京大学、清华大学、中国人民大学、中国政法大学、对外经济贸易大学、复旦大学、上海交通大学、首都经济贸易大学、东北财经大学、西南财经大学、中南财经政法大学、上海财经大学、天津财经大学、武汉大学、南开大学、天津商学院、南京大学、华中科技大学、北京科技大学、厦门大学、北京工商大学、四川大学、中央财经大学等多所国内著名高等院校。

第三，在选择教材内容以及确定知识体系和编写体例时，注意素质教育和创新能力、实践能力的综合培养，为学生在基础理论、专业知识、业务能力以及综合素质的协调发展方面创造条件。在确定选题时，一方面考虑了当前经济与管理类各相关学科发展和实践的迫切需求，一方面又贯彻了教育部关于专业核心课的设置及素质教育的要求；除传统课程外，在充分学习和借鉴国外经典教材的基础上，编选了部分带有前沿性、创新性的专业教材，以利于中外高等教育在课程设置方面的接轨。

第四，考虑到培养复合型人才的实际需要，本套教材突破了原有的较为狭隘的专业界限和学科界限，在经济学和管理学两大一级学科的统领下，广纳多个分支学科的基础课、专业基础课、专业主干课教材。这些分支学科和专业包括工商管理、经济学、金融学、人力资源管理、物流学、广告学、会计学、市场营销、电子商务、国际经济与贸易、旅游管理、行政管理、信用管理等。从纵向上看，各学科、各专业的教材自成体系，完整配套；从横向上看，各学科、各专业的教材体系又是开放式的，相互交叉，学科与专业之间没有明确的界限，以便于各院校、各专业根据自身的培养目标设置课程，交叉选用。

本套教材自身也是开放式的。我们将根据学科发展的需要、教学改革的需要、专业设置和课程调整的需要、中国经济建设的需要，不断加以补充和完善。

本套教材不仅是一大批专家教授多年科研成果和教学实践的总结，同时在编写体例上也有所突破和创新，希望它的出版能够对我国经管专业高级专业人才的培养有所帮助。

出版者

第七版前言

从本书第六版出版到现在已经数年了。为使《现代推销学》紧跟时代的步伐,我们对本书进行了修订。本次修订主要包括以下内容:

1. 为使每一章节中重点内容突出,我们在通览整个章节内容的基础上,增加了本章关键词,双语对照,起到了提纲挈领的作用。

2. 结合现代推销的发展,引入了社交推销(social selling)的概念。

除了上述变化外,本书的基本宗旨依然如故。

本书第七版吸收和借鉴了国内外有关专家的最新研究成果,在此表示敬意和衷心的感谢!由于认识与水平所限,书中难免有欠缺之处,有待进一步推敲和研究,敬请读者批评指正。

作　者

目 录

第一章 推销概述

- 掌握推销的概念及特点
- 掌握推销在企业经营中的作用
- 了解推销活动的程序

推销（sales） 销售人员（salesperson） 销售过程（sales process） 潜在客户（potential customers） MAD 法（money authority desire） 销售展示（product display） 产品特性（product features） 产品优势（product advantage） 产品利益（product benefit）

第一节　推销的含义和性质

一、推销的含义

推销是市场营销组合中的一个重要组成部分，是促销的一种形式。

推销是企业推销人员与消费者通过面对面的接触，运用一定的推销手段和技巧，将商品或劳务的信息传递给消费者，使消费者认识商品或劳务的性能、特征，引起注意，激发购买欲望，实现购买行为的整个过程。

推销人员、推销对象和顾客是推销活动的基本要素。推销活动具有双重目的，一方面要满足顾客的特定需要，帮助顾客解决某些问题；另一方面要达到推销人员的推销目的。推销活动的过程既是一个向市场提供商品的供应过程，也是促使顾客产生购买欲望的引导过程，还是一个了解顾客需求、为顾客提供服务以满足顾客需求的过程。

推销人员在运用各种推销方法推销商品（或服务）的过程中，由于所处环境和所推销的商品不同，加上各自的经验和能力的差别，会有各种不同的技巧。但是，大量实践证明，推销活动是有规律可循的。例如，推销员要遵循寻找顾客、接近顾客、面谈、处理顾客异议、签约成交、售后服务等程序性规律；说服顾客时要遵循一般消费者对事物的认识、感受、行为的三阶段规律；等等。

二、推销的特点

推销是一种推销员与消费者面对面的双向沟通活动，它是一种非常有效的产品促销方法。与广告宣传、营业推广等其他促销方式相比较，它具有以下几个主要特点。

（一）推销注重人际关系，有利于消费者与销售人员建立友谊

推销人员既代表企业的利益，同时也代表消费者的利益。由于满足消费者的需要是保证推销实现的关键，因此，推销人员总愿意在许多方面为消费者提供服务，帮助他们解决问题。同时，双方在商品买卖以及在对家庭、社会、艺术、体育等方面的交谈过程中，由于观点、认识的沟通，久而久之，双方极有可能建立良好的友谊。

（二）推销具有较大的灵活性

销售人员在推销访问过程中，可以亲眼观察到消费者对推销陈述和推销方法的反应，仔细揣摩其购买心理变化过程，因而能立即根据消费者的情绪及心理变化酌情改进推销陈述和推销方法，以适应各个顾客的行为和需要，有效地促成交易。

（三）推销针对性强，无效劳动较少

与广告宣传相比，推销具有针对性强、无效劳动少的特点。广告宣传重复性强、覆盖面大，也正是因为广告宣传面对的公众范围十分广泛，而其中一部分公众

根本不可能成为企业的顾客，所以有一部分广告投入将是一种无效投入。推销则不同，因为推销人员总是带有一定的倾向性去访问有关顾客，目的较为明确，往往可以直达消费者，因而，耗费的无效劳动较少。

（四）推销在大多数情况下能实现潜在交换，形成实际销售

推销具有“见面三分情”的优势，使消费者感到有必要倾听、注意推销人员的宣传并作出反应。一般来说，如果消费者确实有对所推销商品的需求，那么，推销人员运用推销技巧容易使交易达成。

（五）推销人员充当双重角色，有利于企业经营决策

推销是销售人员与消费者双向、直接沟通的过程。一方面，推销人员在向消费者提供服务和信息时，充当着企业的“信息员”，为企业收集可靠的市场信息；另一方面，推销人员处于第一线，经常直接与消费者打交道，他们最了解市场状况和消费者的反应，因而，可以充当企业的“顾客”，为企业的经营决策提供建议和意见。

（六）推销是销售专业性强、性能复杂的商品的有效方法

对于专业性强、性能复杂的商品，如机器设备，仅仅靠一般的广告宣传难以促使潜在顾客产生购买欲望，企业只有派出训练有素的推销人员为消费者展示、操作商品，进行示范并解答其疑难问题，才有利于促使顾客购买其产品。

（七）推销的费用较高

据美国推销专家 1980 年的调查，推销访问一次平均花费 127 美元。在美国许多公司中，推销费用是企业经营费用中最大的一项开支，通常占企业销售额的 8% ~15%，而广告费用开支只占 1% ~3%。因此，企业在决定使用推销这一营销手段时必须权衡利弊，慎重从事。

三、推销的作用

在市场营销过程中，人员推销是一项非常重要的活动。推销是一种能够充分调动个人积极性的产品销售活动。在产品销售过程中，推销人员是最积极的因素，是复杂交易过程中的主角。推销对国民经济和企业具有不可估量的价值。

（一）在国民经济中的作用

1. 推销是生产与消费的桥梁，是客观的信息通道。由于人员推销直接联系着消费者，承担着制造商、批发商的销售代表和消费者购买代理人的职能，因而要求推销人员将消费者对商品的要求和建议迅速传递给制造商，使他们以市场需求为中心，改进生产，改进经营；同时也把制造商的生产经营信息传递给消费者，并提出新的消费观念、消费水准和消费模式，从而引导消费。

根据市场调研结果，大多数消费者对新产品都具有一定的抵触情绪。所以有时需要专门人员直接面向市场进行新产品的宣传和介绍，帮助顾客了解新产品的特性，熟悉新产品的功能，确定自己的潜在需求，从而对新产品产生购买欲望。一般说来，产品的单位价值越高，功能越复杂，顾客的购买行为也就越复杂。他们只

有在掌握和了解了有关的信息以后，才能做出理性的购买决策。推销人员正是向顾客提供这种帮助的专门人员，他们在向社会推广新产品、加快商品流通、增加社会财富方面扮演着重要的角色。

2. 推销行业为社会提供大量就业机会。推销行业是劳动密集型行业，容纳就业人口数量多。与生产活动相比较，推销活动需要的投资少，周转快；人工操作性比较强，而技术要求相对简单，从而提供了大量的就业机会。

3. 推销行业承担着将生产的产品转入消费领域的重要任务。社会生产的目的是为了消费，生产的产品只有在消费中才能实现质的飞跃。而产品要进入消费领域，推销是一个必要的通道。发展推销行业，将社会生产的产品迅速、顺畅地送至消费领域，是社会再生产得以顺利进行的保证条件。我国实行改革开放以来，提出了"大市场、大流通"的观念，旨在拓宽流通渠道。推销行业在这一观念的指导下得以快速发展，使产品走向消费领域的出口得以拓宽，对我国国民经济的发展起到了很大的促进作用。

（二）在企业经营活动中的作用

市场营销组合的中促销策略包括广告、销售促进、人员推销和公关宣传四种形式，本质上都属于沟通活动，即营销人员制造出有一定强度的信息，并将该信息传递给目标市场上的消费者，以影响其购买态度和购买行为，最终实现企业产品销售的目的。在广告大爆炸的年代，许多人习惯地认为广告的促销作用最为明显，广告费用在促销组合的总预算中也应该最多的。但统计资料表明，在许多行业，人员推销的预算往往是最多的。

人员推销对工业品市场与消费品市场都是非常重要的。这就要求任何市场的营销人员都应该在推销领域花费大量的时间和精力熟悉其业务。当然，人员推销的作用在各个行业是不同的。具体情况见图 1－1 所示。

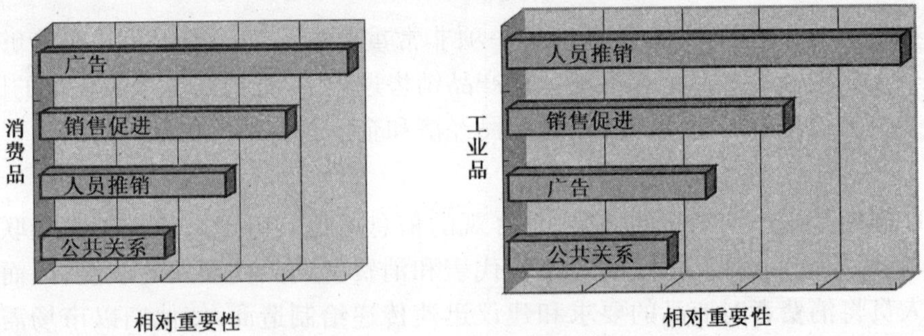

图 1－1　消费品市场与工业品市场促销手段重要性比较

根据图 1－1 所示，人员推销在工业品的销售中使用最多，广告则在消费品的销售中占统治地位。原因很简单，大多数工业品在技术成分上更为复杂，客户需要有更详细的解释，这不是广告所能完成的。

人员推销与广告的影响也不同。拒绝一个电视广告要比拒绝一个活生生的推销人员容易得多，而一次销售访问的持续期要比一份广告信息长得多。比如说，电视广告最多可以持续30秒钟，而在销售访问过程中，推销人员由于能够不断地重复信息，给客户的印象能不断地加强。电视广告虽然可以重复播放一段时间，但却不能保证同样的时段有同样的观众。对广告促销来讲，沟通是单向的，观众仅能被动地接受电视或杂志上的信息。他们没有机会提出问题或要求获得更多的信息。对人员推销而言，购买者的疑问可以从销售人员那里得到解答，他们可以获得更多的信息。推销人员可以从顾客的语言或动作上判断他们的内心世界。

第二节 推销学的产生和发展

西方发达国家推销理论与实践的发展具有一定的典型性，它代表了推销发展的一般规律和进程。目前，我国的推销理论和实践还比较落后。我们通过纵向的研究和横向的对比、借鉴，将有利于促进我国推销技术的发展。

一、古老的推销技术（19世纪中叶以前）

商品推销和商品生产是一对孪生兄弟。自有商品生产的那天起，商品推销就产生了，并形成了古老的推销技术。这个时期，自给自足的自然经济占主导地位，商品经济还不发达。由于社会制度的原因而形成的势力割据，使市场小而分散，加上交通不便，市场规模呈现相对稳定的形态。从事推销活动的人主要是个体生产者和商人。推销技术主要以个人推销技术为主。传统推销技术就是在这个时期发展起来的。它具有以下特点：

第一，推销成功与否带有很大的偶然性。这个特点主要是由推销已生产出来的商品造成的，因为所推销的商品不一定是消费者所需要的。

第二，推销活动带有短期性。以集市、庙会为主，店铺为辅的非连续性的销售方式，使推销主体所进行的推销活动的重点总是放在“这一次”如何尽快将商品卖出去，并不关心“下一次”的推销活动。

第三，推销活动具有欺诈性。偶然性与短期行为的特点造成了推销活动带有欺诈性，正如马克思所说的：“只要商业资本是对不发达的共同体的产品交换起中介作用，商业利润不仅表现为侵占和欺诈，而且大部分是从侵占和欺诈中产生”①。

第四，推销成功主要依赖个人的作用，包括个人素质、技术水平、私人关系及社会联系等。

第五，在推销方式、方法上，已出现了现代推销中的一些原始雏形，如销售广告在很早就有了较大发展；一些说服消费者购买的方式、方法已出现。

即使在今天，我们仍能在一些集市、庙会上看到这种古老的推销技术及它们表

① 马克思：《资本论》第3卷，第369页，人民出版社1975年版。

现出的基本特点。

二、生产型推销(19 世纪中叶到 20 世纪 20 年代)

在 19 世纪中叶到 20 世纪 20 年代,商品经济已基本取代了自给自足的自然经济。推销主体由个人转变为企业。在商品经济条件下,如果企业不能把商品卖出去,就不能使再生产继续下去,就不能获得利润,就会破产。因此,它要求推销摆脱偶然性。可以说,这时现代推销技术已有了它生存、发展的土壤。但是,随着封建市场割据被逐步消灭,发达国家对不发达国家的殖民占领,使市场的空间范围不断扩大,消费需求迅速增长。由于生产的发展赶不上需求的发展,因此使市场处于供不应求的状况。在这种形势下,"市场总能创造自己的需求",企业生产的产品都可以卖出去,企业的注意力主要集中在降低成本,充分利用现有的设备、技术、原材料来生产更多的产品,企业以生产为中心,以产定销,并不重视推销活动。所以,它属于传统的、狭义的推销技术范畴。由于市场商品供不应求,推销成功与否的偶然性不很明显,推销仍具有短期行为的特点,并且也是被动的。

市场的扩大使推销活动的范围随之扩大,这个时期推销在方式和手段上都有所发展。广告已从销售现场广告向非销售现场广告发展,印刷品广告成为非销售现场广告的主要形式,营业推广中的一些方式也已逐步形成。但是,从总体上说,以生产为中心、以产定销的格局仍使推销技术的发展比较缓慢。

三、销售型推销(20 世纪 20 年代到 50 年代)

随着资本主义国家对世界的瓜分完毕和世界范围内越来越频繁的经济危机,以及资本主义基本矛盾的日益尖锐,客观上要求企业必须重视商品推销,因为它已直接威胁到企业的生存与发展。但是,从总体来看,这个时期的推销仍未摆脱传统的、狭义的范畴。它有以下特点:

第一,许多企业内部开始设立销售部门,销售活动作为一种职能从企业经营活动中分离出来,它推动了推销技术的迅速发展。但在企业中由于销售部门与生产部门是平行的业务部门,因此,以生产为中心,以产定销的格局使两者的矛盾日益尖锐。

第二,传统推销已从过去那种坐等顾客上门的消极被动的推销方式,逐步转变为"走出去,说服顾客"式的积极推销方式。在生产中,已由过去仅仅注意如何降低生产成本,开始注意产品的差异性。

第三,传统推销在成功率上的偶然性开始暴露出来,它要求借助于新的、更高的推销技术来解决,传统推销的短期性已不能适应企业发展的需要。在这个阶段,人员推销和非人员推销的一些基本手段已形成并逐步完善,有关企业如何销售作为一门学科,即市场学出现了,企业推销技术和推销观念已开始面临一场新的革命性的转变。

四、现代推销(即市场型推销)(20世纪50年代至今)

随着商品生产的进一步发展,资本主义商品和资本的相对过剩在市场上的表现日益明显,以消费者为主导的买方市场形成。企业间竞争日益激烈。在这种形势下,新的推销方式应运而生,它从根本上改变了传统推销的概念,并日益科学化。1958年,欧洲著名推销专家海因兹·姆·戈德曼(Heinz M. Goldmann)的《推销技巧》(The Classic Manual of Successful Selling—HOW TO WIN CUSTOMERS)问世,宣告了现代推销学的产生。在这本书里,海因兹系统地总结了他30多年推销生涯的成功经验,将推销工程程序化、公式化,提出了被誉为推销法则的爱达(AIDA)模式。在这本书里,海因兹认为现代推销主要有以下特点:

第一,从过去以生产为中心,以现有的产品或服务为前提,以产定销转变为以消费者的需求为中心。消费者需要什么就生产什么,企业应以销定产,以需定产,由此彻底改变了传统推销中成功的偶然性。

第二,现代推销具有全局性和系统性的特点。全局性主要表现在现代推销摆脱了传统推销中生产与销售作为平行职能存在的特点,以销售指导生产、指导采购。企业中销售部门发展为综合性市场部门,并占有主导地位,企业的一切经济活动围绕市场来进行。也就是说,企业中的任何局部活动都必须为最终把产品(或服务)卖出去这个影响企业全局的活动服务。系统性的特征表现在推销已不再单纯是销售部门的事情,而是企业经营管理水平的整体体现,也是企业各经营环节配合是否紧密的综合反映。

第三,现代推销使销售成功具有长期性和稳定性的特点。它摆脱了传统推销的短期性特点。企业要生存和发展,要使生产持续地进行,必须使推销的成功长期而稳定,而不能像传统推销那样靠一次性交易去牟取暴利,靠欺诈手段进行一锤子买卖。这是当今世界上任何国家的法律都不允许的。

第四,现代推销要求企业注意广泛利用现代科学技术,这是提高竞争能力,使成功的推销具有长期性和稳定性的条件。它包括新的通信手段、信息处理手段、信贷手段、结算手段和科学决策等。企业应特别注意对推销活动科学化的研究。

第五,现代推销改变了企业的经营策略与目标。在策略上,更注意开拓新市场,开发新产品,注意市场占有率的提高,注意使企业的产品、价格、销售渠道、经营方式和促销手段等策略的科学化。在经营目标上,很多企业从过去只注意利润目标转化为更重视"创造顾客"的企业目标。在这里,利润指标仅作为一种限制条件,就如同企业的政治、经济、法律环境一样,即在实现一定利润水平的条件下,争取更多的顾客。这样,企业长期、稳定的发展才有保障。

第六,企业从消极的、被动的推销转向了"进攻"性推销。企业不仅从坐等顾客上门发展为积极开拓市场,而且更注意引导顾客,更注意参与社会生活的设计,更注意在经营中获得主动性。

社交销售(social selling),是运用网络、移动和社交媒体吸引顾客、建立稳固的顾客关系并提供销售,是目前增长最快的销售趋势。新数字销售技术为销售人员在数字和社交媒体时代联系和吸引顾客提供了新途径。许多人预测,互联网的发展将意味着人员推销的消失,因为推销人员最终会被网站、网上社交媒体、移动应用、视频会议技术和其他直接接触顾客的工具取代。但一位常年工作在一线的销售人员却不认同此观点。大量实践证明,网络和社交媒体不会代替推销人员,恰当地使用这些工具会使他们的销售工作更有效率和效果。

第三节 推销学的研究对象与方法

一、推销学的研究对象

现代推销学是一门新兴的、独立的综合性应用学科。其研究对象是现代推销活动过程及其一般规律。

依据推销活动过程的要求,结合推销人员在推销过程中应该具备的素质、能力及应掌握的策略与技巧,推销学研究的主要内容有以下几个方面。

(一)基础理论

推销人员要取得较大的推销成果,必须有科学的理论作指导,因此,掌握现代推销学的基础理论是每一个推销人员的首要任务。具体来说,即要具备现代推销观念,要充分把握顾客、消费者的心理,了解顾客需求,掌握寻找潜在顾客的方法,等等。作为一个合格的推销人员,必须全面掌握这些知识,以使自己在推销工作中适应各种环境的变化,取得优异的推销成绩。

(二)推销员的素质与能力

推销人员是推销活动过程的主体之一,在沟通企业与消费者、传播新产品和新技术的信息、顺利完成推销任务等方面起着重要作用。推销人员只有具备较高的素质和能力,才能更好地掌握推销理论,灵活而有效地实施推销策略与技巧,才能在推销工作中取得优异成绩。所以,推销人员必须时刻注意提高自我修养,促进自我发展,加强自我完善,明确自我职责,不断提高自身的能力。

(三)推销策略与技巧

掌握各种推销策略与技巧是推销人员达成交易的保证。推销策略与技巧主要包括寻找顾客及顾客资料认定技巧、接近与约见顾客技巧、面谈艺术、顾客异议处理技巧、推销策略、成交及售后服务工作技巧等。而推销人员要保证自己取得更好的成绩,就需要掌握推销的组织与管理方式。掌握了这些推销策略与技巧,推销人员在推销工作中才能应付各种突发事件,在处理复杂的推销问题时游刃有余。

二、推销学的研究方法

现代推销学是一门综合性的应用学科,与多种学科密切相关,而且具有很强的实践性。因此,在研究和掌握这门学科时,首先应当采用综合性的研究方法,即借鉴各有关学科的研究方法来研究现代推销活动过程，掌握其一般规律。现代推销学与市场营销学、市场调查与预测、消费心理学、消费行为学、广告学、公共关系学、现代传播学、社会学、商品学及管理学的关系都极为密切。所以，作为一个合格的推销人员，必须通过各种方式和途径，广泛吸收这些知识，为我所用。其次，要用理论与实际相结合的方法，在现代推销理论的指导下，注重实际应用。当然，这种实际应用可以根据自身情况灵活掌握，如商品推销可以从小商品做起，业务量也可以由小到大，同时，日常生活及与人交往中也应留心观察，积累经验。总之，事物是不断发展、变化的，只要我们一切从实际出发，从现实的推销活动出发，就可以从中总结出正确理论，从而进一步指导推销活动的实践。

尽管现代推销学在其发展过程中强化了学科的边缘性，但它研究的现实领域仍是以经济生活为主的。在现代推销学的研究中，社会心理学占有一定分量。但社会心理学研究在这里还是从属于商品推销中对经济因素的变动分析，因而，现代推销学的研究方法不能脱离经济学的基本理论范畴。

现代推销学的研究过程，还必须运用市场营销学的科学方法和理论，尤其是市场营销学中研究市场环境的方法、制定营销战略的方法等，都是现代推销学可借鉴的方法。

在现代推销学的研究过程中，还要运用现代科学方法论，例如，系统论、控制论、信息论等。

现代推销学研究的方法很多，归纳起来，可以概括为以下几种。

（一）产品研究法

产品研究法是一种以人员推销的客体为对象的研究方法，也是一种以物为中心的研究方法。这种方法认为，产品是推销活动的客体，产品研究是推销活动的基础。因此，这种方法是以产品为主线，要求在人员推销中按产品及其特性进行分类，并在此基础上分别探讨人员推销如何根据不同产品、不同产品寿命周期采取不同的推销战略和策略，产品研究法更着力于研究产品的设计、质量、价格、品牌、包装等，认为有了好的产品，推销才能得以顺利进行。

（二）人员研究法

人员研究法是一种以推销员为中心的推销研究方法。这种方法的基本观点是：没有推销不出去的产品，只有不称职的推销员。推销员是现代推销学研究的中心，因而要侧重对推销员的基本素质、推销员的培训、推销谈判、推销策略和技巧等内容进行研究。

（三）环境研究法

环境研究法是一种侧重研究人员推销环境的方法。这种方法认为推销成功与否的关键在于产品和推销员的工作是否适应环境。因而，这种方法着力于研究市场规律、市场区域特点、消费者的特点等，甚至将谈判对手的心理、用户心理表现等都纳入其研究的范畴之中。

（四）制度研究法

制度研究法是一种以研究推销制度为出发点的方法。这种方法是从企业内部出发,研究如何建立促进推销活动的高效的组织和制度。例如,建立高效运作的、合乎市场和产品特点的推销网,选择推销渠道等。

第四节 推销活动的程序

根据推销活动程序化的理论,现代推销过程可以分为:寻找潜在客户、接触前准备、接触客户、展示、推销洽谈、确定异议、消除异议、促成交易、后续措施和服务等具体步骤。我们把这些步骤称为销售过程(Sales Process),如图 1-2 所示。销售人员所采取的条例行动可以引导顾客采取预期的行为,以确保最终达成交易。

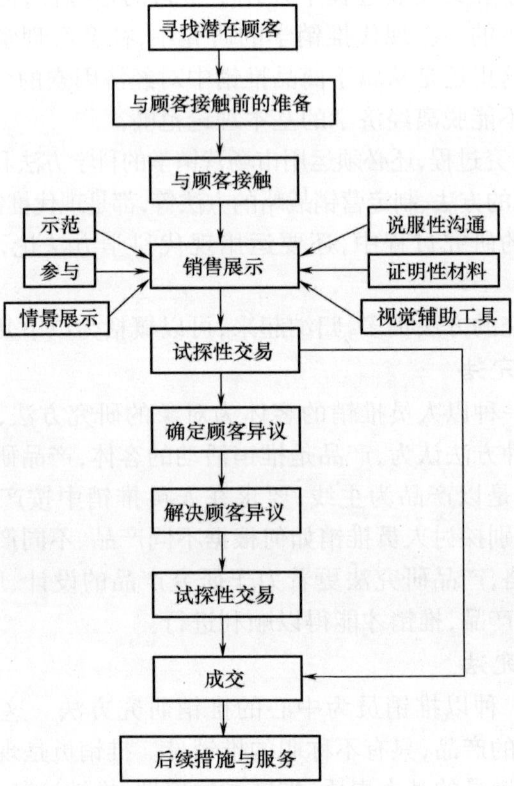

图 1-2 销售过程

在这个过程中,寻找、准备是推销工作成功与否的前提与基础;接触客户、展示、推销洽谈、确定异议、消除异议、促成交易则是推销工作的主要内容,是推销员运用推销技巧与聪明才智的舞台,并且这一部分与顾客购买过程(AIDA 模式,即爱达模式)相呼应。后续措施和服务是推销过程很关键的一个环节,良好的后续措施和服务,能够赢得顾客的青睐,从而增进推销员与顾客的感情,保住老客户,开发新客户,加强竞争能力。

在此需要说明的是,推销员在最初推销商品时,应该按部就班,依照推销程序去做,这样有助于开展工作。待取得一定经验后,对于一些老客户可以灵活运用推销程序。对于新客户,也可根据实际情况具体掌握。

一、寻找潜在客户

寻找潜在客户是推销活动的第一个步骤。潜在客户是指那些需要销售员所推销的产品并有购买能力的个人或企业。寻找潜在客户(Prospecting)是推销员寻找具有购买需求并具有购买能力的对象的活动。

推销人员必须不断寻找新的潜在客户,一是为了扩大产品销售额,二是为了取代已经失去的现有客户。要根据销售线索来寻找潜在客户,销售线索指的是有可能成为潜在客户的人或组织。一经发现销售线索对产品产生了需求并具有购买能力,他们就成为潜在客户。通常,推销人员通过 MAD 法,即回答以下三个问题来判断某个人或组织是否已经成为符合要求的潜在客户。

(1)该客户有购买的资金吗?(M——Money)

(2)该客户有购买的权利吗?(A——Authority)

(3)该客户有购买的欲望吗?(D——Desire)

同时具备上述三个条件的人或组织,才能称为“潜在客户”。这三个条件中第一条最为重要。因为,购买欲望和决策权均属于弹性条件。也就是说,欲望是可以被诱导和激发的,即是可以创造的,正如一则经典故事所说的某岛国的人无人穿鞋,但可以创造条件让其养成穿鞋的好习惯。

在实际工作中,推销员寻找潜在客户的方法主要有以下几种。

(一)资料查询法

资料查询法,就是推销人员通过查阅各种信息资料来获取潜在顾客的有关信息。主要从以下资料中查询:

1. 企业的外部资料,如企业名录、各种统计资料、工商管理公告、产品目录、专业团体会员名册、电话簿、书刊杂志、企业广告和公告。

2. 企业内部资料,包括送货上门的记录、服务部门的维修记录、销售部门的销售记录等。

从这些资料中可以查询企业的基本情况,如名称、地址、邮政编码、经营范围、电话等,据以进行电话或其他途径的联系和追踪。利用查询资料的方法寻找潜在客户,能够减少推销工作的盲目性,节省寻找客户的时间和费用,同时还可以通过资料对潜在客户有一定的了解,做好接触前的准备工作。

(二)广告开拓法

利用一定形式的广告来寻找潜在顾客,通常采用如下形式:

1. 函购。许多企业为促销产品,普遍采用广告促销与推销并举的销售策略。推销员可以利用本企业开展的广告宣传来促进自己的推销工作,因为有些潜在客户受广告影响,会主动函购产品,这时需趁热打铁,及时与潜在客户联系。

2. 广告信件,即将产品的有关资料,寄给经过挑选的潜在顾客。

3. 电话。利用电话去探询潜在客户的需求，此法最适于生活必需品的推销。推销价格通常低于市场价格。

广告开拓法可以提高推销人员的影响力和对顾客的说服力，节省大量推销费用。其局限性主要是无法与消费者进行深入的交谈，不易引起消费者的重视。

（三）市场咨询法

目前，我国咨询业发展很快，涌现出许许多多的咨询公司。推销员可以花少量的咨询费用，委托这些公司来寻找潜在客户，获得所需的宝贵资料。

其次还可以通过各种各样的会议，如各种产品博览会、展评会、订货会、供货会、物资交流会、技术交流会、新闻发布会、新产品技术鉴定会及各种社交性会议，建立广泛的社会关系网，寻求潜在客户。

（四）顾客引见法

利用现有顾客的介绍（或推荐）来寻找潜在客户，循环下去，如同化学中的连锁反应，这种方法也被称为"无限连锁介绍法"。美国获得"世界上最伟大的推销员"称号的乔·吉德拉曾指出，每一个顾客背后都有"250人"，也叫作"250定律"，即推销员得罪了一个人，就等于得罪了250人；反之，如果推销员能发挥自己的才智，可以得到250个关系。

这种方法的关键在于，推销员必须有较高的职业道德，有较高的信誉。只有这样才有可能赢得现有顾客的信任，赢得良好的"口碑"效益，并有可能使现有顾客为其介绍更多的消费者。

此外，还有一些寻找潜在顾客的方法，如个人观察法、地毯式访问法，等等。

二、接触前的准备

为了确保推销工作的效果，推销人员在选择好潜在顾客后、正式与客户接触前，还应做一些细致的准备工作。

（一）对潜在客户进行评定和审查，建立客户档案

推销员要了解潜在客户的需要、购买量、购买决策者、购买能力、购买习惯等方面的情况，建立客户档案，包括现在的、过去的和将来的顾客档案，以便在接触和面谈时查找，使推销工作系统化、表格化、数据化，提高推销工作效率。

（二）议程准备

与顾客面谈业务，如同商业谈判，需要推销人员细心地进行筹划，精心安排面谈议程，使谈话按照预订计划进行下去，这样有助于推销人员掌握洽谈的主动权。例如：①即将拜访的顾客会不会拒绝，应如何改变其态度？②在面谈中，准备向顾客提出哪些刺激性的问题，使顾客透露其真实想法？③准备何时与顾客谈及价格问题，原则是什么？④准备强调哪些问题，使顾客认识到产品是其非常需要的？⑤准备采取哪些方法来体现产品的优越性？⑥有无敏感和可能产生的争议问题？⑦顾客会提出哪些要求？可否让步？能让步到什么程度？等等。

（三）思想准备

不论推销员获得的信息多么准确、可靠，对洽谈准备得多么细致周密，在与顾客实际接洽中，总会不可避免地遇到各种各样的问题。当吃闭门羹时，要做好充分的思想准备，克服恐惧心理，防止手足无措的情况，要沉着应对。

如果访问的顾客非常重要，推销人员还应当制定详细的访问计划，做到对面谈中的每一个细节都心中有数，必要时还应携带有助于展示产品的有关用具。

三、接触客户

（一）约见

推销员与重要客户正式接触之前，需要事先约见。在现实生活中，推销员面对的顾客是多种多样的，有的顾客欢迎推销员，有的则不喜欢推销员，往往将推销员拒之门外。更有甚者，有些公司门口竟写着："狗、小偷、闲人、推销员不得入内！"因此，没有相应的约见技巧是很难与顾客见面的。

通过约见，有助于推销员对面谈内容进行预测，制定可靠的面谈计划，提高推销效率。在约见前，推销员要确定约见的内容和方法。

1. 约见内容应该包括：

（1）确定访问对象。推销员要访问的应该是有购买决策权的关键人物。

（2）明确访问事由，告诉顾客进行访问的原因和目的。常见的访问事由一般以推销产品为主，有时也可假借其他事由，如市场调查、走访用户、提供服务等。

（3）约定访问时间。要选择消费者非常方便的时间进行访问。

（4）确定访问地点。约见的访问地点应离消费者较近，其环境有利于推销。

2. 运用一定的约见方法。常用的约见方法主要有：电话约见、信函约见、他人推荐、慕名求见等。推销员可以根据具体情况进行选择。

（二）接近顾客的方法

推销员在与消费者面谈之前，有一个非常短的接近时间。它是推销人员正式接触客户的第一个步骤，是面谈的前奏，它直接关系到面谈的成功与否。成功的接近常使消费者愿意听推销员说下去。接近客户的目的主要在于引起潜在客户的兴趣和注意，使买卖双方顺利进入面谈阶段，形成良好的面谈气氛。接近的方法有以下几种：

1. 利益接近法。推销员应把产品给顾客带来的利益放在第一位，诱发顾客的兴趣，如"本产品的价格是其他同类商品价格的一半"。

2. 送礼接近法。推销员利用送礼品，引起顾客的兴趣与好感，来接近顾客。如对方是女士，送上一盒巧克力；对方是男士，可以给对方递一支香烟。送礼时要注意投其所好，礼品最好与推销的产品相符，如推销洗衣机时送洗衣粉等。

3. 表演接近法。这是一种最能引起客户注意的方法，在商品展示会上经常使用，实际上是把产品示范过程戏剧化，以增强吸引力。

4. 问题接近法。通过推销员直接向顾客提问，来引起顾客的注意和兴趣。

5. 介绍接近法。它包括自我介绍、他人介绍和产品介绍。自我介绍可主动递上名片或身份证明,来解除顾客的怀疑,创造宽松气氛;他人介绍可利用与顾客十分熟悉的他人来接近顾客,这种方法相对来讲成功率较高;产品介绍法可直接将产品摆在顾客面前,使顾客产生兴趣。如卖标本的推销员,可直接将自己各式各样、琳琅满目的产品摆出来,吸引顾客,使他们踊跃购买。

6. 好奇接近法。利用顾客的好奇心理,消除他们对推销员的敌对情绪进而实现接近的目的。如一位环保用品的推销员见到顾客说:"臭氧可以致癌,您知道吗?"一下子引起顾客的兴趣,促使推销顺利进行。

7. 赞美接近法。所有的人都喜欢得到别人的称赞,推销员如果能抓住人的这种心理,恰当地利用,就能成功地接近顾客。但必须注意,要符合顾客心理,要真诚。

四、销售展示

销售展示简称为展示,是指将顾客带至产品前,通过对实物的观看、操作,让顾客了解产品的外观、操作方法、具有的功能以及给顾客带来的利益。展示的主要目的就是把信息提供给顾客,这些信息包括产品、公司和商业建议方面的具体情况。

销售人员在进行展示时要遵循 FAB 原则[即产品特性(Feature)、产品优势(Advantage)和产品利益(Benefit)原则],即运用语言和可视辅助工具对产品的特性、优势和带给顾客的利益进行说服性的解释,这样有助于吸引顾客的注意力和兴趣,调动相互沟通和参与意识,从而实现销售目标。

常用的销售展示主要有记忆式销售展示、程序式销售展示、满足需求式销售展示和解决问题式销售展示,选用哪一种要视情况而定。

五、推销洽谈

推销洽谈是一项艺术性、技术性较强的工作,没有固定不变的模式。随着推销对象、推销环境的变化,每一次推销洽谈都会有不同的特点和要求,推销人员应根据具体情况作出具体分析,灵活机动地搞好洽谈。洽谈要本着利益与友谊并存的基本原则,以一致的洽谈方针以及诚挚友好的洽谈气氛来展开。

洽谈时,推销员应巧妙地将话题转入正题,应自然、轻松、适时。例如,讨论气候时,自然谈及今年天气很热,安上一个空调器,将会度过一个清凉的夏天。

具体洽谈可以运用故事叙述法、资料运用法、他人运用介绍法、现场运用法以及激将法等,以达到成交的目的。

六、排除异议

美国一位著名的科学家说过:"全世界的失败,有 25% 只要继续下去就可以成功,成功的最大阻碍是放弃。"推销工作也如此。从某种角度来说:推销员的成功都是从遭受拒绝开始的,遭受拒绝是成功推销之母。所以,推销员应该认识到:顾客提出异议是很正常的,要把顾客的异议看成是推销的真正开始,要针对顾客异议的类型,编制出标准应答语,在实际中灵活运用。

(一)异议类型

1. 需求异议。顾客认为自己不需要产品,或已经有了。

2. 财力异议。有些顾客自称无钱购买产品,因而不能接受。

3. 权力异议。顾客认为其无权决定购买。

4. 价格异议。这是推销过程中最常见的一种异议,当顾客提出价格异议时,往往表明他已有购买的意愿。

5. 产品异议。对产品的质量、外观、规格等提出的异议。这时,顾客已有需求,只是担心产品是否能满足其需要。

6. 企业异议。对推销员代表的企业不满,不太信任。

7. 购买时间异议。有的顾客现在不愿购买推销的产品,过一段时间以后有可能购买。这是一种不愿购买的借口。

(二)处理顾客异议的基本策略

针对上述异议,推销员应该采取一定的策略。常见的策略主要有:

1. 欢迎顾客提出异议。异议是成交的障碍,同时也是成交的信号,要认真分析顾客的异议,找出原因。听到异议时表情要自然。

2. 避免与顾客争吵和冒犯顾客,对一些与成交关系不大的异议要回避。

3. 向顾客提供有关证据。其中包括文字、图片资料、名人名家的证言、数据统计资料、报刊文章摘要、市场调查报告、承诺和示范结果等。

七、促成交易

成交是整个推销活动的高潮。此时,推销员应有两种思想准备,即顺利成交和成交失败。所以,要善于捕捉成交信号,及时成交,随时成交。推销员要克服自身心理障碍,掌握自然成交的策略;不要逼迫顾客购买,要保留一定的成交余地,适时诱导顾客主动成交,让顾客觉得成交是他们自己的主意。

八、后续措施和服务

后续措施和服务是市场营销中至关重要的一个环节,也是推销过程中的最后一环。成交只是顾客与推销员之间达成协议,顾客需求的真正满足,则在最后的售后服务上。推销员要为顾客提供高质量的售后服务。推销出去的产品,应实行责任性的义务修理;对已售出的产品,确因质量不好的应予调换;对因企业方面的原因未达到用户要求的产品,应予退货。

思考题

1. 何谓推销？其性质如何？

2. 在我国的市场经济条件下，推销有什么作用？

3. 推销学研究的对象是什么？

4. 简述推销活动的程序。

5. 你周围的人是如何看待推销工作、怎样看待推销人员的？你能列出10种以上的观点吗？

6. 你认为推销人员应该掌握哪些知识？

7. 当你被委派做推销工作时，你是怎样想的？经过一段时间以后，你对推销工作的认识有哪些变化？

8. 找一个你熟悉的产品，列出该产品10种以上的使用价值。

9. 你能举出你熟悉的产品所能满足顾客的10种需求吗？

10. 你认为推销活动的关键是什么？

11. 你认为目前在我国，个人从事推销的成功率有多大？为什么？

第二章

推销理论模式

- 掌握爱达(AIDA)推销模式
- 掌握迪伯达(DIPADA)推销模式
- 了解埃德帕(IDEPA)、费比(FABE)模式
- 掌握推销人员方格理论
- 掌握顾客方格
- 掌握两种方格的协调关系

爱达推销模式(AIDA) 购买欲望(buying desire) 迪伯达模式(DIPADA) 埃德帕模式(IDEPA) 费比模式(FABE) 推销方格理论(Sales Grid) 引起消费者注意(attention) 诱发消费者兴趣(interest) 达成交易行为(action)

第一节 爱达(AIDA)推销模式

一、爱达模式的由来

爱达模式是欧洲著名推销专家海因兹·姆·戈德曼于1958年在其所著的《推销技巧——怎样赢得顾客》一书中概括出来的。爱达推销模式是推销活动中四个具体步骤的概括,即引起消费者注意(Attention)、诱发他们的兴趣(Interest)、刺激他们的购买欲望(Desire)以及最终达成交易行为(Action)。因此,简称为爱达(AIDA)模式。

爱达模式从消费者心理活动的角度,具体研究推销的不同阶段,对具体的推销实践具有一定的指导意义。爱达模式不仅适用于店堂的推销,例如,柜台推销、展销会推销;还适用于一些易于携带的生活用品和办公用品的推销;也适用于新推销人员以及对陌生顾客的推销。

爱达模式的具体内容可以用一句话来概括:一个成功的推销员必须把顾客的注意力吸引或者转移到所推销的商品上,使他对所推销的商品产生兴趣,这样,顾客的购买欲望也就随之产生,然后再促使他作出购买决策。

在业务洽谈的时候,如果顾客积极主动,推销人员就没有必要使用爱达模式了。如果顾客有极大的购买欲望,那就不需要推销人员去做说服工作来唤起他的兴趣,他自然会全神贯注地倾听推销人员的销售谈话。上述情况经常发生在零售商店。

所以,我们必须严格区分两种截然不同的过程,即零售服务过程和推销过程。

零售服务过程:当顾客主动购买商品的时候,他会主动地找售货员,告诉售货员他对哪些商品感兴趣,有哪些需求,想购买什么东西。洽谈一开始,售货员就了解了顾客的意图,并回答其所关心的问题,这就是所谓的零售服务过程。

推销过程:推销员主动吸引顾客的注意力,使他产生购买兴趣。当顾客认识到购买某一产品是一种必需,产生了购买欲望,然后促使顾客作出购买决定和采取购买行动,这就是所谓的推销过程。

爱达模式四个发展阶段的完成时间是不固定的,可长可短。四个阶段的先后次序也不是一成不变的。这一推销过程可能需要3个月的时间才能完成,也可能只需要几分钟就能完成。注意力阶段一结束,购买兴趣阶段随即就开始,而刺激顾客产生购买欲望阶段则可能需要好几个小时甚至好几十个小时。不管怎样,达成交易的可能性总是存在的,它是爱达模式的最终目标。事实上,早在制定业务洽谈计划时,或者在洽谈的最初阶段就已经把达成交易当作爱达推销过程的最终目标了。有时候,这个模式的四个阶段的先后次序可以颠倒,有时候也可以省掉其中的某一个阶段。

每一个推销员都应该根据爱达模式检查自己销售谈话的内容,并向自己提出下面4个问题:①我的销售谈话是否能立即引起顾客的注意;②我的销售谈话能否引起顾客的兴趣;③我的销售谈话能否使顾客意识到他确实需要所推销的产品,从而促使他产生购买所推销产品的欲望;④我的销售谈话是否使顾客最终采取购买行动。

二、爱达模式的具体内容与运用

(一)引起消费者注意

在现实生活中,人们每天都会接触到大量的商品信息。商品信息能否在市场竞争中引起消费者的注意,是决定推销能否成功的重要前提。如果消费者注意到了推销人员提供的商品信息,则说明该推销活动有可能进行下去;反之,则说明这次推销已经失败了,要引起消费者的注意。任何推销活动都必须有一个良好的开头。要有一个好的开头,推销人员则应该考虑以下问题:①如何用简单的一句话向顾客介绍产品的实际效用?②为了促使顾客真实地说出对推销产品的具体要求,在业务洽谈一开始,推销员应向顾客提出哪些问题?这些问题是否与顾客的切身利益密切相关?③有哪些可以引起顾客兴趣的问题和既能说明产品的优点,又能使顾客信服的实例?④如何帮助顾客解决实际问题?如何用几句简单的话来有效地帮助顾客解决生活或工作中遇到的实际问题?⑤给顾客提供哪些有价值的资料,使顾客乐于接受自己所推销的产品?⑥为了与顾客进行销售谈话,在业务洽谈一开始时,推销员应该说些什么?

推销人员在认真考虑了以上问题后,还要注意下面几个问题:

1. 说好第一句话。大量实践证明,顾客在听第一句话时的注意力往往是高度集中的。听完第一句话,许多顾客就会马上决定是尽快把推销员打发出去还是准备继续听下去。如果不能马上引起顾客的兴趣,后面的销售谈话往往会丧失效用。因此,为了吸引顾客的注意力,在面对面的推销工作中说好第一句话是很重要的。

不管推销什么或者采取什么推销方式,推销人员都应当认真检查推销谈话的第一句话。许多推销人员的第一句话往往是废话,应该避免使用一些毫无意义的词语,例如:“我来是为了……”“我只是想知道……”“我来只是告诉您……”“我到这里来的目的是……”“很抱歉,打搅了但……”“我正巧路过……”等等。为了防止顾客注意力分散,推销人员开头第一句话必须生动有力,不能拖泥带水,也不要支支吾吾。只有这样,业务洽谈才能继续开展下去,同时也为顾客购买该产品打下了良好的基础。

2. 为顾客着想。推销人员要设身处地为顾客着想,反问自己,如果某推销员向自己推销产品,究竟是什么因素促使自己能认真听他介绍所推销的产品?推销员要运用一些能够使顾客感兴趣的词语和话题开始他们的销售谈话,要尽量少提推销的产品。实践证明,将推销的产品放在业务洽谈之首是很不明智的。作为一个推销员,重要的是帮助顾客解决问题。所以同顾客进行业务洽谈时,要着眼于解决顾客生活中遇到的具体问题。

那种不受顾客欢迎的拜访,其推销效果往往是不理想的。特别是在对顾客没有特殊利益的情况下,推销效果就会更糟。因此,推销人员只有解决顾客的具体问题才能受到欢迎。

3. 运用特色推销。特色推销具体体现在推销方法和推销目标上。新颖别致的推销方法常能引起顾客注意。任何推销员都不能一味地仿效他人,特别是不应当仿效竞争对手,而要尽可能地与竞争对手保持一定距离,努力创造自己的推销风格。

推销员对推销工作的创新具体表现在3个方面:①与别人的推销方式不同;②与自己过去的推销方式不同;③与顾客习惯的推销方式不同。

在制定业务洽谈计划时,要认真考虑各种提问方式的特点。巧妙的提问可以使顾客惊叹不已,引起他们的注意,并会促使顾客积极回答,双方交换意见,使谈话顺利进行。

4. 用肯定的语气提问。推销员在推销洽谈中,要提一些肯定式的问题。例如:不要问"您是否愿意跟我谈一谈电算化会计的必要?"我们经常会听到这样的问题:"我能使您对改变办公室的布局和装潢发生兴趣吗?"类似问题,不应该向顾客提问,而应该首先反问自己。只有在洽谈一开始就用肯定的语气提出一个使顾客感到惊讶的问题,才会使顾客对推销员提出的问题进行考虑。这是引起顾客兴趣的有效方法。

再次拜访顾客时,推销员则应改变这种提问方法。如若不然,顾客就会认为:"他又来了,又是老一套",会对推销员产生反感。因此,推销员要根据新情况,随机应变,最终使顾客围绕在自己周围,承认推销员所说的事实。这时顾客就会想:"真没想到他还有新鲜玩意儿呢。"

好的开头用语有:"您已经……""您是否……""您愿不愿意……""您想……"在业务洽谈开始时,应该集中谈论顾客感兴趣的问题。

当顾客告诉推销员现在不需要他所推销的产品,并计划在以后适当的时候再谈论这个问题时,推销员可以这样说:"我只想给您提供一些情况,让您有个大概了解。当您使用这些设备时,可以节省很多开支。"或者说:"这是为您提供的资料,您可以把它保存起来,需要时再查阅。"在业务洽谈开始时,一定要注意不要随意反驳顾客的反对意见,也不要对顾客的提问搪塞、应付,要认真对待顾客提出的每一个问题。

5. 巧妙处理顾客注意力分散的问题。许多顾客常常会由于外部因素的干扰而不能集中精力与推销员进行推销洽谈。例如,电话铃突然响起来,公文传送人、秘书和其他一些人在场或进进出出等等。在这种情况下,推销员可以用巧妙的问话支开众人,如"×××先生,我不知道您正在忙着呢。"另一方面,如果顾客让其他人参加洽谈,推销员应该把他们看作是洽谈的正式成员,同样表示尊重。推销员主动作自我介绍,顾客就会把其他人介绍给推销员,或者其他人自己主动地作自我介绍。有时候,顾客也会让某个人或某几个人参加洽谈,目的是让旁人在场作证,或者是有意要造成一种人多势众的场面。

6. 巧妙地处理“干扰”。受到干扰以后，最好向顾客提一个检查性的问题，目的是为了检查一下顾客是否已忘记了洽谈的衔接处。例如，一个机器推销员在洽谈受到干扰后，直率地问顾客：“哎，我们刚才谈到什么地方了?”促使顾客作出某种反应。如果推销员发现顾客三心二意，应该控制自己的不满情绪，不要大喊大叫，说话语调要柔和，音量要适中。另外，推销员在讲话，特别是讲到一半的时候，要适当地停顿一下，这种停顿最好短促、突然，因为停顿的越突然，效果往往越好。

7. 目视顾客。推销员在说话时，双眼要注视着顾客的眼睛。这样做也可以迫使对方集中精力。没有这种目光的接触，推销员的销售谈话再生动有趣，也不会引起顾客太多的注意。

(二)诱发顾客的兴趣

一次推销活动，如果已引起了消费者的注意，就说明已经完成了推销的第一步。在此基础上，推销员还必须设法使消费者对所推销的商品发生兴趣，产生好感。

为了引起消费者的注意，推销员在推销商品时，必须清楚消费者的各种层次的需求。这些需求包括生理需要、安全需要、社交需要、自尊需要和自我实现需要。人类的生理需要，是最基本的需要，没有衣、食、住、行，就谈不上其他方面的需要。当然，人还需要安全感，包括身体健康、人身财产安全等。只有在生理需要和安全需要得到满足的基础上，才能谈社交需要、自尊需要和自我实现需要。

人类不同层次需要的强弱程度，受经济发展水平、社会环境等条件的影响。推销员要分析不同地区、不同环境的人的需求，推销产品前，必须要考察这个地区的经济条件、文化条件等因素。

要使顾客对所推销的产品产生兴趣，就必须使他们清楚地意识到购买该产品给他们带来的好处。为了尽快促使顾客产生兴趣，推销员可以在业务洽谈一开始就向顾客介绍所推销产品到底有哪些具体优点，并向顾客证明这一产品确实具有这些优点。

陈述事实不同于证实事实。同样，重复自己说过的话是一回事，用事实证实自己说过的话又是另一回事。推销人员可以通过“示范”的形式，向顾客证实所推销的产品确实具有某些优点。推销员要熟练地示范所推销的产品，吸引顾客的注意力，使顾客对产品直接产生兴趣。爱达模式中的兴趣阶段就是示范阶段。有时候所推销的产品是不能随身携带的，在这种情况下推销员可以借助产品的宣传资料、数据和其他一些器具，向顾客宣传介绍产品。推销员要尽可能地让顾客亲自检验产品的质量，让顾客亲眼看一看、亲手摸一摸所推销的产品，比其他任何一种方法都更有说服力。

具体来讲，这一阶段的内容主要包括：

1. 向顾客示范所推销的产品。示范是推销员向顾客证明所推销产品效用的一种有效方法。示范的目的是消除顾客的疑虑，促使他们产生购买欲望。例如，让顾客把千斤顶举起来,用力摔在坚硬的地面上,看他是否能把千斤顶摔坏。这种方法比任何口头宣传都更具有说服力。如果所推销的油漆没有什么味道,那推销员就不必费口舌,不妨让顾客亲自闻一闻,然后再让他闻一闻气味浓重的竞争产品。为了证明所推销的小型装置坚固耐用,可以让顾客用各种错误的方法进行操作,看他能否把小型装置损坏。为了向顾客说明某种小汽车加速器的性能特点,推销员只需邀请顾客和自己一起外出试车,并且让他拿着秒表,就足以使顾客信服了,而不必让顾客看那些密密麻麻的数据。如果推销员想说服顾客安装空调设备,让他到两间不同的办公室走走,体验一下,其中一间安装了空调设备,室内空气清新,凉爽宜人;而另一间没有安装空调设备,室内空气混浊,令人感到窒息。

推销员在进行业务拜访的准备工作时,要经常问自己:"我要向顾客示范些什么呢?"只有对这个问题作出了正确回答,示范的目的才更明确,效果才会更好。

2. 了解顾客的基本情况。了解顾客的基本情况是作示范的一个先决条件。爱达模式的兴趣阶段要求推销员一开始就要对顾客的情况进行了解。要做到这一点,推销员应该向自己提出下面两个问题:

(1)为了使产品满足顾客的愿望和需要,应该了解哪方面的情况?

(2)通过哪些问题可以了解顾客的基本情况?即推销员应如何提出问题,并对掌握的情况加以分析,运用好自己手头掌握的资料。

对上述问题推销员处理得越巧妙,就越有可能直接与顾客交换意见和看法,也就越有希望实现达成交易的目的。

3. 对推销员示范动作的要求。动作要求具体包括以下内容:

(1)推销任何产品,都要向顾客进行示范。顾客或许已经了解了所推销的产品,或者对推销员的示范不大感兴趣,即使在这种情况下,推销员也要作示范,而且示范得越早,效果就会越好,这是达成交易的有效方法。这一方法同样适用于各种不同性质的商业部门。产品越复杂,技术性能要求越高,就越有必要通过示范使其具体化。如果推销员不充分利用已掌握的资料,或者不把这些资料的使用与所预期的目标有机地结合起来,那么推销员的业务拜访就会事倍功半。

如果推销员不能随身携带产品,则可以利用模型、样品、照片和图片作示范。推销员可以通过写写画画,向顾客介绍所推销的产品。要将所有数据都铭记在心,并灵活运用,确实不是一件容易的事。推销员应该把数据写在纸上或者让顾客把数据记下来,然后,用简单的图表,如方形和圆形,使顾客清楚地看到两组数据之间的区别。推销员画的图表有助于使顾客产生具体的形象概念。产品在尺寸、重量或耐久性方面的差异也可以用简单的几何图形表示。例如,推销员要说明本产品的使用寿命是竞争产品的两倍,可以画两个长方形,其中一个长方形的面积为另一个长方形的面积的两倍,并加以简单说明。推销员要充分发挥聪明才智和丰富的想象力,用图表的方式说明推销的所有产品,给顾客留下深刻印象。

(2)在使用产品中作示范。在条件允许的情况下,推销员应该向顾客介绍怎样使用所推销的产品,让消费者了解产品有哪些实际功能和特点。有些推销员往往由于惰性只让顾客看一看产品的实物,而不向顾客示范如何使用产品。实践证明,仅仅向顾客介绍产品的外观形态、功能与特征是远远不够的。

(3)给示范动作增添戏剧色彩。有时,为了使所推销的产品更具有吸引力,作示范时要适当安排一些小插曲。例如:

一个油污清洗剂推销员过去是用他推销的清洗剂把一块脏布洗净,用以说明他的产品清洗效果好。后来,他改变了示范方法,把穿在身上的衬衣袖子弄脏,然后用他推销的油污清洗剂洗净。这样的示范更加贴近生活,其效果明显好于前者。

一个灭火剂推销员把一定数量的特殊灭火剂泡沫喷洒在自己手上,然后用喷灯对着自己的手喷射。他认为,这种示范方法的效果比其他任何方法都好。

一个推销员推销承重量达100公斤的儿童玩具。为了向顾客证明该儿童玩具牢固结实,他猛地一下子跳到玩具的小座椅上。这一下,他的示范效果达到了最佳程度。

一家胶水生产企业的推销员让顾客在一页纸的一端涂抹胶水,然后把它贴在一本厚厚的电话号码簿上,用这张纸把电话号码簿提起来。他用这种方法向顾客证明胶水的粘合力。

一个手表制造商为了证明手表的质量,把该厂生产的手表固定在火车车轮的内侧。手表随同火车行走了400公里,取下手表后,手表丝毫无损,行走准时。

一个钢化玻璃推销员身边总是带着一把榔头。在向顾客作示范时,他用榔头猛力敲打玻璃。

为了显示帆布结实耐用,有个推销员总是把一把剪刀和一块帆布样品递给顾客,让他们亲手把帆布剪成碎块。

一个实心轮胎的推销员总是让顾客用锤子将一颗铁钉钉进轮胎中。

一家跨国公司的推销员,为了向顾客证明他们公司生产的计算机键盘的按键富有弹性、灵敏度强,他用一根香烟触摸按键。

为了证明科伦香水卓越的质量,推销员把香水喷洒在空气中,然后马上用打火机把散发在空气中的香水点燃。

…………

从上述例子中可以看出,推销人员经过精心准备,再加上富有戏剧性的示范动作,就会使顾客产生一种新奇感,可以吸引他们的注意力。实践证明,示范所产生的效果是任何语言都所不及的。

(4)让顾客参加示范。如果条件允许,应让顾客亲自作示范。顾客往往是积极参加的,特别是对一些机械产品和小型电动机械,顾客总想亲自试一试。

让顾客参与示范要比推销员自己单独作示范更能激发顾客的兴趣。有时,推销员也可以在作示范时给顾客一些必要的指点。他应当自己先示范所推销的产品,边示范边指导,然后让顾客自己操作。顾客对学会怎样使用某种机械产品的兴趣越浓厚,他就越乐于把自己当作这种机械产品的主人。这样,推销员就有可能早一点得到顾客的订单。许多办公室的电话系统、计算机、汽车、家用电器和其他一些产品都是通过这种方法销售出去的。如果所有的推销人员在推销产品时,都让顾客参加示范,产品的销售量肯定会成倍地增加。但是,教别人怎样使用某种产品与推销员自己能够使用或者使用得很好,是截然不同的两种技巧。推销员在示范中所引用的数据要尽可能地让顾客记录下来,并亲自运算,以求准确可靠。

(5)使用宣传印刷品要谨慎。顾客在接到推销员送给他的宣传小册子时,常常认为业务洽谈就要结束了,于是用"好吧,我有空时看一看这个小册子,然后再给你打电话"的话回复推销员,这种情况决定了在送给顾客的宣传印刷品中应进一步强调业务洽谈的主要内容。例如,这些小册子要进一步说明推销员已经提到的一些情况。为了引起顾客对一些重要问题的注意,推销员不仅要把小册子送给顾客,还要对宣传印刷品的主要内容进行简要的解释,确保顾客对其内容有一个透彻的了解。

(6)示范要有重点。示范时间不要太长,不要过于全面。不要对产品的每种效用都进行示范,因为过于全面、时间过长的示范会使顾客感到厌烦,特别是在向顾客示范不熟悉、结构复杂的产品,或者工序不易掌握的产品时,更是如此。例如,当顾客拜访某制造公司时,主人往往领着顾客参观工厂。参观回来,顾客已疲惫不堪,这时推销员如果想用一些具体细节引起顾客的兴趣,从而达到成交的目的几乎是不可能的。相反,如果将带领顾客参观工厂当作一种示范,并以此去影响顾客的看法,则是一种很好的示范方式。

(7)言谈举止要得体。推销员的言谈举止、音容笑貌都会给顾客留下深刻印象。如果推销员笨手笨脚地摆弄丝袜,或者小心翼翼地关上车门,好像车门很容易损坏似的,就会给顾客留下产品不牢固的印象。假如在开车时推销员的示范动作轻松自如,则会给顾客留下"这种汽车性能良好,灵敏度高,容易操作"这样一种印象。

许多家庭主妇经常抱怨一些家庭用具操作不便。如果推销员在作家庭用具使用的示范时显得没有把握或者笨手笨脚,那就很有可能使这笔交易失之交臂。在整个示范过程中,推销员应该用自己的言谈举止、音容笑貌去影响顾客,增强他们的购买信心。在某种程度上,通过观察推销员的一举一动,人们能够看出产品的某些特点。

(8)引导顾客从示范中得出正确的结论。每次示范都应该有具体的目的。推销人员在未作示范前,要扪心自问:这次示范要证明些什么呢?判断推销员的示范成功与否,要视顾客对推销员的信服程度而定。许多推销员常常忽略了一项很重要的工作,即检查示范对顾客所产生的影响。因此,即使他们的示范动作十分出色,到头来也只能收到微乎其微的效果。如果推销员想通过示范使顾客相信所推销的产品具有经久耐用、高效能、易操作等特点,那么,做完示范以后就应该直截了当地向顾客提出这样一个问题:"您现在是否相信这种产品确实像示范所证实的那样?"这时,顾客的回答可能有下列几种:

第一,"不,这种示范说明不了问题。"如果得到这样的答复,那就表明:推销员的示范失败了。假如推销员没有向顾客提问,对示范的效果茫然不知,那推销员就会永远蒙在鼓里。

第二,"那……我简直不知怎么说才好。不过,乍看起来倒挺好,但是……"这种回答表明:虽然不能说推销员的示范是失败的,但起码可以说:它不能完全令人信服。这是因为顾客还在怀疑推销产品的质量。究其原因,可能是推销员过高地估计了示范的结果。如果不是推销员自己在那里示范,而是顾客自己亲手作示范,那他们就很可能折服于推销员的说辞。有时候,顾客会这样认为,推销员向他们介绍的产品是专供示范用的,而且这件产品的质量肯定比日后交货的产品要好。对此,有个汽车制造商作出这样的决定:自即日起,凡作示范的汽车必须是跑了1 000公里的旧车。

第三,"您的话,真是句句属实啊！您的示范使人印象深刻,难以忘怀。"只要听到顾客这种回答,就可以证明推销员的示范达到了预期效果。顾客对推销员成功的示范表示信服,这就为下一步的推销工作奠定了良好的基础。推销员应该抓住良机,进一步激发顾客的购买欲望,实现销售产品的目的。

(9)不要在洽谈一开始就强迫顾客作出购买决策,特别是在向顾客同时介绍几种产品,让他们进行抉择时,不要像催命鬼似的强迫顾客表态,要让顾客有时间仔细检查一下所推销的产品,收集一些有关资料,并了解一些有关情况。千万不要使顾客产生这样一种印象:自己作出购买决定是因为受到别人影响,或是盲目听从了别人意见,在作出决定之前自己根本没有时间充分权衡利弊。

(10)对顾客的要求不要过高。推销员向顾客介绍有关产品的情况不要太多,要适中,不要使顾客有厌烦之感。推销员只要给顾客示范一些自己想证明的东西就足够了,不要让顾客在推销过程的第二阶段就有厌烦的感觉。

作任何推销示范,推销人员都应认真准备、熟练操作,不要临时决定是否作示范。示范技术与推销技术是同等重要的,推销员应该经常考虑怎样改进自己的示范方法,然后进行反复的练习和排练。只有这样,推销示范才能有助于产品销售的实现。

(三)刺激顾客的购买欲望

推销员要刺激消费者的购买欲望,因为顾客的购买行为往往是受某种欲望支配的。

一般说来,如果顾客对所推销的产品没有产生购买欲望或者欲望不强烈,推销员即使将产品吹得天花乱坠,也不能使顾客产生购买兴趣。

顾客之所以购买某一产品,其主要原因是产品的效用,即产品能满足顾客的某种需要,并且这一需求得到了"需要满足"的某种刺激而变得迫切起来。假如推销员想把计算机软件和硬件一起销售出去,那推销员必须成功地刺激顾客的购买欲望,使他感到有必要高速度、高效率地处理账目;或者使顾客相信在减轻会计工作的繁重劳动以后,他将会有更多的时间从事其他方面的工作。总之,推销员必须使顾客看到提高劳动生产率的可能性。否则,无论推销员使用哪一种示范方法,即使通过示范证明所推销的计算机是世界一流的，也不会把计算机的软硬件都推销出去。

如果推销员作的示范令人信服，顾客也明确表示推销员的示范是可信的，但他还是不采取购买行动，一般来说其主要原因是推销员还没有激起他的购买欲望。兴趣与购买欲望不是一回事。

要想唤起顾客的购买欲望，必须了解顾客的购买目的、希望和需要。

不要对所有顾客都使用千篇一律的推销方法，不要以为某一种方法适用于某一顾客，就一定也适用于所有的顾客。推销员不要用相同的理由说服所有顾客购买你所推销的产品，即使这种理由已在其他场合证明是正确的、有说服力的。例如，推销员告诉顾客：汽车的加速器装置性能可靠；衣料经磨耐穿；特种油漆有特殊光泽；购买保险是一种理想的投资。这些虽然都是很有说服力的理由，但却不能保证能唤起所有顾客的购买欲望。

使顾客信服的理由多种多样。有些顾客可能认为汽车的加速器并不特别重要；有的顾客只需要某种衣料缝制一套礼服，而并不在乎衣料是否经磨耐穿；有的顾客不希望给自己的家具涂上某种特种油漆，因为，这种油漆光泽太强，涂上它会使家具失去古色古香的特色；有的顾客不愿意花钱买保险，因为购买保险会使手头不宽余。对此，推销员都应该详细了解。

在这一阶段，推销员的工作主要有：

1. 向顾客介绍情况以刺激他们的购买欲望。推销员要想刺激顾客产生购买欲望，就必须巧妙地向顾客说明，他在购买了推销的产品以后将感到称心如意，并从中得到乐趣，得到好处。

有位吸尘器推销员对一位家庭主妇说："请好好想想，使用这种机器，您可以从繁重的家务劳动中解放出来，会有更多时间带您的孩子外出散步，或者有更多的时间与您的丈夫促膝谈心，那不好吗？"

一位便携式录音机的推销员对顾客说："不管何时何地，不管在室内还是在室外，不管走路还是坐车，您都可以当场把您说的话录下来，那多有趣呀！"

一位复印机推销员问一家商店老板："当您想到，从现在起自己再也用不着迈出商店的大门就可以把一张张通知印出来时，您不感到高兴吗？有了自己的复印机，您就可以随时复印信函，在价格表整理好的当天就可以印出来，还可以当天发出去。您只消花几元钱的工本费就可以向顾客印发一些广告，这样既可以加强您与顾客的联系，又可以减轻员工的劳动强度，再也用不着花费很多时间，付出辛勤的劳动来打印这些通知和价格表了。我们为什么不马上开始复印您的新年供货目录呢？"

"既然您的两个孩子都在上钢琴课，我想他们的音乐水平一定在不断地提高。鉴于这种情况，您一定觉得很有必要把钢琴的音调调得纯正些吧？眼看圣诞节就要到了，您和家人及朋友们一定想欣赏一下即将举行的音乐晚会吧？您家里不是还有两位很有前途的钢琴演奏家吗？"一位钢琴调音器的推销员在推销产品时，用上面的话打动他的顾客。

"这些光彩夺目的灯光设备,可以使所有行人都能看到您商店的橱窗,甚至连广场另一侧的行人也都能看到您的橱窗。如果不安装这些灯光设备,许多行人即使从您的橱窗外面经过,也注意不到橱窗里的展品,而安装了这些设备以后,耀眼的灯光照射在展品上,行人都会清楚地看到橱窗里的展品。试想一下,要是这些灯光设备能为您吸引成千上万的顾客,那您将会多赚多少钱。也会使您的商店外观比对面商店阔气得多。您再想想,您的商店新年的装饰物如果安上了这些灯光设备,将会变得多么光彩夺目啊!"

"再过几个星期,天气冷了,您就不能再打开窗户了。如果到时候您安装了空调设备,室内保持恒温,温度合适,空气清新,您也就不会因为空气混浊而感到昏昏欲睡,头脑发晕了。另外,您还可以节省取暖费用呢。"

2. 提出一些有吸引力的建议。只靠拼凑一些符合逻辑的缘由,是无法唤起顾客的购买欲望的。推销员必须刺激顾客,使顾客对他所推销的产品产生兴趣。说服顾客的最好办法是,向他介绍并示范所推销的产品,从而使他意识到购买该产品以后,他将获得许多乐趣。

推销员必须使顾客感到他确实需要所推销的产品,并且迫切地想购买。购买欲望来源于情感,而不是来源于理智。刺激顾客的购买欲望不同于向他证实他对产品有某种需要,如许多家庭都需要比较高级的家用电器设备,可是有些家庭却觉得没有那些设备反而更好些;不少商店都需要较好的灯光照明设备,可有些商店老板宁愿花钱购置橱窗展品。

刺激顾客,使他们产生购买欲望是相当重要的。除此之外,推销员还必须能够说服顾客。

3. 向顾客讲道理。一般说来,有时顾客在受到刺激其购买欲望达到一定程度时,就会产生购买冲动,当冲动足够大的时候,就会产生购买行为。但是,顾客是否作出购买决定是很难预测的。顾客在作出购买决定的瞬间往往会突然变得犹豫起来,这会使推销员感到不知所措,因为他原以为达成交易是十拿九稳的。往往是那些单位价值低、消费者经常随意购买的产品,刺激一下顾客的购买欲望就可以达成交易。

在一般情况下,当顾客购买某一贵重产品,或者购买某种足以改变其生活习惯的产品时,仅仅靠刺激顾客的购买欲望是远远不够的。如果推销员已经成功地刺激了顾客的购买欲望,就应该把这一工作继续向前推进一步,让顾客相信他的购买行为是理智的。推销员要尽量地向顾客讲清道理,以理服人。

在顾客不是为自己购买,而是作为代理人替他人或者公司购买的情况下,合理性就显得尤其重要。因为,他要向他的顾主或公司证明其购买决定是正确的。在这种情况下,如果推销员用讲道理的方式向顾客证明,他的购买行为一定会达到他所期望的效果,那顾客的购买欲望就会增加。"如果我购买或者拒绝购买这一产品,别人会怎样看待我呢?"顾客会经常向自己提出这样的问题。推销员也应该考虑到这一点。除了从情感上刺激顾客的购买欲望外,还应该从理智上刺激顾客的购买欲望,使他相信,他的购买决定不仅在情感上是合理的,在理智上也是正确的。

例如,一对夫妇很想购买一台自动真空吸尘器,同时又犹豫不决。他们不愿作出草率决定,因为购买一台吸尘器需要花费 1 000 多元。不过,只要推销员摆事实,说明购买吸尘器以后可以更好地保护地毯、家具,讲一讲其他家庭主妇如何把节省下来的时间更好地用来帮助丈夫从事他的事业,或者指出那台真空吸尘器的使用寿命可达10 年之久,每年分摊的成本只有100 元,就非常有可能达成交易了。

4. 具体实例。以下实例有助于说明通过讲道理来刺激顾客购买欲望的重要性。

例一。当顾客产生了购买欲望以后,推销员可以进一步地进行说理:“购买这样一台便携式录音机不但方便实用,而且经济实惠。您的时间多么宝贵！您 1 个月的薪水是 1 200 元,我想这是起码的数目,对吧？假如这台录音机每天只为您节省 5 分钟的工作时间,加起来,1 个月就为您节省将近 10 多元,一年就是 100 多元。况且,这只算了您一人的时间。您的三位同事也可以使用这台录音机。假定他们每个人节省的时间仅仅是您的一半,那么,他们每人每年至少可以节省 50 多元。另外,您可以更加合理地使用您的秘书;您的速记打字员再也不必把时间花在整理断断续续的口授稿上了。使用这台录音机,只要一年多的时间,仅用节省下来的费用就足以赚回购买机器的花费,而且仅仅是假定您每天只节省 5 分钟的工作时间。”

例二。一名体育用品的推销员说:“假如您开设一个旅行和滑雪用品商品部,您的商店就可成为本市拥有各种各样旅行用品的唯一商店。另外,销售旺季也可延长。秋天终归是比较萧条的季节,对吧？如果您开始销售冬季体育用品,就会把那些正在安排滑雪度假的人们吸引到您的商店里来。只要他们光临您的商店,就有可能使他们对其他一些旅行用品发生兴趣。再想一想附近学校里的那些小学生,他们也会来这里买东西,他们可是家庭里的小皇帝啊。”

例三。“不言而喻,您购买一辆大型卡车并不是因为它的式样美观和有一台大功率的发动机,您购买大型卡车的真正原因是它能运载更多的货物。让我们算一算,您购买这种型号的卡车需要花多少钱,另一方面,使用这辆卡车 1 年又可赚回多少钱。请看一下这些数字……”

例四。顾客说:“每一间办公室都装上日光灯当然好啦。其实那并不是为了好看,而是使整个办公楼看上去整洁光亮,更具有现代社会的气息。既然张先生他们安装了一套新的日光灯,我们也想安装一套,不过,安装日光灯的费用一定很大吧?”

推销员回答说:“刘先生,那看您怎样算这笔账了。日光灯耗电少,使用寿命长,所以,它的费用仅仅是……”推销员的回答使顾客无言答对。他本来就很想购置日光灯,但就是下不了决心。听了推销员的解释,他心中的疑虑全消除了。

例五,顾客说:“如果安装这种新的传送带,我们几乎得要改变整个生产程序。

当然我们也希望设备现代化。但是，我们的情况有点特殊，压力也很大。我们只完成了顾客订货的一半，而交货日期又日益迫近。我对您的建议倒是相当感兴趣，不过，我真不知道怎么办才好。”这说明顾客的购买欲望已经受到了刺激，不过还没有完全被说服，所以他没有作出购买决定。

“这个问题确实值得您认真考虑一下。”推销员冷静地回答。“不过，您决定把引进先进的操作系统推迟到什么时候呢？我们可以算算这笔账，如果您不购买这种传送带，那就要浪费很多时间。就按您目前的工资水平来算吧，加起来是……”他们两个人在一起计算。计算的结果使顾客清楚地认识到如使用传送带，生产成本可大幅度下降。这样一来，他不仅想购买传送带，而且将其视为当务之急。

5. 将购买欲望与说服工作结合起来。将购买欲望与说服工作结合起来是一个双重过程。首先，推销员应当尽量刺激顾客的购买欲望，然后再做说服工作。要使顾客信服，就要千方百计地影响他，使他产生购买念头，只有这样，才能减少不必要的讨论，减少双方意见不能统一的麻烦。如果顾客的购买欲望已经受到刺激，推销员还须进行说服工作，使顾客相信确实需要推销员所提供的产品。在通常情况下，顾客可以从推销员摆出的事实中找到购买产品的正当理由，因而也就不会因为购买了产品而感到忐忑不安了。

（四）促成顾客购买

推销的最终目的是达成交易，将产品销售出去。推销员能否实现这个目的，不仅取决于顾客对推销产品的认识、感情倾向，而且还取决于顾客对该商品的信任程度。要促使消费者下定购买决心，采取购买行动，推销员就必须从理智上促使顾客产生购买欲望，使他相信购买行为不仅在感情上是合理的，在理智上也是正确的。同时，也应告诉顾客错过了购买时间，就享受不到优惠条件。

1. 向顾客征求订单。首先，推销员应该使顾客产生购买欲望，然后向顾客作一番解释，使顾客认识到确实需要所推销的产品。这样，推销员就完成了通向成功销售的准备阶段的工作。但是，推销员还要攻克最后一道难关，即促使顾客作出具体的购买决定。

如果顾客没能作出购买决定，推销员要不断地说服，反复宣传产品的特点，直到顾客作出购买决定为止。光靠嘴上功夫是难以促使顾客作出购买决定的。顾客往往并不是因为他被推销员说得举棋不定、精疲力竭才购买的。事实恰恰相反，一大串冗长而使人感到厌烦的说教只会打消顾客的购买念头。

有些时候，顾客确实不需要任何外部因素来促使自己作出购买决定。出现这种情况，推销员就不必主动向顾客征求订单了。在现实生活中，顾客作出购买决定通常是重要而又困难的一步。有时，尽管顾客对所推销的产品发生兴趣并有购买的意向，但他仍然可能犹豫，以至没有勇气作出购买决定，因为对消费者而言，大量订货就意味着作出较大的经济牺牲，而且还迫使他放弃其他订货或者放弃其他一些东西。

2. 把握时机。推销电子收款机的推销员，必须有善于为他的产品物色合适顾客的本领。这类产品的推销对象是一些独立的零售商。这些零售商的经营活动完全可以通过使用电子收款机来提高其工作效率。但是,他们中的一些人习惯使用老式的现金记录器。开始,这位推销员的推销活动确实引起了许多顾客的购买兴趣,紧接着就遇到了顾客的反对。诸如:他们无力购买电子收款机;或者他们恪守节俭的原则,应该将现有的简易设备进行维护、修理,继续使用;他们正在等待时机,不愿意马上购买等等。鉴于此,该推销员认为有必要给顾客一定的时间进行考虑,以便于日后作出购买决定。于是,他说:"请再好好想一想,我明天再来。"但到了第二天,顾客的购买欲望可能早已烟消云散、无影无踪了。所以,这是一个不成功的推销员,失败的原因主要在于没有把握好恰当的时机。

每当顾客作出推迟购买决定而推销员又无能为力时,达成交易的机会就会相应减少。当他再次拜访顾客,"张先生,您考虑好了吗?"这句话会使顾客感到特别刺耳,如同最后通牒。由于没有新的推销论点来说服顾客购买该产品,有些推销员就只好把前几次洽谈时说过的理由重复一遍。这实际上是在打一场无准备、无把握的仗。因此,推销员应该记住"今天近在眼前的订单,明天就会远在天边"这一格言。

3. 观察顾客的购买意图。推销员通过察言观色,根据顾客的说话方式和面部表情的变化,便可作出正确的判断。大量实践证明,如果出现下面任何一种情况,就说明顾客已产生了购买意图,推销员就应该把握住这一时机。顾客的表现有:①向推销员打听交货时间;②向推销员打听新旧产品价格差;③对质量和加工提出具体要求,有时是把这种要求当作反对意见提出来;④要求推销员把价格说得确切一点;⑤问推销员是否可以把一些销售条件记录在册;⑥向推销员请教如何保养产品;⑦问推销员是否可以将报价的有效期延续数天,以便有时间重新考虑,作出决定;⑧问推销员是否可以把产品留给他试用几天。

虽然顾客有购买意图,但他仍然会提出一些反对意见,例如,"真有很多人购买这种型号的产品吗?""我是否必须马上作出决定呢?""这种材料真是经久耐用的吗?""如果你是我的话……""你能保证产品的质量吗?"等等。这些疑问是一种信号,说明双方很快就要达成交易了。

为此,推销员要掌握一些心理学的知识,掌握顾客心理活动的规律,通过仔细观察顾客在洽谈结尾阶段的言谈举止,来判断顾客的购买意向。

4. 掌握达成交易的 5 个条件。面对各种类型的顾客,推销员必须掌握以下达成交易的前提条件:

(1)使顾客完全了解所推销的产品,尤其是产品的使用价值。推销员应当向顾客提出一些测验性的问题,检查一下他是否了解所推销的产品。如果顾客没有充分了解产品的优点,他就会拒绝购买。

(2)使顾客对推销员和推销员所代表的企业产生一种信赖感。没有这种信赖感,不管推销的产品多么吸引人,顾客也会犹豫不决,难下决心。

(3)使顾客产生购买欲望。推销员可以促使顾客作出购买决定,但不能代替顾客作出决定。因此,推销员必须把推销过程的前几个阶段的工作做细、做好,使顾客产生购买欲望。

(4)把握时机。常言道:“机不可失,时不再来”。这一说法常使许多推销员感到过分紧张以至于贸然行事,由于害怕失去成交的机会,所以常在不适当的时间催促顾客作出购买决定。

任何一次推销洽谈都有几个高潮和低谷。如果没能在这个高潮中达成交易,那么,还可以在下一个高潮中努力争取达成交易。

(5)确定购买决策者。在推销过程中,推销员需要了解:谁掌握着企业的购买决策大权?是什么因素促使他们作出购买决定?他会作出什么样的决定?他为什么要作出这样的决定?只有了解了这些情况,推销员才能对症下药。

5. 结束与顾客的洽谈。推销员要鼓励顾客大胆发表自己的看法,包括错误的看法,不应该因此就责备他们。有些推销员往往喜欢责备顾客,特别是在他们已经付出最大努力或者近乎有把握获得成功的时候更是如此。一旦出现这种情况,顾客就有可能拒绝购买,拒绝再同该推销员打交道。如果推销员的表现落落大方,即使没有达成交易,也能给顾客留下美好印象。过些时候,推销员还可以再次对顾客进行拜访,重新推销。

推销员在决定结束与顾客的交谈时,应考虑以下问题:

(1)推销努力是否放弃得太早?许多推销员往往过早地放弃了推销努力,主要因为在洽谈之初,推销员被顾客提出的反对意见吓住了。有些推销员在拜访初次见面的顾客时,常流露出畏难情绪。另外,在业务洽谈快要结束,顾客表示拒绝购买时,推销员不继续做说服工作,而轻易地把这些顾客的名字从客户名单上划掉了。

有这样一位推销员直接向用户推销产品。他采取的做法实属过激。他建议在业务洽谈不会产生任何结果的情况下,应立即停止拜访活动。这样做,推销员维护了个人的自尊心,并会继续受到顾客的尊重。但是,在下次拜访顾客的时候,推销员应当避免前面提到过的那种通常易犯的错误,千万不要问顾客是否改变了主意等类似的问题。如果情况没有发生变化,应该从上次洽谈时顾客提出的某一条反对意见谈起。如果情况发生了变化,就应当从新问题谈起。

(2)推销员应该什么时候同顾客分手?当顾客作出购买决定,特别是在顾客提出反对意见,但经过长时间的考虑最后决定购买的情况下,推销员不应该仓促离开。匆忙离开,就会给人留下一种“诈骗犯夺路而逃”的印象,顾客会因此感到怀疑。尤其在顾客犹豫不决或勉强作出购买决定的情况下,推销员匆忙而去会使顾客更加惶恐不安。顾客会不由自主地问自己:“我做得对吗?我是不是太轻率了?”

如果推销员与顾客过早分手,留下顾客一人独自进行激烈的思想斗争,顾客可能会为作出购买决定而感到懊丧。他可能会认为推销员对他施展了倾力推销。这会导致推销员刚接到订单,顾客就马上要求撤销订单的结果。

在顾客对签订合同感到后悔的情况下,促使顾客履行合同在任何时候都是一件困难的事情。推销员应该用巧妙的方法祝贺顾客做了一笔好生意,指导顾客怎样正确保管和使用产品,并向顾客复述交货的条件和其他事项。这样做可以防止顾客对自己的购买决定感到后悔。但是,在这个阶段之后,推销员就不要再逗留了。否则,就会前功尽弃,承担推销工作"从头开始"的风险。

(3)达成交易后该干什么?推销员在达成交易以后,还应当关心顾客,与顾客建立良好的关系。与顾客之间的相互信任关系到会给推销员带来许多机会,推销员可以利用这一机会详尽了解所推销的产品是否符合顾客的愿望,以及顾客的其他需求。推销员与顾客的亲密关系有助于培养与顾客的感情,为推销员在市场竞争中赢得竞争优势。

有经验的推销员都清楚为顾客服务的实用性。从这些为顾客服务的项目中,他们可以发现很多具有说服力的推销要点和新的内容,从而为他们提供了更多的推销机会。这样做,推销员可以赢得顾客的信任,争取更多的顾客。也只有这样做,才能成为该行业出类拔萃的推销员。

推销员与感到满意的顾客签订的每一份合同,都为他提供了新的销售机会。这些销售机会具体包括:①向同一顾客推销同一产品,这样可以增加推销员的销售量;②向同一顾客推销不同的产品,这样可以增加推销员的额外销售量;③向其他顾客推销同一产品(这个顾客可能是第一位顾客的朋友、同事或者他们是业务往来的同事),这样可以扩大目标顾客的范围;④向不同的顾客推销不同的产品。通过顾客推荐的方式,既增加了推销员的销售量,又扩大了目标顾客的范围。

向老顾客推销产品比向新顾客推销产品更经济、实用、省事。一个感到满意的顾客经常正式或非正式地提及在他所熟悉的人当中有哪些人对所推销的产品感兴趣,这就为推销员提供了扩展销售业务的便利条件。

第二节　迪伯达(DIPADA)推销模式

一、迪伯达模式的含义

迪伯达模式也是推销专家海因兹·姆·戈德曼根据自身推销经验总结出来的一种推销模式。它被认为是一种创造性的推销模式,是现代市场营销在推销实践活动中的突破与发展,是以需求为核心的现代推销学在实践中的应用。

"迪伯达"是6个英文单词的第一个字母的译音,即D,I,P,A,D,A。6个单词表达了迪伯达模式的6个推销步骤:

第一步,D,英文为Definition,意为确定、界定,引申为准确地发现顾客有哪些需要与愿望;

第二步,I,英文为Identification,意为结合,引申为把所推销的产品与顾客的需要及愿望结合起来;

第三步,P,英文为Proof,意为证实、证明,引申为证实所推销的产品符合顾客

的需要与愿望,即证明所推销的产品正是顾客所需要的;

第四步,A,英文为 Acceptance,意为接受,引申为促使顾客接受所推销的产品;

第五步,D,英文为 Desire,意为欲望,引申为刺激顾客的购买欲望;

第六步,A,英文为 Action,意为行动,引申为促使顾客作出购买或成交的决定。

与爱达模式不同,迪伯达模式适用于生产资料市场上生产资料(即资本品)的推销;适用于对老顾客及熟悉顾客的推销;适用于保险、技术服务、咨询服务、信息情报、劳务市场上无形产品的推销;适用于顾客属于有组织购买即单位(或集团)购买者的推销。迪伯达模式的开头比爱达模式复杂,层次多,步骤繁,但其推销效果较好,因而受到推销界的重视。

二、迪伯达模式的具体内容

让我们通过具体实例来详细说明迪伯达模式的内容。

小王是一位保险销售商,他要拜访的两名潜在顾客都是商人。这两个人的家庭状况良好,生活美满舒适,最近都有了孩子。小王首先拜访了张先生。下面是他们两个人的对话。

小王:张先生,您听到过利用免税的银行储蓄金办理保险的事情吗?您可以用这种方式为您的小孩办理保险。

张先生:我听说过这种储蓄计划,但我不太了解详情。

小王:我向您介绍一下吧!每年您把一定金额的钱储蓄起来,作为备用,这样……

张先生:储蓄一定金额的钱?!我可没有钱储蓄。

小王:别忙嘛,我的话还没说完呢!您储蓄一些钱……

张先生:对不起,王先生。办理保险是一件大事,我需要好好考虑一下,另外,我现在很忙,可以说一点空儿也没有。我想,你还是改天再来吧,或者把你的名片留给我……

小王对张先生的拜访没有任何结果,唯独使小王感到欣慰的是,他还有希望在将来的某个时候再次拜访张先生。小王对这次拜访的结果很不满意,当然这是不足为奇的。小王不仅对自己不满意,而且也觉得他的工作方法有问题,不符合顾客的心理活动规律。所以,当他拜访第二位顾客马先生时,改变了方法,采用了“迪伯达”模式。这次谈话同上次比起来,效果大不一样。

小王:马先生,恭喜您添了个儿子。不过,您的家庭负担也增加了一半。您还要为他的将来着想呢!

马先生:是呀!

小王:作为一家之长,责任重大。您应当考虑到各种可能会出现的问题,比如,在孩子还没有长大成人,还不能自食其力的情况下,您不能不为他提供生活费用、教育费用以及其他费用。因此,您有必要为他办理保险。假如再过 30 年,您不在人世了……小王继续向马先生介绍,并指出他需要为孩子办理哪种保险以及办理保险应支付的费用。

通过以上实例,可以得出迪伯达模式的具体内容:

（一）明确指出顾客的需要

从上述对话中,我们可以看出小王在进行迪伯达模式第一阶段的工作,即明确指出顾客的需要。到现在为止,小王只谈论顾客的需要,没有向顾客介绍他的“产品”,即办理保险。正如我们在前面所指出的那样,这种探讨顾客问题的做法最能引起顾客的兴趣。顾客的兴趣有利于造成一种融洽的气氛,有利于消除心理障碍。作为推销员,仅仅知道顾客有哪些需要还不够,还必须知道顾客有哪些愿望。

小王:您希望您的孩子尽可能受到良好的教育,对不对?

马先生:那当然啦!

小王:所以,不管发生什么情况,只要有足够资金支付他的教育费用,并能保证您夫人在经济上不会遇到什么困难,您就感到宽心了。对不对?

马先生:对。我们应该尽到做家长的责任。但是,有些时候,我们是心有余而力不足。有些事情是不可能如愿以偿的。您提出的问题是一个实际问题。只要有钱,这个问题是可以解决的。

通过上述对话方式,顾客本人主动地把推销过程转向迪伯达模式的第二阶段,即把顾客的需要与所推销的产品紧密地联系起来了。

（二）把顾客的需要与所推销的产品紧密联系起来

从上段对话中可以看出,小王是先向顾客指出他有哪些需要,在简单地总结了顾客有哪些需要和愿望之后,便转向第二阶段。这时,小王向顾客介绍所推销的“产品”,并把“产品”与顾客的需要和愿望联系起来。他向马先生指出,从某种意义上说,他介绍的那种保险正是马先生需要办理的,是符合马先生的需要和愿望的。

小王:马先生,您需要做的第一件事就是稍微增加一点您的人寿保险金额,这样,您的夫人就会得到更多的保险金,她和孩子的生活才会有保障。而您的保险金额不再增加的话,您的孩子就没有足够的钱来支付其教育费和学杂费,为了使他有足够的资金来支付这一切必不可少的费用,您必须每月为他交付一定金额的保险费。另外,您肯定希望通过购买保险为您的孩子储蓄一笔可观的资金,等他到21岁时交给他。只有这样,您才尽到了一家之长的责任,尽到了您对尊夫人和孩子的义务,对吗?

马先生:如果我能够做到,那当然是最理想不过的了。

小王:我可以告诉您怎样做。

于是,小王向马先生详细地介绍了购买保险的计划。到目前为止,推销洽谈进展良好。但往往在这个时候,许多推销员要么完全省略迪伯达模式的第三、第四阶段;要么草率行事,不认真做好第三阶段和第四阶段的工作。

（三）向顾客证实并使他确信他对所推销的产品有所需求

在介绍爱达模式时,已经讨论过向顾客证实需要购买推销产品的必要性。但是，在使用迪伯达模式时，推销员往往忽略向顾客证实他对所推销的产品确实有需求，这是因为推销员过分相信迪伯达模式第二阶段所发挥的作用。

其实，在推销员向顾客证实他需要购买所推销的产品以前，顾客是不会把他的需求与推销员所推销的产品联系起来的。因为事情绝非如此简单。事实上，推销员仅仅告诉顾客，该推销产品正是顾客所需要的。但这还远远不够，他还必须拿出充分的证据向顾客证明，顾客所需要的正是所推销的产品。另外，在继续业务洽谈以前，推销员必须问一下顾客，他是否认为所提供的证据真实可信。应该强调的是：必须从顾客的角度，而不是从推销员的角度来判断这些证据是否真实可信。

（四）购买欲望

经过前几个阶段的努力，现在业务洽谈开始转入第四个阶段，即购买欲望阶段。推销员仅仅使顾客把他的需要或愿望与保险或某一产品联系起来是不够的，还应该使顾客认识到他必须购买所推销的产品。

（五）购买行动

迪伯达模式的最后一个阶段是结尾阶段，也是采取购买行动的阶段。迪伯达模式的第五、第六阶段的内容与爱达模式的第三、第四阶段相同，故不再重述。

零售商接待的顾客大多是自己主动到商店来购买商品的顾客。一般说来，这些顾客或多或少都知道他们需要购买哪些产品，无须零售商向他们推销。当然，也有例外的情况，如“额外销售”。所谓“额外销售”就是向顾客推销一些他们本不打算购买的产品。另外，还有一些顾客只是到商店逛逛，并不准备购买什么东西。零售商可以抓住这一机会向闲逛的顾客进行推销，刺激他们的购买欲望。

不管是向零散的顾客小批量推销，向中间商大批量推销，向企业成批推销，还是向经销商批发，只要是顾客主动与推销员接洽，推销员在业务洽谈时都应使用迪伯达模式的简化形式。

最重要的一点是，推销员应当准确地发现顾客有哪些愿望和需要。令人遗憾的是，许多推销员往往忽略了这一点。他们根本不听取顾客的意见，不注意了解顾客究竟有哪些需要和愿望，只是无的放矢地向顾客介绍或者展示他们的产品。这样做的结果必然会使顾客大失所望，因为他注意到推销员并不了解，或者不理解他的心愿和需求。实践证明，越能准确地发现顾客的需要和愿望，在向顾客示范产品时，就越有可能达成交易。

有些时候，顾客也会感受到推销员确实了解他的需要和要求，而没有把别人的爱好和想法强加于自己，这就利于实现销售目的。有时，推销员可以通过示范来了解顾客的需要和愿望。将顾客的需要和所推销的产品联系起来以后，必须马上加以证实，使顾客相信所推销的产品确实符合他的需要，然后，转入第四、第五（在某种程度上，业务洽谈是自动地转入第五阶段的，因为顾客肯定有购买欲望，否则他就不会与推销员接洽）和第六阶段。

第三节 埃德帕(IDEPA)模式和费比(FABE)模式

一、埃德帕模式

(一)埃德帕模式的含义

埃德帕模式是迪伯达模式的简化形式。英文缩写为IDEPA。其中:

I为Identification的缩写,意为:把推销的产品与顾客的愿望结合起来;

D为Demonstration的缩写,意为:示范产品阶段;

E为Elimination的缩写,意为:淘汰不合适的产品;

P为Proof的缩写,意为:证实顾客的选择是正确的;

A为Acceptance的缩写,意为:接受某一产品,作出购买决定。

埃德帕模式是专门用来向零售商推销产品的一种推销模式。该模式包括以下五个阶段:

第一阶段:把推销的产品与顾客的愿望联系起来;

第二阶段:向顾客示范合适的产品;

第三阶段:淘汰不合适的产品;

第四阶段:向顾客证实他们作出的产品选择是正确的(顾客已挑选了合适的产品);

第五阶段:使顾客作出购买决定。

埃德帕模式一般适用于零售推销。当顾客主动来到零售商店,提出他要购买哪些商品,或者手里拿着购货单时,应该使用埃德帕推销模式。

(二)埃德帕模式的具体内容

1.将推销的产品与顾客的愿望结合起来。

(1)埃德帕模式的适用范围。只要客户就购买产品事宜主动与推销人员接洽,推销人员就应该运用埃德帕模式。客户主动联系推销人员,说明他们已经通过一定的渠道了解到了该推销产品,该产品正是目前他们所需要的,能够解决他们面临的问题。他们主动联系推销人员主要是为了掌握更详尽的有关产品或交易的信息。此时的客户已经产生了购买欲望,推销人员需要运用一定的技巧将顾客的购买欲望激化到一定的强度,最终使其转化为现实的购买行为。

(2)热情接待上门求购产品的顾客。顾客上门求购产品首先说明顾客确实需要该产品;其次,顾客有一些疑问无法通过网络或电话得到满意的解答,需要推销人员当面澄清,以满足自己“眼见为实”的心理要求。顾客需要目睹产品生产厂家的实情,需要面对面地与推销人员交谈,以便争取到有利于自己的交易条件。对推销人员来讲,首先应该在态度上重视顾客,不应该由于顾客有求于自己而产生怠慢情绪。其次,推销人员要遵照接待顾客的规范程序得体、大方地接待顾客,等到顾客平静下来后再详细询问购买产品的事项,并对顾客的基本情况和需求进行记录,拉近与顾客的距离,使顾客产生一种有利于产品销售的情绪。当产品供不应求时,推销人员应该将情况向顾客解释清楚,绝不能居高临下轻慢顾客,伤害顾客的自尊心。

(3)努力满足顾客的需要。首先,推销人员要尽量按照顾客的标准为其组织货源,即便顾客的求购数量非常小,也不能怕麻烦,要尽量满足;其次,要了解顾客求购产品的真实目的,即顾客需要解决什么问题,在此基础上运用性价比分析方法从专业的角度向顾客推荐公司的其他产品,使顾客产生明显的"消费者剩余"感觉。

2. 向顾客展示、示范产品。埃德帕模式的第二阶段是向顾客展示、示范产品。在这一阶段应注意以下问题:

(1)事先做好示范的准备工作。示范前应认真检查好所有的设备,以防出现尴尬场面。将产品特性和优势排序,根据顾客的需要,优先指出那些对顾客最重要、最具竞争性的优势。要多演练几次。如果在顾客面前笨手笨脚、举止慌乱,就会增加他们对产品的顾虑,直接影响到他们的购买决策。

(2)展示应尽量针对顾客的具体需要。这有助于顾客看到产品的真正利益。如果可能的话,将顾客带到另一位顾客的所在地,使示范更加真实可信。但产品在另一位顾客那里的使用情况应与眼前的顾客相似,这样才能提高产品的可信度。

(3)重点考虑产品示范的环境。要有一个整洁、安静的示范场所,这样,示范的细节才能不被忽视,展示才能达到预期的效果。

(4)在示范过程中,应通过提问确保顾客理解产品的每一项特性和优势。例如,"这是否适合您的需要?""您认为这对您的工作有意义吗?"

(5)鼓励顾客参与示范的每一个步骤。让顾客参与其中,有助于吸引和抓住顾客的注意力,尤其是技术产品,顾客参与有助于向他们说明这些产品操作起来并不困难。

3. 淘汰不合适的产品。所谓淘汰不合适产品,是指淘汰不符合顾客需求标准的产品。经过第一阶段和第二阶段,推销人员向顾客推荐了大量产品,有的产品距离顾客的需求标准的差距较大,推销人员就应该将这些产品从推荐目录中删除。否则就会引起顾客的反感,顾客会认为推销人员为了多卖产品而忽视自己的需求。顾客即便购买了这类产品,也会后悔、退货。这直接影响到顾客的重复购买行为。

4. 向顾客证实他的选择是正确的。推销人员在向顾客证实他的购买决策正确的时候,应多举事例来加以说明。通过具体的事例告诉顾客先前的买主由于购买了本产品,其工作效率得到明显提高,经济效益增加显著。推销人员也可以将本产品与竞争产品相比较,通过性价比来赞扬顾客的购买决策是理性的,顾客是一位非常聪明的购买者。

5. 促使顾客接受产品。这是埃德帕模式的最后一个阶段。在这一阶段顾客能否接受产品不是出于产品质量的考虑:经过以上四个阶段的沟通,顾客已经相信产品的质量是完全可靠的。要达成交易还要考虑其他方面,例如产品价格、运输问题、付现折扣、结算方式以及零配件的供应等问题。这就需要推销人员从顾客的角度出发,认真考虑这些问题,并尽量地予以解决。

二、费比(FABE)模式

(一)费比模式的含义

费比模式是由我国台湾郭昆漠教授总结出来的,英文缩写为 FABE。

其中:

F 为 Feature 的缩写,意味产品的特征;

A 为 Advantage 的缩写,意味产品的优点;

B 为 Benefit 的缩写,意味产品的利益;

E 为 Evidence 的缩写,意味推销人员要用证据说服消费者。

费比模式可以概括为以下四个阶段:

第一阶段:将推销产品的特征详细介绍给顾客;

第二阶段:将产品的优点详细告知顾客;

第三阶段:系统阐述产品能够带给顾客的利益;

第四阶段:用大量的"证据"说服顾客,促使他们产生购买欲望,最终达成交易行为。

费比(FABE)推销模式实质上是一种开门见山式的推销理论。

(二)费比模式的具体内容

1. 将产品的特征直截了当地告诉顾客。推销人员在见到顾客后,应该用准确的语言将产品的功能、优点、构造、耐用性、工艺水平、环保性、价格水平、时尚性、维修服务等方面的特征告诉他们,并且要强调哪些特征是本产品独具的,这样,就会使顾客对推销产品就会有一个概念性的了解。如果上述特征性资料非常多,可以用宣传卡片的形式将它们一一罗列出来,再分发给顾客。需要注意的事:这种卡片的设计与制作一定要精致,否则就不能确保较高的阅读率。

2. 把产品的优点介绍给顾客。涉及产品特征的内容也许很多,对推销人员而言这些内容都是耳熟能详的专业知识,但对一般顾客而言,他们无法在短暂的时间内弄清楚所有特征的确切含义。这不仅需要一段时间来理解,还需要一定的专业知识为背景基础。这就需要推销人员认真分析顾客需求,从上述产品特征中选择一到两个顾客最为关心的特征作为突破点,充分宣传它们的优点,以促使顾客产生购买欲望。比如,如果顾客是环保主义者,则突出宣传产品是绿色产品;如果顾客是工作至上者,则突出宣传该产品在提高工作效率方面的作用。

3. 尽数产品会给顾客带来的利益。产品带给顾客的利益是指产品能够满足顾客需求的程度,即产品的效用。产品有许多特征,有许多优点,但这些都是从产品的角度来看待问题的。对顾客而言,最重要的是购买了产品以后,在使用中它能够解决哪些实质性的问题,能产生怎样的经济效益和社会效益。

费比模式要求推销人员事先将产品的优点与利益概括出来，并罗列在宣传单上，再逐条向顾客解释。

4.用“证据”说服顾客。这里的“证据”是指谁购买了推销产品的具体事例，有多少人购买了本产品，产生了怎样的效益。这样的“证据”越具体其说服作用就越明显。列举“证据”来突出推销产品的优点，要比“最耐用”“最便宜”“最可靠”等语言有明显的说服力。当然，推销人员举用“证据”时，一定要选用与目前顾客在一定层面上具有可比性或相似性的购买者，这样才能提高“证据”的可信度。如果推销人员列举的是一家较大规模的工厂，顾客就会这样想：“这适合规模大的有钱的企业，但不适合我。”

费比模式最大的优点就是要求推销人员事先将产品的特征、优点、产生的利益逐项罗列出来，并打印在宣传卡片上，在推销过程中推销人员就可以照单抓药，逐项陈述，最终达成交易行为。这样就节省了推销时间，减少了顾客产生异议的可能，确保推销过程不会偏离销售主题。

费比模式最大的缺点是：如果顾客对产品的需求是潜在的、不明确的，就需要推销人员一点一点逐步强化他们的购买欲望，此时推销人员如果运用费比模式就会显得唐突和生硬，必然会引起顾客的反感。

第四节 推销方格理论

推销方格理论（Sales Grid）是美国营销专家罗伯特·布莱克（Robert R. Blake）教授和简·蒙顿（Jane S. Mouton）教授于1970年提出的，它是推销学基础理论的一大突破。推销方格理论的出发点为：商品推销是一种面对面的双向交流过程。由于推销人员与顾客立场的不同，看问题的角度各异，因而对推销和购买会产生不同的认识，对彼此的关系也会有不同的看法。这些不同的认识和看法，直接影响到推销效果。

推销方格理论可以帮助推销人员更清楚地认识到自己的推销心态，看到自己在推销工作中存在的问题，进一步提高自己的推销能力。它还有助于推销人员更深入地了解自己的推销对象——顾客，掌握顾客的心理活动规律，以便有的放矢地开展推销活动。

推销方格分为推销人员方格和顾客方格。前者是研究推销活动中推销人员心理活动状态的，而后者则主要研究在推销过程中顾客的心理状态。大量实践证明，要搞好推销工作，必须了解推销人员和顾客对推销活动的态度。下面我们将对推销人员方格和顾客方格进行详细的介绍。

一、推销人员方格

绝大多数推销人员在推销活动中都有两个明确的目标：一是要努力说服顾客，完成商品销售的任务；二是要尽心竭力迎合顾客的偏好，与顾客建立密切的关系，为以后的商品销售作准备。不同的推销人员有不同的成长环境，因此，他们在推销过程中就有不同的心理愿望。对于上述推销目标，每个推销人员的侧重点和追求各不相同。把这两个不同的目标用平面坐标图表示出来，就是推销人员方格，如图2－1所示。

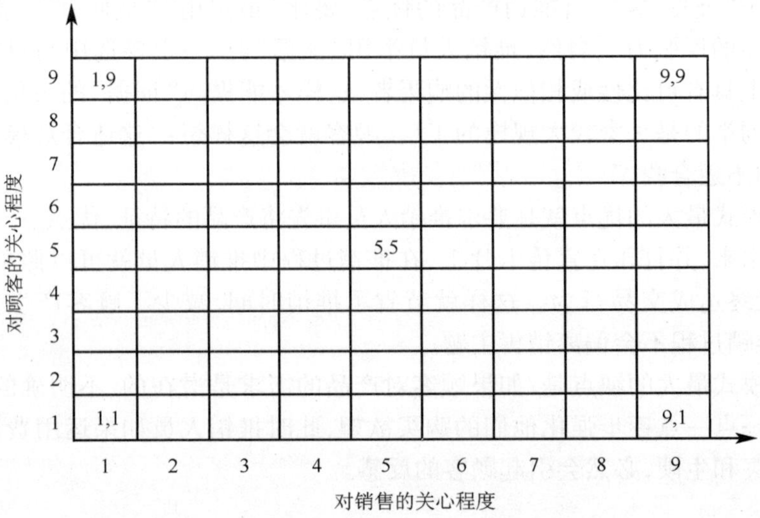

图2－1　推销人员方格图

图中数值越大，表示推销人员对有关事物关心的程度越高。根据图2－1可知，推销人员对推销业务的关心幅度为1～9，对顾客的关心幅度也是1～9，因此，从理论上讲，推销人员的推销心态有81（9×9）种之多。如果这样划分，两种相邻的心态之间的差别是非常小的，很难把握推销人员的心态。针对这一情况，布莱克和蒙顿把推销人员心态分为五种类型，每一种类型都有典型的特征。

（一）事不关己型

事不关己型处于图中（1，1）的位置上。有这种推销心态的推销人员既不关心顾客，也不关心自己的推销工作，具体表现是没有工作责任心，不热爱本职工作，缺乏成就感，漠视顾客的需求，对企业的推销工作也毫不在意。之所以如此，主要由于其自身没有进取精神，或其所在的企业没有建立严格的管理制度。

（二）顾客导向型

顾客导向型处于图中（1，9）的位置上。这种推销人员只知道关心顾客，而不去关心推销工作。这种类型的推销人员处处迁就顾客，一切以顾客的利益为重，为了顾客他们可以牺牲企业的利益，可以将所推销的商品以极低的价格销售给顾客。他们的工作目标是为了建立和保持与顾客的良好关系。客观上，这类推销人员是一位人际关系专家，而不是一名成功的推销人员。他们懦弱的性格，使他们过于迁就顾客，甚至迁就顾客的偏见和不合理的要求。

（三）强销导向型

强销导向型处于图中(9,1)的位置上。这种推销人员只关心推销结果,而不关心顾客的实际需要和购买心理。在推销过程中,为了使商品销售出去,他们往往千方百计地说服顾客,使顾客产生购买欲望,有时甚至运用倾力推销的方式。之所以如此,是因为他们有太强的成就感,过分看重推销的结果。这种推销人员可能成功一时,而以后却再难登顾客之门。

（四）推销技术导向型

推销技术导向型位于图中(5,5)的位置上。这种推销人员既关心推销结果,也关心与顾客的人际关系。但是,他们只注意顾客的购买心理,而不考虑顾客的实际需要。这种推销人员已掌握了一定的推销理论知识与推销技巧。他们明白过分迎合顾客或者过分强行推销未必能取得良好的销售效果,因此,他们兼顾自己的推销业务以及与顾客的人际关系,既不愿丢掉生意,也不愿意丢掉顾客,四平八稳,和气生财。这类推销人员的销售业绩明显要好于前三类,有一些人的推销业绩非常突出。可是他们不是推销专家,因为,他们对销售和顾客的关心程度仅在(5,5)的位置,即中等水平上,其推销技术远没有达到娴熟的程度,有时费尽心机,却说服某些顾客购买了实际上并不需要的商品。

（五）解决问题导向型

解决问题导向型处在图中(9,9)的位置上。这类推销人员不仅关心顾客,而且也关心推销效果。对于顾客,他们既关心顾客的购买心理,也关心顾客的实际需要。具体表现为针对顾客的问题提出解决的方法,然后再完成自己的推销任务。这类推销人员能最大限度地满足顾客的各种需求,同时能取得最佳的推销效果。他们在推销工作中积极主动,但又不将自己的意愿强加于人。他们善于研究和掌握顾客的购买心理,发现顾客的真实需求,然后展开有针对性的推销,帮助顾客解决实际问题,同时达成销售合同。在现实生活中,推销人员的这种心态是最佳的,持有这种心态的推销人员是推销专家,是优秀的推销人员。因为在市场经济条件下,他们的推销行为以市场需求为出发点,让自己的商品适应消费者的兴趣、偏好,适应消费者的需求特点。

二、顾客方格

在推销活动中,顾客对商品推销活动的看法可以概括为两种情况:一是对推销人员的看法;二是对购买活动本身的看法。这两个方面形成了顾客在购买过程中的两个目标:①希望与推销人员建立良好的人际关系,为日后的长期合作奠定基础;②通过与推销人员的讨价还价,为自己赢得较多的消费者剩余,或者以其他有利的条件达成交易。每个顾客对这两个具体目标的关心程度有所不同,将其表现在方格图上就称为顾客方格,如图 2－2 所示。

在图 2－2 中,横坐标表示顾客对购买的关心程度,纵坐标表示顾客对推销人员的关心程度。不同位置的方格,代表着顾客不同的购买心理状态,数值越大表示

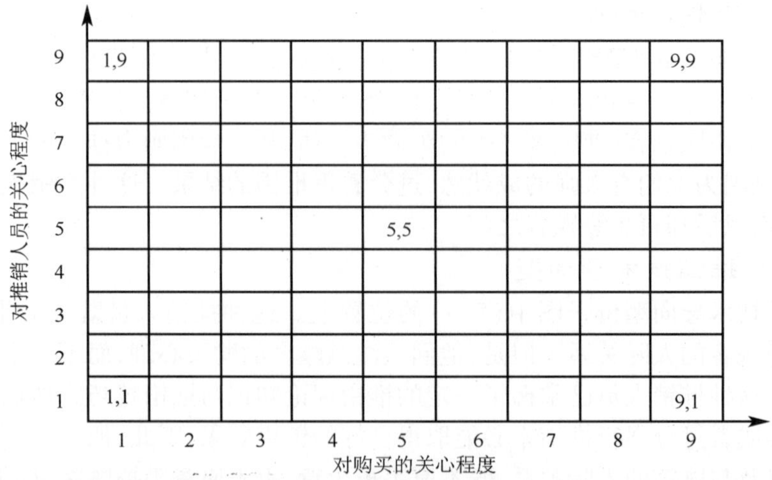

图 2－2　顾客方格图

顾客关心的程度越高。其中具有代表性的心态有五种，每一种心态都有各自的特征。

（一）漠不关心型

漠不关心型处在图(1,1)的位置上。持有这种购买心态的顾客既不关心购买，也不关心推销人员，认为“买不买与己无关”，或者“买好买坏自己不负责任”。具体表现为尽量避免作出购买决策，他们经常逃避或敌视推销人员，不愿接待推销人员。在现实生活中，这类顾客通常没有购买决策权，一般受命于人。

（二）软心肠型

软心肠型处在图(1,9)的位置上。持有这种购买心态的顾客对上门的推销人员极为关心，对购买行为则不甚关心。他们极易被推销人员说服，一般都不会拒绝推销品。这类顾客往往感情重于理智，他们非常喜欢营造一种优良的推销氛围，但对购买决策却比较轻视。

（三）防卫型

防卫型处在图(9,1)的位置上。持有这种购买心态的顾客只关心自己的购买行为，而不关心推销人员，甚至敌视推销人员。他们认为推销人员都是些不诚实的人，对推销人员的态度十分冷淡，本能地采取防卫态度。产生这种现象的原因有可能是过去购买了不良产品，也有可能是传统偏见所致。

（四）干练型

干练型处在顾客方格图(5,5)的位置上。持有这种购买心态的顾客既关心自己的购买行为，也关心推销人员的推销工作。购买商品时比较冷静、理智，也比较重视感情，有一定的自信心。他们的生活消费常受流行时尚的影响，属于勇敢类的购买者。对待这类顾客，推销人员应该摆事实，及时出示证据，但必须让顾客自己去决策。

（五）寻求答案型

寻求答案型处在顾客方格图(9,9)的位置上,是一种理想的心态。持有这种心态的顾客既非常关心自己的购买行为,又非常关心推销人员的工作。他们把购买过程视为帮助自己解决困难的过程,因而属于“寻求答案型”。持这类心态的顾客通常掌握有较高的购买技术,其购买行为非常理智,基本上不会冲动购买。他们既清楚自己的实际需要,也很了解市场行情,因此对能够解决实际问题的推销人员持欢迎的态度。在现实生活中,这类顾客属于成熟型的消费者,他们根据自己的实际需要来决定是否购买。

三、推销人员方格与顾客方格的协调关系

根据图2－1和图2－2可知,推销人员的推销心理和顾客的购买心理均有五种典型类型,推销工作效果既取决于推销人员的心理状态,也与顾客的购买心态密切相关。因此,推销人员必须认真分析推销方格与顾客方格的协调关系,使推销工作顺利展开,提高自己的推销效果。

从推销人员方格图来看,推销人员的推销心态越趋向于(9,9)型,其推销能力就越强,推销成绩也就越佳。有人曾对推销人员的推销心态与推销绩效之间的关系作了比较分析,其结果是(9,9)型推销人员的工作绩效要比(5,5)型推销人员高3倍,比(9,1)型推销人员高7倍。因此,每一个推销人员都应该努力学习,提高自身素养,使自己成为一名能够帮助顾客解决实际问题的推销专家。

有些推销人员在运用推销方格理论分析自己的心态时,经常认为自己天生不适合从事推销工作,难以成为一名优秀的推销专家,因而妄自菲薄,自暴自弃,这是一种错觉。因为推销人员的推销心态是后天形成的,推销人员对推销工作的态度、对顾客的态度、对所推销产品或服务的态度等,都要受到自身的推销观和外部环境的影响,随着外部环境的变化和推销经验的增加而不断发展变化。只要推销人员认真学习推销理论,总结自己的经验教训,完善自己的推销行为,其推销心态必然向(9,9)的位置不断靠近,逐步接近理想的目标。

具有(9,9)型推销心态的推销人员无疑是理想的推销专家,但并不是说只有这种心态的推销人员才能取得有效的推销成果。推销人员的推销活动能否成功,除了自身的努力以外,还要看顾客是否愿意配合。如果顾客已下决心不购买,再高的推销技术也不能成功。而顾客的购买心态也有五种代表类型,不同类型的顾客与推销员搭配在一起,有时能取得很好的推销绩效。例如,(1,9)型推销人员不是优秀的推销人员,但当他遇到的是一位(1,9)型顾客时,由于一个对顾客特别热心,一个对推销员又特别关照,因此,可以取得圆满的推销成果。在这里,只有(1,1)型推销人员例外,因为,他们没有推销热情,不论什么样的顾客都不愿意到他们那里买商品。这类推销人员必须注意自我反省,不断学习,使自己的推销心态向优良的推销心态过渡,取得推销的成功。

可见,正确把握推销心态与购买心态之间的关系是十分重要的,只要二者能达

到有效的协调,多数推销人员都会取得成功。推销人员方格中列举的五种推销心态与顾客方格中列举的五种购买心态有的能够有效结合在一起,使推销任务顺利完成;有的则不能有效搭配,即二者结合达不成销售协议;有的则两种心态无相关关系,二者结合,可能达成,也可能达不成销售协议,即使达成了销售协议,也不是二者搭配的结果,而是受其他因素影响的结果。在这里,我们把能够达成销售协议的用"+"表示,不能达成销售协议的用"-"表示,无相关关系的用"○"表示。二者之间的联系如表2-1所示。

表2-1 推销人员方格与顾客方格搭配效果表

推销人员方格 \ 顾客方格 \ 搭配效果	1,1	1,9	5,5	9,1	9,9
9,9	+	+	+	+	+
9,1	○	+	+	○	○
5,5	○	+	+	-	○
1,9	-	+	○	-	○
1,1	-	-	-	-	-

思考题

1. 推销人员怎样才能引起顾客的注意?

2. 你认为推销人员进入顾客办公室时所说的第一句话应是什么?

3. 什么是特色推销? 试举出10种以上的特色推销。

4. 在推销中要多用肯定语气,你能举出10种以上的肯定语气吗?

5. 许多顾客常常由于外部干扰而注意力不集中,你能举出10种以上"注意力不集中"的例子吗?

6. 你认为见到顾客以后,第一个动作应该做什么? 顾客的反应可能是什么?

7. 当你见到顾客时,你能根据顾客办公室中的摆设以及顾客的个体体态看出顾客的兴趣吗?

8. 在向顾客示范所推销的产品时,你常用的动作是什么?

9. 你认为顾客购买所推销产品的前提条件是什么?

10. 结束与顾客的推销洽谈时,推销人员应该考虑哪些问题?

11. 迪伯达推销模式的含义是什么?

12. 简述迪伯达推销模式的内容。

13. 找一件你熟悉的产品,你如何向顾客证实,使其相信该产品确实是他所需要的?

14. 简述埃德帕推销模式的内容。
15. 简述费比推销模式的内容。
16. 成功推销构成法可以分为哪几个阶段？
17. 根据推销人员方格理论，可以将推销人员划分为哪几种类型？
18. 面对“干练”型的顾客，推销人员应该采取怎样的推销策略？
19. 面对“防卫”型的顾客，推销人员应该采取何种有效的对策？
20. 面对“漠不关心”型的顾客，推销人员应该采取怎样的对策？
21. 在产品推销的过程中，如何将推销人员方格与顾客方格有效地协调起来？

第三章

推销环境分析

本章重点及学习要求

- 掌握推销环境对推销活动的影响
- 掌握影响消费者购买行为的主要因素
- 掌握消费者购买行为的类型与决策过程
- 掌握工业用户购买生产资料的影响因素
- 掌握工业用户的购买动机、购买类型、购买过程

本章关键词

推销环境(sales environment)　需要(need)　欲求(desire)　人口因素(demographic factor)　行为因素(behavioral factor)　社会阶层(social class)　小群体(groups)　口碑(word - of - mouth influence)　复杂的购买行为(complex buying behavior)　减少失调感的购买行为(dissonance - reducing buying behavior)　习惯性购买行为(habitual buying behavior)　寻求多样性的购买行为(variety - seeking buying behavior)

第一节　推销环境概述

推销人员的推销活动总是在一定环境下进行的。推销环境是对影响推销活动的各种内部条件和外部因素的总称。推销环境对推销活动的影响是极其复杂的，这种复杂性表现在以下几个方面：

首先，并非所有外部事物都构成企业的推销环境。不同的企业面临着不同的环境系统，它要求推销人员采取不同的推销策略和行为。研究本企业推销环境的特点是成功推销的首要的、必需的工作。

其次，环境因素是不断变动的系统。环境随时为推销提供着机会，也为推销带来风险。推销人员对推销环境的调查、预测、分析和研究是一项不间断的经常的工作。捕捉机会、避免风险的能力是推销人员素质高低的综合表现，也是推销成功的关键。在目前我国改革开放不断深入的环境下，对环境的不断监测显得尤为重要。

最后，推销环境具有相关性。环境对企业的影响既有直接的，又有间接的。有的环境要素在一定时间、地点、条件下对企业的生存与发展起着举足轻重的作用。而当情况变化后，它对企业的生存与发展又退居为次要的、间接的影响。当某一环境因素发生变化时，它可能带动其他要素发生变化。因此，推销人员应特别重视在一定时期内抓住主要的环境因素，并密切注意这些主要因素的发展和变化可能带来的影响。

一、推销环境对推销活动的影响

推销环境直接影响企业的推销活动，主要表现在以下方面。

（一）影响推销目标的制定

推销目标的制定一方面要取决于企业自身的内部条件，另一方面又受制于外部条件。离开了外部环境，目标既无意义，也不可能实现。推销的目标市场、策略以及推销工作的各项具体目标都由推销环境决定，它们都必须建立在对推销环境的调查预测基础之上。

（二）影响推销组织的设计和控制

推销组织的设计必须根据环境决定，没有一种组织模式可以适应各种不同的环境。环境的稳定性、向企业输入信息的可靠程度、向企业反馈信息时间的长短都会影响企业的组织设计和控制方式。

（三）影响推销的方式和方法的选择

推销人员采取什么推销策略、方式和方法必须根据环境特点来决定。即便是一些比较成熟和成功的方法也不能简单拿来套用，必须首先分析在什么时间、地点和条件下才具有成功的可能。

二、正确面对推销环境

任何推销活动必须适应一定的推销环境。但是,推销活动在环境面前并非完全是被动的。这是一个问题的两个方面。推销人员面对推销环境要做好以下工作。

(一)认识推销环境

认识推销环境是开展推销活动的前提。一方面,推销环境是复杂多变的;另一方面,推销环境的变化又是有规律可循的,推销的理论性知识被大量复杂的推销现象所掩盖。探索推销环境变化的规律要进行长期的、细致的调查和研究。只有掌握环境的变化规律才有可能预测未来,使推销活动长期、稳定地发展。

(二)适应推销环境

推销环境中有很多因素是推销人员无法控制的,因此只能去适应它。应变能力就是适应能力。适应一般采取以下方式:

1. 过程适应。在推销活动中随时根据环境的变化调整推销措施、策略,在没有产生结果前进行必要的调整。

2. 后果适应。当环境带有一定后果时,要积极总结经验,为以后的推销活动奠定基础。

3. 超前适应。在制定推销目标和计划时,要预测到环境的变化,及时采取防范和应变措施。由于人们的认识能力总是有一定的局限性,因此,推销人员在进行超前适应时还必须考虑好过程适应和后果适应。

(三)利用推销环境

适应推销环境的目的就是为了利用推销环境。推销环境既给推销活动带来困难和风险,也给推销活动带来机遇和挑战。能否利用机会关键在于推销人员的素质如何,只有在很好地认识和适应推销环境的基础上,才有可能利用推销环境。

(四)改造推销环境

改造推销环境有两层意思:

1. 选择环境。推销人员可以选择目标市场,选择推销环境中对自己开展推销活动有利的方面。

2. 创造环境。创造环境就是创造顾客,推销人员可以通过各种手段促使顾客产生购买欲望,刺激他们的购买行为,创造一个适合产品推销的良好环境。

第二节　消费者市场的购买行为

一、消费者的需要与欲求

了解消费者的需要与欲求,不仅是开展市场营销活动的起点,而且也是确保商品推销活动顺利进行的基础。

（一）需要

需要是人们感到某些基本满足被剥夺的状况。人们为了生存需要食物、衣服、房屋、安全、尊重和其他一些东西。这些需要不是社会和企业经营活动所能创造的，而是存在于人类本身的生理组织和社会地位状况之中的。需要有一定的层次性。著名心理学家阿尔布汉姆·马斯洛将人类的需要分为5个层次：

1. 生理的需要。它是维持人类自身生命的基本需要，如食物、水、衣物、住所和睡眠。在这些需要没有满足之前，其他的需要都不能起到激励人的作用。

2. 保障或安全的需要。这种需要是避免人身危险和不受失去职业、财产、食物和住所等威胁的要求。

3. 归属或取得他人认可的需要。由于人是社会人，他们就需要有所归属，并为别人所承认。

4. 被尊重的需要。人一旦满足了他们的归属需要，他们就要求受到别人的尊重。这种需要将会产生诸如权力、威望、地位和自信等方面的满足。

5. 自我实现的需要。这是最高层次的需要，是一种把个人能力充分发挥的愿望，最大限度地发挥一个人的潜在能力并有所成就。

所有推销人员都应该了解所推销的产品能够满足的需要层次。在此基础上，一方面推销人员可以决定该做什么或不该做什么。例如，巧克力推销人员要明白在零食市场上强调的是产品的味道，在礼品市场上注重的则是包装。另一方面，推销人员可以确认竞争领域及竞争对手，据此制定有效的品牌竞争策略。界定需要虽然是开展推销活动的基础，但在某些市场，每个强有力的竞争产品都符合所谓的需要。例如，所有轿车都符合消费者对交通的需要。在这种情况下，消费者就会寻找那些让他们动心的特性，然后逐渐形成偏好。一旦推销人员了解了消费者的这一心理特征，就容易通过推销技巧促使消费者产生购买欲望，最终达成商品销售。

（二）欲求

欲求是指对于那些能满足更深层次需要的物品的企求。如一个美国人需要食物则欲求吃汉堡包，需要衣服则欲求穿一套皮尔·卡丹牌的西装，需要被人尊重则购买一辆卡迪拉克牌轿车。社会的文明程度不同，这些欲求被满足的方式也不同。例如，巴厘人（太平洋小岛上的一个部落）以芒果来满足食欲，以缠腰布来满足衣服的欲求，以贝壳项链来表示富有。人们的需要有限而欲求则非常广泛，有相同欲求的一群消费者则可以形成一个细分市场，即产品的目标市场。

欲求的形式既是不具体的，也是不自觉的。很多顾客的欲求是受企业用多种促销形式为产品或品牌塑造的个性形象的影响而潜移默化地养成的。例如，有的威士忌酒与苏格兰威士忌相比在品味上毫不逊色，而一旦购买时，如果抛开价格因素，大多数消费者还是要选购苏格兰威士忌，而不要其他地方产的威士忌。

这种无形的欲求为什么会对推销活动产生如此之大的影响力呢？原因主要有：

1. 推销人员的目的不仅是要将产品销售出去，而且要建立顾客的品牌忠诚度。建立顾客的品牌忠诚度是现代销售的精髓。有些消费者在购买商品时，注重的是内心的一种无形的感觉,而不是有形的产品。品牌忠诚度是消费者对商品感情的度量,反映了一个消费者从一个品牌转向另一个品牌的可能程度。

2. 成功的推销人员及其推销的产品(或品牌)具有竞争对手难以模仿的形象与个性,而这正是赢得顾客忠诚的前提。以IBM为例,虽然一些亚洲的竞争者能轻而易举地仿制与IBM个人电脑功能相似的电脑,价格也非常低廉,但是很多消费者还是愿意购买IBM电脑,因为在他们的心目中,IBM是电脑行业的领导品牌,是高质量和优质服务的象征,这一形象是仿制者无法企及的。

二、影响消费者购买行为的主要因素

(一)人口因素

人口因素是指消费者的年龄、性别、家庭规模、家庭生命周期、收入、职业、教育、宗教、种族以及国籍等因素。这些因素将影响消费者的购买行为。人口因素也是划分顾客群体最常用的方法之一,其原因主要有:①消费者的需求、偏好以及品牌(产品)的使用率状况常常与人口因素有密切关系;②人口因素比其他因素更易衡量,即使是用非人口统计的术语描述目标市场,也必须联系到人口统计的特征。

这里我们想要说明的是推销人员如何通过分析人口因素来了解市场。

1. 年龄与生命周期。消费者对商品的需要和购买量的大小因年龄而异。

2. 性别。性别因素早就在服装、美发、化妆品和杂志中使用了。香烟市场就是一个典型的例子。大多数品牌的香烟是男女皆宜的,不过,像美国夏娃牌香烟和弗吉尼亚细腰女郎牌香烟这种女性化品牌,配上适当香味、包装和广告宣传强化其女性形象,已逐渐上市销售。现在,男人不可能吸夏娃牌香烟,就像女人不可能吸万宝路一样。

3. 收入。收入因素在轿车、游艇、服装、化妆品和旅游等产品制造业和服务业中也是一个长期使用的标准。不过,收入有时并不一定能精确预测出某产品的消费者人数。在美国,有人以为体力劳动者会买雪佛莱牌轿车,而经理们会买卡迪拉克牌轿车。但是许多经理也买雪佛莱轿车,而有些工人却购买卡迪拉克轿车(例如高收入的管道工)。在西方发达国家,工人是彩电的主要顾客,因为对他们来说买彩电比看电影、下饭馆更便宜。

4. 多种人口因素。大多数推销人员会将两个或两个以上的人口因素结合起来了解市场,这里不再赘述。

(二)心理特征因素

不同社会阶层的消费者,具有不同的生活方式及个性特征,因而分属于不同的群体。

1. 社会阶层。由于不同社会阶层的兴趣偏好不同,对产品或服务的需求也不尽相同。美国著名营销专家菲力普·科特勒将美国社会划分为7个阶层,各阶层的特征如下:

(1)上上层(人数占美国总人数的比例少于1%)。上上层是继承有大量财产、具有显赫的家庭背景的社会名流。他们捐助大笔财富举办慈善事业,掌握社会大权,拥有不止一处住宅,送子女进最好的学校就读。他们是珠宝、古董、住宅和度假等市场的主要消费者。他们频繁购物,穿着保守,且不喜欢虚荣矫饰。由于这一阶层中的人数很少,他们多成为其他社会群体模仿的相关群体。

(2)上下层(约占2%)。上下层是在职业或生意中具有超凡活力,而获得较高收入或财富的那些人。他们往往出身于中间阶层,在社会和公众事务上时常采取主动积极的态度。总是为他自己或他们的子女购买一些足以代表其身份的昂贵住宅、游艇及汽车,送子女进贵族学校,建造豪华游泳池。这一阶层中还有所谓的暴发户,他们摆阔挥霍,向位于他们之下的人炫耀。

(3)上中层(约占12%)。上中层既没有高贵的家庭地位,也没有太多的财富。他们对其"事业前途"相当关注,他们是成功的专门职业者、独立企业家和公司经理。他们重视教育,希望其子女能受高等教育,以免日后落入较低的阶层中。这一阶层中的人通常谈论价值观念和"高级文化",他们热衷于参加各种社团组织,非常关心社会福利,是优良住宅、服装、家具和家用电器的购买者。他们往往在布置优雅的家中招待朋友和同事。

(4)中间层(约占31%),中间层是中等收入的白领和蓝领工人,他们居住在"城市中较好的一侧",并且力图"干一些与身份相符的事"。他们通常购买赶潮流的产品。25%的人拥有进口汽车,其中大部分人注重时尚,追求"一种良好的品牌"。其理想居住条件是在城市较好的一侧,有个"好邻居"的"一所好住宅",还要有"好的学校"。中间层认为有必要为他们的子女在"值得学习的见识"方面花较多的钱,要求他们的子女接受大学教育。

(5)劳动阶层(约占38%)。劳动阶层包括中等收入的蓝领工人和那些不论收入多高、教育背景及职业怎样却过着"劳动阶层生活方式"的人。劳动阶层主要依靠亲朋好友在经济上和道义上的援助,依靠他们介绍就业机会,购物听从他们的忠告,困难时依靠他们的帮助。度假对于劳动阶层来说,指的是"待在城里","外出"指的是到城里的湖边去,或常去不超过两小时路程的地方。劳动阶层仍然保留着明显的性别分工和陈规旧习,他们喜爱的汽车类型是标准型号或大型号的汽车,对国内外的小型汽车从不问津。

(6)下上层(约占9%)。下上层人的工作与财富无缘。虽然他们的生活水平刚好在贫困线之上,很想追求较高阶层的生活方式,却干着那些无技能的劳动,工资低得可怜,缺少教育。虽然他们几乎落到贫困线上,但却表现出一副"严格自律的形象",并"努力保持清洁"。

(7)下下层(约占7%)。下下层与财富不沾边,一看就知道贫穷不堪,常常失业或干"最肮脏的工作"。他们极少对求职感兴趣,长期靠公众或慈善机构救济。他们的住宅、衣着、财物是"脏乱的"、"破烂不堪的"和"无一完好"的。

2. 生活方式。消费者对各种产品的兴趣是受他们的生活方式影响的。其实,人们消费什么产品也反映了他们的生活方式。鉴于此,推销人员正趋向于根据消费者的生活方式来划分市场。例如,美国大众汽车公司已设计了适应各种生活方式的汽车：

(1)"循规蹈矩式公民"使用的汽车。该品牌汽车的特点是经济、安全、符合生态学要求。

(2)"汽车爱好者"驾驶的汽车。其特点是易驾驶、灵敏、运动娱乐性强。

美国一家研究机构将购买汽车的消费者划分为6种类型：①汽车爱好者；②理智的稳健派；③追求舒适的人；④讽刺挖苦汽车的人；⑤需要司机的人；⑥恐惧汽车的人。

美国一家妇女时装公司根据不同的生活方式将年轻妇女划分为"纯朴女性"、"时髦女郎"和"男性化女士"，并向她们提供不同风格的时装，很受市场欢迎。

3. 个性。推销人员也可用个性来划分市场，如通过赋予产品（或品牌）一定的个性，以迎合相应的顾客群体。一般来说，品牌以两个方面为特征，即理性功能及感性符号，如图3－1所示。

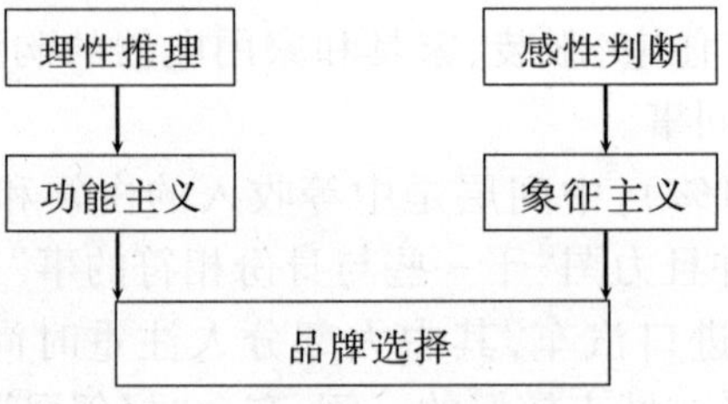

图3–1　选择品牌的两种途径

顾客在选择品牌时，在理性上考虑产品的实用功能，同时他们也评估不同品牌表现出的个性。当品牌表现的个性与他们的自我价值观相吻合时，他们就会选择该产品。20世纪50年代末，福特汽车公司在推销福特牌轿车和雪佛莱轿车时就强调个性的差异。人们认为，购买福特牌汽车的顾客有独立性、易冲动；而购买雪佛莱牌汽车的顾客有男子汉气质，富于变革精神并有自信心。美国市场营销专家韦斯弗尔通过调查发现，有活动敞篷汽车的车主与无活动敞篷汽车的车主之间存在着明显的个性差异，前者比较活跃、易冲动、爱交际。其他产品，如妇女化妆品、香烟、酒等都可根据个性特征对市场进行分析。

（三）行为因素

推销人员可以根据消费者对品牌的了解、态度、使用情况及其反应，将他们分为不同的群体。

1. 时机。可以根据顾客提出需要、购买品牌或使用品牌的时机将他们分类。时机因素有助于提高品牌使用率。例如，人们一般在早餐时饮用橘子汁。推销人员可以促使人们在午餐、晚餐和其他时间饮用橘子汁。有的公司则通过节日，如母亲节和父亲节扩大糖果和鲜花的销售量。

推销人员不必寻找与产品有关的特定时机，只需着眼于标志生命进程的各个时机，看看它们是否带来了可用某些产品群或服务群来满足的需要。时机包括结婚、分居、离婚、买房、升学、职业或专业的变换、退休等。

2. 利益。利益因素是根据消费者从产品中追求不同利益的一种分类。美国营销专家杨克洛维奇曾利用利益因素方法研究消费者购买手表的行为。他发现：23%的顾客买手表时只求价格低廉；46%的顾客讲求手表的耐用和一般品质；31%的顾客买手表只是为了某个事件的象征。

推销人员在根据利益因素了解市场时，必须确定人们在产品种类中寻找的主要利益，有谁在寻求这些利益，哪些品牌可以提供这些利益。以牙膏市场为例，我们可以根据经济、医疗、化妆和口味等利益特征对市场进行分析（见表 3－1）。划分的每一顾客群体都有特定的人口、行为和心理特征。每个细分市场的消费者都喜欢某种（或某几种）品牌。推销人员可用这些研究成果阐明自己的产品适应哪些利益细分市场，该细分市场的特点是什么以及有哪些竞争产品。推销人员还可以寻求新的利益，建议企业推出具有这种利益的新产品。

表 3－1　牙膏市场的利益细分

利益细分市场	人口统计	行为特征	心理特征	喜爱的品牌
经济（低价）	男人	大量使用者	高度自主，注重价值	特价品的品牌
医疗（防蛀）	大家庭	大量使用者	忧虑、保守	克蕾丝
化妆（洁齿）	青少年 成年人	吸烟者	爱社交 活跃	玛克琳，阿尔 特拉·布里特
味（气味好）	儿　童	喜爱薄荷味者	高度自主，享乐主义	高露洁，艾蒙

按利益细分往往意味着推销人员应该注重满足某个利益细分市场的需要。根据这一理论，克蕾丝牙膏宣传定位于“防蛀”这种效益，在市场上取得了极大的成功。“防蛀”变成了独特的销售主题。

实际上，推销人员有多种选择：①个别利益定位；②主要和次要利益定位；③双重利益定位；④三重利益定位。

例如，美国比切姆公司的推销人员在推销“阿夸福来希”牌牙膏时，声称它可提供三种效益：防蛀、爽口和洁齿。显然，许多消费者对这三种效益全都需要，所以要做的就是使他们相信这一品牌确实具有这三种功能。比切姆公司发明了一种可同时挤出三种颜色牙膏的产品，使消费者通过视觉确信该产品具有这三种功能，从而解决了这个问题。

3. 使用者状况。许多市场可划分为某品牌的未使用者、曾使用者、潜在使用者、初次使用者和经常使用者。市场占有率高的品牌特别重视将潜在使用者转变为实际使用者，而小企业则努力将使用竞争者品牌的顾客转向使用本企业的品牌。对潜在使用者和经常使用者应采用不同的推销策略。

4. 品牌忠诚度。推销人员可根据消费者的品牌忠诚度将市场加以划分。假设现在有 5 个品牌 A，B，C，D，E。根据消费者品牌忠诚度的高低可以将其分为 4 种类型（假设有 6 次购买行为）：

（1）忠贞不二者，是指任何时候只买一种品牌产品的消费者。其购买方式是

A,A,A,A,A,A,这表示消费者对品牌 A 忠贞不渝。

(2)不稳定的忠诚者,是指那些对两三个品牌忠诚的消费者。其购买方式是 A,A,B,B,A,B,这说明消费者分别忠诚于品牌 A 和品牌 B。

(3)见异思迁者,是指他们对某品牌既不反感也没有太多好感的消费者。其购买方式是 A,A,A,B,B,B,这就意味着他们既不反感 A 品牌也不忠于 B 品牌。

(4)游离分子,是指那些不忠于任何品牌的消费者。其购买方式是 A,E,D,B,C,B,就是说他们不会对哪一种品牌从一而终的。

推销人员应研究对本品牌产品忠贞不二者的特点。例如,高露洁牙膏公司发现本品牌产品的绝对忠诚者多属于中产阶级,家庭人口较多,比较重视身体健康,这使高露洁公司认准了其目标市场。

推销人员通过研究对本品牌产品不稳定的忠诚者,可以发现哪些品牌对本品牌竞争力最强。如高露洁公司的许多顾客也购买克蕾丝牙膏,高露洁公司则设法改善其对抗克蕾丝牙膏的定位,例如,使用了比较型广告等。

推销人员可以通过了解消费者放弃本品牌的情况,确知本企业的营销弱点。对于见异思迁者,可努力推出新品牌来吸引他们。

5. 使用率。可根据对品牌产品的轻度、中度和重度使用者等情况来划分市场。品牌重度使用者一般在市场上所占比例不大,但他们的消费量在全部消费量中所占比例却很高。图 3-2 说明的是某些日用消费品的使用率情况。以啤酒为例,该图表明调查对象中 68% 的人不喝啤酒;将 32% 喝啤酒的人又分为两类,其中,16% 的人是轻度饮用者,其消费量仅占啤酒总消费量的 12%。而重度饮用者的消费量却占总消费量的 88%,是轻度饮用消费者的 7 倍多。因此,啤酒公司宁愿吸引一个重度饮用啤酒者,而放弃几个轻度饮用者。大多数推销人员都把重度饮用啤酒者作为推销活动的目标市场,鉴于此,美国雪菲公司在推销其雪菲牌啤酒时,就提出推销口号"再饮一杯时就请用我们的啤酒",目标非常明确。

	非使用者人数比例	轻度使用者人数比例	重度使用者人数比例
	非使用者消费量比例	轻度使用者消费量比例	重度使用者消费量比例
可口可乐	22%	39%	39%
	0	10%	90%
柠檬水	42%	29%	29%
	0	9%	91%
护发素	52%	24%	24%
	0	13%	87%
啤　酒	68%	16%	16%
	0	12%	88%

图 3-2　几种产品年购买者的集中密度

某品牌产品的重度使用者通常具有相同的家庭人口、心理特征和习惯接触的媒体。例如,上例中的重度饮用啤酒的人与轻度饮用啤酒的人相比,具有以下特征:这些人大多是蓝领工人;年龄在25岁到50岁之间;每天看电视的时间超过3个半小时,并且喜欢看体育节目。这种特征有利于推销人员制定推销价格、推销洽谈等方面的策略。

6. 态度。可根据消费者对品牌的关心程度来细分市场。人们的态度可分为五类:热心、肯定、漠不关心、否定和敌视。

三、消费者购买行为的类型

消费者购买牙膏、网球拍、个人电脑和新轿车等不同产品之间的行为差异极大,愈复杂愈昂贵的品牌,购买者介入的程度会愈大,购买时会愈加慎重。根据同类产品不同品牌的差异程度以及购买者在购买时的介入程度,我们将顾客的购买行为分为4种类型,如表3-2所示。

表3-2　品牌购买行为的4种类型

项　目	高 度 介 入	低 度 介 入
品牌之间差异极大	复杂的购买行为	要求多样性的购买行为
品牌之间差异极小	减少失调感的购买行为	习惯性的购买行为

(一)复杂的购买行为

如果购买的商品单位价格很高,购买行为是属于偶尔购买的、冒风险的和高度自我表现的,这种购买行为就属于高度介入购买。如果顾客属于高度购买介入者,并且了解到现有品牌之间存在着明显的差别,则顾客就会产生复杂的购买行为。

这种情况通常是顾客对此类产品知道不多,要了解的地方又很多而导致的。例如,某顾客要购买一台个人电脑,他有可能连不同品牌电脑的属性都不知道。在这种情况下,购买者将经历认知性的学习过程。其基本过程是首先逐步建立他对此品牌产品的信念,然后转变为态度,最后作出谨慎的购买决定。推销人员必须了解高度介入的消费者收集产品信息并对其进行评估的行为,制定各种策略以帮助购买者掌握该产品的属性、各种属性的相对重要性以及该产品具有的较重要的特征。同时,经营者必须使其品牌特征与众不同,可运用主要的印刷媒体和详细的广告文字图案来描述其品牌的好处,并发动该品牌商品的推销人员来影响消费者的最终决定。

(二)减少失调感的购买行为

有时顾客高度介入某种商品的购买,但他看不出各品牌之间有何差异。这种高度介入的原因在于该项购买是昂贵的、不经常的和有风险的。

在这种情况下,购买者将四处去察看以了解可以在何处购买到该商品。但由于品牌差异不明显,因此购买行为将极为迅速。

选购地毯就是其中一例。购买地毯属高度介入的决策，因为地毯价值昂贵而且与个人的自我认同有关，但购买者可能认为在某一价格范围内的大多数地毯是没有什么区别的。但在购买之后，顾客可能会产生购买后的失调感，因为他发现该品牌的地毯有某些缺陷，或听到其他品牌地毯的一些好处。这时该顾客将着手了解更多的东西，并力图证明原购买决定是有道理的，以减少失调感，在这种情况下，推销人员的主要任务是，通过一定的资料或语言提供能有助于购买者在购买本产品后对其选择感到心安理得的信息。

（三）习惯性的购买行为

许多产品是在顾客低度介入和品牌之间没有什么差异的情况下被购买的。这类商品主要是一些单位价值较低的生活必需品，例如，食盐、火柴、白糖等。顾客很少介入这类产品，他们走进商店随时顺便购买。即使某人在寻找某一品牌，比如说长城牌火柴，那也许是受老习惯的影响，谈不上有强烈的品牌忠诚感。

在这种情况下，顾客的品牌购买行为并未经过信念→态度→行为的正常顺序。顾客并未深入地寻找与该品牌有关的信息，并评价其特征以及对应该买哪一种品牌作最后的决定，他们只是被动地接受电视广告或印刷品广告所传递的信息。结果，广告的重复只能造成他们对品牌的熟悉而并非被品牌所说服。也就是说，顾客选择某品牌的商品，并非是由于对它持有什么态度，而只是熟悉它罢了。在顾客购买之后，甚至不会去评估它，因为他们并不介意这些产品。习惯性购买行为的购买过程是：由被动的熟悉形成了品牌信念，然后是购买行为，最后并不予以评估。

对于低度介入且品牌之间差异极小的产品而言，利用价格与销售促进作为某品牌产品试用的诱因是一种非常有效的方法。

（四）寻求多样性的购买行为

寻求多样性的购买行为的特征是，品牌之间差异显著并且属于低度介入。这种购买行为在现实生活中表现为顾客经常转换购买的品牌。例如饼干，顾客有一些信念，不过没有作太多的评估便选择了某种品牌的饼干，然后在消费时才加以评估。顾客非常有可能在下次购买时会由于厌倦原有口味或想换换口味而买其他品牌的产品。

这类品牌的推销策略与其他二三流品牌的推销策略是不同的。前者通过占有更多的货架，避免脱销和提醒顾客购买的广告宣传来鼓励习惯性的购买行为；后者则以提供较低的价格、折扣、赠券、免费赠送样品和强调试用新口味的推销策略来鼓励顾客使用其产品。

四、消费者的购买决策过程

通过对许多顾客购买产品的过程进行分析，我们认为顾客购买产品的过程大体上可以分为5个阶段：确认问题、收集信息、备选品牌评估、购买决策和购后行为。这5个阶段可用图3－3表示。

其购买过程的阶段模式主要适用于购买单位价值高的高度介入的产品。对

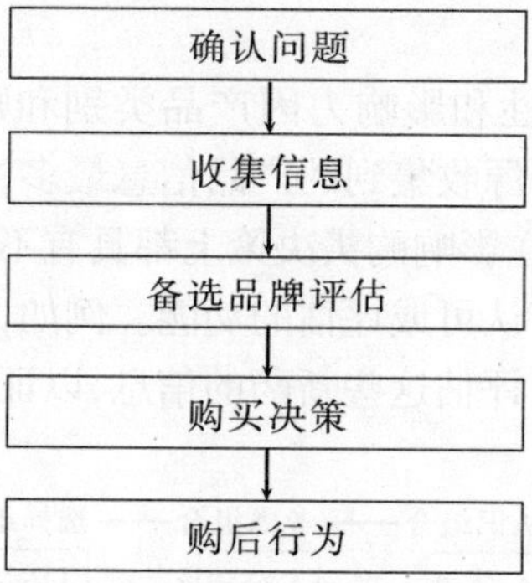

图 3-3　品牌购买过程的 5 个阶段

于低度介入产品的购买，顾客有可能跳过某些阶段。例如，一位购买一般品牌牙膏的女士，可能会从牙膏的需要直接到购买决策，跳过了信息收集和备选品牌评估的阶段。

（一）确认问题

购买过程始于购买者对某种需要或问题的确认，这个需要可由内在或外在刺激所引发。一个人的正常需要，如充饥、解渴等，上升到一定的高度就变为一种驱动力，促使其寻找能满足所需求的物品。

需要是内在的，有时也可能被外在刺激所引发。例如，刘小姐路过一家面包店，当她看到新出炉的面包时就产生了饥饿感；当她的同事买了一台家庭电脑时，她也想买一台。推销人员通过收集来自许多顾客的信息，就可以找出引发对此类产品产生兴趣的最常见的刺激，然后就能制定出引发顾客兴趣的推销策略。

（二）收集信息

一个受到诱惑的顾客可能会寻求更多的信息。如果这个顾客的需要驱动力很强，并且购买能买得起的物品时又非常方便，那么该顾客当时可能会购买这种物品。否则，顾客的需要只会储存在记忆中。

我们可以将顾客从事的收集信息的活动分为两种类型：一是较温和的收集状态，另一种是主动收集信息状态。较温和的收集状态称为重点式注意，如刘小姐只是对电脑信息较为敏感，她注意电脑广告、朋友新买的电脑和有关电脑的谈话内容。

刘小姐也有可能进入主动收集信息状态，这时候她会查阅材料，打电话询问朋友或进行其他收集电脑信息的活动。她收集信息的多少取决于其驱动力的强度、她原有的信息数量、得到额外信息的难易程度、她对额外信息的评价和她从收集信息中得到的满足等因素而定。对推销人员来说，至关重要的是顾客所求助的主要信息源和各种信息源对后续购买决策的相对影响力。顾客信息源一般可分为以下 4 种：①人际来源，指家庭、朋友、邻居和熟人；②商业来源，指广告、售货员、经销商、包装、展览；③公众来源，指大众媒体、消费者评比组织；④经验来源，指产品的处置、检验和使用。

这些信息源的相对重要性和影响力因产品类别和购买者特征的不同而有所不同。一般说来，顾客从商业来源收集到的产品信息最多，而最有效的信息则来自于人际来源。每一种来源的信息在影响购买决策上都具有不同的功能。商业信息通常有告知的功能，而人际来源则有认可或评估的功能。例如，医师常从商业来源知道某种新药品，但常请求其他医生来评估这些新药的信息，以证明它们是否安全有效。

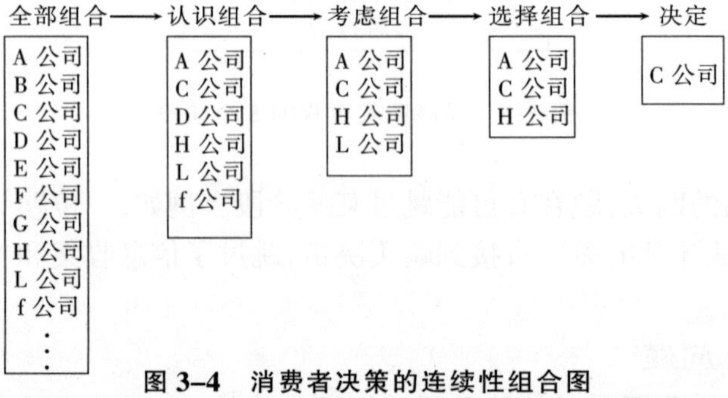

图 3-4　消费者决策的连续性组合图

通过收集信息，使顾客弄清了市场上的一切产品及其特征。图 3－4 最左边的方框表明了可买到的品牌的全部组合。刘小姐只熟悉这些产品中的部分组合，我们称之为认识组合。这些产品中只有一些能符合刘小姐原来的购买准则，这部分产品构成了考虑组合。随着刘小姐收集到更多有关这些产品的信息，仅将少数产品留在选择范围之内，这些产品组成了选择组合，然后她根据其决策评估过程再从这个选择组合中作出最后决定。

根据以上所述，企业必须进行谋划，以使得其产品进入潜在顾客的认识组合、考虑组合和选择组合的行列。企业还应进一步了解其他哪些产品仍然留在顾客的选择组合中，这样才能够知道竞争情况并规划其销售诉求。

至于顾客的信息来源，推销人员必须认真加以区分并评估其相对重要程度，可询问顾客，他们第一次是怎样知道该产品的，后来又得到哪些信息，以及各种不同信息源的相对重要性。这些信息在推销人员与顾客进行有效沟通时极为重要。

(三) 备选产品评估

通过上述内容，我们已经知道顾客是如何利用信息以造成产品选择组合的。决策评估过程有几种，其中最有代表性的决策评估过程是认知导向，即认为顾客主要是在有意识和理性的基础上对产品进行判断的。这一理论有助于推销人员掌握顾客选择产品时的评估过程。

第一，顾客考虑的是各种品牌产品的属性。每个顾客都把已知的产品看成是一组属性的组合。例如，在下列产品类别上，使购买者感兴趣的属性可参见表 3－3。

表 3-3 购买者感兴趣的属性

产品类别	感兴趣的属性
电脑	信息存储容量、图像显示能力、软件适用性
照相机	相片清晰度、摄影速度、相机大小、价格
乳酪	形式、形状、浓度、外观、成分、有效期
旅馆服务	地点、干净程度、气氛、收费
口腔清洁剂	颜色、效果、杀菌能力、价格、味道或香味
胸罩	舒适感、寿命、价格、式样
唇膏	颜色、容量、润滑性、味道或香味、地位标志因素
轮胎	安全、胎面寿命、行驶质量、价格

顾客关切各产品属性的程度因个人重视程度不同而异。顾客将十分注意那些与他们的需要相关的属性。因而产品市场通常可以按照不同顾客群体所重视的主要属性的不同而加以划分。

第二,推销人员绝不可认为显著的属性就是最重要的属性。有的属性之所以显著,是因为顾客刚刚看到有关这些属性的信息,或刚好有一些涉及这些属性的问题要解决,因此这些属性就挂在了"心头"。此外,非显著的属性顾客可能暂时会遗忘,一旦被提及就会意识到其重要性。

第三,顾客可能会就每一属性的每种产品发展出一组产品信息。对某一特定产品所持有的信念组合称为产品形象。顾客的信念将依其特定经验而衍生的真实属性以及选择感觉、选择扭曲和选择记忆效果而异。

第四,顾客通过一些评估方法来达成他们对产品的态度(判断、偏好)。我们发现顾客会应用不同的评估方法在多重属性目标之间作出选择。

现结合刘小姐购买电脑的情形来说明这一问题。假设刘小姐已将其选择组合缩小到四种品牌的电脑(A,B,C,D),并假设她主要对电脑的下列 4 种属性感兴趣:信息存储量、图像显示能力、软件兼容性和价格。表 3-4 是以此 4 种属性来考核每一品牌后所得出的信念。比如,她对 A 品牌考核结果如下(满分 10 分):信息储存量得 10 分,图像显示能力得 8 分,软件兼容性得 6 分,价格得 4 分。同理,其他 3 种品牌也可用同一考核方法得出其信念。最后,推销人员可以预测刘小姐将购买哪一种品牌。

表 3-4 刘小姐对四种品牌电脑的信念

电脑品牌	属性			
	信息存储量	图像显示能力	软件兼容性	价格
A 品牌	10	8	6	4
B 品牌	8	9	8	3
C 品牌	6	8	10	5
D 品牌	4	3	7	8

注:对每一属性按 0~10 进行评分,10 分表示属性的最高水平。价格以相反的方式评分,10 分表示价格最低,因为消费者都喜欢低价,不喜欢高价。

显然,如果某一品牌的电脑在所有标准上都比其他3种品牌占优势,那么我们认为刘小姐会选择这一品牌的电脑。但是,刘小姐的选择组合却包含了四种不同销售诉求的产品。因此,如果刘小姐认为信息存储量高于一切,她会购买A产品;如果她希望具有最好的图像显示能力,她会购买B产品;如果她需要最佳的可适用性软件,她会购买C产品;如果她想要最便宜的电脑,她会购买D产品。

大部分购买者都会考虑许多属性,并且给不同的属性赋予不同的权数。如果推销人员知道刘小姐赋予这四种属性的权数,就可以较准确地预测她对不同品牌电脑的选择。这种方式被称为产品选择的期望值模式,计算公式如下:

$$A\text{jk} = \sum_{i=1}^{n} W\text{ik}B\text{ijk}$$

式中:Ajk 为顾客k对产品j的态度分数;

Wik 为顾客k赋予属性i的重要性权数;

Bijk 为顾客k对产品j所提供的属性i的总和所持有的认知;

n 为选择给定产品时的重要属性的数目。

假设刘小姐赋予电脑信息存储量的重要性权数为0.4,图像显示能力为0.3,软件兼容性为0.2,价格为0.1。为了找出刘小姐对每一品牌电脑的直观价值,将有关数据代入上述期望值模式的计算公式:

产品 $A = 0.4\times10 + 0.3\times8 + 0.2\times6 + 0.1\times4 = 8.0$

产品 $B = 0.4\times8 + 0.3\times9 + 0.2\times8 + 0.1\times3 = 7.8$

产品 $C = 0.4\times6 + 0.3\times8 + 0.2\times10 + 0.1\times5 = 7.3$

产品 $D = 0.4\times4 + 0.3\times3 + 0.2\times7 + 0.1\times8 = 4.7$

由上述计算可知,刘小姐可能要选购A品牌电脑。如果大多数电脑购买者都表示他们是根据上述期望值模式来决定其购买偏好的话,根据这一点,不同品牌的电脑生产企业就可采取许多行动来影响购买者的决策。例如,产品C的经销商可采用下列策略来影响刘小姐这类顾客,使得他们对其品牌产生较大的兴趣:

第一,修正电脑。经营者可以重新设计产品,使得它能提供更大的信息存储量或此类消费者想要的其他特性,这称为实质重定位。

第二,改变品牌认知。经营者可设法改变顾客对其产品重要属性的认知。这种方法在购买者低估了某产品的质量时采用最多。如果购买者已准确地评估了某产品,最好不要采用这种策略。因为言过其实的宣传只会导致购买者的反感和怨言。企图改变顾客对产品的认知称为心理重定位。

第三,改变有关对竞争产品的认知。经营者可设法改变购买者对竞争者产品各种不同属性的认知。这在购买者错误地相信竞争者产品的质量比实际要好时才有意义,这种策略被称为竞争性低定位,通常通过比较性销售宣传来进行。

第四,改变属性的重要性权数。经营者可设法说服购买者对其产品突出的属性赋予较大的权数。既然产品C在软件可适用性上是最优越的,经营者可以大力强调这方面能给顾客带来的利益。

第五,提醒人们注意被忽略的属性。推销人员可设法吸引购买者对被忽视属性的注意。如果某品牌电脑是便携式的,就可极力宣扬便携式的好处。

第六,改变购买者的产品联想。推销人员可设法使购买者改变其中一种或多种属性的联想,降低其理想程度。如 C 产品的推销人员可力图使购买者相信具有大信息存储量的电脑可能更容易受到网络病毒的侵扰,造成的损失也更大。而信息储量适中的电脑则比较理想。

顾客用以评估不同产品的决策过程除了上述期望值模式外,还有理想产品模式、合取模式、析取模式、逐次考虑模式等。

第一,理想产品模式。这种模式的思路大体上是消费者持有理想产品的形象,并将实际产品与该理想产品相比较,实际产品愈接近理想产品,该产品就越加受到青睐。其计算公式为:

$$Djk = \sum_{i=1}^{n} Wik\,|Bijk - Iik|$$

式中:Djk 为顾客 k 对产品 j 的不满意程度;

Wik 为顾客 k 赋予属性 i 的重要性权数;

$Bijk$ 为顾客 k 对产品 j 所提供的属性 i 的总和所持的认知;

Iik 为顾客 k 对属性 i 的理想程度;

n 为选择给定产品时的重要属性的数目。

D 值越低表示顾客 k 对产品 j 的态度越有利。

如果刘小姐对超过某种数目的电脑信息存储量并不重视(因为用不上它,而且还会增加成本),同时假设她心目中有一理想的价格,她对四种属性的理想程度为6,10,10,5。刘小姐对每一品牌电脑的不满分数为:

A 产品 $=0.4|10-6|+0.3|8-10|+0.2|6-10|+0.1|4-5|=3.1$

B 产品 $=0.4|8-6|+0.3|9-10|+0.2|8-10|+0.1|3-5|=1.7$

C 产品 $=0.4|6-6|+0.3|8-10|+0.2|10-10|+0.1|5-5|=0.6$

D 产品 $=0.4|4-6|+0.3|3-10|+0.2|7-10|+0.1|8-5|=3.8$

刘小姐会选择 C 产品,因为 C 产品的不满意分数最小。

第二,合取模式。有些顾客通过建立可接受产品必备的最低属性程度来评估可选方案,他们只考虑那些各属性都合乎最低要求的产品,这就是合取模式。例如,刘小姐可能只考虑那些信息存储量、图像显示、软件和价格的分数分别为7,6,7,2 的电脑,结合表 3-4,这些最低的要求剔除了 A,C,D 3 种产品,并不对它们作进一步的考虑。合取模式并不注意某一属性的程度有多高,只要它超过最低要求即可。同时要注意,某一高程度的属性不能补偿某一低于最低程度的属性。

第三,析取模式。即顾客只考虑那些某一种或少数几种属性超过特定程度的产品,而不管其他属性的程度如何。例如,刘小姐可能决定只考虑信息存储量大(大于9)或图像显示能力强(大于9)的电脑。根据表 3-4,刘小姐将考虑选择 A 产品。这种模式是非补偿性的,因为其他属性上的高分数无法使该产品留在选择组合内。

第四,逐次考虑模式。结合刘小姐选购电脑的决策过程,我们阐述一下该模式

的内容。如果刘小姐按重要性的大小排列各属性,并且以最重要的属性比较各产品,那么就会出现两种结果:

(1)如果某一产品在重要的属性上占有优势,她就会选择该产品。

(2)如果存在两个以上的产品在最重要属性方面是相同的,那么,她将考虑次重要的属性。按此程序进行下去,直到剩下最后一个品牌为止。假设刘小姐以下列优先顺序排列各属性:价格、信息存储量、图像显示,则她比较价格时,发现 D 产品最具优势,她就会选择 D 产品的电脑。

(四)购买决策

在决策评估阶段,顾客在选择组合中的各品牌间形成偏好。顾客可能也形成购买意愿,并倾向于购买偏好的产品。然而,在购买意愿与购买决策之间有两个因素会介入其中。这些因素如图 3-5 所示。

1. 他人的态度。假设刘小姐的家属强烈建议她应该去购买最便宜的电脑 D,以减少开支,这样刘小姐购买 A 电脑的可能性将降低几分。因他人的态度而减少个人对偏好备选产品购买可能性程度,取决于以下两种情况:

(1)他人对该消费者偏好备选产品所持否定态度的强度。

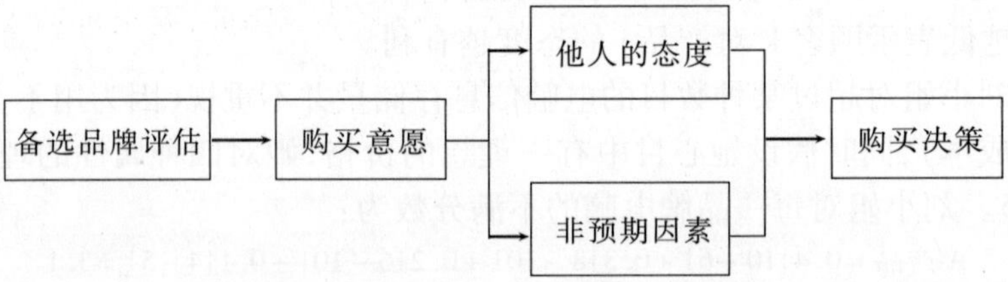

图 3-5　影响购买意愿与购买决策的因素

(2)该消费者顺从他人意愿的动机。他人的否定态度愈强烈,以及此人与该顾客的关系愈密切,则该顾客就愈有可能降低购买意愿。

同样,某购买者对某产品的偏好,可能因与之有关系的人也喜欢同一产品而增加。当与购买者关系密切的一些人持截然不同的观点,并且购买者又想让所有的人都高兴时,他人的影响就变得非常复杂了。

2. 非预期因素。一般来讲,顾客的购买意愿是受预期家庭收入、预期价格、预期从产品中得到的利益等因素影响的。当顾客即将购买时,可能会突然出现一些非预期的因素而改变购买意愿。例如,刘小姐可能失业,或对其他产品的购买变得更为迫切等。因此,偏好甚至购买意愿并不能成为购买行为完全可靠的预测因素。

顾客之所以修正、延迟或避免某项购买决策,是由于深受感觉风险的影响。许多购买行为要承担一定风险,顾客无法确定购买的后果,从而感到不安。风险的大小随着投入资金的多少、产品属性不确定的程度以及顾客的自信程度而有所不同。因此,推销人员必须了解有哪些因素会使顾客感到风险的存在,并提供能降低感觉风险的信息和依据。

决定实现购买意愿的顾客在决定了要购买的产品后，还要作出以下 4 种决策：向谁购买的决策(或何处购买决策)、购买数量决策、购买时间决策以及付款方式决策。这些决策不一定要按此顺序进行。一般来说，日用品的购买牵涉较少的决策，花费较少的精力和时间。

（五）购后行为

顾客在购买了某产品之后，必然会体验到一定程度的满足或不满足。对推销人员而言，产品销售出去以后，营销工作并没有就此结束，而要延续到购后期。

1. 购后满足。购买产品后，在使用过程中顾客可能会发现产品的缺陷。有些顾客不希望产品有缺陷，有的顾客则可能对此并不在意。

什么因素决定购买者对其购买感到高度满足、有点满足或不满足呢？购买者的满足是产品期望(E)与产品实效(P)之间的函数，即 $S = f(E, P)$。其中 S 是消费者的满足感。如果产品实效与期望的相同，则顾客是满足的；如果产品实效超过期望，顾客就是高度满足的；如果产品实效低于期望，则顾客是不满足的。

顾客是根据自己从推销人员、朋友或其他信息源所得到的信息来形成期望的。如果推销人员夸大某产品的好处，顾客在使用产品的过程中就会产生不满足。期望与实效之间的差距愈大，顾客的不满足感就愈强烈。因此，要求推销人员的销售诉求要诚实地表达产品的实际功效，以使顾客感到满足。

2. 购后行动。顾客对产品满意与否将影响顾客以后的行动。如果该顾客感到满足，他将显示出较大的再购买的可能性。这样就有利于培养顾客的品牌忠诚度。满足的顾客也会向其他人宣传该产品和该公司的好处。用推销人员的话来说，就是“满足的顾客是我们最好的广告”。

不满足的顾客可能会设法降低失调感，因为人们总是努力建立内在的和谐和一致性。失调的顾客可能以退回产品的方式来降低他们的失调感。

推销人员应了解顾客处理不满足的所有方式。顾客往往在采取行动或不采取行动之间进行选择，如果他们采取行动则可能采取诉之于众的行动或个人行动。诉之于众的行动包括向公司投诉、委托律师或向消费者协会投诉。或者顾客怕麻烦，不采取任何行动而只是以后不再购买该产品。

推销人员可采取一些措施来尽量减少顾客购买后的不满程度。如电脑公司可去信给购买者恭贺他们选择了一个好产品；也可在广告中列出一些对本品牌满意的拥有者；可赠送给顾客一本载有说明应用新电脑之类文章的杂志。实践证明，与顾客进行购后沟通，可减少产品退货和取消订单的数量。

3. 购后使用及处置。推销人员在处理购买者的购后行为时还需注意，购买者如何使用及处置该产品(见图 3－6)。

如果顾客为该产品寻找一种新用途，推销人员则会感到高兴，因为公司可为该产品的新用途进行销售宣传。如果顾客将该产品束之高阁或丢弃，这说明该产品并不令人满意，从而在顾客中的口碑会不好。如果他们把该产品转卖或用以换物，

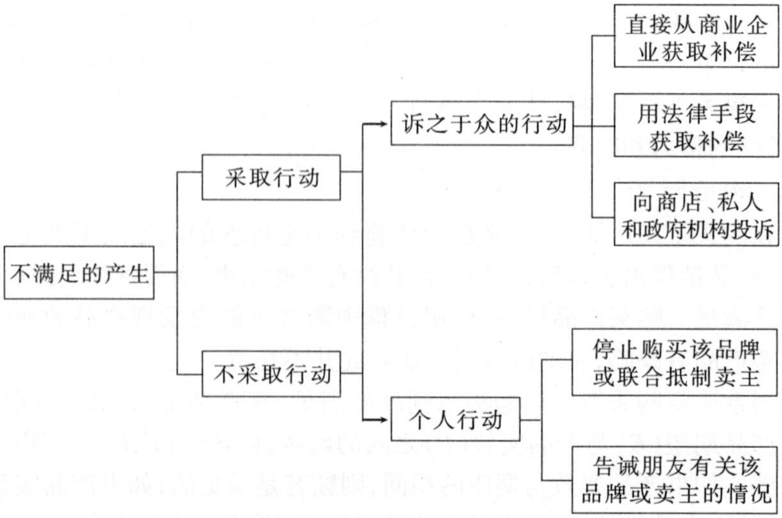

图 3-6　购买者使用产品的过程

这将影响该产品的销售。综上所述，推销人员必须研究该产品的使用及处置情况，以找出可能存在的问题与机会的线索。

了解顾客的需要和购买过程是制定行之有效的推销策略的基础。通过了解购买者如何经过确认问题、收集信息、备选产品评估、购买决策和购后行为等过程，可找出许多如何满足顾客的线索。通过了解在购买过程中的各种参与者及其对购买行为的主要影响，推销人员就可以为顾客制定有效的推销计划。

第三节　组织市场的购买行为

由于资本品市场、中间商市场、公共产品市场的消费者都是组织单位，我们将这三个市场统称为组织市场。在这三个市场上具有不同的购买行为，推销人员要了解了这三个市场的特点，运用一定的推销策略和技巧，才有可能获得客户的订单。下面我们将分别阐述这三个市场的特性。

一、资本品市场的购买行为

资本品市场也称生产者市场、产业市场或生产资料市场。在资本品市场上，个体和组织购买货物和劳务的目的是为了生产其他产品和劳务，以便出售、出租或供给他人。构成资本品市场的产业主要有以下几类：农、林、渔、牧业，采矿业，制造业，建筑业，运输业，通讯业，公用事业，金融、保险业和服务业。

（一）资本品市场的特点

资本品市场与消费品市场相比，具有以下显著的特点：

1. 购买者数目少、规模大。在消费品市场上，商品的购买者是消费者个人或家庭，购买者人数众多，每次购买数量小，购买频率高。而资本品市场上的购买者，绝大多数是生产企业，购买者的数目必然少得多，而规模也必然大得多。

2. 地理位置较集中。在市场经济发达的国家，竞争导致的生产的集中，不仅表现在资本集中上，而且还表现在地理分布的集中方面。这种地理上的集中有助于降低企业的生产经营成本，是规模效益的必然要求，推销人员应该关注这种发展趋势。

3. 引申性需求。资本品市场的需求是消费品市场上的需求引申出来的，如生产者采购木材，是因为其需要实木家具等因素导致的，如果消费品市场不景气，则资本品市场必然随之不景气。

4. 缺乏弹性的需求。资本品市场的需求量一般不会因为价格的波动起伏而直接地扩大或缩小。例如，家具生产企业对木材的需求不会因涨价而减少用量，也不会因降价而增加用量。除非发明了节约原材料的新方法或发现了新的代用品，但生产者难以在短期内实现向替代品或新材料的转变。

5. 波动性需求。由于资本品市场的需求是一种由消费品市场引申出来的需求，所以波动性较大，即消费者市场的少量波动，会导致资本品市场需求的成倍波动。这正是市场经济中的"加速理论"的具体表现。

6. 专业人员购买。由于资本品单位价值高，技术含量高，因此其采购工作一般是由懂技术的专业人员担任的。一般情况下，对大型资本品的采购，常由企业的总工程师或高级管理人员负责。

7. 直接购买。供需双方直接面谈，直接进行交易，无须中间商的撮合，特别是单价高、技术性强的产品。

8. 互惠。购买者和供应者互相购买对方的产品，互相给予优惠，以建立固定的产销关系，使双方产品的销路都有一定的保障。

9. 租赁。单位价值较高的资本品，对其购买可以通过租赁方式取得使用权，这样既可以节约资金，又可加快技术更新的步伐。

（二）资本品市场购买决策的特点

资本品市场的购买决策比消费品市场复杂得多。资本品购买者在进行购买决策时，其复杂程度取决于购买情况的复杂程度。购买者的购买情况大体有以下3种类型：

1. 连续的再购买。它是指工业用户按一贯的需要和原有的供应关系进行重复性的采购。这是最简单的购买活动，供应者、购买方式等均按常规办理，基本不需作新的决策。针对这类购买者，推销人员应当努力使产品和服务保持一定水平，尽量简化买卖手续，节省购买者的时间，以稳定供销关系。对于还未成为自己客户的购买者可从零星、小量的交易开始，逐步扩大，以扩大销路。

2. 变更的再购买。它是指购买者为了更好地完成采购任务，修订采购方案，按照价值工程的原理，适当改变所采购的某些资本品的规格、价格等条件或供应者。这种购买情况比较复杂，参与购买决策的人数也较多。这种购买情况为推销人员提供了市场机会,而原供货的推销人员为了不失去客户,必须努力改进推销工作。

3. 新购型。它是指购买者第一次采购某种产品或劳务。这是最复杂的购买情况。新购的风险愈大,参与购买决策的人也就愈多,所需了解的信息也愈多。这对于资本品供应者是最好的竞争机会,可派出富有经验的推销人员携带样品上门推销,帮助用户解决疑难问题,刺激他们的购买欲望,把握交易时机,最终达成交易。

(三)参与购买决策的有关人员

资本品市场的采购组织的大小,随企业的规模而不同,有的企业仅有一人或数人负责采购;有的则设有专门的采购部门,并设置一位专门负责采购工作的部门经理。

企业规模不同,其采购人员的权限也各有不同,有的企业把选择供应商和产品的权限完全授予采购人员;有些企业的采购人员只管选择供应商;还有些则只负责把订货单交给供应商。通常,采购人员对较小的资本品有决策权,那些大的资本品、单位价值高的资本品只能执行企业决策层的决定。

在现代市场经济中,负责资本品采购的决策机构称为采购中心。采购中心包括购买决策过程中起5种作用的所有成员:

1. 使用者。他们是所采购物品的实际使用者,有时也是购买资本品的倡议者。一般来讲,采购某资本品的建议首先由他们提出来,他们在产品规格、型号的决定中起重要作用。

2. 影响者。企业内部直接或间接地影响采购决策的人。其中技术人员是最为重要的影响者。他们常影响购买的资本品技术含量、单位价值等。

3. 采购者。也称劳作者,即具体执行采购任务的人员。他们负责选择供应商,并就供应条件与之进行谈判。在较重要的采购工作中,通常有企业的高层管理人员参加。

4. 决策者。它是指确定供应商的人。在例行的采购中,采购者也就是决策者;在复杂的采购中,决策者通常是公司的高层主管。

5. 控制者。它是指可控制信息流的人员。这些人能够控制外界的与采购有关的信息流入企业,如采购代理往往有权阻止供应商的推销人员与使用者与决策者见面。其他的控制者还有技术人员等。

不同规模的企业,其采购中心的大小和成员的多少,会随采购物品的不同而不同。如果某企业的"采购中心"的成员较多,这就给推销人员的推销工作带来了一定困难。因为推销人员不可能接触到所有的成员。在这种情况下,推销人员必须通过各种途径了解谁是采购中心的决策者,谁是参与者,谁是决策的影响者,以便针对不同的对象采取不同的策略,以期实现预定的推销目标。

资本品市场的购买决策过程与消费品市场的购买决策过程基本上一致,读者可以参看本章第二节。

(四)影响资本品市场购买行为的主要因素

与消费品市场的购买行为相比,资本品市场的购买行为更为理性。资本品购买者常常抛开了产品与使用者的个性，直接追求最大的经济效益，即资本品最大的效用和最低的价格。因此，作为供应商的推销人员应努力满足购买者的这一要求。但也有人提出产业用户的采购人员也是人，他们也具有一般“社会人”的特点，特别是当供应商在质量、价格、服务等方面的条件大致相似的情况下，采购人员选择供应者时主要考虑人际关系和个人感情因素。因此，归纳起来，影响资本品市场购买行为的因素可以分为4大类：

1. 环境因素。它是指企业外部的不可控制的所有因素，如经济景气状况、行业之间的竞争、国际市场的同一化程度、新产品开发的速度、技术革新的速度、政府的政策法规等。这些因素都是企业无法控制的，它影响着产业的发展，影响企业对资本品的采购计划。

2. 企业内部因素。它是指企业自身的因素，例如，企业的经营目标、市场地位、竞争策略、组织机构的设置、产品的技术含量、生产的工艺水平、内部管理水平，等等。这些内部因素也会影响资本品购买者的购买决策和购买行为。因此，作为供应商的推销人员必须了解购买者的内部情况，搜集有关资料，认真分析需求方的特点，制定出几套备用方案，以确保推销工作有条不紊地开展。

3. 人际因素。资本品市场上的购买行为，常常会受到企业正式组织以外的各种人际关系因素的影响，例如，决策者的亲属、朋友，以及一些地方性偏好因素的影响。企业物资采购决策的参与者在组织中的地位、权力、威望以及说服力等，都会影响对资本品供应商、供应量、供应价格、供应时间等方面的决策。如果推销人员能充分了解这些情况，那么对达成交易是非常有帮助的。

4. 个人因素。每位参与资本品购买的决策者都是“社会人”，即他们都有复杂的感情生活，他们的内心深处都有偏爱和禁忌，他们对物质与感情的渴望也与常人一样。他们的个性反映了他们的聪明才智与生活阅历。但这些并不是难以把握的，它们是个人年龄、受教育程度、宗教信仰、家庭背景、工作环境、经济收入、社会阶层等因素的综合体现。因此，推销人员必须对资本品购买决策参与者的上述情况进行调查，概括出他们的个性特征，运用恰当的洽谈技巧，使他们相信自己提供的产品信息，进而产生购买欲望。

（五）资本品采购的决策过程

根据采购所要解决的问题，可以将资本品市场的采购行为分为3类：为了新业务而采购、修改性采购和原样采购，如图3－7所示。新业务采购是以前从未决策过的产品采购，它需要解决广泛性的问题，采购方要搜集广泛的信息，选择销售人员，进行慎重的决策。

修改性采购是为了解决有限性问题的一种采购，根据以往采购的经验，采购方会在产品价格、性能、交货条件、供货商等方面做些修改。

原样采购是指采购方按照常规向同一供应商采购标准产品，它主要为了解决常规性问题。原样采购最常用的形式是一揽子采购协议和年度采购协议。一揽子采购协议通常适用于低价位产品，采购方要求供应商按照协议交付产品。协议一经签订，

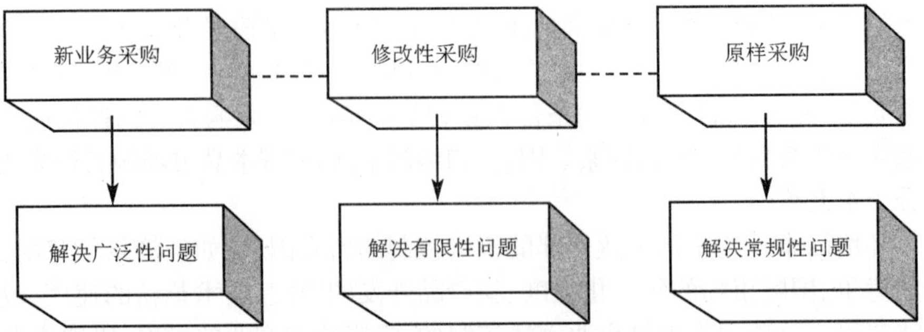

图 3-7　资本品采购的决策过程

资料来源：William F. Schoell and Joseph P. Guiltinan, Marketing (Needham Heights, Mass: Allyn and Bacon, 1992.)

购货单就算发出去了，在购方需要该商品时，供应商就应该装货起运。这种采购协议大大减少了正式订购单的数量，缩短了交易时间；在年度采购协议下，供应商同意在协议期限内按照事先设定的折扣率供货。如果采购方增加购买量，产品单价便相应降低。原样采购非常有利于原有供应商，新的推销人员很难打入这一供应链，除非他能证明自己的产品性能更好、价格更为低廉、供货服务更为周全。

（六）资本品采购的不同阶段

资本品采购过程一般有 8 个阶段，具体内容如下：

1. 对产品需求的提出与确认，并提出解决方案。
2. 确认所需采购产品的性能与数量。
3. 明确提出所采购产品的各项性能指标，要尽可能地用数量指标，以确保指标的操作性。
4. 研究和分析潜在供应商。
5. 研究和分析供货商提出的购买建议。
6. 评价建议和选定供货商。
7. 签订采购订单。
8. 信息反馈与评价。

资本品采购过程的详细内容可用图来表示，见图 3-8。

二、中间商市场的购买行为

中间商市场，是指那些采购商品再行转卖，以获取利润的个体和组织，中间商购买资本品的目的是为了卖，即获利。中间商包括批发商和零售商两类。在发达的商品经济条件下，商品从生产者向消费者之间"惊险的跳跃"，基本上都是通过中间商实现的，这一过程可以概括为"生产者—中间商—消费者"链。因此，对于资本品推销人员来说，中间商市场是其推销产品必经的环节，必须了解中间商的规

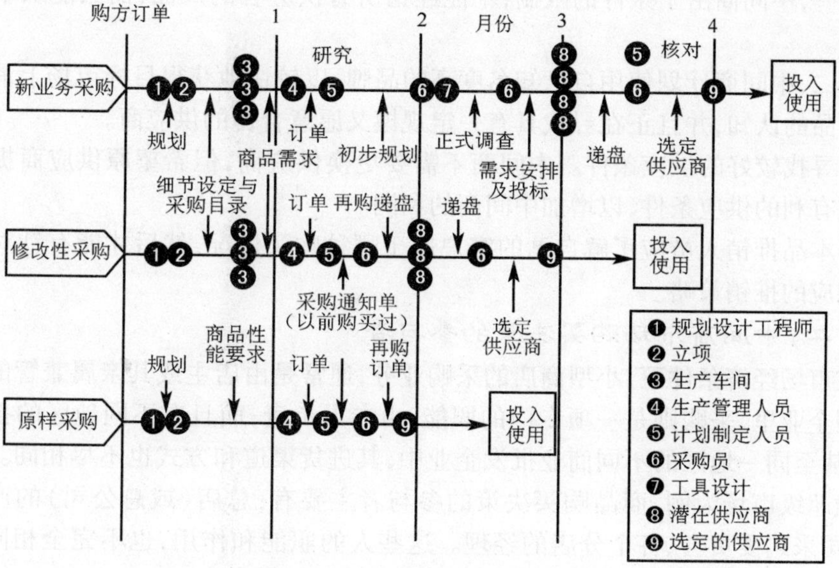

图 3-8 资本品采购的 8 个阶段

资料来源：Reprinted by permission from *Sales & Marketing Management* magazine. Copyright 1967.

模、性质以及资信状况，与中间商建立相互信任的关系，将产品尽快地销售给工业用户。中间商市场在地理分布上，比资本品市场分散，比消费品市场集中。

（一）中间商的购买决策和购买情况

中间商在进货采购时，必须进行以下决策：产品的搭配、销售者的选择和购买的条件。

其中，产品搭配决策是最主要的，它决定中间商的市场地位。中间商可选择的搭配策略有以下几种：

第一，独家经销：只经销一家生产企业的产品。

第二，深度搭配：经营多家同类企业的同类产品。

第三，广泛搭配：经营范围十分广泛，但并没有超越企业的经营范围。

第四，混合搭配：经营各种不相关的产品。

中间商的购买决策和具体采购业务还要视中间商的购买情况而定，一般有以下三种购买情况：

1. 新产品的购买。生产企业如果需要某种新产品，并且必须购买，在此情况下，它们只能选择产品的供应商；而中间商由于其“买为了卖”的特征，要根据市场上该产品的销售情况来决定是否购买，以及购买量的大小。

2. 选择最佳供应者。中间商在确定了经销的产品以后，还要选择最佳的供应者，主要表现在：

第一，中间商由于条件的限制，不能经销所有供应者的产品，而只能从中选择一部分。

第二，中间商计划使用自己知名度高的品牌，以较快地获得目标市场上消费者对新产品的认知，并且正在寻找具有一定规模又愿意合作的供应商。

3. 寻找较好的供应条件。中间商不需要更换供应商，但希望原供应商提供优惠的或有利的供应条件，以增加中间商的利润。

资本品推销人员应了解自己的客户属于哪种购买情况，然后才能有针对性地采取相应的推销策略。

（二）中间商市场购买决策的参与者

在市场经济条件下，小型商店的采购业务，通常是由店主或其亲属兼管的。而在大型企业里，采购则是一项专门的职能，由专人负责；而且在不同地区的批发企业中，甚至同一地区的不同商业批发企业中，其进货渠道和方式也不尽相同。以美国连锁超级市场为例，商品购买决策的参与者主要有：总店（或总公司）的产品经理、公司采购委员会、各个分店的经理。这些人的职能和作用，也不完全相同。由于篇幅的限制，在这里我们不详细阐述。

有关统计资料表明，在美国连锁超级市场的商品采购业务中，约有 2/3 的商品由各分店经理负责进货，有 1/3 是由总公司配送下来的。

影响连锁店各分店经理采购决策的因素，按其重要性可分为：

第一，目标市场上消费者的认可程度，即是否适销对路。

第二，供货商、生产企业的广告宣传以及促销（SP）的规模和作用。

第三，新品种在引入期给零售商店的进货补贴。

（三）中间商市场购买者的类型

资本品推销人员也应该了解中间商市场上采购人员的特点和采购风格。这一点与消费品市场上划分购买者的购买风格相似，据此可以制定出有针对性的推销策略。概括地讲，中间商市场上采购者可以按其购买行为划分为 7 种类型：

1. 忠诚的采购者。这类采购者对某一供应商有一定的忠诚度，一般不轻易与其他供应商合作，除非有较大的利益诱惑。

2. 机会采购者。这类采购者善于从备选的几个符合其长期利益的供应商中，比较、选择最有利的货源。获取最大经济利益常是他们取舍供应商的唯一标准。

3. 最佳交易条件采购者。这类采购者专门选择那些在特定时间内能给予最佳交易条件的供应商。

4. 创造性采购者。这类采购者向供应商提出他们要求的产品类型、服务和价格水平，以及希望得到的成交条件等。

5. 广告采购者。这类采购者在每一笔交易中都要求供应商补贴一定的广告促销费用。

6. 经济采购者。这类采购者在每一笔交易中都要求供应商给予一定的价格折扣或折让，那些能提供最大价格优惠的供应商常常是他们的交易对象。

7. 谨慎采购者。这类采购者往往以产品质量来选择供应商。

三、公共产品市场的购买行为

公共产品是指那些向社会大众提供，但不直接收取费用的公用设施，如道路、国防、天气预报等。公共产品带有一定福利性质，它们是政府部门免费提供给社会大众消费，是不直接收取费用的产品。公共产品的购买者主要是政府以及执行政府职能的有关组织；公共产品的提供者是各种类型的生产企业。公共产品的种类多种多样，掌握国民收入的职能部门的政府采购形成了一个很大的市场。

（一）公共产品市场的采购组织与方法

公共产品市场的政府采购行为是非常复杂的。企业的推销人员要通过各种渠道了解政府职能部门一定时期的物资需要和采购程序，以制定针对性较强的推销策略。下面以美国政府为例，对公共产品市场上的政府采购行为与方法进行简要介绍：

1. 公共产品市场上的政府采购行为。美国各级政府都设有采购组织。美国联邦政府的采购组织是最庞大的，它分为两类：

（1）联邦政府民用部门的采购组织。这类采购机构包括 7 大类：部（如内务部）、管理局（如总务管理局）、署（如联邦航空署）、处（如铁路职工退休管理处）、委员会（如联邦电讯委员会）、行政办公室（如行政管理和预算办公室），以及其他机构。

（2）联邦政府军事部门的采购组织。联邦政府所需军用物资的采购由国防部主管，主要通过国防后勤局和陆、海、空三军的总部进行采购。所以，由国防后勤局负责组织采购和分配一切军需品，其目的是为了减少重复性支出。

2. 公共产品市场上的政府采购方法。概括地讲主要有两种：

（1）公开招标采购。它是指政府的采购机构在大众媒体上刊登广告，向社会发出信息，详细说明所需产品的具体情况，邀请合格的供货企业投标。在一般情况下，报价最低的投标人中标，而供货企业在此必须考虑能否符合采购部门所提出的规格要求和各项条款。采取这种采购方法，采购机构常常处于主动地位，即处于买方市场的地位，供应商常常会激烈地竞争。

（2）议订合同采购。它是指政府采购机构与一个或几个企业接触、洽谈，最终只与其中一家企业签订交易合同。

政府的某些采购涉及复杂的计划，有较大的风险，在这种情况下，政府往往采取议订合同采购的方法。大公司取得合同后，往往把相当大的一部分转包给一些小企业。因此，政府的采购活动往往会产生连锁反应，在资本品市场上产生“引申需求”。

（二）影响公共产品采购行为的主要因素

公共产品市场上的政府购买行为除受环境、组织、人际关系和个人因素影响以外，还要处于社会大众的密切监视之下，这就增加了政府采购的透明度，使政府有限的资金获得最大的经济效益。以美国为例，监督政府采购的部门有两个：一个是美国国会,一些国会议员就是通过揭露政府采购中的铺张浪费行为而扩大知名度的;另一个是行政管理和预算办公室,它一直在审核政府的支出并试图改善支出的效率。还有许多私人监视团体也在注视着政府机构到底是如何花费美国大众的金钱的。

由于政府采购行为在大众的监督之下,采购核准之前,必须通过各种烦琐的手续,反复签字。因此,公共产品推销人员必须有耐心,认真地做好推销前的各种准备工作。

此外,政府市场的采购人员还常常接到请求,要求对不景气的企业、落后地区,小企业和那些没有种族、性别、年龄歧视的公司给予照顾。由此,推销人员在决定是否以政府市场作为自己的目标市场时,应该考虑到这些因素。

思考题

1. 何谓推销环境?

2. 推销环境对推销活动影响的复杂性主要表现在哪几个方面?

3. 简述推销环境对企业推销活动的影响。

4. 消费者的需要与欲求之间有什么差异?

5. 作为一名推销员,你能将所处销售区域的消费者划分为几个典型的社会阶层吗?

6. 你了解老客户的人口统计性特征吗?

7. 你了解自己所推销的产品吗?请列举出该产品能够带给顾客的10种以上的利益。

8. 顾客购买你所推销的产品时,是否要花费许多时间和精力进行分析比较?

9. 你所推销的产品单位价格高吗?

10. 请举出顾客购买你推销的产品的10种理由。

11. 你认为顾客购买你推销的产品时,主要考虑哪些因素?

12. 你的老顾客的经济状况可以划分为几个档次,每一个档次的特征是什么?

13. 你认为顾客购买你所推销的产品时,其决策过程可划分为几个阶段?每个阶段的主要内容是什么?

14. 资本品市场的买者和卖者都有哪些特征?

15. 工业用户购买生产资料的目的是什么?

16. 影响生产资料购买行为的因素主要有哪些?你能举出10种以上的因素吗?

17. 工业用户购买行为可以划分为几种类型?每种类型的特征是什么?

第四章

推销人员的职责与能力

本章重点及学习要求

- 掌握推销人员的职责
- 了解推销人员应具备的基本素质要求
- 掌握推销人员的推销礼仪与着装标准
- 掌握推销人员应具备的基本能力

本章关键词

确认需要（need recognition） 信息搜集（information search） 购买决策（purchase decision） 产品销售团队结构（product sales force structure） 顾客（市场）销售团队结构（custormer sales force structure） 时间—责任分析（time – and – duty analysis）

在产品销售实践中，推销策略与技巧是由推销人员掌握并具体实施的。推销人员的素质与能力对于沟通企业与市场、顺利完成推销任务起着十分重要的作用。因此，不断提高推销人员的素质与能力已成为企业经营者的共识。

第一节　推销人员的职责

在产品推销过程中，推销人员既代表公司，又要联系顾客；既要取得经济效益，又要为顾客提供周全的服务。要完成如此艰巨的任务，首先必须明确自己的职责，以便全面协调各方面的关系，也为提高自身的素质、能力奠定基础。推销人员的职责可以用图 4－1 来表示。

结合图 4－1 的内容，现代企业推销人员的职责可以概括为以下几方面。

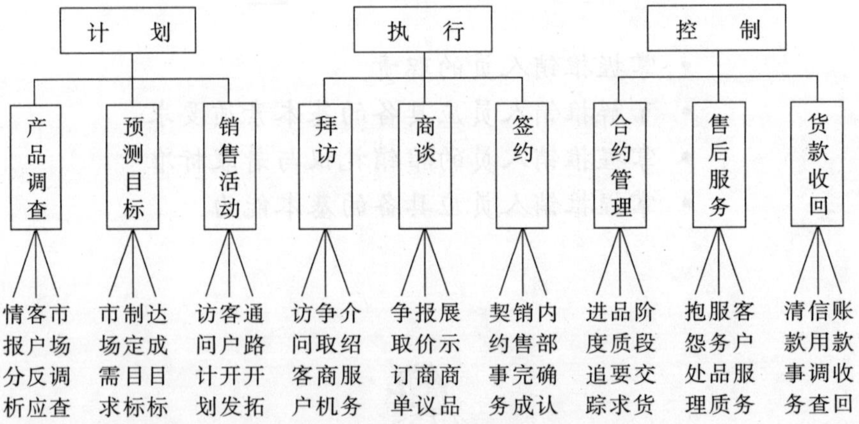

图 4–1　推销人员职责分析图

一、传递和搜集市场信息

推销人员应准确、及时地向目标市场传递有关企业、产品（或服务）的信息。推销人员在产品销售过程中，必须掌握所在企业的有关信息资料，如企业的经营历史、经营规模，产品的市场地位、工艺水平、品种质量等，以便在适当的时间和地点，用适当的销售方式和价格向顾客介绍和提供企业的产品（或服务），并向顾客展示、示范，启发购买，引导消费；同时，推销人员还应随时搜集和掌握有关市场信息资料，例如，消费需求的变化趋势，顾客对产品质量、规格档次、花色品种、包装、价格、服务等方面的要求；竞争企业的情况，包括它们的产品质量、工艺水平、品种规格、价格档次以及推销的战术策略，等等，此外，还要了解消费者对本企业产品的评价意见，品牌忠诚状况，以及外部社会环境对企业营销活动的影响。这些信息要及时、准确地搜集并反馈给企业，以便企业决策者审时度势，制定可行的经营战略。

二、实施产品推销，开拓新的目标市场

销售产品是推销人员的主要职责。推销人员要想成功地完成产品销售任务，必须通过约见、洽谈、排除异议，促使顾客产生购买欲望，最终达成交易。例如，通过展示产品的优点引起顾客注意；通过增加顾客的信任促使顾客产生兴趣；让顾客参与产品展示或试用而使他们产生购买欲望；提供可靠的保证措施促进顾客购买，等等。顾客购买产品，尤其是单位价格比较高的产品，是一个高度介入的复杂过程，需要推销人员开展有针对性的工作来达成交易。

开拓新的目标市场是推销人员的主要工作，只有开拓新市场，才可以将潜在市场变为现实市场，把市场机会变为企业的盈利机会，把潜在利润变为真实利润。为开拓新市场，推销人员应做好下列工作：

第一，分析目标市场需求变化的影响因素。通过信息的收集、整理、分析、传递与储存，追踪目标市场需求的变化，分析市场机会与风险，发现、开拓进入新市场的最佳时机。在企业整体营销策略的配合下，实施市场开拓活动。

第二，制定企业产品的销售网络计划，协助企业销售经理选择可以利用的中间商及其他销售渠道，为企业产品的销售铺路搭桥。

第三，实施开拓。在企业营销组合中多种因素的配合下，根据目标市场的特点开展产品推销工作的全部活动，例如，预约顾客、拜访顾客、消除顾客异议、办理各种销售手续、向顾客提供完善的售后服务等。

三、提供周到的推销服务

在现代市场营销中，整体概念上的产品应该包括产品的核心层、有形层和附加层三个部分。服务是附加层的主要内容，相对于有些产品而言，没有服务就没有产品销售。因此，提供周到的服务是推销人员开展推销工作的重要内容之一。服务的方式和质量决定着推销任务的完成情况，并为以后的销售奠定基础。推销人员要善于利用向顾客提供服务的机会促进交易的达成。推销服务包括售前、售中和售后三个阶段。

（一）售前服务

售前服务是进行商品推销工作的前提条件。售前服务应首先确定推销重点和推销方式。推销人员要将推销商品进行排队，了解库存和货源供应状况，了解各种商品的销售情况，分析商品畅销或滞销的原因，以确定各种商品的推销重点和推销对象，采取合适的推销方式；推销人员还应积极向顾客介绍和宣传商品，为顾客提供信息咨询。

（二）售中服务

售中服务是商品推销过程中的服务工作，它是决定推销成功与否的关键环节。因为顾客在购买产品时都非常重视推销人员提供的服务。推销人员在产品推销中提供服务的项目与质量，体现着企业的经营理念。因此，做好推销过程中的服务工

作，是促进顾客产生购买欲望、达成交易的有力手段。

（三）售后服务

售后服务是本着为顾客（或客户）负责到底的原则，在商品销售后的一定期间内，根据顾客的需要继续提供服务。搞好售后服务有利于延长商品的使用年限，保护用户的经济利益，也有利于树立良好的企业形象，扩大产品品牌的知名度，从而增强企业的竞争力。售后服务的形式多种多样，如介绍产品性能、特点、适用范围，指导用户正确地使用和维护产品，为客户设计、安装产品，对有的商品实行包换、包修、包退制度，设计技术服务站，为顾客提供技术咨询，开展上门维修服务业务，对于大件商品开展送货上门业务，等等。

四、做好善后工作

签订商品销售协议并不等同于推销工作的结束，对推销人员而言，还有大量的事情要做，并且，只有做好这些事情才能为以后的推销工作创造有利的条件。其中：

一是继续与顾客保持联系，定期地与顾客接触，了解他们对产品使用情况的满意程度。对不满意者要采取一些补救措施，以防失去顾客。对于顾客提出的合理要求，要尽量予以满足。

二是要保存销售记录。推销人员要把销售过程中的有关情况作详细记录，对顾客的基本情况、购买商品的情况、顾客的意见、顾客未来的需要、竞争对手的新产品等资料进行认真的加工、整理，为企业领导进行营销决策提供客观依据。

三是对重点顾客进行分析和管理，从推销人员的销售记录中选出那些购买量大的顾客作为重点顾客，将他们作为未来推销工作的重点对象，以提高销售工作的效率。

链接：

施乐公司销售人员的普通一天

销售人员负责有关销售范围、预算和时间方面的工作。销售人员可以得到帮助以及足够的营销和服务支持，但销售人员必须在没有明确指导的情况下独立工作。

销售人员每天的工作是接洽顾客。潜在顾客可能给分公司打电话，要求见施乐的销售代表。然而更有可能的是，销售人员要约见顾客或者到企业拜访决策者，讨论他们的需求并为他们提供解决问题的方法，从而获得顾客。作为销售人员的职责之一，还要在施乐公司的办公室或者在顾客的办公室里展示产品。销售人员还要花相当一部分时间打电话——跟踪顾客线索、安排约会、与各类公司和组织的经理们进行交涉。

与顾客在一起时，销售人员需要解决许多问题。例如：施乐的什么产品能最好地满足顾客的需要？施乐的产品与竞争对手的产品相比如何？是出售还是出租机器？机器及其服务的现金总支出是多少——每个产品的成本是多少？如何为产品融资？如何使用机器才能使工作效率最高？雇员需要接受哪些培训？施乐产品怎样才能满足未来的办公需要？

销售人员还必须忙于大量的顾客支持活动，如缩短产品交货期、检查信用、撰写建议书以及对顾客的雇员进行产品使用方面的培训。销售人员也可能将顾客介绍给施乐的其他销售机构，并与这些机构的代表对顾客进行联合探访。

每天，销售人员都面临新的挑战，解决新的问题。销售人员的生活繁忙而有趣。

资料来源：Conversation between Carl Sewell and author, January 2000.

第二节 推销人员的素质

素质是指事物的本质。关于推销人员的素质通常有广义和狭义的理解。广义的推销人员的素质，是先天条件和后天品格的综合反映，包括推销人员的思想、品德、气质、性格、知识和风度等。狭义的理解，是指推销人员先天具有的生理特点，如体质、心理特征等。先天素质是人的生理条件，是形成后天能力的基础。在这里，我们所研究的是广义的素质范畴。

一、思想品德素质

商品推销工作对推销人员素质提出了很高的要求，一个企业如果拥有一批素质优秀且受过良好训练的推销员，就能吸引较多的客户，进而在市场竞争中取得成功。人员推销是促销组合中的重要方式，也是其中最昂贵的一种促销方式。其最显著的优点是能形成双向沟通，具有很强的灵活性。由于该方式是销售人员直接与顾客联系，所以对推销员的要求也就格外地高，那么一个人具有什么样的风度、品质、性格、特点、态度，才可以成为卓越的推销人员呢？

事实上，许多著名的推销员都具有不同的个性、外表。当然迷人的风度、漂亮的容貌、高挑的身材以及显赫的声望对推销有一定的帮助，但绝不能作为推销员的必要条件。日本著名推销员原一平先生，身高只有145cm，这是一个让任何人都为之遗憾的缺陷。然而，他坦然面对这一现实，从各方面锻炼自己，终于成为一名出色的推销员。推销人员应具备的思想品德素质包括以下具体内容。

（一）强烈的成功欲望

推销人员的工作大部分是孤军作战，推销人员是市场竞争中前沿阵地上的尖兵。面对着每一个潜在客户，推销人员代表的都是公司的形象，应审慎地面对每一笔交易，在遇见各种各样的拒绝时，必须有坚忍不拔的毅力和强烈的进取精神，真正做到“胜不骄，败不馁”。只有这样，才能到达胜利的彼岸。

美国实业界巨子雅科卡当过推销员，世界闻名的企业家松下幸之助也当过推销员，几乎每一个企业经理，都有过当推销员的经历，这主要是因为推销工作是企业最重要的工作之一，关系到企业的生死存亡。实际上，生活中我们每一个人无时无刻不在做着推销员的工作，做得好与坏很关键的一点在于其是否有强烈的成功欲望。一个好的推销员，在其他任何岗位上也可以同样取得成功。所以有人说，从推销员到老板的路是一条直线。

（二）百折不挠的进取精神

推销员的职业比较自由，平时无人监督，全凭自律。为什么在同等条件下，有些人成绩卓著，而另一些人则业绩平平，这与个人的主观努力有着很大关系。日本著名推销大师原一平先生，在每个月的推销活动中平均用掉 1 000 张名片，每天要固定访问 5 位准客户，没有完成任务绝不休息。因此，原一平先生经常因受访者白天不在，晚上再数次去拜访，常常夜里 11 点以后才能回家休息。正因为有这种百折不挠的进取精神，50 年来，他累积了 2.8 万个准客户，这就是他之所以成为“推销之神”的秘诀之一。

任何一位推销员都希望每一次交易都能成功，但事实上，推销员会因为产品或服务的不同以及推销能力的高低差异，达成交易的成功率也有所不同。有的人成功率为 10%，有的人为 20% 或 30%。根据百分比定律，若每次成交能赚 200 元，成功率 10%，则每见一个客户相当于赚 20% 的利润。所以成功是靠积累而来的，要想做一名优秀推销员必须每天给自己规定工作任务，不完成任务，绝不收兵。“业精于勤而荒于嬉”，推销员若无勤奋这一素质，是难成大器的。

（三）有一定的勇气和自信心

作为一名推销员，要充满自信心，坚信自己一定能够成功。有了自信心就有了勇气，就能够战胜恐惧。自信心是在不断获取经验的过程中树立起来的。日本有一所推销员训练学校，规定学员每天清晨 4 点半必须起床，先上体育课，要求学员用冷水洗浴，然后用湿手巾用力拍打地面，一边拍打一边喊口号，据说这样可以增强学员推销产品的信心。为了锻炼勇气，有时让学员中午到东京最热闹的广场上，站在人流中高歌，教员则站在几十米之外的地方倾听，如果听不到或听不清楚，那么这门课就不及格。这种方法磨炼了学员的意志，使大多数学员增强了直面困难的勇气，对未来的推销事业充满了信心。

（四）诚实并且言行一致

一名推销员代表的是公司的利益，而单枪匹马地与客户打交道，缺乏监督，因此，诚实是最基本的品格要求，是公司利益的保证，同时也是客户利益的保证。

作为一名推销员，拿着名片和说明书，初次与客户打交道，争取别人信任，要靠诚实、实事求是的精神；只有言行一致，才能赢得客户的信赖。如果推销员说：“我将在星期五之前把商品送到您的手中”，他就必须遵守自己的许诺，即便是亲自驾车长途跋涉也必须准时将产品送到顾客手中。对推销员优良品格的最基本要求是诚实可信和言行一致,它是与顾客建立长期稳定关系的基础。当顾客认为某推销员值得信赖时,同类产品的其他竞争者就很难再使顾客产生购买欲望。

正如教师要有“师德”,医生要有“医德”一样,推销员也必须具备其职业道德。概括起来主要有以下几点:

1. 推销员与企业。推销员必须努力工作,具有强烈的事业心和责任感,要热爱自己的企业,忠实于企业,不要利用工作之便搞地下交易,甚至做一些损公肥私的事。

2. 推销员与顾客。推销员对顾客要一视同仁,童叟无欺,平等待客,热情服务,不欺不诈,不行贿收礼,不诱购诱销。

3. 推销员与竞争对手。推销员要注意遵守同行业竞争中的道德准则,不能只讲自己的长处,也不能只讲别人的短处,不要互相拆台,否则会害人害己。

二、知识素质

推销员应具备一定的知识素质,尤其是在知识大爆炸的今天,“知识就是力量”这句话在世界上从来没有像今天这样正确。日本推销专家原一平在谈到这方面的体会时说过:“就我而言,学习的时间比推销的时间还要长,但是结果却是工作效率不但不减反而上升。”一个推销员应具备以下几个方面的知识。

(一)产品知识

推销员应该掌握基本的产品知识,了解产品性能、用途、用法、特点、价格(包括几种可能条件下的价格)、维修、管理程序、竞争产品(包括替代品及同行的产品)、本产品的寿命周期等。

(二)企业知识

推销人员要熟悉企业的发展历史及其在同行业中的地位,企业的规模、经营方针和规章制度以及企业的销售政策、定价策略、交货方式、付款条件、服务项目等有关销售的基本知识。

(三)市场知识

推销人员要了解和掌握市场营销学的基本原理,掌握市场调查和预测的原理、原则和方法,善于把握销售的变化趋势。推销只是营销组合中的一部分,要从营销的角度去开展推销活动。

(四)消费者知识

推销人员要懂得一些社会学、心理学、行为科学知识,尤其要掌握消费者购买心理等基本知识,善于针对不同类型的顾客给予不同类型的服务。善于分析现实顾客和潜在顾客的需求情况,了解购买者的心理特征、习惯偏好,针对有些顾客拒绝购买的心理障碍,采用不同的推销对策。

(五)推销实务知识

推销工作不是专门的理论研究,而是一门操作性很强的实务性工作,只有掌握了一定的推销理论、洽谈技巧、结算知识、买卖合同的内容等实务性知识，才能很好地开展产品推销工作。

三、个人素质

个人素质是指推销人员自身具有的条件和特点。推销人员在推销商品的同时，也在推销自己。因此，一名合格的推销员应该具备的个人素质主要有以下几方面。

（一）健康的身体

有一个健康的体魄是推销员成功的重要条件。推销员是独立的经营者，每天都要与各种各样的顾客打交道，需要有充沛的体力和精力，所以，健康的身体是搞好推销工作的重要保证。有一个推销员平常是一个沉默寡言的青年，人们普遍不看好他的推销能力，但是他在下了火车后，步行4个半小时到一个山区的工厂去推销产品。厂里的人深深地为他的精神所感动，二话没说就订下了他的产品，还一再说难得他有这种精神。这位推销员的推销成绩在企业中年年名列前茅。

（二）恰当的仪表和装束

恰当的仪表和装束不仅对顾客而且对推销员自身都会产生良好的效果，得体的衣着打扮既能增强自信心，又有助于推销。沟通原理告诉我们，进行信息沟通的双方相同的地方越多，沟通效果就越好，所以衣着应该尽力接近顾客的审美水平。过于标新立异的服装，会把顾客的注意力吸引过去，使他们难以专心听取推销员传达的信息。为此，长期担任国际商业机器公司（IBM）总裁的托马斯·丁·沃森就坚持要求他的推销员穿深色西装，系黑领带，穿黑皮鞋和白衬衣。

毫无疑问，精干的外表、得体的服装、适宜的体格——这些都会给人一种整体的印象。良好的印象在推销活动中可以产生巨大作用，尤其是第一次向顾客推销商品，第一印象的重要性是绝对不可忽视的。著名推销员佛郎戈·贝德格在其所著的《我怎样成功地进行推销》一书中写道："初次见面给人印象的90%产生于服装。"推销人员应该掌握如何使自己的着装引起顾客注意的技巧。

经过多年的实践，香港一所推销员培训中心总结出了对推销员服饰的17点基本要求，具有很高的参考价值（见表4－1）。

表4－1　对推销人员服饰的要求标准

具体内容	要求标准
帽子	清洁、端正
头发	不要太长，而且要梳理整洁
耳朵	看看有无耳垢，最好一星期清理两次以上
脸	胡须要刮干净，最好鼻毛也能整理一下
衣领	这是最引人注意的地方，应经常保持干净、硬挺
领带	花纹与颜色要调配得当，避免刺眼的颜色。保持干净，穿戴时绝不可弄松或歪曲

续表

具体内容	要求标准
手帕	经常换洗,最好能烫平
衣服	花色不宜太鲜艳,大小要合适
钮扣	掉了要马上缝好,注意是否扣好
拉链	是否拉好了
袖口	保持干净,检查其边沿是否磨破
手	指甲要剪短,并经常保持干净
外套	花色不宜太鲜艳,皱纹要烫平,还要留意穿脱的礼节
裤子	烫平、洗净,口袋内最好不要放杂物
袜子	要干净、无异味,破了的最好不要穿
鞋子	擦亮、鞋带系好,注意有无磨损
手提箱	形状、花色要合适

链接:

推销人员个人形象自我诊断

根据以下个人外表分类对自己进行打分。如果选择5分,说明不需要改进;如果选择1分或2分,则需要进行较大的改进。请如实回答。

推销人员个人形象自我诊断

诊断内容	很好	好	一般	差	很差
1. 发型,发饰(清洁度以及适合的长度)	5	4	3	2	1
2. 个人清洁卫生习惯(身体)	5	4	3	2	1
3. 衣服、珠宝、手表(适用于情形的)	5	4	3	2	1
4. 整洁程度(锃亮的皮鞋、干净的衣服、衣服熨烫平整等)	5	4	3	2	1
5. 文身、化妆品、香水	5	4	3	2	1
6. 一般性装饰:外表能否恰当体现职业特性	5	4	3	2	1

就工作中的个人外表情况,你认为自己:

□需要改进　　□好　　□非常好

(三)彬彬有礼

礼貌待客能满足顾客受人尊敬的心理需求,所以彬彬有礼是一件有力的推销武器。在推销过程中讲礼貌,对客户用尊称,表示尊重;在推销商品时,要言之有理,心平气和,尊重别人选择商品的权利;赴约时,要守时,尊重顾客的时间安排。

礼貌涉及许多方面，如在神态、语言、动作等方面都可以显示出礼貌。讲礼貌，神态自然不做作，说话轻松自如不紧张，握手力度恰当，紧而不使对方感到痛。会谈时，精神集中，姿态端正，没有不良小动作，客人不主动邀请则不抽烟，等等。

链接：

推销人员服务态度自我诊断

推销人员对顾客的态度如何十分重要。提供优质的顾客服务通常需要具备特殊品质的销售人员——即使在沮丧时也能平静地与顾客交往的人。为了使推销人员更全面地了解自己，请回答下列问题，把最能形容自己的答案的数字写在表格的右方。

推销人员服务态度自我诊断

诊断内容	从不(1)	很少(2)	有时(3)	通常(4)	经常(5)
1. 我会不经判断就接受别人。					
2. 不管顾客如何对我，我会对他们表现出耐心、礼貌和尊重。					
3. 在与生气或发怒的顾客接触时，我能保持镇静，不生气也不感到气馁。					
4. 我会像希望别人如何待我那样地待别人。					
5. 当遇到必须作出否定或批评性的反馈情形时，我会设法维护别人的自尊。					
6. 在与别人交往时，即使他们的评论是针对我的，我也不进行辩护。					
7. 在任何既定的情况下，我对自己和别人的态度会影响我回答的方式。					
8. 我知道每个人都相信：他的问题是此时世界上最重要最紧迫的事情。我会努力帮助每个人立刻解决问题。					
9. 我对待每个人都是积极乐观的，而不管他们的外表如何、衣着怎样、谈吐如何？					
10. 我把每一次与他人交往的机会都看成是一个黄金时刻，尽自己所能使之达到我们两个人都满意的双赢情形。					

如果你的得分超过40分，你具有优秀的服务态度；

如果你的得分在30～40分之间，你可以采取改进措施；

如果你的得分在30分以下，你需要转变态度了。

（资料来源：Fundamentals of Selling：Custowers for life through Service（9th Edition）Charles M. Futreu 著，得克萨斯 A&M 大学。McGraw－Hill Education（Asia）Co. and China Machine Press.）

一个推销员如果能够从语言、举止、服装、风度等方面讲究礼仪,就会增加个人魅力,就会带给别人愉快和信任,并能赢得别人的尊敬。推销人员应该记住这样一句座右铭:“礼仪是我的工具、我的武器、我的品德”。

(四)善于交谈

产品推销是推销人员通过与顾客面对面的交谈来进行的,所以掌握说话的艺术是一项实质性的要求。推销的核心是说服,所以它比仪表、装束更重要。老练的推销员往往都会认真仔细地总结出一套说话的技巧,他们已充分体会到,练就一种随机应变的、清晰而又充满热情的说话十分必要,因为除了所说的内容外,语言本身也能向顾客传达心意和思想。

交谈,顾名思义交谈就是相互谈话。因此,推销员还应善于倾听,有时“沉默是金”。因为顾客一般都喜欢那些不但善于讲话,而且善于听别人讲话的人,即聚精会神地聆听,点头示意表示理解,不轻易打断对方的话语。有句谚语说得好:一直不住嘴说话的人是探测不到军情的。

第三节 推销人员的能力

一名推销人员具有良好的素质固然重要,但如果缺乏开展推销工作的真实本领,素质再好,也没有意义。本领即能力,推销人员所必备的能力,是由产品推销工作的本质决定的。一般说来,一名合格的推销人员应该具备以下能力。

一、观察能力

推销人员的观察能力是指通过顾客的外部表现去了解顾客购买心理的能力。人的任何行为表现都与其内心活动有联系,反映着内心活动的情绪变化。市场上的顾客也一样。推销人员可以通过观察顾客的行为来发现反映顾客内心活动的许多信息,例如,兴趣、偏好、欲望等,以决定采用何种推销方式来说服顾客,使其产生购买行为。因此,观察能力就成为推销人员应具备的揭示顾客购买心理的重要能力。

推销人员要想提高观察能力,首先必须从提高观察的质量入手。知识、方式和目的是影响推销员观察质量的主要因素。

知识是观察顾客行为、了解顾客心理的基础。推销人员掌握的相关知识越多,对顾客的观察也就越深入、全面,也就越能准确地把握顾客的购买心理。例如,掌握心理学知识的推销人员,通过观察顾客的言行、情绪,就能很快地了解到顾客的需求与意图。

科学的观察方式要求观察路线要正确,先上后下、先表后里、先局部后整体。注意力的分布要合理,视觉和听觉要密切配合,观察与判断要结合起来。

观察目的明确是取得显著观察效果的前提条件。如果推销人员有明确的观察目的,事先确定明确的观察任务,制定详细的观察计划,在操作时就能突出重点,抓住本质。

为了锻炼和提高自己的观察能力，推销人员可以参考以下几方面的做法：

1. 要明确观察任务和顺序。有了目的才能很好地观察目标顾客，才能提高观察效果；同时，观察顾客的言行要有一定的顺序和步骤，只有这样才能分清主次，抓住本质。

2. 要运用系统的观点看待事物。推销人员既要看到事物的全貌，又要看到事物的内部与层次。

3. 要依赖平时积累的知识、经验和技能。推销人员的经验、知识越丰富，对事物的观察也就越透彻，就越能把握顾客的购买心理。

二、理解、判断和决策能力

理解能力是指人们对事物本质与深层原因了解与认识的能力。理解能力高，就可以通过复杂、多变的关系来认识事物的内在联系。推销人员具备较高的理解能力，可以准确地把握与理解顾客的言行举止，与顾客及相关人员愉快地合作。

判断能力来自人们对事物的真正理解，是指人们用某个标准对事物作出定量或定性界定与区别的能力。例如，基于对市场的观察与了解，从而判断出市场上消费者偏好的发展趋势等。良好的判断能力有利于推销人员作出正确的决策。推销人员应该努力学习，通过日积月累提高自己的判断能力。

决策能力是指人们依据所处的环境和条件确定行为目标，在达到目标的多个可行方案中进行分析、判断与优选的能力。现代企业的推销人员，不仅是产品销售任务的简单执行者，而且是有一定权限与职责的推销决策人，因此，必须有自我决策能力。例如，有一位推销员在火车站听到某医院急需医疗器械，中途急忙下车联系，迅速将产品送到顾客手中，达成了交易。这充分体现了推销员具有较强的判断能力与决策能力。

三、社会交际能力

社会交际能力是指人们为了某种目的而运用语言或者非语言的方式相互交换信息，实现人际交往的能力。推销人员的社会交际能力对企业的发展有着特殊的功能与作用。衡量一个人是否适合产品推销工作的条件之一，就是看他是否具备善于交际的能力。从某种意义上说，推销人员是企业的外交家，需要与各种类型的顾客打交道。这就要求推销人员应具备与各种各样顾客交往的能力，即具备善于与他人建立联系，互相沟通、赢得信任，以及处理各种矛盾的能力，能在各种场合应付自如、圆满周到。为此，推销人员在产品推销过程中，应注意以下几点：

一是待人要热情诚恳，行为要大方得体；

二是能够站在顾客的角度考虑和处理问题，体谅顾客的难处；

三是有一定的自制力，当顾客抱怨时，能够控制自己的情绪，能够沉着、冷静地处理意想不到的问题；

四是有一定的主见,但不刚愎自用。

四、语言表达能力

能言善辩是一个合格推销员的重要条件之一。在推销过程中,为了达到销售产品的目的,推销人员要回答顾客的各种提问,向顾客介绍、宣传本企业的产品,要与顾客洽谈业务,乃至达成交易后向顾客表示谢意,这些都需要用语言来恰当地表达。推销人员必须善于用语言去启发顾客,说服顾客。

良好的语言表达能力,表现为语言清晰、简洁、明了、准确适度、亲切优美、入情入理。它的作用是能针对顾客的需求,抓住顾客的心理,感染对方,激发顾客的购买热情,营造良好的购买氛围,实现销售产品的目的。良好的语言表达能力还表现在说服能力上。推销工作的核心是说服,说服力的强弱是衡量推销人员水平高低的标准之一。要说服顾客,不仅要掌握一定的说话艺术,更重要的是把握正确的原则。其中最重要的原则就是:抓住顾客的切身利益展开说服工作,即在产品推销过程中,不能将说服的重点放在对产品特点的过度渲染上,从而忽视了对顾客切身利益的考虑,这样就很难使所推销的产品与顾客的需要密切联系起来,也就无法促使顾客产生强烈的购买兴趣,以致推销工作难以有成效。

五、灵活的应变能力

应变能力是指人们在遇到意外的情况时,能够沉着冷静、灵活机动、审时度势地应付变化,并能达到原来既定目标的能力。一般人很难在毫无思想准备的情况下,面对意想不到、突如其来的变故作出恰如其分的反应,因此应变能力的提高只有靠推销人员平时在推销实践中总结自己的应变经验与教训,找出符合自己特点的应变经验与规律。

企业推销人员应该思维敏捷、清晰,能够对出现的问题快速地分析和作出判断,及时地察觉顾客需求的变化对推销效果的影响,并针对变化的情况采取相应的推销策略。例如,日本著名人寿保险推销员原一平先生非常想拜见某大公司的总经理,可是几次都被其下属婉言谢绝了。一次,他在公司门口等候,当总经理的轿车开出来时,乘司机暂时停车查看路况之际,他急忙跳上车门旁的阶蹬,递上名片,与总经理见了面。通过蹬车求见的实例,可以看出原一平先生具有很强的应变能力,这为他日后能够成为“推销之神”奠定了坚实的基础。

六、技术维修能力

推销人员在推销高科技产品以及需要提供维修服务的产品时,仅依靠语言说服还不足以使顾客购买产品,还必须向顾客示范产品的使用方式,教会顾客如何正确地使用产品。为此,推销人员还应具有一定的维修产品的技能,随时向顾客提供维修服务。因为有的顾客不会使用产品,有时操作不当而使产品出现故障,需要推销人员及时予以解决。推销人员只有具有熟练的维修技能,随时可以解决问题,才能够缩短与顾客之间的距离，赢得顾客的信任，为达成交易奠定基础。

思考题

1. 分项简述推销人员职责的具体内容。
2. 你认为推销人员应该具有怎样的思想品德素质？
3. 推销人员应该掌握哪些基本知识？
4. 你认为推销人员应该具有怎样的推销礼仪？
5. 推销人员的观察能力主要体现在哪些方面？
6. 社会交往能力对推销人员来说重要吗？为什么？试举例说明。

第五章

推销队伍的组建与管理

本章重点及学习要求

- 掌握选择推销员应遵循的原则
- 掌握招聘推销员的渠道及特性分析
- 掌握制定推销队伍目标的要求
- 掌握推销队伍工作目标的具体形式
- 掌握确定所需推销人员数量的方法
- 了解推销人员的报酬制度
- 掌握推销人员培训的目标、方法与计划编制

本章关键词

招聘(recruitment)　工作负荷法(workload approach)　外部销售人员(outside sales force)　内部销售人员(inside sales force)　团队销售(team selling)　客户业务开发团队(CBD)　拜访计划(call plan)　销售配额(sales quotas)　社交销售(social selling)　上岗培训(on－the－job－training, OJT)

第一节　推销人员的招聘和挑选

一、挑选推销人员的重要性

企业要组建一支能成功运作的推销队伍，其关键在于选择有能力的优秀的推销人员。普通的推销人员与优秀的推销人员的业务水平有很大差异。一项对500家企业的调查表明，27%的推销人员完成了52%以上的销售量，这里除了效率的差别之外，雇用不当的推销人员造成巨大浪费也是其中的重要原因，在这500家企业所雇用的16 000名推销人员中，只有68%的人能在某企业中工作一年，只有50%的人是企业希望在下一年度仍留下继续聘用的。

人员流动造成的财务损失只是总成本的一部分，留在企业里的新的推销人员得到的直接收入，大约等于平均直接销售成本的一半。如果她（他）的年薪是4万元，另外还得在福利补助、差旅费用、办公室租金、办公用品费等方面花费4万元。因此，新的推销人员所获得的销售毛利至少应抵偿8万元的销售成本。如果产品销售毛利率是10%，他（她）至少要推销80万元的产品才能使企业不亏损。

二、优秀推销人员必备的条件

如果我们知道理想的推销人员应具备何种品质，那么选择推销人员便不成问题了。如果理想的推销人员是外向型的、有进取心的和精力充沛的话，那么在求职者中核查他们是否具备这些特征并非难事。但是也有很多成功的推销人员是性格内向的、温文尔雅的。成功的推销人员中有男有女，他们中有高有矮；有能说会道的，也有不善言辞的；有仪容整洁的，也有不修边幅的。

然而，卓越的推销能力毕竟是由一些基本的特质组成的。美国推销专家麦克墨里认为："我深信一个具有有效的推销个性的人是一个习惯性的'追求者'，是一个强烈需要赢得和支配别人感情的人。"麦克墨里还给卓越的推销员列出五项特质："精力异常充沛，充满自信，经常渴望金钱，勤奋成性，并有一种把各种异议、阻力或障碍看作是挑战的心理状态。"

美国推销专家梅耶（Mayer）和格林伯格（Greenberg）对于优秀的推销人员应具有的品质提出的要求最为言简意赅。他们认为优秀的推销人员至少应具备两个方面的品质：

一是同情心，能设身处地为顾客着想；

二是自我驱动力，一种迫切要求做成交易的心理需求。

企业如何确定本行业所需要的理想的推销人员应具备的特征呢？工作的职责要求即可说明其所需寻求的某些特征。例如，是否需要大量文书工作？该工作是否需要经常出差？是否经常发生推销人员被拒绝的情形？这些都将决定不同岗位的推销人员应具备不同的具体特质。此外，企业还应研究其最成功的推销人员所具有的具体特质，将它们归纳总结，以供参考。

三、招聘推销人员的程序

在企业管理部门制定出招聘标准之后，即应着手进行招聘，人事部门可通过各种不同方式寻求应聘者，包括由现职的推销人员引荐、利用职业介绍所、刊登招聘广告和与大学毕业生接触等。至于大学毕业生，许多企业都发觉较难说服他们从事推销工作。有志于推销工作的毕业生人数微乎其微。不乐意从事商品推销工作的人所持的理由是："产品推销只是一种简单劳动，而不是一项专门职业"，"如果要取得成功的话，就必须弄虚作假"，"该项工作没有保障，而且经常出差"。要说服这些持反对意见的人，企业招聘人员就要重点宣传推销人员的薪金起点高、收入机会多，以及西方发达国家大企业总经理中有1/4的人是从市场营销或产品推销开始的这一事实。

四、招聘推销人员应遵循的原则

招聘推销人员既是一项经济活动，也是社会性、政策性较强的活动。招聘推销人员应遵循的原则，应当是在努力掌握客观经济发展规律的基础上，充分体现经济体制改革实践的要求和趋势，具有一定的科学性，并易于贯彻实施。公司的人事部门在组织推销人员招聘时，要遵循以下原则。

（一）双向选择的原则

双向选择原则，是指一方面管理部门根据本公司产品销售活动的实际要求，自主地选择本公司所需要的推销人员；另一方面应聘者可根据自身的条件自由地选择企业。

双向选择原则是劳动力市场上劳动力资源配置的基本原则。该原则一方面要求公司不断提高效益，改善自身形象，增强自身吸引力；另一方面，还能使劳动者为了获取理想的职业，在招聘竞争中取胜，而努力提高自身的身体、科学文化知识、技术业务水平等方面的素质。

随着国际化统一市场的逐渐形成，公司之间的竞争也必然越来越激烈。为了能够使自己公司在激烈的市场竞争中取得优势，归根到底是看公司职员的整体素质。因为，公司没有高素质的推销人员就不可能确保产品销售系统的通畅。公司若想在竞争中获胜，一定要重视对推销人员的招聘，确保推销队伍的优化。

对于推销人员的招聘，搞好双向选择很容易使得公司的销售队伍上下团结一致，为着公司的销售目标的实现而共同奋斗，这对于公司经营文化的发展也很有利。

（二）效率优先原则

效率优先原则是指人事部门在招聘过程中要尽量用较少的招聘费用，录取到高素质、适应本公司产品销售需要的人员；或者说，以尽可能低的招聘成本录用到同样素质的推销人员。

效率优先是市场经济条件下一切经济活动的基本准则。谁的效率高，谁就能在激烈的竞争中赢得主动权，推销人员招聘也不例外。效率优先的原则体现在招聘工作中，就是根据不同的招聘要求，灵活选用适当的招聘形式和方法，在确保聘用推销人员质量的情况下，尽可能降低投入成本。

（三）遵守国家法令、法规原则

在推销人员招聘中，一切与国家的有关法令、法规相抵触的聘用活动都是无效的，都是被法律禁止的。1994 年 7 月 5 日颁布的《中华人民共和国劳动法》（以下简称《劳动法》），1994 年 8 月劳动部印发的《劳动部关于贯彻实施〈中华人民共和国劳动法〉的意见》的通知，以及 1994 年 9 月《劳动部关于〈中华人民共和国劳动法〉若干条文的说明》等，都是我国境内企业招收推销人员的依据。这些国家的有关法令、法规，明确了面向社会、公开招收、全面考核、择优录用的用人原则。在推销人员招聘过程中，只有认真贯彻这一原则，才能保证被聘用人员的高素质。

这一原则是以国家法规形式出现的，如果某公司在招聘过程中违反这一原则，实质上就是违反了国家的法规。在《劳动法》中对于聘用也有相关规定，《劳动法》第十二条、第十三条规定：劳动者就业，不因民族、种族、性别、宗教信仰不同而受歧视，妇女享有与男子平等的就业权利。在录用职工时，除国家规定的不适合妇女的工种或者岗位外，不得以性别为由拒绝录用妇女或者提高对妇女的录用标准。所以，在对推销人员的聘用过程中不能有歧视行为。

（四）面向社会，公开招聘原则

招聘是一种规模较大的社会活动，对符合招聘条件的人提供平等的竞争机会，因此必须遵守公开招聘、平等竞争、全面考核、择优录用的原则。公开招聘的程序是：①由人事部门和销售经理负责成立招聘专门工作小组；②确定招聘对象、招聘原则、录取标准；③拟定招聘简章，并向社会公布。

五、招聘推销人员的渠道

为了把优秀、合格的人员招聘进公司的推销队伍，所有经营管理部门都希望招聘的渠道可宽一些。随之，招聘的费用也将增加。如果采用窄的渠道，招聘费用可减少，候选人员也将减少。招聘渠道大致有以下几种。

（一）通过广告招聘

这是一种常用的招聘方法，其形式有登报做招聘广告，或在电视、电台做招聘广告。招聘广告要引人注目，广告的内容一般包括：招聘职位、招聘条件、招聘方式及其他说明。广告必须符合有关法律。美国《平等就业机会法》就明文规定在就业上不得有年龄、性别、学历、民族等歧视，据此招聘广告词中不得写有“招聘 18 ~ 25 岁女性服务员”，但可用富有朝气、敏捷、活泼、有吸引力，具有一定工作经验等词句。

广告招聘的优点是：受众面大影响广、可吸引较多的应聘者。由于在广告中已简略介绍了公司与产品的情况，可使应聘者事先有所了解，减少应聘的盲目性。缺点是广告费昂贵。由于应聘者较多，招聘费用也随之增加。

（二）人员推荐

人员推荐是指管理部门号召本公司员工推荐或关系单位相关人员推荐。这种招聘方式的优点是，由于是熟人推荐，所以招聘应聘双方在事先已有一定的了解，可简化招聘程序和节约费用。缺点是由于是熟人推荐，有时会因碍于情面，而影响招聘水平。如果此类录用人员多了，易在公司内形成裙带关系，给管理工作带来困难。

（三）从应届毕业生中招聘

每年都有大批应届毕业生，为公司招聘推销人员的工作提供了大量人选。推销人员招聘对象中有两类人员：一类是经验型，另一类是潜力型，应届生属于后者。青年人进入公司的销售队伍，会给销售组织注入活力，带来生机。但是他们缺少实际工作经验，所以公司必须投资进行培训。国外的大公司还对新进公司的应届大学毕业生，采用评价中心技术对他们进行评估，选出发展潜力大的优秀者予以重点培养，若干年后不少人成了公司高级经营管理人员。

（四）通过职业介绍所与人才交流市场招聘

职业介绍所又称猎头公司，为公司选拔中高级销售管理人员提供服务。专职猎头公司的收费非常高，但企业一旦寻求他们帮助，则最终收益能够弥补这部分费用。

人才交流市场则为公司招聘一般推销人员提供了方便。

六、评价应聘者的程序

上述招聘程序如能成功，将吸引许多应聘者，企业则需从中筛选出最优秀的人选。挑选的办法，可进行非正式的个别面谈，也可进行冗长的测验性面试，其内容不仅包括应聘者本人，也包括其家庭成员的情况。

许多企业都对应聘推销员进行一次正式测验。尽管测验成绩在整套材料（包括个人特征、推荐意见、履历和会见者的反应等）中只不过是一个信息成分而已，但有些企业如国际商用机器公司、宝洁公司和吉列公司等对这种测验成绩却十分重视。吉列公司宣称这种测验已将应聘者的流动率减少了42%，并与新的推销人员日后的进步有着密切的关系。

第二节　推销队伍的设计

推销人员通过与顾客面对面的接触起到将企业与顾客联系起来的纽带作用。对许多顾客来说，推销人员就是企业的象征，反过来推销人员又为企业带回许多急需的有关顾客的信息资料。因此，企业对推销队伍的设计问题需要给予周密的考虑，应认真制定推销队伍的目标、策略、结构、规模和付酬办法。

一、推销队伍的目标

（一）推销目标的制定要求

推销队伍的目标必须根据企业目标市场的特点，以及企业期望在这些市场上所取得的地位来确定。企业必须考虑到人员推销在以有效的竞争方式为顾客服务的市场营销组合中能起到的独特作用。人员推销恰好是企业使用的、花费最大的联络与沟通工具。以20世纪90年代美国企业的情况为例,平均一次推销访问的费用达230美元。因此,人员推销的方法必须有节制地使用。但人员推销又是采购过程的某些阶段,如招徕采购者阶段、谈判阶段和销售成交阶段的最有效工具。因此,企业必须慎重考虑何时、如何使用推销人员来促进市场营销工作的进行。

推销人员是公司最为宝贵的资源之一,公司需要花费很长时间建立和发展这样一支队伍。有效的销售机构是任何竞争者都嫉妒的,然而要注意,只有在销售组织中的决定因素相对稳定的条件下,推销人员才能有效地工作。要求推销人员在孤立的环境中拼命地工作是很不公平的,必须认真分析市场营销组合中每一个组成,这样才可能改善组合的生产率。产品本身、定价政策、促销组合(广告、人员推销和营业推广等)以及分销系统对整个市场营销计划的成功,都是必不可少的。

推销人员是公司的步兵,他们要访问顾客和(或)分销商,向他们传播消息和知识。他们要从顾客那里得到订单,或者要保证现有顾客对公司的服务感到满意。此外,推销活动还有很多其他目标,后面将进一步介绍。

只有完成计划的初始步骤以后,才能够确定公司销售的作用和目标。在没有确定公司整个市场营销目标以及目标组合中其他目标时,就无法确定推销人员的作用。此外,在决定推销人员目标和如何组织推销以实现这些目标之前,必须认真研究和了解竞争者的战略与资源。如果在没有充分掌握竞争者的优势及劣势之前,为推销人员提出一个所谓可靠的工作计划则是非常草率的做法。

在一支管理良好、效率高的推销队伍中,必须为整个销售活动、每个地区(如果推销人员按地区分布)和每位推销人员确立明确的目标。推销人员必须知道需要他们实现的工作效率和生产率水平。实现目标不仅是一种量度结果的工具,还是激励推销人员的重要手段。然而,有些销售经理热衷于向手下分派过高的、难以实现的目标,迫使他们"不停地奔波"。这种做法是不可取的。它带来的危险有两方面:当推销人员意识到无论怎样努力都无法实现规定目标时,他们会彻底地失去积极性;更严重的是,因为人为地提高销售预算,会彻底打乱公司的整个经营计划。

销售管理者要认识到,为了确定推销人员工作目标,必须满足3个主要条件,这3个条件是衡量推销绩效的标准。

1. 可以量度。理想的标准是,推销人员应能完成一天的工作,并能根据定好的标准评估自己的工作绩效。如果用销售的数量单位代表应实现的目标的话,就很容易确定这位推销人员每天或每周的工作目标是否达到,这取决于业务的性质。

2. 相关性。推销人员的目标必须与他们的工作性质相关。如果他们推销的产品是飞机和军火,那么,"每天打电话的次数"就根本不能作为衡量效果的标准。在有效的销售管理中,第一个原则就是确定与推销任务最为相关的成功因素。相关但无法衡量的因素与可以衡量但不相关的因素一样糟糕,必须同时满足这两个条件。

3. 公平性。在一个通过公平方式实现各项业务的组织中,必须保证为每一位推销人员规定的目标是公平的,通过良好训练和努力工作是可以实现的。如果过分强调经营绩效,他们的目标可能核定得高出正常水平的一倍、两倍或三倍。从这方面来说,不公平就意味着没有衡量效果的科学标准。

表 5－1 列出了各种选择方案,作为推销队伍用来思考和选择最为合适的工作目标的衡量标准。该表并不全面,还可以增加更多的项目。然而,在某些特殊情况

表 5－1 推销队伍工作目标的衡量标准与评价方法

评价推销人员的具体项目	在推销工作中的相关性 0 1 2 3 4 注:4 分为密切相关;3 分为比较相关;2 分为基本相关;1 分为不大相关;0 分为无关
第一部分:效果量度 1. 用销售量衡量的目标 (1)用价值量表示的每人的销售量 (2)用实物量表示的每人的销售量 (3)用顾客数量表示的每人的销售量 (4)用新客户与老客户之比表示的每人的销售量 (5)通过打电话的方式进行的销售次数 2. 用对市场和(或)顾客的渗透来衡量的目标 (1)对新顾客的保有量 (2)自己发展的顾客数量与主管分给的顾客数量之比 (3)自己发展的顾客数量与当地顾客总量之比 (4)流失的顾客数量 (5)在当地实现的市场份额 (6)占市场潜量的百分比 (7)在当地,80% 的业务是由 20% 的顾客实现的,20% 顾客的绝对数量是多少 3. 用边际效益衡量的目标 (1)实现的总边际效益 (2)出售的高边际和低边际产品的数量 (3)每一个电话达到的总边际值 (4)每天(星期、月)得到的与销售人员成本比较的总边际值 4. 用支出衡量的目标 (1)与销售额和销售产品数量相关的工资 (2)与销售额和销售产品数量相关的工资 + 差旅费 + 一定管理费(与销售努力直接相关) (3)销售成本:销售率 (4)每日成本 (5)每次电话成本	
第二部分:活动量度 1. 每日打电话的数量 2. 工作天数 3. 举止、机智和判断等 4. 计划 5. 采访 6. 报价数量 7. 利用销售工具和设备 8. 获得预期客户名单	

下,决定工作目标最佳衡量标准的销售经理应该仔细阅读该表,用表右部所列的方法来评价每个项目。通过与每个人进行细致的研讨,获得较高分数(如 3 或 4 分)的任何一项,都可能成为与推销人员有关的条件和衡量工作目标完成情况的标准。

(二)推销目标的具体形式

不同的企业都要为自己的推销队伍确立不同的目标。例如,美国国际商用机器公司的推销人员负责推销、安装和改进用户的计算机设备;美国电话与电报公司的推销人员则负责市场开发、产品推销和保护客户的工作。总之,推销人员要为企业完成如下一项或多项任务:

1. 开发新客户。推销人员寻找和招徕新顾客。

2. 传递企业或产品的信息。推销人员熟练地将本企业的有关产品和服务的信息传递给顾客。

3. 推销产品。推销人员应精通"推销"的艺术,例如,与顾客接洽、向顾客介绍产品知识、回答顾客的疑问和达成交易等。

4. 向顾客提供服务。推销人员向顾客提供各种服务,例如,对顾客的问题提供咨询意见,给予技术咨询、安排资金融通和加快交货等。

5. 收集市场信息。推销人员进行市场调研和情报工作,并填写访问报告。

各企业对其推销队伍的目标和活动往往规定得越来越具体。例如,有一家企业提出推销人员应将 80% 的时间花在现有的顾客身上;将 20% 的时间花在潜在顾客身上;将 85% 的时间用于推销现有产品上,将 15% 的时间用于推销新产品上。若不规定此种标准,推销人员往往会将其大部分时间用于向现有顾客推销现有产品上,而忽视新产品和潜在顾客。

推销人员的任务组合随经济情况的变化而变化。1973 年,当西方国家普遍出现产品短缺时,许多行业的推销人员都陷入无货可供的窘境。一些观察家很快便得出结论认为:推销人员是多余的,应予以削减。这一想法完全忽略了推销人员的另一些作用:分配产品、安抚不愉快的顾客、向社会通报企业补救产品短缺的计划和推销企业其他供应充足的产品。

随着各企业日益重视市场导向,其销售队伍需要有更为明确的以市场为中心和顾客导向的思想。传统的观点认为,推销人员应关心销售额和大力推销,而市场营销部门则应关心市场营销策略和营利性。较新的观点则认为,推销员应懂得如何使顾客满足并为公司带来利润,他们应懂得如何分析销售数据、测定市场的潜在能力、收集市场情报和制定市场营销策略与计划。推销人员需要掌握市场营销的分析技术,而这点在更高层的销售管理部门显得尤其重要。市场营销人员认为,如果对推销队伍进行市场营销知识方面的培训,从长期来看,他们会更好地提高工作效率。

二、销售队伍策略

随着市场竞争的加剧,从顾客那里获得订单变得日益困难了。这就要求企业对其推销队伍的布置进行策略上的安排，据此，推销人员可以在适当时机以适当方式访问适当的顾客。推销人员可用几种方式与顾客接触：

1. 推销人员与购买者个别接触。推销人员面对面或通过电话与潜在顾客或现有顾客交谈。

2. 推销人员与购买者群体接触。推销人员向购买者群体作销售介绍或产品展示。

3. 推销小组与购买者群体接触。销售小组（如由一位企业高级职员、一位推销人员和一位销售工程师组成的小组）向购买者群体作产品销售情况介绍。

4. 推销会议。推销人员将企业的有关经营者带去会见一个或更多的购买者，以便讨论有关问题或创造相互达成交易的机会。

5. 推销研讨会。公司派一个推销小组到客户那里，为他们的技术部门成员举办教育性的研讨会，讲解、介绍有关技术的最新发展情况。

推销人员常常起到“客户经理”的作用，他安排买方和卖方机构的各种人员之间的联系。现在推销工作越来越需要互相配合，需要其他人员的支持，例如，需要高层管理部门（他们已越来越多地参与了产品销售过程，特别是当全国性客户或较大批量的销售受到威胁时更是如此），技术人员（他们在顾客采购产品之前、之中和之后向其提供技术资料），顾客服务代表（他们向顾客提供安装、维修和其他服务）和办公室工作人员，包括销售分析人员、订单催办人员和秘书等人员的支持。

企业一旦决定采用一种合意的推销方法，它可使用直接的或合约性的推销人员。直接（或企业）的推销人员包括专职的和兼职的雇员，他们只为本企业一家做工作。这部分推销人员包括：内业推销人员，他们在办公室通过电话接受潜在客户的访问来进行业务工作；现场推销人员，他们出差到外地访问顾客；合约性的推销人员，包括生产商的代表、销售代理商或经纪人，他们按其销售量的多寡收取佣金。

三、确定推销队伍规模的原则

企业一旦确定了推销队伍的组织策略和结构，便要着手考虑推销队伍规模的问题。推销人员是企业极具生产性和最昂贵的资源之一，因为推销人员数量增加就会使销售量和成本同时增加。

理想的情况是，一支推销队伍不要太庞大，也不能太小。如果太大，会造成不必要的浪费；如果太小、就不能充分有效地覆盖市场，造成销售损失，在两者之间存在着一个适当的、实现最佳效果的规模。在生产率理论中，确定这种规模应遵循的原则是最为重要的。

以下几个重要原则在决定销售队伍规模时将会发挥作用：

第一，销售量的一定增长将会导致推销员的增加。例如，一名大型机械推销员1年的费用是30 000元，1年可以销售的产品总额为100 000元，销售的毛利率是30%，那么，这位推销员推销所得毛利正好够得上他（她）1年的费用。如果再把所有间接费用（差旅费、行政管理费等）加上去，这个人对于公司的价值就成了一个问号。

第二,在销售额与推销员的关系为线性的条件下,推销员的增加很难带来销售额的增加。如果销售经理知道增加30%的推销员只会增加30%的销售额,他就会觉得没有什么意义。另外,“收益递减法则”在某一点上会起作用,在这一点以后,推销员的增加将会导致销售额开始减少。

第三,不同的销售队伍将按不同的速度达到收益递减。对有些公司来说,它们有能力在收益递减法则发生作用之前,继续增加推销员。另外一些公司则发现,在较早阶段,增加推销员就会产生不经济的效果。

销售经理的一项任务就是要确定在特定的环境中,销售队伍规模增加与销售额增加之间存在什么关系。实践证明,要想从一种市场营销环境中推导出适合另一种环境的关系,几乎是不可能的。

第四,在确定每个推销员的推销区域时,要尽量给他们提供具有相同潜力的推销区域。因此,如果我们估计市场规模为1亿美元,并且要使用100位推销员,那么这个市场最好是被分成100个销售额都会达到100万美元的推销区域。当然,在分配时,必须充分考虑各种因素,诸如推销区域内顾客的构成、地区特点和经济发展水平等。然而,我们必须给每一位推销员进行互相比较的机会。

第五,如果每增加一个推销员所发生的费用刚好由所产生的利润(毛利润减去直接成本)来弥补时,就不应该再扩大推销队伍的规模。当然,这是基于以下的假设,即现有的推销队伍是有效的,并且在可以接受的生产率水平上营运;同时还假设,市场营销组合的其他部分都在合理地发挥作用。

(一)确定推销队伍规模的具体步骤

大多数企业用工作负荷量法来确定推销人员的规模,该方法的具体操作步骤如下:

第一步:根据年度销售量,将顾客依大小顺序分为若干级别。

第二步:确定各级别客户所需的访问频率(每年对客户进行销售访问的次数),这反映了企业与竞争者相比要达到的访问密度有多大。

第三步:每个级别的客户乘以相应的访问频率得出全国的总工作负载即每年所需的推销访问总次数。

第四步:确定一个推销人员平均每年可进行的访问次数。

第五步:将所需年总访问数除以每个推销人员的平均年访问次数即可得所需推销员的具体人数。

假设某企业估计全国有1 000个A类客户和2 000个B类客户。A类客户一年需访问36次,B类客户访问12次,这就意味着企业需要每年能够进行6万次访问的推销队伍。假设每个推销人员平均每年可作1 000次访问,那么企业便需要60个专职推销人员。

(二)确定所需推销人员数量的方法

挑选推销人员既有质的要求,也有量的限制,到底应挑选多少推销人员,要视具体情况按照一定的科学方法而定。常用的方法主要有以下几种：

1. 工作量法。这种方法是根据推销工作量的大小，来配备推销人员的数量。其计算公式是：

$$S=\frac{(C_1+C_2)\cdot V\cdot L}{T}$$

式中：S 为需要配备的推销人员的数量；

C_1 为现有顾客的数量；

C_2 为需要访问的潜在顾客的数量；

V 为对每个现有顾客和潜在顾客每年平均的访问次数；

L 为每一次访问的平均时间（小时）；

T 为一名推销员每年用于推销活动的有效时间（小时），即每个推销员 1 年的全部工作时间中，扣除开会、在办公室填写表格、走访顾客时花费在路上的时间后，剩下的时间。

如果对现有顾客和潜在顾客每年的访问次数不同，则可将现有顾客的访问次数改为 V_1，将潜在顾客的访问次数改为 V_2；对现有顾客和潜在顾客的每一次访问所花费的时间都不同，则可将现有顾客的平均访问时间改为 L_1，潜在顾客的平均访问时间改为 L_2，那么，上述公式就变成：

$$S=\frac{(C_1V_1L_1+C_2V_2L_2)}{T}$$

例如，某公司现有客户 500 户，每户每年平均走访 6 次，每次走访平均花费的时间为 4 小时；潜在客户 200 户，平均每年走访 4 次，每次走访平均花费时间 6 小时，每位推销员每年用于推销的有效时间为 70%，则：

$$S=\frac{(500\times6\times4)+(200\times4\times6)}{(52\times5\times8)\times70\%}=11$$

即该公司需要配备 11 名推销员。

2. 估量法。估量法可以直接用表 5－2 来表示。

表 5－2　用估量法确定推销人员的需要量

项　　目	数　量
A. 下一年度需要进行推销访问的总次数	30 000
B. 现有的推销人员数量	100
C. 现有推销人员每人每年平均完成的访问次数	250
D. 现有推销人员年推销访问总次数（100×250）	25 000
E. 新录用推销人员需要进行的访问次数（30 000－25 000）	5 000
F. 新录用的推销人员每人每年平均访问次数	200
G. 需要新录用的推销人员的数量 5 000÷200	25

3. 增量法。这种方法就是根据销售任务逐步增加推销人员,即先将推销力量集中在企业销售的主要产品、主要市场上,然后根据企业经营规模的扩大、销售量的增加,逐步增加推销人员。如果一个企业销售力量不可能一下子增加很多,可先将推销人员集中在重点市场、重点客户上,以保持现有销售成果,然后再将销售区域慢慢扩大,同时慢慢增加推销人员的数量。

四、推销人员的报酬

为吸引足够数量的推销人员,企业应拟订一个具有吸引力的报酬制度。推销人员一般都希望收入稳定,要对超额完成任务给予奖励,对他们的经历和资历给予合理的报酬。另一方面,管理部门则往往强调要易于控制、节约和简便。管理部门的目标,常会与推销人员的目标,如节约的目标与收入稳定的目标。因此,这就导致不仅在不同行业间有极不相同的报酬制度,就是在同一行业的各企业之间,报酬制度也存在着很大差别。

管理部门首先必须对有效报酬制度的报酬水平和内容作出决定。报酬水平必须与推销工作的工种和所需能力的"现行市场价格"有一定联系。例如,1998 年熟练推销人员的平均报酬在 20 000 元以上,如果推销人员的这一"市场价格"是确定得当的话,那么个别企业将无可选择,只得按现行标准支付。付得少了,无法吸引足够的或高素质的求职者以达到预期的数量与水平;多付了又没有必要。不过,推销人员的"市场价格"大部分没有固定的界限。原因之一是,固定薪金与可变薪金、福利待遇和费用补助在各企业的薪金制度中所占比重有所不同。其次,只看竞争企业的推销人员的平均实得工资,会因竞争对手雇用的推销人员的平均资历和能力水平有显著差别而引起误解。有关各行业推销人员报酬水平的数据很少公开发表,而且往往缺乏足够详细的数字。

接下来企业必须对报酬的各个组成部分,即对固定报酬、可变报酬、费用补助和福利待遇作出决定。固定报酬可以是薪金或提存账户,旨在满足推销人员对稳定收入的需要;可变报酬可以是佣金、奖金或利润分成,旨在刺激和奖励人们更加努力地工作;费用补助可使推销人员能够支付包括旅行、食宿和娱乐的费用。福利待遇,如休假工资、生病或意外事故津贴、退休金和人寿保险,旨在提供安全感和对工作的满足感。

企业销售管理决策部门必须确定报酬制度中上述各组成部分的比重。通常的做法是把推销人员的总收入的 70% 作为固定收入,余下的 30% 用做其他报酬形式,但是围绕上述这一平均数的变化又是非常显著的。因此,上述做法很难成为必须遵循的准则。对那些非销售职责大于销售职责的工种、执行推销任务要求较复杂的技术且又需要几方面相互配合的工种,其固定报酬应占较大比重。而对那些销售周期性较强或取决于推销人员主动性的工种,则应强调可变报酬,使其占较大比重。

由固定报酬和可变报酬可引申出以下 3 种基本类型的推销人员报酬制度:计

时薪金制、纯佣金制和计时薪金加佣金复合制。有一项研究表明,西方国家28%的企业实行计时薪金制;21%的企业实行纯佣金制;51%的企业实行计时薪金加佣金复合制。各种报酬制度的优缺点分述如下。

(一)计时薪金制

实行计时薪金制,推销人员可得到一份固定的薪金和执行各项任务的开支补助。有时,他们也能得到可自由支配的奖金或销售竞赛奖金作为额外报酬。

对管理部门而言,实行计时薪金制有许多优点,最主要的是管理部门可以随意改变销售任务而不致引起强烈的反对。对行政管理人员来说,计时薪金制比较易于理解,同时也可节省开支,他们可使下一年度推销人员薪金制度的制定工作大为简化。计时薪金制还可向推销人员提供稳定的收入,因此能提高士气与振奋精神。

计时薪金制的最大缺点是无法刺激推销人员把销售工作做得更出色。这样,管理部门就要在控制、评估和奖励个别推销人员的绩效方面承担较重的监督责任。在经济不景气时,计时薪金制会引起固定不变的推销费用的负担;在经济繁荣时,又不能充分激发领固定工资的推销人员去发掘日益增长的潜在业务机会。但如按照个人能力、生活费用上涨情况和工作时间的长短来调整薪金,又会出现一些棘手问题,而且企业可能难以吸引和留住较有进取心的推销人员。

(二)纯佣金制

纯佣金制是按推销人员的销售量或利润的大小,给予固定或浮动比率的报酬。推销人员在执行推销工作中所开支的费用,企业可给予或不给予补助。纯佣金制在某些行业尤其盛行,如保险推销、投资债券推销、家具办公设备推销、小型办公机器推销、服装推销、纺织品推销和制鞋行业推销,以及药品和五金产品推销等。

纯佣金制的优点:

一是它可刺激推销人员发挥最大的才能。

二是它把推销开支与目前的收入更加密切地联系在一起。

三是管理部门可对不同的产品和销售任务规定不同的佣金,从而影响推销人员考虑应如何使用他们的时间。

当管理部门要推销人员去做不能带来直接收益的工作,例如,跟踪销售线索、填写报表或向顾客提供服务时,就会遇到巨大的阻力。推销人员为了取得高额销售量以保证其自身的经济利益,可能利用高压式的推销策略或是价格折扣,从而损害企业在客户中的信誉。纯佣金制的行政管理开支较大,此外,其保障性也较差。当销售量不是因推销人员的过错而下降时,会引起士气低落。

管理部门在佣金计算基础、佣金率和佣金起算点方面可有几种选择。可供选择的佣金计算基础可以是总销售量,也可以是扣除退货后的净销售额,还可以是毛利润或净利润;佣金率可以是所有销售量全照一个统一标准计算,也可因顾客或产品的不同而有差异,还可不论销售量大小保持固定,或随销售量的增减而递增或递减。佣金起算点可自第一笔交易算起或从达到最低定额销售量后算起。为了便于管理,大多数企业都以销售量作为计算销售佣金的基础,但这种方法不能把努力推销与产品利润联系起来。以毛利计算支付佣金可以刺激推销人员改进其产品和顾客组合,因而可使企业提高利润。

(三)薪金加佣金复合制

绝大多数企业以薪金与佣金相结合来给推销人员付酬,以期扬长避短。最常见的分配方法是薪金占70%,佣金占30%。复合制适用于销售量取决于推销人员的努力,而管理部门又想对推销人员所执行的非推销职责加以控制的企业。采用复合制意味着在销售出现下降时,企业并不被固定不变的推销成本所束缚,而推销人员也不致失去其全部收入。

(四)奖金制

许多企业以奖金来补充或替代佣金制的激励作用。奖金是对额外的贡献、工作成绩或效益的非契约性酬金,其目的在于奖励完成那些迫切需要的工作,但又没有佣金奖励的推销人员。例如,准备急需的推销报告、提供有用的推销意见和开发独特产品或市场信息等。奖金的主要问题是经理的主观判断起决定作用,推销人员可能对奖金的发放是否公平提出疑问。

(五)其他费用

企业的销售费用除了薪金、佣金和奖金以外,还包括以下附加费用:推销费用(旅费、住宿费、电话费、娱乐费、样品消耗费和办公费用);福利补贴(医疗保险费、人寿保险费、退休金、协会会员费);特别奖励(销售竞赛、服务奖金);参谋后勤人员费用(技术和客户服务人员费用、销售分析人员费用、计算机使用和销售培训计划的费用)。因此,要使推销队伍正常有效运作,所需费用总加起来远远超过了推销人员的直接报酬。

第三节　推销人员的培训

企业在确定了销售队伍的目标、策略、结构、规模和报酬之后,必须着手对推销人员进行培训,提高他们的业务素质,以确保企业销售目标的实现。

一、确定推销人员培训目标

(一)推销人员培训的具体目标

许多销售经理在雇用了新的推销人员之后便立即派他们做实际工作,让他们带着企业给他们的样品、订货簿和销售地区情况介绍资料开始工作。但他们的推销工作很多是无效的。一家大型食品公司的副总经理用了1周时间,观察了50个推销员向一家超级市场连锁店的忙得不可开交的采购员进行销售陈述的情景,以下是他的观察所得:

我看着一位肥皂公司的推销人员进来见这位采购员,他要谈3笔不同的新推销交易,并约了6个不同的交谈日期。他没有准备任何书面材料……推销员离开之后,该采购员看着我说:“我要用15分钟才能把他说的事情弄清楚。”

我看着另一位推销员走进来对这位采购员说:“我负责这个地区的推销工作,我想告诉你,我们公司将在下周举办一次大型推销活动。”采购员说:“好啊,有什么产品?”他说:“具体情况我不太清楚……我下周再来告诉你。”采购员问他今天是干什么来的,他说:“我是来负责这个地区销售工作的。”

还有另一位推销员进来说:“现在该是下订单的时候了……以便为夏季生意做好准备。”采购员说:“很好,我去年总共向你们公司购买了多少货物?”该推销员感到有点困惑,回答说:“对不起,我不知道。”

大多数推销人员常准备不足,无法回答一些基本的问题,不明确访问时所要完成的任务。他们不把推销访问看作是一项事前研究好的专业性推销介绍,对忙碌的零售商的需要与欲求一无所知。

培训需要花很多钱,这的确是事实,因为要在教师、教材和场地上支付大笔费用。此外,还须付薪金给尚未进行推销工作的人,并因为他们不在销售地区而失去销售机会。然而,培训是必不可少的。对现代企业的销售经理来说,今天,新的推销人员在培训方面可能花上几周到几个月的时间。一般的平均训练时间,工业品公司为28周,服务公司为12周,消费品公司为4周。培训时间随销售工作的复杂程度与招入销售机构的人员类型而有所不同。美国国际商用机器公司的新推销人员头两年内是不能独自工作的。公司希望其推销人员每年用15%的时间参加额外的培训。

美国一些大型公司每年的推销人员培训费用多达数百万美元。尽管如此,销售经理却认为培训增加了比费用更多的价值。当今的推销人员正在向具有较高成本与价值意识的购买者推销。再者,他们推销的产品在技术上往往很复杂。因此,销售经理希望推销人员能更加成熟、知识更加广博。如何搞好推销人员的培训,提高推销人员的业务素质,以达到扩大销售业绩的目的,这个问题常困扰着企业销售部门。大量实践证明,要搞好推销人员培训,必须首先确定培训目标,即通过培训要解决什么问题。

推销人员培训的目标可以概括如下:

一是推销人员需要了解企业并弄清它的所有情况。大多数销售经理把培训计划的前部分用来讲述企业的经营历史与目标、机构与权限、主要的高级职员、企业的财务结构和设施,以及主要产品和销售量。

二是推销人员需要了解企业的产品情况,给受训人员讲明产品的生产工艺和各种用途。

三是推销人员需要了解顾客与竞争者的特点,推销人员要了解各种类型的顾客及其需要、购买动机和购买习惯,还要了解企业竞争者的策略和政策。

四是推销人员需要懂得如何作有效的推销介绍。推销人员要接受推销学基本原理的培训。此外,销售经理还要提出各种产品的主要推销要点,有些产品还需要提供推销宣传稿。

五是推销人员需要明白外勤工作的步骤和责任。推销人员要懂得如何在现有客户和潜在客户之间分配时间、如何有效地使用推销费用、撰写报告和安排推销访问路线。

对受训人员来说,通过培训应得到以下收获:①较多的工作满足感;②较高的工作安全感;③较强的自信心;④较多的晋升机会;⑤较多的工资收入;⑥较强的优越感;⑦较多的业务知识与较强的技能。

(二)确定培训目标的方法

销售经理在确定推销人员培训目标时,常用工作分析法和人员分析法。

1. 工作分析法。工作分析法是通过分析特定销售工作的特征,来鉴定完成该项销售工作所需的技能、知识和态度的一种方法。

首先要清晰说明组成销售工作的各种活动,以及完成这些销售活动所需要的行为,然后展示获得销售成果所需要的各种要素。换言之,工作分析是审慎及有系统地收集有关销售工作的资料。工作分析法必须与销售工作应该如何完成,以及对企业销售目标的实现作出多项贡献密切联系起来。销售经理在运用工作分析法时,可以通过查阅企业销售方面的文件、观察该类推销人员的工作、了解销售工作需要三个方面来具体确定培训目标。

2. 人员分析法。人员分析法是通过了解推销人员现有的技能和知识层次,来培训和发掘他们在工作时所需具备的技能、知识及态度的一种程序或方法。

销售经理将人员分析法与工作分析法配合运用,得出的结果即可用以精确测定培训的需要。如果通过工作分析发现某一销售职位需要特殊专门知识及推销技能,则其所雇人员必须针对此项需要接受适当培训,即推销人员的培训常因销售工作需要及人员背景的不同而异。

销售经理在运用人员分析法时,要针对以下情况区别对待:

(1)针对毫无销售经验的新雇员可通过测验来衡量新雇员掌握的推销知识,对企业经营理论与实务、顾客行为及与销售工作有关的各种情况的了解程度,也可以用职务演习法及业务游戏法以暗示销售工作的需要及人员的表现,借此作为培训的参考。

(2)有一定销售经验的新雇员可通过跟进式的培训方案来评价推销人员过去的销售成效,不足之处给予有针对性的、适当的培训。销售经理要清楚:新雇员在其他企业销售工作中的弱点并不一定是缺乏培训所致,也许是报酬太低,或组织结构有问题,或没被重视等,这些都足以影响销售工作的成效。

二、编制培训计划

搞好推销人员培训,必须制定培训计划。销售部门在组织制定培训计划时,要确定培训内容、培训方式以及培训的时间安排等问题。

(一)确定培训内容

销售培训内容也称为销售培训主题。销售培训主题的数目随着销售人员的组成、行为类型和不同的环境因素而变化。美国著名杂志《销售与营销管理》曾对许多跨国公司的销售培训主题进行了系统的研究,发现不同公司由于多种因素的影响其培训主题也不尽相同,具体情况如图 5－1 所示。

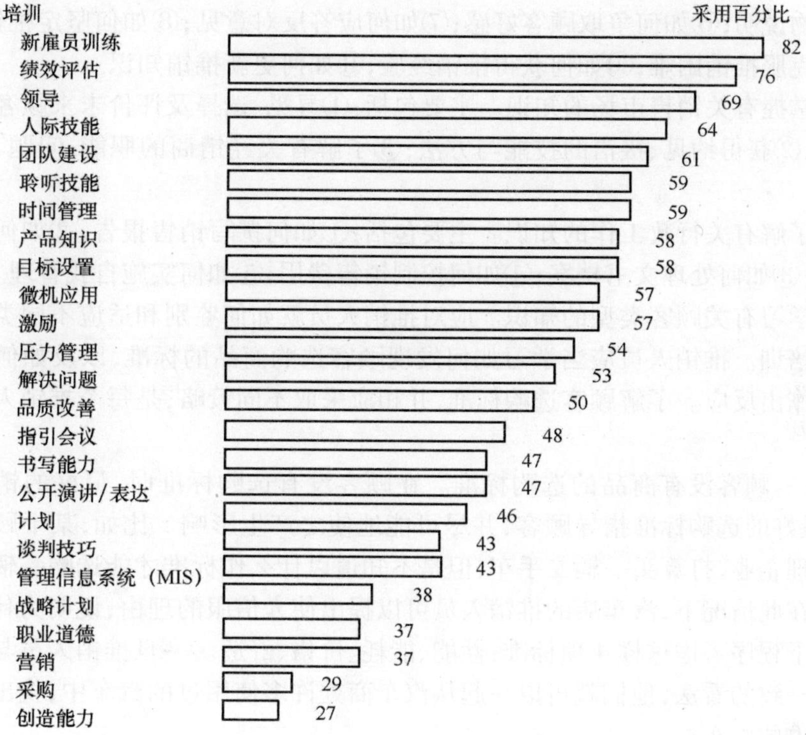

图 5－1　公司采用的培训主题

资料来源:Reprinted with permission from the October 1991 issue of *Training* magazine. © 1991, Lakewood Publications Inc., Minneapolis Minneapolis, MN [612 - 333 - 0471]. All rights reserved. Not for resale.

推销人员培训的内容,常因工作的需要及受训人员已具备的才能而异。一般应注意下列几点:

1. 对一般情况的了解。主要包括:①本企业的经营历史;②本企业对国家经济发展的重要性;③本企业在所属行业中的地位,是领导型、挑战型、追随型,还是拾遗补缺型等;④本企业的市场营销、人员及公共关系策略;⑤推销工作对企业的重要性、企业对推销人员的期望及任务安排、推销人员应有的工作态度和精神面貌;⑥受训的目的、课程内容和程度。

2. 对所推销产品的有关知识的了解。主要包括:①产品的用途;②产品的结构;③产品的品质与质量;④产品的多种用途及特殊用途;⑤产品的制造工艺;⑥产品的包装;⑦产品的价格;⑧产品损坏的普遍原因及其简易维护、修理方法。

3. 产品推销的基础。主要包括:①产品适合消费者的需要及欲望;②推销应顾及消费者的经济条件。

4. 了解有关销售的技巧性知识。主要包括:①推销人员应具备的仪表和态度;②推销人员应具备的服务精神;③访问准备、初访和再访;④推销时的语言;⑤如何利用实物说明;⑥如何争取顾客好感;⑦如何应答反对意见;⑧如何坚定推销信心;⑨如何克服推销困难;⑩如何获得推销经验;⑪如何更新推销知识。

5. 掌握有关销售市场的知识。主要包括:①寻觅、选择及评价未来顾客的途径与方法;②获得约见、接洽的技能与方法;③了解有关经销商的职能、问题、成本及利益。

6. 了解有关行政工作的知识。主要包括:①如何撰写销售报告;②如何答复顾客查询;③如何处理文书档案;④如何控制销售费用;⑤如何实施自我管理。

7. 学习有关顾客类型的知识。应对推销人员就如何鉴别和适应不同类型的顾客进行培训。推销人员应当学习如何发现顾客选购商品的标准,以及如何对他们的要求作出反应。了解顾客选购标准,并相应采取不同策略,是每个推销人员必须学会的。

第一,顾客没有商品的选购标准。在顾客没有选购标准时,最好的销售策略是:以最好的选购标准指导顾客,并尽可能地使之产生影响。比如,某个顾客进入汽车代理企业,打算买一辆二手车,但是不知道以什么作标准才能选购一辆最好的汽车。在此情况下,汽车店的推销人员可以提出使人信服的理由,说明为什么顾客应按以下程序考虑这样4项标准:性能、能耗、价格、舒适。一旦推销人员与顾客对此有了一致的看法,他们就可以一起从汽车商处许多使用过的汽车中,找出最符合上述标准的汽车。

第二,选购标准不明确。当顾客的选购标准不明确时,可以满足他们需要的商品的范围往往是比较宽的。对推销人员来说,最容易的事是试图展示符合顾客选购标准的具体商品。然而,由于选购标准不明确,就难以使顾客满意,并很少能够有实际销售。这是因为由于标准不明确,顾客会以为推销人员推荐的商品只是这家企业现有的货物中最符合他要求的商品,因此,顾客会考虑去其他企业选购商品。

如果推销人员有意重新做成这笔交易,而顾客也愿意,企业又有比较多的商品可供销售,那么,可以采取的比较好的策略是:帮助顾客弄清楚问题所在,以便确定有关的选购标准。这样,顾客与推销人员就可以一起来确定顾客满意的商品选购标准,然后,即可选购符合这种标准的商品。

第三,顾客的选购标准不正确,有一定的矛盾,往往也会给作出购买决定带来麻烦。这里有两种基本情况:

一是顾客要的商品有两种以上互不相容的要求。比如,某个顾客想购买一辆变速自行车,希望要高质量和低价格的。那么,这位顾客很快就会发现这两个要求是不能共存的。在此种情况下,对推销人员来说,最好的策略是降低顾客的某个要求或者是提高另一个要求,使两者一致起来。

二是顾客选购标准只具有一种特性。这也有好的一面和不好的一面,有时也会有矛盾。假定某个顾客想购买一辆比较高级的汽车,这有好的一面(性能、速度、舒适程度),也有不好的一面(保险费高、汽油消耗较多)。对这类矛盾,最好的策略是尽量提高对好的一面的要求,将不好的因素减至最低程度。

第四,顾客有清楚、明确的选购标准。对推销人员来说,最好的策略是说明哪种商品符合选购标准。推销人员向顾客说明其商品的各种特性,以及符合顾客对商品规格的要求。如果,交谈结果是顾客不同意推销人员的建议,那么,他就自然地否认了他先前所说的对商品规格的要求。

(二)确定培训方式

高效的培训包括多种途径和方法。随着科学技术的不断发展,培训工具的种类也日益丰富起来。图 5 - 2 就是常用的一些培训方法。

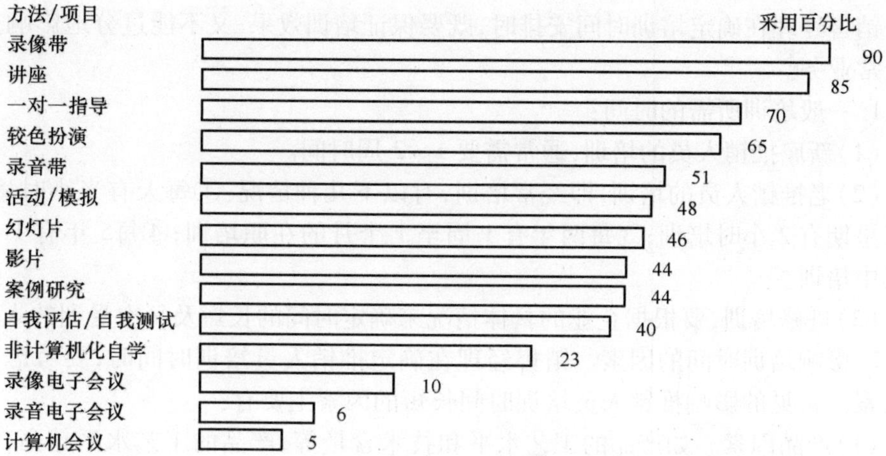

图 5 - 2 公司采用的培训方法

注:结果来自许多不同的行业和工作类型,包括培训、人力资源、销售与营销以及顾客服务。

资料来源:Reprinted with permission from the October 1991 issue of *Training* magazine. © 1991, Lakewood Publications Inc., Minneapolis, MN [612 - 333 - 0471]. All rights reserved. Not for resale.

销售经理要根据本企业的实际情况确定推销人员培训的具体方法。常用的培训方法主要有:上岗培训(on - the - job - training,OJT)、个别会议、小组会议、个别函授、销售会议、企业设班培训以及通信培训等。

1. 上岗培训。它要求推销人员一边工作,一边接受培训。这种方法既不影响工作,又提高了推销人员的素质,增强了他们的业务能力,是一种最常用的方法。据调查,美国 215 家公司中有 72.6% 的公司采用此法。

2. 个别会议。它是由接受培训的推销人员个别参加讨论的会议。据上述调查,美国 215 家公司中 47.9% 采用此法。

3. 小组会议。它是由若干接受培训的推销人员成立小组参加讨论的会议。据上述调查,在215家公司中19.1%采用此法。

4. 个别函授。它是指企业培训部门根据具体情况,分别函授各个推销人员。据上述调查,在215家公司中19.5%采用此法。

5. 销售会议。它是指有意识地让受训人员经常参加企业内部召开的销售会议,以达到培训的目的。据上述调查,在215家公司中39.5%采用此法。

6. 企业设班培训。它是指企业定期地开设培训班,系统地对推销人员进行培训。据上述调查,在215家公司中36.3%采用此法。

7. 通信培训。它是指利用通信教材对推销人员进行培训。据上述调查,在215家公司中有1.4%采用此法。

(附注:上述215家公司中,有许多公司同时兼用多种培训方法)

(三)确定培训时间

销售经理在确定培训时间安排时,既要保证培训效果,又不能过分地影响企业的正常业务。

1. 一般培训所需的时间:

(1)新雇推销人员的培训,通常需要1~2周时间。

(2)老推销人员的培训,即经常培训,有以下几种情况:①每天有半小时培训;②每星期有2小时培训;③每两年有1周至1个月的在职培训;④每5年有1个月的集中培训。

(3)进修培训,要根据企业的具体情况来确定时间的长短及每次受训的人数。

2. 影响培训时间的因素。销售经理在确定推销人员培训时间时,要考虑其影响因素。常见的影响推销人员培训时间长短的因素主要有:

(1)产品因素。如产品的工艺水平和技术含量等,产品的工艺水平越高,技术要求越复杂,对推销人员培训的时间也就越长。

(2)市场因素。市场上竞争对手越多,竞争越激烈,培训时间就越长。

(3)受训人员的素质因素。如果受训人员具有较全面的知识,有较高的悟性,培训时间相对来说就应该短一些,相反,如果受训人员素质平庸,花费的培训时间则较长。

(4)销售技巧因素。如果销售的商品是奢侈品,可选择的余地较大,要求推销人员有高深的销售技巧,那么培训的时间就应该长一些。

(5)管理因素。管理层制定的标准严格,要求贯彻实施时一丝不苟,那么对推销人员的培训时间就应该较长一些。

(6)培训方法因素。单纯的讲授,必然要花费较多的时间。如果视、听结合,培训时间可缩短一半。

(四)确定培训人员

销售经理在制定培训计划时,也要确定培训人员。培训人员包括组织工作人员和讲授人员。

1. 组织工作人员。组织工作人员的工作包括:①培训前的准备工作;②培训中的服务工作;③培训后的善后工作。

2. 讲授人员。讲授人员既可以是企业内部的高级销售管理人员、富有销售经验的人员,也可以外聘学有专长的专家、教授。讲授人员一般应具备以下条件:①对讲授内容熟悉,并有一定的心得;②对讲授工作认真负责,并有一定的兴趣;③有一定的讲授技巧;④熟悉所用的培训教材,并能随时补充和修正;⑤口齿清楚,语言表达能力较强;⑥具有敢于、勤于督导的精神。

销售经理在确定了讲授人人选以后,要提醒他们:根据培训计划编制详细的讲授纲要,根据讲授纲要安排讲授进度。

(五)确定受训人员

对销售经理来说,下属所有推销人员都应该参加培训,以提高其业务素质。新老推销人员在参加培训时,必须注意以下几点:①受训人对销售工作有浓厚的兴趣,并且有能力完成销售任务;②受训人具有强烈的求知欲,即个人希望通过专业培训获得所需的知识与技能;③受训人应有学以致用的精神。

(六)确定实施的程序

培训的实施应循序渐进,使新教材与受训人员已知部分相配合,不宜重复或脱节,以致影响受训人员的兴趣或引起知识的混淆。一般实施的程序如下:

1. 最初培训。企业新雇员培训,可使受培训人获得销售工作所需的基本知识与销售技巧。

2. 督导培训。当企业成长或产品线变更后,推销人员的知识必须进行更新;当推销人员由一地区调到另一地区,也应该了解新市场的情况;当产品的生产工艺或结构发生变化时,推销人员也应进行督导培训。

3. 复习培训。当顾客投诉增加或推销人员的销售业绩连续下降时,销售经理就应该举办这种培训,使推销人员有复习销售技巧或讨论的机会。培训时应引导推销人员适应市场环境的变化,在其发生严重问题时,要及时矫正推销人员的行为。

三、培训方法的具体运用

现在的培训方法真可谓日新月异,主要有角色扮演、敏感性训练、听录音、看录像,循序渐进地学习和看有关推销术与公司产品的录像资料。虽然现在还没有一种评估培训效果的好方法,但是销售经理需要组织有关人员收集尽可能多的证据来证明销售实绩的增长。销售经理应对推销人员的流动率、销售量、缺勤率、平均销售规模、访问次数和成交数的比率、顾客的投诉与表扬、每单位时间的新客户数和退货数量等变数有一种客观的评价。

(一)讲授法

讲授法,是应用最为广泛的一种培训方法。这种方法的最大的特点就是经济,费用不高。讲授法是单向沟通,受训人获得讨论的机会甚少,因此不易对讲授内容进行反馈,而讲授人也无法顾及受训人的个别差异。运用这种方法时,必须注意以下几点：

1. 授课人员在上课前应作充分准备，如纲要及各种图表之类。

2. 语言要简练，要多用“如何”、“何时”、“何地”、“何故”等词来说明问题。尽量设法与受训人交换意见，鼓励他们及时提问或发表自己的看法。

3. 讲授时要多作示范，利用各种视觉器材，如实物、模型或影片等，提高受训人员对所学内容的理解。

4. 每次讲授宜精而不宜长，销售理论要与具体实践相结合，以调动受训人员的学习兴趣。

（二）会议法

会议法，是一种讲授者与受训人员之间双向沟通的方法。它可使受训人有表示意见及交换思想、学识、经验的机会，讲授教师也易鉴别受训人对于所讲授内容的了解程度。有时可针对销售过程中遇到的某一实际问题展开讨论。会议主持人要把握会议主题，当讨论跑题时要及时引导，同时还要注意：①解释召开会议的背景及目的；②宣布讨论的目标、任务及方法；③表明讨论的计划、准备及程序；④选定讨论问题的种类、说明及处理方法；⑤引用特殊实例并进行讨论；⑥各种说明图表的计划及准备；⑦利用各种器材模型及视听资料；⑧领导最后归纳结论，并对会议进行整体评判。

（三）小组讨论法

小组讨论法，是将受训人员分成几个小组，每个小组有一名组长，具体负责该小组的讨论，讨论资料或实例由讲授人员提供。每一小组以 4～6 人为宜，也可允许一部分人员旁听。小组长应备的条件如下：①有一定的知识和经验，令人信赖和尊敬；②有足够的忍耐力和机警应变的能力；③有一定的自制力与虚心求教的精神；④乐于倾听他人的意见；⑤具有发表自己意见的能力；⑥有一定的幽默感，可以活跃小组气氛；⑦语言简短，并有一定的概括性；⑧当话题超出讨论范围时，能够及时引导。

（四）实例研究法

此法是指选择有关实例，并书面说明各种情况或问题，使受训人各就其工作经验及所学原理，以研求解决之道。目的在于鼓励受训人思考，并不着重于如何获得某些适当的解决方案。

（五）角色扮演法

角色扮演法，是让某一受训人扮演推销员，其余受训人和讲授人员作为顾客，让受训人演示销售产品过程中的所有步骤。演示结束后，各参加者、观察者对演示者的行为进行评价。其目的在于增强受训人员的现场感，使受训人在实际销售过程中获得一种体察能力。

（六）业务模仿法

业务模仿法，是模仿一种销售业务的具体情况，让受训人在一定时间内作一系列决定。不同的销售环境，具有不同的销售结果，推销人员应据此运用不同的销售策略。这种方法可以用来观察受训人适应新情况的能力，常用来培训销售经理。

（七）示范法

示范法，是运用幻灯片、影片或录像带等来展示销售活动的具体细节。这种方法只限于中小型场地的小规模培训。示范主题通常事先选定，示范内容一般由权威的机构来制作、审定，能给受训者留下较强的记忆效果。

（八）自我进修法

自我进修法是一种不受时间、空间约束的培训方式，由受训者自己学习提高，适用于高级的专门培训，如演讲、开会、写报告等专业知识或技能的培训。中、高级管理人员多运用这种方法。有时可购买一些专业书刊或录音带或去参加专业培训班等。企业一般不作统一安排，但可为受训者提供一定的条件，培训结束后查收成绩单，以便考核。

附：培训教材范例——消费品业务员培训

一、业务员的行动基准

业务员的行动基准包括：①健康是业务员最重要的资本；②不得沾染恶习；③完成公司规定的业绩是业务员的使命；④具备充分的产品知识，尤其是新产品；⑤树立市场风险意识；⑥加强开拓新经销店；⑦调查竞争品牌动态；⑧预防呆账；⑨妥善处理抱怨；⑩培养热爱公司的精神。

二、开拓新客户的推销要领（分解动作）

1. 准备。

（1）服装仪容。包括：①头发要勤清洗、梳整齐；②胡子每日刮修；③指甲应常修剪，不可留得太长；④制服要常洗涤，并且要烫平；⑤皮鞋常注意有无泥尘，每日擦拭一次。

（2）自我培训笑容。

（3）准备推销用具。包括：名录、价格表、海报、名片、经销店记事簿、笔、计算机、订货单。

（4）拟订拜访计划。包括：①预计拜访日期、时间；②利用拜访老经销店时顺路或抽出一整天专程拜访新经销店。

（5）若拜访后尚未成交，则下次拜访前必须有充分准备，不可盲目拜访。准备内容：①对方反对的主要理由是——；②我当时的回答是——；③我应该做的回答是——。

①资料来源：李国先编著：《销售管理》，企业管理出版社，1996 年版，略有改动。

2. 接近。

(1)递名片后的开场白。应用“称赞”的方式,例如:①您的生意真好,门庭若市。②您的生意做得真大呀!

(2)注目的方法。你在与新经销店老板谈话时,凝视其两眼之间的一点。

(3)重视第三者。

(4)自己找座位坐下。

(5)从聊天转入正题。

(6)多讲“请”、“谢谢”、“抱歉”。

(7)名片策略。你拜访新经销店时若老板不在,每次都要留下名片。

3. 商谈。

(1)依下列顺序向新经销店发问,以了解其情况:①电机品的生意比较好,还是汽车音响的生意较好?②请问老板目前所经销的汽车音响以哪些品牌为主?哪一种品牌最畅销?哪一种价位的最畅销?③(如果销售韩国品牌)韩国主机好卖吗?利润好吗?④车主对韩国主机反应如何?⑤您的客户大多偏好什么主机?⑥您店内常装的车是什么?⑦老板,请问您这里有哪几家批发商常来?⑧老板,您以前在哪一家汽车电机行服务?有没有同门师兄弟做同行?⑨老板,这店的地点很好,一个月月租很贵吧?

(2)老板回答时,要一面听,一面记录下来。

(3)向老板发问完上列9个题目,了解其状况后,若觉得合适,则开始说明本公司产品。

4. 展示。

(1)业务员必须事先反复演练展示方法,直到熟练为止。

(2)产品说明结束后,立即从货车上取下产品,展示给老板看。尽量鼓励老板自己安装,自己试听。

(3)鼓励老板发问。

(4)展示时,应用ABCD推销术,多与别的品牌产品进行比较。例如:

A:AUTHORITY 权威

B:BETTER 质优

C:CONVENIENCE 方便(含:服务)

D:DIFFERENCE 新奇

5. 缔结。

(1)不买的信号。包括:①抬肩;②手握拳;③两手交叉抱胸;④摇头。

(2)会买的信号。包括:①再一次拿起产品目录详细看;②肩下垂;③放开手心,伸出手指;④刚才已问过价格,现在再一次问价格;⑤就产品的某一优点,同意业务员的看法;⑥问以后的事。例如:订货多久能送来?

(3)发现老板有购买的信号时,立即大胆提出缔结要求。

(4)缔结的交谈方法。包括:①拜托、拜托;②假设已成交。如问:进多少?什么时候送货？③二者择一。如问：进这种机型或那种机型？④建议式。例如：以我这几年来的经验，我建议您……

(5)缔结时应留意的问题。包括：①有信心、勇敢尝试缔结；②不要着急；③成交时不得露出得意万分的神情；④成交后约定的事项一定要记下；⑤若未成交，业务员不要意气用事，要给自己和同事留下以后还可以登门拜访的机会；⑥如果缔结失败，应虚心检讨失败的原因，力求改进。缔结成功，也应记取成功的经验，供以后参考。

6. 善后。

包括：①明示付款条件；②不要久留。

三、关联推销术

另外，与上述方法关联的推销术有“关联推销术”，即“蚕食攻击法”。就是增加经销店销售本公司产品种类。其具体做法是：

(1)业务员不得养成只卖自己“习惯卖”“喜欢卖”的产品。

(2)业务员不可只卖便宜的品牌，其他品牌也应加强推销。

(3)业务员对于本公司每一种产品，必须有绝对的信心。

(4)本公司的每一种产品都要介绍给经销店彻底了解。

(5)新产品应取代别的公司的产品，不可取代本公司的其他产品。

(6)不理会经销店说：“向你们公司买这些已经够多了！留些生意给别的公司做吧！”加强关联推销。

(7)加强推销滞销库存品。

(8)分公司应按下列3步骤加强推销：①各分公司列出便宜的品牌卖得不错的经销店名单；②分公司主任与全体业务员研讨，列出每家经销店拟达成的其他品牌业绩目标；③定期召开例会总结成果。

四、收款要领

1. 收款要领主要是：如何防止“货款回收率太低”。其办法有：

(1)开拓新经销店时，必须明告付款条件。

(2)找出经销店最适当的收款时间，进而养成“定期收款”的习惯；必须使经销店习惯，每月月初，只要本公司业务员一来，就必然要结清货款。

(3)收款时，不可摆出“低姿势”；例如：不可说：“老板，对不起！我来收款。不知道您今天方便吗？如果您方便的话，请跟我结清货款”，这样容易被经销店找到借口，拖延付款。

(4)收款时，不要讲太多话，可运用“压力式面谈”，每问一句话后，盯着看老板，等他回答，再问下一句。

(5)收款时，表情要严肃，不可笑嘻嘻。

(6)业务员必须与经销店建立交情，这样收款会较顺利。

(7)该给经销店的赠品、奖金等，在收款前必须处理完毕，否则经销店会拒绝付款。

(8)经销店对品质的抱怨,在收款前必须处理妥当,否则经销店会拒绝付款。

(9)业务员对于收款不顺的经销店,千万不可逃避,反之,应增加拜访次数。

(10)起初,应尽可能避免在大庭广众之下催付。若拖欠太久,则可故意在大庭广众之下催讨,但应避免与之争吵(声音不要太大,但要旁边的人听到)。

(11)对于收款不顺的经销店,可采取下列方法:连续几天晚上去拜访,与之"耗"(例:一起看电视、抽烟、泡茶),直到货款结清为止。

(12)业务员必须引导新经销店如何卖本公司产品。

(13)业务员必须引导老经销店如何卖本公司的新产品。

(14)业务员必须在新经销店第一次进货后第 14 至 20 天再度拜访,若发现尚未卖出,则应再度引导老板如何卖本公司产品,并请老板加强向客户推荐本公司的产品。如此,则能避免 1 个月后去收款时,因销路太差,导致收款不顺。

2. 如何防止"票期被拖长"。票期被拖长的原因及其对策如下:

(1)某些经销店老板具有贪便宜的习性。

〔对策〕:总公司财务部坚持原则,凡业务员收款票期不符合本公司规定者,退回经销店更改,使业务员知道警惕。

(2)业务员没有准时前往收款,拖延一段时日才去收款。

〔对策〕:业务员必须具有"收款重于一切"的观念,准时前往收款。

3. 如何防止"尾数被折让"。坚持不给经销店折让,必须向经销店说:"如有被折让的金额,公司会扣我薪水。"

五、预防呆账要领

1. 倒闭前的征兆:

(1)不正常进货。一位优秀的业务员,平时应彻底了解经销店的销售能力、库存数量,以及当前的市场情况,以便对经销店的每月进货量、进货种类、进货时间心中有个概算,对于经销店的不正常订货,应深入了解。例如,一向精明的经销店老板,却选择较不利的时点订货(在结账的前几天订货),且订货量超出其以往销售量甚多。遇到这种情况,业务员必须有所警惕,查知其订货动机是否纯正,暂时拖延供货,一方面再深入调查,另一方面观察其反应与变化。

(2)货品流向有问题。某经销店门市生意并没有比以前好很多,但最近向本公司进的货一下子就不见了,而且订货次数增加。此时,业务员要注意该经销店是否"转售同行"?

(3)削价求售。经销店的削价求售,依正常情形,必然是赤字经营。这种经销店虽未必于近期内倒闭,但长期以债养债的结果,当宣布倒闭时,其亏账的金额可能高得出乎意料。因此,若经销店有长期削价求售的经营方式,则其症状已明,那么,长痛不如短痛,这时必须选择一最有利时机结束此一交易关系。例如,利用其他品牌大量供货而尚未收款的空当,诱使其提前付款再终止往来,或以最保守的方式往来。

(4)不正常的经营方式。经销店不是以正常经营赚得利益,而是以迂回方式获利。例如,削价转售而换取现金,然后转放高利贷。用这种方式图谋高额利润,属不正常的经营方式,风险太大,应趁早终止交易关系。

(5)不务正业。规模小的经销店,如果再转投资或兼营其他行业,在财力和人力上显然较勉强。万一它失败了,则本公司必然成为它亏账的对象。在这种情形下,必须缩减给这家经销店的出货量。

(6)私生活不正常。经销店除了应兼具财力、经营管理能力外,更重要的是投入心力,如果该经销店老板过度沉迷于吃喝嫖赌,则终日恍惚,不是精神委靡就是心有旁骛不专心店务,甚至造成家庭纠纷搞得鸡犬不宁,或者债台高筑不得不铤而走险。因此,若经销店已经出现这种不合乎经营常规的情况时,就应该缩减出货量,进而终止交易关系。

(7)延期付款。如果某经销店的进货消化速度很快,没有什么库存,但付款却一延再延,则显然其财务结构不良,应小心防患于未然。

(8)会计小姐突然离职,不敢再继续做下去。若某经销店财务出问题,则最先警觉到大事不妙的必然是会计小姐。因此,当会计小姐突然离职时,业务员须赶紧追查该会计小姐的离职原因,同时从各种角度衡量该经销店财务是否出了问题。

(9)仪容不整,精神委靡。某经销店老板一向仪容整洁,精神饱满。最近一反常态,突然变得仪容不整,精神委靡。经查证,并无生病等事。此时,业务员就要特别当心是否财务出了问题。

(10)评价不良。被同行业批评得一无是处的经销店迟早会出问题。因此,当业务员一听到某经销店有经营不稳定的风声时,必须抢先在别的品牌之前"退货"。同时,赶紧收回货款。

(11)突然转变态度,对业务员巴结讨好。某经销老板一向趾高气扬,态度恶劣。最近却一反常态,对业务员巴结讨好。此时业务员须详查背后是否隐藏着信用危机。

(12)进货品牌突然大增。此时业务员须注意该经销店是否有恶性倒闭的企图。

(13)老板常不在。某经销店老板突然变成经常不在,早出晚归,找不到人。此时,业务员更要增加拜访次数,查出老板不在是否和信用红灯有关。

(14)向本公司过分捧场。某经销店一向与本公司交易量不多,最近却一反常态,对本公司非常捧场:①进货量多;②连本公司不畅销的产品也大量进货;③对产品品质也不再计较。此时业务员须提高警惕,深入求证是否有恶性倒闭的可能。

(15)第六感官。一位优秀的业务员应时时观察分析周围环境变化,久而久之似乎对环境就有洞察先机的第六感官。例如,经销店的产品陈列变得毫无动感,布满灰尘,或者是老板、会计小姐死气沉沉或阴阳怪气。也可能看到完全相反的一面,一向不吭气的老板却忽然热情豪爽,店内陈列忽然变得夸张显眼。当业务员走入经销店,如果有不祥的第六感官,必须相信自己的第六感官,立即暂停出货,赶紧收款,并立刻着手求证。

2. 信用调查的技巧：

(1)新经销店交易前调查。其途径包括：①向同区域的经销店调查其信用；②到近邻的杂货店、平价中心、香烟摊买东西，调查其信用(例如：开业多久，人品如何)；③向该经销店的老板本人或会计小姐侧面调查该店是否有经济实力："店面这么大，店租一定很贵吧！"

(2)新经销店交易后调查。

(3)向老经销店的会计小姐、师傅探询：有无转投资或兼营其他行业？若有，有无亏损？

(4)分公司主任必须每月查看"经销店ABCD分析"，注意有无原C级经销店无缘无故一下子升为A级经销店，注意是否有恶性倒闭的可能。

(5)业务员应尽量与别的公司业务员"连线"，针对各经销店的信用，互通消息。

(6)各经销店老板中，有一些老板的消息特别灵通，经常与当地别的经销店往来。分公司主任应努力使老板愿意做本公司的"线民"。当他了解某些经销店信用有问题时，立即通知分公司。

(7)对于有倒闭征兆的经销店，业务员应增加拜访次数，或故意选在3点半前不久去拜访，而且长屁股式的一坐就是大半天。从经销店的种种反应，就可确认其有无倒闭的可能。

六、培养客情要领

培养客情要领必须包括：

(1)巡回路线安排最后一家，公事办完后，陪他聊聊。

(2)以和气的态度，热心指点老板、师傅产品知识，并以敬烟等方式培养与师傅的感情。

(3)针对经营很成功的经销店，向老板请教成功的要诀。

(4)与经销店约好的事情一定要遵守。

(5)彻底了解该经销店的一切有关方面(例：老板嗜好、特殊专长、家庭成员等)的概况。

(6)当本公司有滞销品时，可去找经销店积极进行促销。

(7)查出重要的经销店老板生日，分公司赠送生日蛋糕。

(8)每隔一段时间，总公司业务部经理亲自拜访经销店。

思考题

1. 你认为优秀的推销人员应具备哪些条件？

2. 招聘推销人员应遵循哪些原则？

3. 简述招聘推销人员的主要渠道及其特点。

4. 确定推销人员工作目标时应注意哪些要求？

5. 推销人员工作目标的具体形式有哪几种？

6. 简述确定所需推销人员数量的主要方法。

7. 简述推销人员报酬制度有哪几种主要形式？每种形式的特点都是什么？

8. 对推销人员培训的目标是什么？

9. 简述确定推销人员培训目标的主要方法。

10. 如何编制推销人员培训计划？

11. 推销人员培训计划应包括哪些主要内容？

12. 推销人员培训的形式主要有哪些？

13. 小张推销的产品是大型工程用车，其销售业绩平平，如果对其培训，你认为应该侧重哪些方面的内容，为什么？

14. 如果对化妆品的推销人员进行培训，你认为应该侧重哪些方面的内容？

第六章

推销配额的设置

- 掌握推销配额的概念及作用
- 掌握销售量配额、推销预算配额、推销活动配额及综合配额的具体内容及特征
- 决定推销配额的基准水平

销售配额(sales quotas)　销售量配额(sales volume quotas)　推销预算配额(sales budget quotas)　推销活动配额(sales activity budget)　专业进步配额(professional progress quotas)　综合配额(comprehensive quota)　销售配额基数(sales quota base)

第一节 推销配额及其作用

一、推销配额的概念

推销配额是指企业分配给基层推销组织和推销人员的在一定时期内必须完成的产品销售任务。设置推销配额是一项非常重要的计划工作。推销配额作为一项定量指标可以以企业产品的销售区域、销售地区为依据分配给销售组织和推销人员,也可以按照产品或客户类型来分配。

推销配额是推销人员在一定时期内努力实现的销售目标,如果推销人员完成了配额则应该给予某种形式的奖励,在企业经营活动中,推销配额发挥着激励作用。推销配额是销售经理计划销售业务最有力的工具之一,有助于销售经理规划每个计划期的销售量及利润,安排推销人员的工作。

二、推销配额的作用

推销配额是为推销人员设计的工作目标,它可以作为衡量推销人员、销售组织或销售区域业绩好坏的标准。如果运用得当,可以用来激励推销人员充分发挥潜能去完成销售任务。总之,设置推销配额有利于销售经理及推销人员有效地计划、控制、激励销售活动,以实现企业的整体销售目标。

(一)推销配额为推销人员和销售组织提供了定量的工作任务

推销配额将推销人员、销售组织的工作任务具体量化,有利于为推销人员指明努力工作的方向。销售经理通过推销配额在个人之间、小组之间、区域之间的比较,就可以发现销售管理工作中存在的问题,也可以客观评价推销人员的工作绩效。

销售经理可以通过推销配额来对销售管理工作进行总结。例如,按产品的不同种类来分配配额,就能够发现哪种产品好销,哪种产品不好销,从而及时地调整配额计划。

推销配额对于考核基层推销人员的工作绩效提供了依据和标准。如果配额设计得合理就能够对推销人员的能力进行客观评估,有利于推销人员的提升与调配、安置。

(二)推销配额为推销人员提供了努力工作的方向

推销配额是一个指标系统,它不仅仅指产品销售量配额,还包括预算配额、推销活动配额以及综合配额等。例如,如果企业认为目前的工作重点应该是增加新客户,就可以设置新客户配额,并提供增加新客户相应的补助与津贴,这样推销人员就可以按照企业设定的方向努力了。

如果企业认为有些经营活动需要基层推销人员的积极参与,需要群策群力,就可以通过设置大客户推销配额、新客户访问数量配额、准客户确认数量配额以及产品展示配额等，促使推销人员朝此方向努力。推销人员在实施的过程中，一旦出现偏差，销售经理就可以据此及时进行调整。

（三）推销配额可以激发推销人员的销售积极性

在经营实践中，许多销售经理都在孜孜不倦地寻求激励推销人员士气的有效方法，而推销配额正是提高推销人员工作业绩的有效方法。但是不恰当的配额、过高的配额，也会产生负面效应。

如果设置的推销配额需要推销人员经过一定的努力才能够完成，即配额具有一定的挑战性，就可以产生很强的激励效果。推销人员经过努力完成配额或超额完成配额就会产生一定的成就感，超额部分越多成就感就越强。完成配额的人员通常被表扬、提升、奖励、加薪等。如果配额目标无须推销人员付出太多努力就能轻松完成，那么就会使推销人员变得懒惰，而如果配额订得过高，绝大多数推销人员经过最大努力仍然无法完成，这样只会挫伤推销人员的工作积极性，他们会过早地放弃完成配额目标的努力。因此，设计一个合理的推销配额，对企业、对销售经理、对推销人员都会有很大的好处。

（四）推销配额可以作为发放薪金的标准

当企业将推销配额直接与推销人员的薪金挂钩时，激励作用就会更有效地显现出来。有些企业职工的薪金与津贴工资相联系，推销人员完成配额时，他们的薪金就会增加，超过配额的比例越大，工资增加幅度就越大，"多劳多得"的收入分配制度就能得到有效的贯彻。

（五）推销配额有利于企业控制销售费用

销售费用是企业最重要的经营费用之一。对费用和利润的控制可以根据推销配额体系的相关指标来实现。有些企业按照销售额的一定比例来设置销售费用配额，有些企业则以销售利润的一定比例来设置销售费用配额，而有些企业则设置相对独立的货币费用水平，确保推销人员在一定时期内完成一定的产品推销工作。例如，推销人员每月有500元的费用，用于产品展销、展示、产品样品、产品推销等项目的具体费用。

设置这些销售费用配额就是为了促使推销人员从过分单一强调销售额转变为重视增加销售额、控制费用、增加利润上来。对于销售经理的管理工作，销售额、费用额以及利润额都需要认真考虑。推销人员工作绩效的高低，最终要体现在实现的利润额上。

第二节　推销配额的几种类型

在企业的推销配额体系中，通常有销售量配额、推销预算配额、推销活动配额、专业进步配额以及综合配额5种主要类型。任何一个企业都可以根据销售产品的特点、销售市场的特点和推销人员的特点来选择与此相适应的配额形式。上述推销配额的具体内容如表6－1所示。

表 6－1 几种推销配额的相关内容

● 销售量配额的相关内容	○ 每一类销售费用
○ 实际销售量单位	○ 总毛利
○ 客户（或消费者）类型	○ 按客户划分的毛利
○ 客户（或消费者）规模	○ 按客户划分的毛利占总毛利的百分比
○ 产品类型	○ 净利润
○ 平均销量/顾客	○ 产品展示次数
○ 竞争知识	○ 服务电话次数
	○ 收集情报数量
● 活动配额的相关内容	○ 产品退回次数
○ 访问次数	○ 客户抱怨处理次数
○ 新客户数量	
○ 新准客户数量	● 专业进步配额的相关内容
○ 访问有希望达成交易的客户	○ 产品推销技巧
○ 给有希望达成交易的客户写信	○ 推销产品时的态度
○ 投标次数	○ 推销准备
○ 调研次数	○ 销售专业知识
○ 参加销售会议的次数	○ 产品知识
	○ 目标市场知识
● 预算配额的相关内容	○ 客户管理知识
○ 销售总费用	

一、销售量配额

销售量配额是销售经理要求其下属推销人员在未来一定时期内必须完成的、最大的产品销售量。销售量配额是企业最常用的一种配额形式，它通常以销售预测为基础，同时还要考虑市场潜力的影响。

在设置销售量配额时，必须预测推销区域内的某类产品的销售总量，只有这样配额标准才能客观地反映推销区域的实际潜力。企业销售经理在设置销售量配额时，通常需要考虑以下因素：①推销区域的市场潜力；②推销区域的竞争状况以及竞争者的市场地位；③本品牌产品的市场占有率；④该推销区域内顾客的总体特征；⑤本企业在该推销区域已取得的销售业绩及发展趋势。

销售经理通过对以上因素的综合分析，具体设置推销区域的销售量配额，并将该配额层层分解落实到区域内的各个销售组织，再进一步落实到每位推销人员身上。图 6－1 是一则销售量配额设置的具体实例，从中可以看出销售量配额在实际工作中的应用。

某企业在某区域市场的销售量配额：1 800 单位产品
实际销售量：1 580 单位产品

销售量配额	实际销售量	客户类型配额	产品类型配额	产品实际销量
甲推销员 配额:600	600	重要客户 配额:300	150(A 产品)	150
			150(B 产品)	150
		一般客户 配额:300	150(A 产品)	150
			150(B 产品)	150
乙推销员 配额:600	600	重要客户 配额:300	150(A 产品)	150
			150(B 产品)	150
		一般客户 配额:300	150(A 产品)	150
			150(B 产品)	150
丙推销员 配额:600	580	重要客户 配额:300	150(A 产品)	150
			150(B 产品)	150
		一般客户 配额:300	150(A 产品)	130
			150(B 产品)	150

图 6－1　某企业在某推销区域的销售量配额

从图 6－1 可以看出，推销员丙没有完成针对一般客户 A 类产品的销售量配额，差额为 20 个产品单位。销售经理发现这一问题以后就要调查具体原因，是丙推销员工作努力不够，还是该市场的竞争对手增加了？是该区域市场上的客户兴趣发生了变化，还是产品价格、质量以及售后服务方面的原因？等等。一旦查明原因就要采取改进措施，促使丙推销员完成销售量配额。

二、推销预算配额

在推销活动中，企业通常比较重视产品销售量而忽视对销售费用的控制，造成销售量与利润额不能同比例增长。销售费用是企业经营中的一种重要费用，它直接影响到产品的销售利润，最终影响到企业的利润总水平。设置推销预算配额就可以控制销售费用，进而控制企业的毛利与利润。在同一销售规模条件下的两个企业，销售费用的控制效果直接决定着它们的利润水平。在企业的经营管理活动中，销售经理如果将预算配额与销售量配额两个指标结合起来使用，就可以使推销人员清楚地认识到收入与利润都是企业的最终经营目标。

设置预算配额的方法有两种：一种是依据产品销售额来分配预算配额；另一种是依据毛利额或利润额来分配预算配额。这两种设置方法都是强调利润的重要性。

（一）销售费用配额

销售费用配额是指推销人员销售一定数量的产品所需的最高费用额。它通常被表示为销售额的百分比。费用配额与销售量配额一起使用，其目的是为了控制推销人员的费用水平，增加销售利润。

在设置费用配额时，销售经理一定要注意以下两个问题：

一是设置费用配额是为了控制过高的销售费用。在实践中，大多数推销人员往往过高地估算他们所需的销售费用。

二是必须保证推销人员有相对充足的费用经费来开发新客户、维持正常的产品推销业务的进行。一定的推销业务量要求有相应数额的费用经费来适应，如果过分强调节省费用开支，必然会影响推销人员正常的业务活动，因此，对费用的控制也应该是适度的。

假如一名推销员某月的费用开支超过配额 1 000 元，而他的销售额却高于配额 100 000 元，企业销售经理就应该给予奖励而不是指责或处罚。

许多企业将推销费用配额、销售量配额与推销人员的薪金密切挂钩，通过一定的经济手段来鼓励推销人员节约费用开支。例如，将节约的费用配额按一定比例以津贴的形式返还给推销人员，以调动他们节约费用开支的积极性，进而使他们在销售业务过程中精打细算，最大限度地实现企业的利润目标。

（二）销售毛利配额

如果企业经营的产品种类较多，并且每种产品的利润率差异较大，就可以用销售毛利配额来确保企业利润目标的实现。

设置销售毛利配额可以使推销人员集中精力扩大产品销售量、节约销售费用，提高产品销售毛利额。由于销售毛利 = 产品销售额 - 生产成本，推销人员无法控制生产成本，也不负责产品的定价，所以对推销人员来说，销售毛利是很难控制的。有些企业对推销人员公开产品的生产成本费用信息，并通过一定的途径让推销人员及时了解生产费用状况，以便使他们完成配额任务。

（三）销售利润配额

产品销售利润等于销售毛利减去销售费用。在企业推销配额指标体系中，利润配额是最能体现企业经营目标的一个指标，利润配额与企业经营管理的基本目标直接联系在一起。

但是，利润配额也有一个缺点，即推销人员无法控制影响利润的外部因素。例如，市场环境的变化，消费者偏好的变化，产品市场占有率的变化等。合理、准确地计算推销人员创造的净利润是非常困难的，推销人员销售产品的净利润取决于产品的定价、每种产品的毛利以及出售这些产品所需的有关费用，这些因素使利润配额的管理工作具体操作起来有一定的难度，也就使得推销人员无法完全对自己创造的销售利润负全部责任。

三、推销活动配额

推销活动配额是用来衡量推销人员其他推销活动的指标，主要包括：①参加扩大企业（或产品品牌）知名度的宣传活动；②新产品或产品在新市场上的演示；③产品展销以及其他 SP 促销活动；④吸引新客户，促使达成交易；⑤向客户提供产品售前、售中、售后服务；⑥处理客户抱怨；⑦培养新的推销人员；⑧访问顾客的次数；⑨新客户的数量；⑩准客户的增加数量；⑪访问有希望达成交易的客户；⑫给有希望达成交易的客户写信；⑬参加销售投标的次数；⑭参加市场调研的次数；⑮参加销售会议的次数。

设置推销活动配额的目的是方便销售经理控制推销人员的工作时间安排，即在不同销售环节中的时间分配。不论推销何种产品，推销人员的推销活动都应该包括销售访问、拜访新准客户、拜访老客户、演示产品、达成交易等具体环节。对企业来讲，这些活动的效果有一定的滞后性，很难立即反映出来。但它们是实现产品销售的基础工作，只要市场具备一定的开发潜力，推销人员就应该积极从事这些难以衡量的开发性工作。

在很大程度上，上述工作的效果是由销售经理根据自身的经验来判断的。为了评价的客观性与公正性，销售经理要抛弃个人的偏见，认真研究推销人员对主要客户所花费时间和所做访问的记录，依据客观的判断来评估推销人员开展上述活动的价值。

如同推销费用配额一样，推销活动配额指标可以用来平衡推销人员在直接销售和间接销售之间的关系，促使推销人员既重视当前的利益，又关注将来的业务发展。因为有些销售活动虽不能立即实现产品销售收入，但对将来的销售业务影响较大，例如，客户调研、销售报告、潜在客户的访问、客户抱怨的有效处理等，因此，有必要用推销活动配额来衡量推销人员的工作绩效。

推销活动配额指标本身也有一些缺点：如果参加的推销人员非常多，完成配额的情况只能根据推销人员的销售报告获得，无法进行跟踪核实；推销人员使用这些配额时往往比较重视数量而忽视质量；由于推销活动配额不能直接实现销售收入，很难对推销人员产生激励。一般情况下，推销活动配额与销售量配额一起使用并配以一定的津贴奖励，就可以调动推销人员的积极性，有效地完成配额任务。

四、专业进步配额

专业进步配额的具体内容见表 6－1。在经营活动中，反应推销人员的销售技巧、专业知识、熟练程度等方面有一定程度进步的配额很难加以量化，只能作为定性指标由销售经理主观掌握和评价。通常，销售经理很少使用专业进步配额来管理销售业务。

五、综合配额

综合配额是对销售量配额、销售利润配额和推销活动配额进行综合加权后得出的一项配额。综合配额考虑了各种配额在产品推销活动中的重要性,因此更加合理,但计算起来也更为复杂。

综合配额中的权数是指各项配额指标在产品推销活动中重要性的量化。当销售经理使用一个综合配额时,对每一个配额要依照其在产品推销活动中的重要性赋予一定权数。表6-2说明了综合配额的计算。

表6-2　某推销人员综合配额的计算

项　目	权　数	配　额	实际完成额	完成比例	乘权数(完成比例×权数)
产品销售额	0.50	50 000	55 000	110%	0.55
销售毛利	0.20	20 000	18 000	90%	0.18
新客户数量	0.20	30	25	83%	0.16
服务、培训	0.10	60	70	117%	0.12
综合配额	1.00	——	——	——	1.01

根据表6-2中所得的综合配额值,销售经理就可以对推销人员的工作绩效进行横向比较和考核,作为其实施奖惩管理的依据。表6-3就是一个利用综合配额指标对甲、乙、丙三位推销人员的工作绩效进行考核的例子。

表6-3　甲、乙、丙三位推销人员综合配额完成情况比较

<table>
<tr><th colspan="3">项　目</th><th>甲推销员</th><th>乙推销员</th><th>丙推销员</th></tr>
<tr><td rowspan="4">推销配额</td><td>销售量</td><td>权数:2</td><td>400 000 万</td><td>440 000 万</td><td>300 000 万</td></tr>
<tr><td>访问次数</td><td>1</td><td>60</td><td>80</td><td>70</td></tr>
<tr><td>增加新客户</td><td>1</td><td>20</td><td>10</td><td>15</td></tr>
<tr><td>净利润</td><td>3</td><td>400 000 万</td><td>500 000 万</td><td>350 000 万</td></tr>
<tr><td rowspan="4">实际完成量</td><td colspan="2">销售量</td><td>380 000 万</td><td>440 000 万</td><td>280 000 万</td></tr>
<tr><td colspan="2">访问次数</td><td>60</td><td>70</td><td>60</td></tr>
<tr><td colspan="2">增加新客户</td><td>18</td><td>8</td><td>15</td></tr>
<tr><td colspan="2">净利润</td><td>380 000 万</td><td>500 000 万</td><td>320 000 万</td></tr>
<tr><td rowspan="4">完成率(%)</td><td colspan="2">销售量</td><td>95</td><td>100</td><td>93</td></tr>
<tr><td colspan="2">访问次数</td><td>100</td><td>88</td><td>86</td></tr>
<tr><td colspan="2">新增客户</td><td>90</td><td>80</td><td>100</td></tr>
<tr><td colspan="2">净利润</td><td>95</td><td>100</td><td>91</td></tr>
<tr><td rowspan="4">加权后的完成值(完成率×权数)</td><td>销售量</td><td>权数:2</td><td>190</td><td>200</td><td>186</td></tr>
<tr><td>访问次数</td><td>1</td><td>100</td><td>88</td><td>86</td></tr>
<tr><td>新增客户</td><td>1</td><td>90</td><td>80</td><td>100</td></tr>
<tr><td>净利润</td><td>3</td><td>285</td><td>300</td><td>273</td></tr>
<tr><td colspan="3">加权后的完成值</td><td>665</td><td>668</td><td>645</td></tr>
<tr><td colspan="3">最后完成值(加权后的完成值/700)</td><td>95.0%</td><td>95.4%</td><td>92.1%</td></tr>
</table>

从表6-3可以看出,甲、乙、丙三位推销人员都没有完成综合配额任务,其中丙推销员的工作绩效最差。甲、乙的任务完成情况最好,应给予一定形式的奖励。

第三节　决定推销配额基数

销售组织在选择了推销配额的具体形式,并且确定了各种配额的重要性(权数)以后,紧接着就要建立每个配额的基准水平,即基数。决定配额水平时要依据的因素见表6-4。

在实践中,许多企业在设置推销配额时往往依靠过去取得的成绩和经验,有的企业还套用销售预测作为确定推销配额水平的基准。如果企业预测今年企业产品销售量增长率为10%,那么每个推销人员的推销配额都将增加10%。这种方法简单易行,费用开支低廉,但它忽视了销售地区之间以及推销人员之间的差异。例如,新建销售区域的销售量较小,但其销售增长速度较快。对推销人员来讲,使销售量增长10%是很容易的;成熟的销售区域销售量大,但其增长速度缓慢,要使产品销售量增长10%,推销人员将必须付出加倍的努力。

表6-4　决定推销配额水平的基准

○ 产品推销数量	○ 竞争对手的情况
○ 前3年企业的销售量	○ 推销人员的销售报告
○ 前3年本行业的销售量	○ 市场调研
○ 本类产品的销售潜力	○ 企业的财务目标
○ 前3年企业推销人员的销售量	○ 企业前3年的财务数据
○ 销售预测	○ 销售预算
○ 销售目标	○ 前3年的销售费用
○ 企业的经营目标	○ 利润目标
○ 企业的经营政策	○ 推销人员销售技能的进步状况
○ 区域市场的特点	○ 推销工作量分析
○ 客户的特点	○ 推销人员的个人目标
○ 产品的特点	

用销售预测作为确定推销配额水平基数的方法还有另一个不足,即使用这种方法的前提是前期的配额值是正确合理的,但是在实际工作中,许多配额不是偏高就是偏低,都需要进一步地调整。以过去的配额乘以增长率来作为现在配额的基准显然是不合理的,它有可能影响推销人员的积极性。在销售增长较快的区域市场,推销人员为了完成下一年度的推销配额,往往推迟本年度的产品订单,将它放在下一个计划年度,有时可能人为地放弃市场机会,给竞争对手提供了可乘之机。

另外,在设置推销配额时一定要考虑目标市场的销售潜力。销售潜力可以反映企业产品销售额的成长机会与市场占有率,但是在确定销售潜力时,也有一些无法控制的外部影响因素。

设置推销配额的方法如同制定销售计划一样,也可以自上而下或自下而上。不论采用哪一种方法,都必须考虑以下因素:①产品生产线的历史;②推销区域的市场购买力;③每个产品线的目标市场;④每个产品线的广告宣传及其他促销情况;⑤每个区域市场前50名客户的推销费用;⑥推销人员及区域市场的推销费用情况;⑦产品及产品组合的销售收入分析。

思考题

1. 什么是推销配额？设置推销配额的作用体现在哪些方面？

2. 什么是销售量配额？设置销售量配额的影响因素有哪些？

3. 何谓推销预算配额？简述推销预算配额的具体内容。

4. 什么是推销活动配额？常见的推销活动配额主要有几项？

5. 什么是综合配额？与其他配额相比,综合配额的优点主要有哪些？举一实例说明综合配额的具体设置。

6. 一般来讲,决定配额水平时要考虑哪些因素？

7. 有许多企业依据销售预测值作为设置推销配额的基准,你认为这种做法有何长处与不足？

第七章

寻找与鉴定准顾客

本章重点及学习要求

- 掌握准顾客的概念与类型
- 掌握寻找准顾客的方法
- 掌握顾客资格鉴定的具体内容
- 掌握顾客分析表的内容，学会建立顾客资料卡

本章关键词

发掘(prospecting)　核查顾客(qualifying)　人口统计信息(demographic information)　电话营销(telemarketing)　个人购买力(individual purchasing power)　购买决策权(the right to purchase decision)　购买需求(purchase requisition)　建立顾客档案(build files on each of customers)

如何在成千上万的企业和消费者中捕捉到最理想的销售机会，寻找到最有成交希望和购买可能的客户，是产品推销活动的一大难题，也是推销活动成败的关键。只有根据推销产品的特点，确定选择顾客的条件，并在此基础上鉴定顾客资格，挑选出“可能的顾客”，才能很好地解决这一难题，为下一步推销活动的顺利展开奠定基础。

第一节　寻找准顾客

在现代推销学中，通常把那些能够从推销人员所推销的产品中获益，并且有能力购买该产品的组织和个人称为准顾客，又称为潜在顾客。

一、寻找准顾客的含义

任何一位推销人员都无法使产品销售区域内的所有顾客都成为自己的客户，因此，有必要花费较多的时间去寻找准客户，即推销人员应该明白向谁推销产品，哪些顾客有可能购买自己所推销的产品。只有这样才能使推销活动有明确的目标与方向，才能使潜在客户成为现实客户。

在实践中，大多数推销业务都是向特定的顾客推销产品，因此，推销人员必须确定自己的潜在顾客，然后开展推销活动。从这个意义上讲，寻找准客户有两层含义：

第一，推销人员必须根据推销产品的特征，提出一些可能成为准顾客的基本条件。这个基本条件界定了购买产品的顾客群体的范围、类型以及推销的重点区域。

第二，根据顾客的基本条件，通过各种可能的线索和途径，运用适当的方法，寻找出适合基本条件的准顾客。

二、准顾客的几种类型

推销人员应该拟订一份准顾客名单，而后对顾客进行资格审核，确定准客户的具体组织和个人。为了更有效地制定准顾客开发计划，必须对准顾客进行恰当的分类，并依照不同类别建立顾客档案，然后搜集不同类别准顾客的有关信息资料，为下一步推销工作的顺利展开做好准备。在推销活动中，一般将准顾客分为以下3种类型。

（一）新开发的准顾客

推销人员必须经常不断地寻找新的准顾客。一般来讲，开发的准顾客数量越多，完成推销任务的概率就越大。根据公式（掌握的准顾客数量/推销区域内的顾客总数量　×100%），就可以知道自己所掌握的潜在顾客数量在推销区域内所占的比例。推销人员掌握的准顾客不论是属于哪种类型的企业、组织或个人，都有可能成为自己的新客户，所以平时要在这些新开发的准客户身上多下工夫。

（二）现有客户

无论哪一种类型的企业，一般均有数百家甚至上千家现有客户，推销人员应该时常关注这些客户并请他们再度惠顾。利用这些既有的老客户,可实现企业一半以上产品销售目标。在这些老客户中,有一些客户由于业务量小而被企业忽视了,推销人员应该多拜访这些客户,调查过去发生的业务量,客户对产品使用情况以及对售后服务的满意状况,新的成交机会,等等。一旦发现问题,就要设法解决,尽量捕捉到产品销售的机会。

（三）中止往来的老客户

以往的客户由于种种原因没有继续交易,但仍是推销人员重要的潜在客户。事实上,许多老顾客都在期待推销人员的再度造访。推销人员必须鼓起勇气再次拜访他们,并从中探究他们不再购买本企业产品的真正原因,制定出满足他们需求的对策。

大量调查证明,卖给老顾客的成本是卖给新顾客的成本的 3 倍,这不仅是因为卖给老顾客需要花费更多的拜访费用,而且通常价格折扣也比较高。图 7－1 显示了达成销售与拜访次数之间的关系,它告诉推销人员,在寻找准顾客的过程中,更应该开拓那些能与之建立长期业务关系的客户市场。

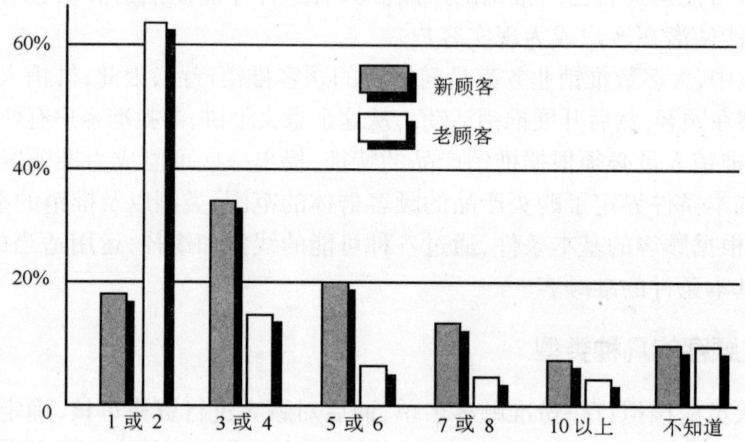

图 7－1　达成交易所需的访问数

资料来源:Adapted from William A. O' Connel and William Keenan, Jr. ,"The Shape of Things to Come,"Sales and Marketing Management, January, 1990.

三、寻找准顾客的方法

（一）上门推销

上门推销也称为地毯式访问法,是指推销人员逐一上门访问特定推销区域内的企业和居民,最后从中确定准客户的一种方法。这种方法一般适用于推销人员对某一销售区域内的客户不能确定或无法确定的情况,适用于消费者必需的日用工业品的推销。

上门推销法的理论依据是"平均法则",即假定在被访问的人群中,总会有一定规模的潜在顾客,这些潜在顾客的数量与被访问的人数成正比。换句话说,推销人员所要寻找的顾客是平均分布在某一特定销售区域中的。因此,推销人员在不太熟悉或不熟悉某一销售区域时,可以直接访问该区域内的每一个组织和居民,以便从中发现自己的准顾客。

普访寻找法的优点是:能够客观、全面地了解市场需求;可以扩大企业或产品品牌的知名度;可以培养和锻炼推销人员,积累产品推销工作的经验等。

这种方法的缺点是:有一定的盲目性,针对性较差,成功率低;由于需要访问每一位消费者和企业,所以要花费大量的时间和精力;使用这种方法,推销人员在拜访之前难以事先通知顾客,顾客毫无思想准备,在被拜访之时容易产生冷漠和戒备心理,常常会拒绝推销人员的拜访,对推销人员的工作积极性有一定的负面影响。

为了争取更大的成功,推销人员应当有的放矢地上门推销,如复印机的推销员应当到有许多办公室的地区去推销,特别是写字楼,那里可能有购买需求;保险销售代表应选择富有家庭或中产阶级居住的地区,因为较贫困的居民大多不愿意,也没有闲余资金为未来的生活做准备。

上门推销结束时,推销人员一定要留下一张业务联系卡。发出的联系卡越多,达成交易的可能性越大。如果是推销工业产品中的标准产品,如计算机、复印机、传真机时,上门推销是一种非常有效的方法。

(二)关系链法

关系链法是指推销人员请求现在的客户介绍准客户的一种方法,如图7-2所示。在产品推销过程中,由于顾客的社会性特征,许多顾客都有可能提供与自己消费需求相同、购买力相近的潜在顾客,使推销人员发现新的推销对象。推销人员可以从每一次推销谈话中得到更多的潜在顾客,为下一次推销访问做好准备工作。

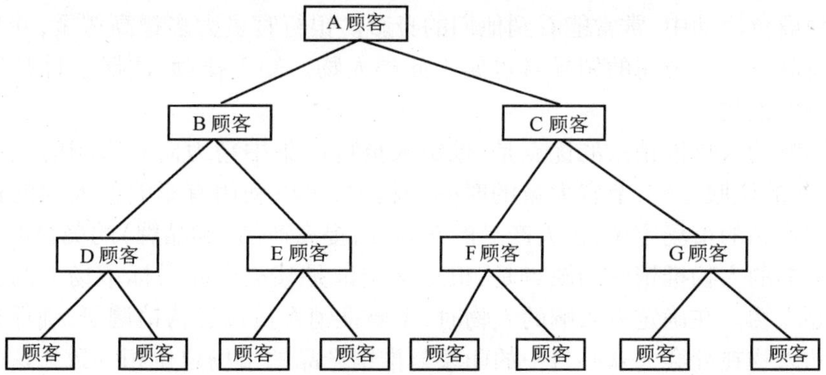

图7-2 无穷的关系链

关系链法的具体形式很多,推销人员可以请现有的顾客代为推销产品、代传送资料,也可以请现有顾客以书信、电话或名片等方式介绍新的潜在顾客。关系链法的关键是与现有顾客建立良好的、相互信任的关系,通过各种途径取得现有顾客的信任,将自己介绍到他们的圈子中。

这种方法最大的优点就是针对性强、成功率高、成本费用低廉。

它的缺点是:具有连带效益,由于消费者的社会性特征,在同一相关群体中的顾客具有相似的消费行为,如果推销人员向A顾客推销产品失败,极有可能影响到其向B顾客的推销活动,因为A,B,C顾客处于同一相关群体,A,B顾客都是经由C介绍给推销人员的。

顾客推荐本身就是产品销售活动,因此许多顾客会感到犹豫,是否该把推销人员介绍给自己的同事或朋友,所以推销人员在请求顾客推荐时要讲求技巧。推销人员可以这样说:“非常感谢您把您的朋友介绍给我,我向您保证,如果他们不想谈,我绝不会强求;如果我有机会与您介绍的人交谈,您不会介意我告诉他,您是我的老客户吧?”

使用关系链的方法,推销人员最后有可能建立起自己的潜在顾客群,为以后的销售工作奠定良好的基础。

(三)有影响的人物

有影响的人物推销法是指推销人员在某一特定的推销范围内发展一些具有影响力的顾客,通过他们来影响周围其他的顾客使其成为自己的准顾客。

有影响的人物推销法其理论依据是社会学中的“顺从”理论。“顺从”理论认为:人们对自己心目中有威望的人物是信服和顺从的,因而产品推销人员可以争取这些特殊顾客使其产生示范效应。具有号召力的“中心”人物可能是推销人员的顾客,也可能是现有顾客的同事或朋友。利用有影响的人物推销法的关键是取得中心人物对推销人员的信任,进而配合产品推销工作,使其对周围的消费者产生一定的购买示范作用。

有影响的人物一般活跃于商业、社会、政治、宗教领域。在商贸会、贸易展览会或者其他商贸活动中,常常能看到他们的身影。银行官员大多德高望重,并与企业经营者有联系。大公司的领导者也属于此类人物。知名律师、注册会计师等也都是有影响的人物。

有影响的人物推销法的优点是:推销人员可以集中精力向有影响的人物进行耐心、细致的说服工作,节省大量的时间和精力;可以利用有影响的人物的社会影响来明确产品的市场定位,扩大产品的知名度,提高产品(和品牌)的美誉度。

有影响的人物推销法的缺点是:很难确定谁是某类产品目标市场上的有影响力的中心人物。在确定有影响的人物时,需要推销人员通过营销调研,确保选定的有影响的人物在社会大众心目中的印象与推销产品的市场定位相一致。这确实是一个难题。如果选择的有影响的人物的社会形象与推销产品的独具特征不相符,就会弄巧成拙;有影响的人物一经确定,就需要推销人员反复、耐心地做说服工作,而有影响的人物若不愿意合作,就会失去很多顾客。

(四)个人观察法

个人观察法也称为市场观察法,是指推销人员在潜在顾客经常活动的场所,通过对在场顾客行为的观察和判断,来确定谁是潜在顾客的方法。

个人观察法主要依据的是推销人员的职业素质。潜在的顾客无处不在,有心的推销人员随时随地都能找到自己的准顾客。例如,汽车推销人员整天驾驶着一辆新车在高档住宅公寓旁边的道路上转来转去,寻找旧汽车。当他发现一辆旧汽车时,就想方设法与旧汽车的主人取得联系,将其视为自己的准客户。推销人员在利用观察法开拓市场时,不仅要积极主动,而且要耳、目、心并用,要善于察言观色,根据以往的经验来准确地作出判断。

个人观察法的优点是:可以培养推销人员的观察能力,积累宝贵的推销经验,掌握直接面对顾客的推销技巧;由于推销人员深入市场进行观察,所以有利于推销人员把握市场动态和发展趋势,及时了解消费者的需求偏好,为企业调整产品结构提供第一手资料。

个人观察法的缺点是:由于仅凭推销人员的观察、分析来判断谁是理想的准顾客,所以准确性受推销人员自身因素影响较大;大多数顾客对唐突来访的推销人员都有一定的戒备心理,他们对购物过程中或日常生活中的推销类访问都持反感态度,因此,对推销人员来说,个人观察法的成功率比较低。

(五)广告开拓法

广告开拓法是指推销人员利用广告媒体刊播多种形式的广告来寻找准顾客的一种方法。推销人员利用多种媒体将有关企业或产品的信息传递给社会大众,激发他们的购买兴趣,从而使他们产生购买欲望,最终达成交易行为。

在西方国家,推销人员用来寻找准顾客的主要广告形式是直接邮寄广告(Direct Mail,简称 DM)和电话广告。例如,一位化妆品推销员认为潜在顾客数量太多,她希望将自己宝贵的时间花在那些最有可能达成交易的顾客身上,于是她向所辖推销区域内的每一位居民寄去了产品推销信,然后再上门拜访那些邀请她的顾客。这样不仅节约了大量宝贵的时间和精力,而且提高了达成交易的概率。

有些产品推销人员也利用电话广告来寻找准顾客。推销人员每天在出门之前,先给推销区域内的顾客打个电话,询问当天有谁需要自己所推销的产品,然后再登门拜访,向顾客作进一步的产品展示与示范。

利用广告开拓法的关键是选择好广告媒体。推销人员要分析所推销产品的特征、推销区域市场的特点、顾客的媒体习惯以及广告媒体的特性,使有限的广告经费发挥最大的效应,影响最多数量的潜在顾客。

广告开拓法的优点是:这种方法使用起来简便、灵活,信息传递速度快,有的媒体费用比较低廉,能为推销人员节约大量的时间。特别是 DM 广告,图文并茂,极具说服力,有时内附的小包装赠品很容易使顾客动心。

广告开拓法的缺点是:推销对象的选择标准不容易掌握。由于现代社会正处于"广告爆炸"的时代,许多顾客对广告产品已经熟视无睹,甚至产生了逆反心理,这样会极大地影响广告宣传的效果;不同的消费者群体有不同的媒体习惯,而不同的产品又只能选择与其相适应的广告媒体,这在一定程度上会影响广告产品的促销效果。

(六)市场咨询法

市场咨询法是指推销人员利用各种专业的市场信息咨询服务组织所提供的信息来寻找准顾客的一种方法。

推销人员可以利用专业的咨询组织来寻找准顾客,只需花费少量的咨询费,就可以得到许多有价值的市场信息。常见的咨询组织主要有:市场调查公司、营销策划公司、各类信息服务公司等。

市场咨询法的优点是:方便迅速,费用低廉,信息可靠;专业调研人员具有丰富的专业知识和经验技巧,能够迅速地提供可靠的准顾客名单;可以节省推销人员大量的时间,使推销人员集中精力做好拜访前的准备工作。

市场咨询法的缺点是:推销人员处于被动地位,被动地接受咨询组织提供的各种市场信息,放弃了亲自了解市场行情、把握市场动态的机会;推销人员容易对咨询组织产生一定的依赖,长此以往就会丧失开拓精神。

第二节 顾客资格鉴定

在产品推销实践中,并非每一位准顾客都能成为推销人员的目标顾客。从准顾客到目标顾客还需要对其资格进行鉴定、选择,分析其是否具备成为目标顾客的条件。只有准顾客具备了一定的资格条件,才能正式将其列入目标顾客名单中,建立客户资料卡,作为产品的推销对象。

决定产品推销活动能否成功的因素很多,但最根本的一点就是要看所推销的产品能否与顾客建立起现实的关系。这种现实的关系主要表现在三个方面:顾客是否具备一定规模的购买力、顾客是否需要推销产品、顾客是否有购买决策权。准顾客只有同时具备上述的三个条件,才能真正成为推销人员的目标顾客。

顾客资格鉴定是推销人员开展市场调研的重要内容之一,鉴定的目的在于发现真正的产品推销对象,避免徒劳无功的推销活动,确保将推销工作落到实处。通过顾客资格鉴定,可以使推销人员节约大量宝贵的时间,也可以提高顾客的订货率、增加顾客的订货量,提高推销人员的工作绩效。

一、顾客购买力的鉴定

顾客的购买力就是顾客购买产品时的支付能力。支付能力是判断一个准顾客能否成为目标顾客的首要条件。许多人对产品都有需求,但是只有有一定支付能力的需求才能真正成为市场经济中现实的需求。

顾客支付能力可以划分为现有支付能力和潜在支付能力两种形式。鉴定顾客支付能力时,首先要对顾客的现有支付能力进行鉴定,具有产品购买意向并具备现有支付能力的顾客是最理想的目标顾客;其次,要注意对顾客潜在支付能力的鉴定。掌握具有潜在支付能力的顾客,可以为产品推销开拓更为广阔的市场前景。

当准顾客有一定的购买意向并且有潜在的支付能力时，推销人员应该主动协助准顾客解决现有支付能力方面的问题，例如，建议顾客向银行贷款或者分期付款等其他付款方式，促使顾客达成产品交易。

鉴定个人或家庭的支付能力，主要是调查消费者个人或家庭的经济收入情况；鉴定企业的支付能力，主要是调查企业的经营状况、财务状况。企业的财务状况属于企业的经营秘密，通常对外保密。推销人员要取得这方面的资料，通常需要花费大量的时间和精力。在西方国家，个人收入情况属于个人隐私，是属于法律保护的范畴。

通过鉴定准顾客的支付能力，可以节约推销人员的大量时间，确保其在产品推销过程中有的放矢，提高推销工作的成功率。

二、顾客购买决策权的鉴定

有些准顾客既有支付能力，也有购买意向，最终却无法达成产品交易，究其原因主要是他没有购买决策权。推销人员在向企业或家庭推销产品时，一定要清楚谁是购买决策者，应该向企业或家庭的购买决策者推销产品。如果事先不对潜在顾客的购买决策状况进行鉴定，就有可能事倍功半。

在消费品市场中，以家庭为基本单位的购买行为往往由于文化背景、社会环境的差异，使各个家庭的购买决策状况不尽相同。除一些大件商品外，大多数商品的购买决策权都比较分散，这就给推销人员的鉴定工作增加了难度。即便如此，推销人员依然要认真分析准顾客家庭中各种微妙的关系，鉴定出谁是家庭购买行为中起关键作用的决策者，谁是购买产品的倡议者，谁是购买产品的使用者。

对于资本品市场来说，鉴定其购买行为的决策者尤为重要，否则就会使产品推销带有很大的盲目性。推销人员必须了解团体顾客内部的组织结构、人际关系、决策系统与决策方式，掌握其内部管理者的相对权限，向有决策权的管理者推销产品。

三、顾客购买需求的鉴定

产品推销成功与否还要看顾客对产品是否有购买需求，这就需要推销人员对顾客的购买需求进行鉴定，即事先确定潜在顾客是否真的需要所推销的产品，鉴定内容主要围绕是否需要、何时需要、需要多少等问题来进行。

顾客是否需要所推销的产品，是推销活动能否成功的关键。显然，如果顾客根本就不需要推销人员所推销的产品，那么对其展开推销攻势肯定是徒劳的。顾客的购买需求既多种多样，又千变万化；同时，需求又是一个极富弹性的东西，因此，要想准确把握顾客的购买需求，并非轻而易举。它需要推销人员凭借丰富的推销经验和运用有关知识，进行大量的市场调研才能搞好。有时，仅凭个别推销人员还不行，需要借助集体的力量甚至需要邀请有关专家来做此鉴定工作。例如，某些生产资料的购买需求鉴定，就是一项专业性很强的工作，不具备丰富的专业知识和有关产品、生产方面的知识，就难以胜任。作为一名产品推销人员，必须不断学习，善于观察，随时注意收集有关资料，寻求有关人员的帮助，尽力搞好顾客购买需求的鉴定工作。

经过严格的鉴定以后，如果推销人员确认某顾客不具有购买需求，或者发现自己所推销的产品无益于该顾客，不能适应其实际需要，就不应该向其推销；相反，一旦确认该顾客存在购买产品的可能性与倾向性，自己所推销的产品有益于顾客，有助于解决顾客的某些实际问题，就应该努力去说服、引导顾客，切勿坐失良机。

第三节　建立顾客档案

经过上述一系列对准顾客资格的鉴定，剔出各种不合格的顾客，就可以确定一份理想的准顾客名单，以备正式产品推销时使用。推销人员将通过鉴定的各类准顾客名单积累起来并装订成册，建立档案，也可以作成各类分析表格，供以后正式访问顾客时使用。

一、顾客分析表

通过长期的资料积累，推销人员可以将自己的顾客按照时间顺序分为三大类，即现有顾客、过去顾客、将来顾客，对每一类顾客都要进行详细的分析，以便从中发现产品销售机会。具体内容见表 7－1。

表 7－1　顾客情况分析表

<table>
<tr><td rowspan="2">现有顾客</td><td colspan="4">哪些人</td><td>向我们买什么</td><td>不可能买什么</td><td colspan="2">能推荐哪些顾客</td></tr>
<tr><td>名称</td><td>地址</td><td>电话</td><td>采购员及主管姓名</td><td>产品</td><td>数量</td><td>其他公司</td><td>朋友、亲戚</td></tr>
<tr><td rowspan="2">过去顾客</td><td colspan="4">哪些人</td><td>为什么失去</td><td>如何挽回</td><td colspan="2">能买什么产品</td></tr>
<tr><td>名称</td><td>地址</td><td>电话</td><td>采购员及主管姓名</td><td></td><td></td><td></td><td></td></tr>
<tr><td rowspan="2">将来顾客</td><td colspan="4">哪些人</td><td colspan="2">怎样才能向我们订货</td><td colspan="2">他们可能购买什么</td></tr>
<tr><td>名称</td><td>地址</td><td>电话</td><td>采购员及主管姓名</td><td>他们需要什么</td><td>能满足他们的需要吗</td><td></td><td></td></tr>
</table>

二、建立顾客资料卡

在建立了顾客分析表的基础上，推销人员还应对每一个经过鉴定的顾客制作详细的资料卡，对卡中的有关内容作充分的调查和了解，便于将来在接近顾客和面谈时查找，使产品推销工作系统化、表格化，进一步提高产品推销工作的效率。

在实际推销工作中，推销人员可以根据实际需要来设计顾客资料卡的具体格式。表7－2、表7－3就是两种比较常见的顾客资料卡。

表7－2 消费者个人或家庭资料卡

顾客姓名		性 别		住 址	
学 历		年 龄		性格特征	
职 业		年均收入			
购买商品		购买日期			
付款方式					
备 注					

表7－3 顾客(组织)资料卡

组织名称		营业地址	
企业性质			
联系电话		经营规模	
日销金额			
订购商品			
交易日期			
付款方式			
收款日期			
营业状况			
信用等级			
备 注			

不论采用哪种形式，一般来讲，客户资料卡应该包括表7－4中罗列的内容。

表7－4 准顾客资料卡的详尽内容

编号	公司类顾客	编号	个人或家庭
1	公司名称	1	姓名
2	公司地址	2	年龄
3	联系电话	3	住址
4	所属行业	4	联系电话
5	员工人数	5	职业
6	注册资本额	6	职务
7	负责人	7	兴趣
8	业界信用	8	喜爱的运动
9	市场地位(占有率)	9	与本企业开始交易的日期
10	采购主管	10	交易实绩
11	采购协办人员	11	信用情况
12	公司创办日期	12	往来银行
13	与公司开始交易日	13	付款条件
14	交易实绩	14	付款日期
15	信用评级状况	15	
16	开户银行		
17	付款方式		
18	付款日期		
19	付款条件		

根据以上的有关资料,推销人员就可以根据有关标准将准客户分为A,B,C,D级,级别不同,推销人员准备访问的次数也就不同,具体分类内容见表7-5。

表7-5 准客户的A,B,C,D 4个等级

项目 等级	具备准客户要求条件的程度	计划访问次数	计划购买产品的时间	计划购买推销产品的数量
A级	具备完整的购买条件	1周访问1~2次	计划当月就购买产品	
B级	虽未具备完整的购买产品的条件,但是具有访问价值	隔周须访问1次	2~3个月内购买产品	
C级	尚不具备完整购买产品的条件,偶尔可以访问	应该每月访问1次	半年内购买产品	
D级	尚不具备完成购买产品的条件,但从长远看有一定的开拓潜力	顺路访问或电话访问即可	1年内购买产品	

三、顾客资料卡的利用

在以后的产品推销业务中,推销人员根据顾客资料卡,就可以随时掌握客户购买本企业产品的情况、订货次数,并将顾客的有关资料进行汇总,随时掌握客户的购买进度以及采购时机;可以清楚地分析、控制产品推销业务的成长状况,该客户占总推销额的比例是多少,发掘该客户的潜在购买能力;推销人员可以依此分析与每位客户每笔交易所花费的推销费用,将每一笔产品交易的推销费用汇总起来,就可以清楚地了解推销费用占产品总推销额的合理比例,可以此衡量以后推销业务的投入水平与产出效益。

推销人员利用客户资料卡可以定期地对客户进行综合评价,及时发现推销过程中存在的问题,并提出改进措施。表7-6就是一则利用客户资料卡编制的客户综合评价表,对推销人员完成配额任务非常有用。

表7-6 客户情况的综合评价表

客户评比资料		评 语	存在的问题	改进措施
1	客户的基本情况			
2	每次订购产品的数量			
3	订购产品的次数(每年)			
4	占公司推销总额的比例			
5	推销费用水平			
6	货款回收情况			
7	客户对本公司的评价			
8	客户对推销业务的支持程度			
9	访问计划			
10	延迟交货的情况			

思考题

1. 何谓准顾客？什么是寻找准顾客？

2. 准顾客有哪几种类型？

3. 简述寻找准顾客的方法，并对它们的特征进行分析。

4. 什么是顾客资格鉴定？进行顾客资格鉴定的目的是什么？

5. 简述顾客购买力鉴定的内容。

6. 简述顾客购买决策权鉴定的内容。

7. 简述顾客购买需求鉴定的内容。

8. 如果你是一位与居民身体健康密切相关的药品推销员，你认为产品销售对象应该是谁，应如何建立顾客资料卡，试举例说明。

第八章

推销准备

本章重点及学习要求

- 掌握“吉姆”(GEM)公式的概念与内容
- 掌握预约洽谈的几种方式
- 掌握制定销售访问计划的重要性
- 掌握销售访问计划的主要内容

本章关键词

销售准备(preapproach)　吉姆公式(GEM)　销售访问计划(sales access plan)　访问预约(access reservation)　洽谈时间预约(negotiation time reservation)　电话预约(telephone appointment)　短信预约(SMS reservation)

"凡事预则立,不预则废"。要想使产品推销工作顺利展开并达到预期的销售目标,推销人员必须认真做好准备工作,使推销活动按计划进行。准备工作具体包括两方面的内容:第一,要相信所推销的产品,相信自己所代表的公司并且对自己充满信心,即完全相信"吉姆"(GEM)公式;第二,要制定详细的推销访问计划,只有在此基础上才能有效地进行销售展示与洽谈。

第一节　"吉姆"(GEM)公式与访问计划

做好推销前的心理准备工作是确保推销活动顺利开展,实现销售目标的前提。准备工作之一就是通过各种途径使销售人员完全相信"吉姆"(GEM)公式。

一、完全相信"吉姆"(GEM)公式

(一)"吉姆"(GEM)公式的含义

"吉姆"是"GEM"的音译,"吉姆"公式也称为"产品、公司、推销员三角公式",可以用图8-1来表示。"吉姆"公式的含义是指,要想将产品推销出去,推销员必须处理好这三者的关系,即推销员一定要相信所销售的产品,一定要相信他所代表的公司,一定要相信自己。

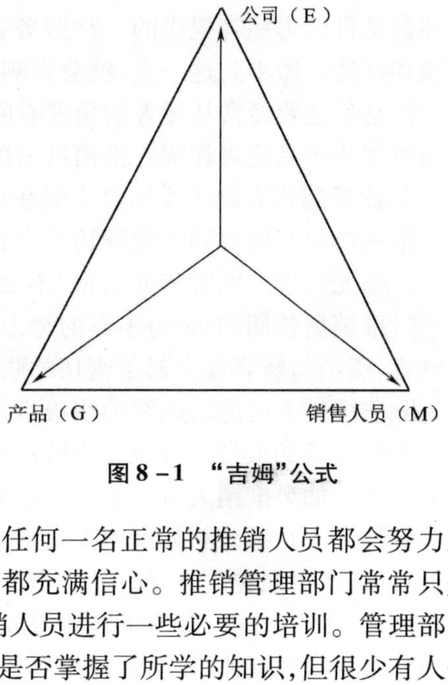

图8-1　"吉姆"公式

推销人员只有相信这三点,才会对推销工作产生积极性,而积极性又促使其推销活动获得成功。大量实践证明,许多公司在培训推销人员时,极容易忽略这三个要素。管理者往往只考虑推销活动的外部因素而忽略了推销活动的内部因素以及推销员努力工作的内在动机,错误地认为任何一名正常的推销人员都会努力工作,并且对与产品推销工作有关的一切事情都充满信心。推销管理部门常常只是在产品知识和市场情况方面对新雇用的推销人员进行一些必要的培训。管理部门偶尔也抽查一下这些新推销人员,检查他们是否掌握了所学的知识,但很少有人去检查推销员对其所推销的产品、他的公司及其他自己是否有信心、是否对自己的工作充满热情。工作热情不是自发的,它需要帮助,而且维持这种热情也需要帮助。

(二)推销员要相信自己的产品

促使推销人员相信他所推销的产品的价值是一项说服工作,这一工作不是凭空进行的,首先是建立在产品价值的事实基础上的一种解释工作,最好用图示的方法向推销员阐述他所推销的产品的优点,并且在以后的经营活动中不断补充和更新资料,将本产品的优点与同类竞争产品的优点进行比较,使推销人员清晰地了解自己所推

销产品的优点,最终喜爱自己的产品,欣赏自己的产品,以便逐步建立对产品的信心。另外,如果有新闻媒体关于产品成功案例的报道,这些报道也可以被用在推销洽谈之中,那么就会增强推销人员对产品的信心;推销人员还可以通过与设计部门、生产部门和使用产品的专家接触,以了解产品的性能与优点,进一步增强对产品的信心。

(三)推销员要了解并相信自己的公司

如果公司在行业市场上具有较高的知名度与美誉度,受到顾客的尊重与信赖,那么在该公司工作的推销员就会信心十足,充分相信自己的推销能力。公司应该努力赢得顾客的尊重与信赖,而赢得尊重与信赖的有效途径之一就是对推销人员进行有计划和正确的专业指导,使他们了解公司的发展历史、组织结构、成就和效率,从而产生一种自豪感,最终增强自己的工作自信心。相反,不能用教条的、威吓的甚至施压的方式迫使推销人员端正工作态度。

(四)推销员对自己要充满信心

在推销活动开始之际,推销员必须充满自信。如果推销员想让顾客相信自己确实有一些重要的事情需要磋商,首先自己必须相信确有其事。必须相信,对顾客的拜访是自己为顾客提供的一种服务,而并不希望顾客能给自己带来什么特别的照顾和好处。做不到这一点,就会影响推销工作的顺利进行。

推销员还要经常从顾客的角度看问题,经常问一问自己,“如果我是一位顾客,我会对哪些产品感兴趣呢?推销员采用什么方法推销这些产品才能引起我的兴趣呢?”如此反问将有助于推销员克服在推销工作中遇到的困难。

推销员要坚信对顾客的拜访符合自己的利益,应该大胆地与那些对自己推销的产品毫无兴趣的顾客当面洽谈,不要一受到冷遇就灰心丧气。许多业务关系都是经过推销员长期的、坚持不懈的努力才建立起来的。他们为了说服顾客,多次拜访顾客,逐渐与顾客建立起了密切的联系。

除非推销人员能将顾客的积极性调动起来,否则就不可能成功地进行推销工作。推销人员如果带着可能会失败的想法开展业务洽谈,那么早在洽谈之初就已经失败了。如果推销人员根本不关心顾客是否会购买自己的产品,顾客就会比推销员更加满不在乎。如果推销人员对自己的推销目的产生怀疑,顾客也会像推销人员一样,产生同样的怀疑。只有当推销人员一心扑在工作上,并且相信自己能够胜任所从事的工作时,才有可能获得成功。但是,推销人员怎样才能发挥出这种积极性?大量实践证明,以下途径是有效的:推销人员应该在拜访顾客之前把自己的推销念头归纳一下,把为了说服顾客购买产品所设计的理由再审查一遍,不要过多地考虑过去的失败,应当将注意力集中在过去的成就上。

二、制定推销访问计划

(一)制定推销访问计划的重要意义

制定推销访问计划是推销准备工作的一个重要部分。推销访问计划是推销人员实现推销目标的工作标准和具体指导,必须通过详细的考虑,制定每步工作的实施细则,准备恰当的应对措施,才能够顺利实现销售目标。

"凡事预则立,不预则废"。推销访问计划要做到全面、具体和准确。如果推销人员对推销工作中可能出现的情景计划得比较周全,事先都进行了充分的准备,那么在推销活动中他就会信心十足,达成交易的可能性就大。一般来讲,制定推销访问计划具有以下重要意义:

1. 推销访问计划反映了销售活动的专业化程度。产品推销活动是建立良好商业关系的过程,即建立在推销人员对客户需求的认真考虑和他们对所属行业、公司、竞争者、竞争产品以及市场需求与发展趋势的了解基础上的关系。推销访问计划的专业性反映了推销人员是否具备一定的专业知识以准确把握客户的问题并满足客户的需要。推销访问计划的专业性越强,把握客户需求的准确度也就越高,也就越能提出解决客户需求问题的方案,达成交易的概率也就越高。常见的评价推销访问计划专业性的工具是推销访问计划专业性检查表,将推销访问计划的专业性分解为13项具体内容,见表8－1。

表8－1 推销访问计划专业性检查表

销售员姓名: 日期:

产品类别:

专业性检查项目	评分等级			
	优秀	良好	一般	较差
1. 反映产品的整体特征方面				
2. 反映产品的制造工艺及流程方面				
3. 反映产品的目标顾客的特征方面				
4. 反映产品的主要竞争对手方面				
5. 反映影响产品销售的主要竞争活动方面				
6. 反映本产品的主要价值及用途方面				
7. 反映公司近期主要的促销活动与计划方面				
8. 预期顾客最有可能提出的问题及疑问方面				
9. 反映产品的行业标准及功能方面				
10. 反映产品的品牌价值方面				
11. 反映付款条件及商业信用方面				
12. 反映优惠客户的幅度方面				
13. 侧翼产品的体现方面				

销售人员的优势:________________________________

____

销售人员的不足:________________________________

____

2. 制定推销访问计划有助于销售人员树立信心。实践证明,当销售人员精心制定访问计划,将注意力集中在客户的需求问题上时,就能够集中精力准备推销过程中的应急措施,以备不时之需,使推销人员有条不紊地从事推销工作,做到遇事不慌,灵活应变,从而大大增强销售产品的信心。他们在消除顾客异议时就会更加自信,答疑的逻辑性、条理性更强,思路更清晰,更具有说服力,有助于建立良好的商誉,增加顾客对销售人员和产品的信任感。

推销人员具备一定的自信心是获得客户订单的前提条件之一,而自信心来源于详细制定推销访问计划。只有确保推销访问计划具有一定的操作性,才能够增强推销人员对公司、产品以及达成交易的自信心,而推销访问计划的操作性也反映出推销人员制定计划的能力。为了确保推销访问计划的操作性,推销人员可运用计划能力核对表对自己制定计划的能力进行评价,以发现问题,弥补不足。计划能力核对表见 8-2。

表 8-2 计划能力核对表

销售人员姓名:______ 销售人员所属部门:____________ 日期:________

核对项目	等级			
	优秀	良好	一般	较差
1. 产品及其特征知识方面				
2. 产品应用知识方面				
3. 了解每周的销售计划的准备和使用方面				
4. 了解拜访计划的程序方面				
5. 掌握特征—功能—利益技巧方面				
6. 了解顾客关注的销售点方面				
7. 掌握在销售展示中回答顾客提问并向顾客提问技巧方面				
8. 正确判断出决策者的技巧方面				
9. 价格让步的技巧				
10. 正确定位顾客的技巧				

销售人员的优势:____

____

销售人员的不足:____

____

3. 制定推销访问计划增加了达成交易的可能性。在产品销售活动中,一个准备充分的、能够说明某个特定产品或服务如何满足顾客需求的销售人员,与那些毫无准备的销售人员相比具有明显的竞争优势,也更容易达成交易。取得的销售业绩也更加突出。计划能够确保客户的需要,所推销产品和服务之间的衔接能被考虑得更成熟,并设计一个良好的产品展示,以调动客户的购买兴趣,增强他们的购买意愿。

(二)推销访问计划的主要内容

制定推销访问计划是推销准备工作的一个重要部分。推销人员要详细地制定每次访问的具体计划，还要对顾客和所推销的产品进行分析。通常，推销访问计划一般包括访问前和访问后两部分内容。

1. 访问前的计划安排：

(1)有关顾客的情况分析。推销员要事先对顾客的情况进行摸底，主要了解以下内容：谁是顾客；顾客的姓名和职务；顾客的特点、兴趣与偏好；顾客目前面临的问题和他的愿望、要求(包括顾客本人、他的部门或他的企业)；顾客是否有购买决策权。

(2)有关顾客需要的情况分析。它主要包括：顾客的态度如何；有哪些阻力；反对意见是什么；顾客主要的购买动机；顾客所在公司的购买政策。

(3)推销员能提供的情况分析。它主要包括：洽谈(业务磋商)；产品；其他服务项目；洽谈要点。

(4)推销员应如何推销。它主要包括：洽谈的要点；注意力、兴趣、欲望、购买行动，即"迪伯达"模式的具体运用；特殊的推销诉求点。

(5)推销员要达到的目的。它主要包括：访问的目的(推销产品、促使顾客作出购买决定、影响顾客、介绍有关情况)；前后两次业务洽谈的联系；观察与思考；业务洽谈的结果。

访问前的计划安排也可以采用表格的形式。具体内容如表 8-3 所示。

表 8-3 推销访问计划表

客户________________ 住址________________
1. 我应该拜访谁(我怎样与他接触)?
姓名 ________________ 工作职责 ________________
2. 他/她的具体要求和问题是什么(如果不能完全肯定，就必须在拜访中找出答案)?
3. 我需要问的顾客的职务、需要解决的问题、产品购买暗示和必要的报酬是什么?
4. 根据他/她的要求和问题，列出有关的特征、优势和利益。
特征 ________ 优势 ________ 利益 ________
5. 我能提供何种证据来证明我推销的产品诉求点?
6. 顾客可能提出的(反对)意见是什么?
7. 我将采用何种方法结束拜访?
8. 根据这些资料，我今天得出的结论是什么?

2. 访问后的计划安排:

(1)推销员取得了哪些成绩。这主要包括:推销的结果,得到了哪些有益的启示。

(2)推销员下一步应该怎么办。这主要包括:再次访问(何时访问、怎样访问、通过谁来访问);何时以及怎样进行下一次访问。

在推销员列好了“怎样安排一次业务访问”这张单子以后,在“谁是顾客”后面应填上顾客公司的其他成员的名字。在一般情况下,推销员是不拜访这些成员的,但他们却能影响推销员的推销效果。在“我能提供些什么”后面应填上一些补充产品。如果推销员同时推销几种产品,其中有些产品必定畅销,有些产品滞销。在业务洽谈时,除了尽力推销畅销产品外,还要努力推销滞销产品。

“访问的目的”一条特别重要,它是推销员的准备工作充分与否的关键。如果推销员的业务洽谈没有目标,洽谈效果就无从谈起,更无法评价。

影响顾客作出购买决定是最为重要的一环,这是推销工作的中心任务。推销员要记住下列情况:先前失败的原因;决心避免重犯的错误;改进推销工作的建设性意见;关于洽谈内容和方式的建议以及着装的建议。

推销员完成对顾客的业务访问后,在编写“对业务洽谈的评价”的报告时,如果推销工作是成功的,应当把注意力集中在成绩方面;还应考虑到顾客有哪些特殊要求,自己作了哪些让步。顾客的意见对推销员下一次访问是很重要的。推销员应清楚自己与顾客上次谈到什么地方。最后,在“下一步应该怎么办”的问题上,推销员应当记住自己准备做的一些事情。诸如给顾客写确认信,用电话告诉顾客一些情况,对顾客进行一些必要的补充性访问。

按此要求编制计划将有助于推销员更系统地开展推销工作。

第二节 访问预约

在访问顾客前,经常会遇到这样的问题:推销员应该不应该把自己的访问事先告诉顾客。对这个问题很难作出一个肯定的回答。如果推销员把访问事宜事先告诉顾客,顾客若不拒绝推销员的访问,也不会利用这一机会提出反对购买的理由,那么,这种事先告知就是应该的。

推销员事先让顾客知道自己的访问,就可以节省时间和精力,不会把太多时间浪费在接待室和路途中。通过预约,推销员可以在顾客认为比较合适的时间去拜访他,这样有利于面对面的接触,有利于彼此间加深印象、加深了解,推销员说的话就会受到对方重视,也比较有说服力。

而许多推销员喜欢顺路访问顾客,这经常会遭到顾客的冷遇。在这种情况下,即使推销员郑重其事,也会引起顾客反感,达成交易的可能性非常小。

推销员如果知道某个顾客只在约定好的情况下才会见自己,就应该按约进行,不要贸然造访。在访问这类顾客时,不能使用欺骗的方法。不要为了想见到这位顾客而对他的下属撒谎:“我有一些重要的事情要亲自告诉他”,“我是某某先生的朋友”,“我跟他约好了”,等等,这样做是不负责任的,也是愚蠢的。这种欺骗行为迟早会被人揭穿,它会严重影响顾客对推销员和所推销的产品的看法。这样的行为即使可行,也只能使用一次,第二次肯定是不会奏效的。一旦顾客把这个情况告诉接待员,推销员就再也别想进入该公司的大门了。

一、预约访问的方式

推销员要根据具体情况选择恰当的预约方式,常见的预约方式主要有以下几种。

(一)书信预约

在顾客对推销员、推销员的公司或推销的产品都不了解的情况下,最好的方法是先给顾客写一封情况介绍信,然后再打一个电话。如果推销员不知道能否在电话里说清楚,或者不能在电话里约定洽谈时间,那么应该采取书信预约的方式。在书信里,推销员不能用“我非常高兴,如果您能告诉我什么时候拜访您合适”这样的话作为信的结尾。比较好的结尾是:“我将打电话问您,我什么时候可以拜访您?”或“我下星期三拜访您是否合适?”

如果推销员担心打电话会遭到顾客拒绝,在书信的结尾可以这样写:“这个星期五的下午3点30分我将冒昧拜访您,时间不会太长。如果时间不合适的话,您可以让您的秘书告诉我。在此,谨表谢意!”

亲笔书写的书信比打印、复写的更能打动顾客。

(二)电话预约

电话预约也是推销员常用的一种预约方法。在与顾客打电话约定洽谈时间时,说话要简明扼要。比如:“我是推销员小王。我准备到您的办公室拜访您,时间不超过5分钟。我准备向您介绍一种有吸引力的产品。我什么时候到您那里比较合适?明天上午10点30分还是后天上午?”

如果顾客询问推销员代表哪一家公司或者所推销的是什么产品,就可以详细告诉他。如果推销员所在公司的名称有助于推销员和顾客约定洽谈时间,应该主动地报出公司的名称。

关于所推销产品的问题,就不那么容易回答了。因为电话谈话不宜详细介绍产品。所以,推销员最好能避免直接回答这个问题。但是,推销员必须作好回答这个问题的准备,最好能用简短的回答来引起顾客的兴趣和好奇心,使顾客产生想进一步了解该产品的念头。许多新推销员常常会这样错误地回答:“我想您会对我的软件系统感兴趣的”,或者“我想知道您是否需要我们公司生产的扩音系统”。在运用电话预约时,推销员不应在电话里把太多的事情告诉顾客,以至于因为说得太细,再进行面谈就没话可说了。

例如,一位顾客想通过电话向推销办公室设备的推销员了解各方面的情况。推销员是这样回答的:“我很愿意在电话上把所有的情况都告诉您。但是,我还有一些材料请您过目。”他的回答既巧妙又简单，促使顾客产生进一步了解产品的兴趣。

不要让顾客产生推销员仅仅是向他推销某种产品的看法。如果顾客产生了这种看法，他就不愿意会见推销员。最好让顾客知道推销员将能够和他讨论和分析他所遇到的问题，让他知道推销员可能有解决办法，可能帮助他赚钱或节省开支。但不要让顾客产生推销员想改革他的企业、改变他的生活方式或者他的人生观的感觉。

在谈话开始时，要先谈顾客感兴趣的问题，尽量不要讨论推销员自己的问题。不要说：“我想知道……”而应该说：“某某先生，作为一名董事，您可能对有利于提高生产效率的合理化建议感兴趣的，对吗？您最多听我讲15分钟，您就会知道我的产品对您的生产是多么有用。我××日××时去拜访您合适吗？”或者说：“祝贺您搬进了新办公室。您的办公室是那样宽敞，真是太好了。”“确实很宽敞。”“能让我看一看您的新办公室是什么样子吗？另外，我还可以将上海一家邮购公司怎样节省费用的研究结果告诉您。这家邮购公司的情况与您公司的情况相似。您明天下午有时间吗？”

在某些情况下，推销员可以拒绝谈论推销的产品，只重复他说过的话即可。“我最多占用您10分钟的时间，只要听我介绍一下情况，您马上就会知道是否对这种产品感兴趣。”“我什么时候到您那里去合适呢，是上午10点还是下午2点？”

（三）请别人推荐

如果推销员所在公司的经理或销售经理是顾客非常熟悉的，或者受到顾客的尊敬，推销员就应该多让他们作自己的介绍人。例如：“张先生，大概我们可以帮助您解决所有的大公司都会遇到的一个组织问题。您下星期哪一天能见一下我们公司的刘经理？当然，这不需要太多的时间，10分钟就行，这样对您是有好处的。另外，您还可以从我们的经验中吸取一些有用的东西。我们非常乐意为您服务。”

在写信向顾客介绍推销员或约定访问时间时，要认真推敲信中的措辞和格式，使顾客认为推销员非常重视自己。

二、洽谈时间的预约

（一）让顾客选择洽谈时间

推销员向顾客建议的见面时间应当有选择的余地。推销员不应该问顾客星期×上午×点是否有空，而应该问顾客什么时候去拜访他合适，是星期×上午×点还是星期×下午×点？在给顾客提出两个时间供他选择的时候，其中一个时间是比较灵活的，比如建议某一天的一个具体时间，另一个时间的期限则比较长一些，比如在另外某一天的整个下午。

推销员向顾客提出某一段时间或带有时、分的具体时间，如10点30分或者10点40分，会使顾客认为推销员的拜访所占用的时间不会太多。一个把时间安排得非常巧妙、紧凑的人，经常在9点、10点、11点和12点开会，而在9点45分到10

点，或者 10 点 50 分到 11 点的时间段里往往有空闲。

推销员在对顾客进行第一次拜访的时候，要尽量缩短拜访时间，一般不要超过 15 分钟，时间长了对推销员没有好处。如果销售谈话确实引起了顾客的兴趣，推销员可以延长洽谈时间或者约定下次再继续洽谈，最好当时就把第二次洽谈的时间定下来。

如果推销员事先没有约定就突然拜访顾客，那么处境就大不一样了。在一些大公司里，如果推销员能成功地进入顾客的办公室，顾客的好奇心或许对推销员有所帮助。不过，在见到顾客之前，推销员必须先通过他的保安、电话接线员、接待员、秘书或者要同时与这些人接触。他们的工作就是保护过于操劳的经理不受外部干扰，但是并不阻止那些对他们的经理有帮助的人。推销员如果问："张经理今天会见推销员吗？"或者"我能打搅一下张经理吗？"那推销员只会得到毫不客气的拒绝。"我想知道张经理是否同意见我？"或者"我想张经理现在可能很忙吧？"等，都是一些不合适的话。

（二）正确处理顾客要求推迟洽谈时间的问题

在推销过程中，顾客会经常要求将拜访时间推迟。"我这个星期没有空，请你以后再来吧。"无论如何，推销员都应设法和顾客约定好一个具体的洽谈时间，可以问："我星期五再给您打电话，看您下星期一下午有没有时间，好吗？"如果顾客让推销员星期五给他打电话，看他是否有空，推销员可以这样问："我们能否暂定星期五见面，比方说星期五上午 11 点 45 分，您看怎么样？如果您到时没有时间的话，可以告诉我。那样，我就不用打电话麻烦您了。"

推销工作最重要的一条原则是：任何时候推销员都应该掌握主动权，而不应让顾客掌握主动权。如果顾客说他给推销员打电话，推销员应该接过话头，把打电话的任务应承过来。如果顾客说他以后再找推销员，推销员自己则应主动与顾客进行联系。

（三）由谁确定洽谈时间

一般说来，让顾客自由选择时间是一种没有必要的客气，因为对顾客来说，提出具体时间的建议是比较容易接受的。大量实践表明：当推销员泛泛地问及顾客什么时候有空时，顾客总觉得他的时间表安排得满满的。

思考题

1. "吉姆"（GEM）公式的含义是什么？
2. 简述制定推销访问计划的重要性。
3. 举一销售产品实例，说明如何增强推销人员对产品的信心。
4. 举一实例，说明如何增强推销人员对所属公司的信心。

5. 举一实例，说明如何增强推销人员对自己的信心。
6. 怎样才能衡量推销访问计划的专业性？
7. 怎样才能评价推销人员制定访问计划的能力？
8. 简述推销访问计划的主要内容。

第九章

销售展示与洽谈策略

本章重点及学习要求

- 掌握销售展示的基本步骤
- 掌握记忆式销售展示
- 掌握程序式销售展示
- 掌握满足需要式销售展示
- 掌握解决问题式销售展示
- 掌握推销洽谈时应注意的问题
- 掌握推销洽谈的艺术技巧
- 掌握推销洽谈策略

本章关键词

接近(approach)　介绍(presentation)　销售展示(sales presentations)　FAB 原则(Feature Advantage Benefit)　记忆式销售展示(memory sales display)　程序式销售展示(program sales display)　满足需求式销售展示(meet demand sales display)　解决问题式销售展示(problem - solving sales display)　洽谈策略(negotiation strategy)

第一节　销售展示

为了提高完成销售任务的可能性，推销人员必须掌握进行有效销售展示的艺术。销售展示是推销接触的延续，推销人员通过介绍产品的特性、优势和利益以及市场营销计划与商业建议，使顾客对自己及其产品形成积极的态度，这些态度又会刺激顾客对所销售的产品产生强烈的购买欲望。

一、销售展示的概念及目的

(一)销售展示的概念

销售展示是指将顾客带至产品前，通过实物的观看、操作，让顾客了解产品的外观、操作方法、具有的功能及能给顾客带来的利益，促使顾客产生购买欲望，实现销售目标的整个活动过程。

(二)销售展示的目的

从根本上说，销售展示的目的就是通过介绍产品的特点、优势和益处、销售计划和业务建议，为顾客提供相关的知识，使顾客形成对产品的积极印象。这些印象引发顾客对产品的购买欲望。销售人员的工作就是把这种需要转化为需求，并最终转化为信念。此外，要使顾客相信推销人员是同类产品最好的供货商。在此种情况下，潜在顾客的购买心理过程就步入到了确信阶段。

在制定展示计划时，推销人员应该考虑对每一名潜在顾客应分别采用销售展示组合中的哪些因素，如图 9－1 所示。通过正确地使用说服性沟通技巧、鼓励潜在顾客参与展示、证明材料说明、视觉辅助工具、情景展示以及产品使用示范等手段，推销人员可以更好地向潜在顾客说明自己的产品如何满足他们的需要。

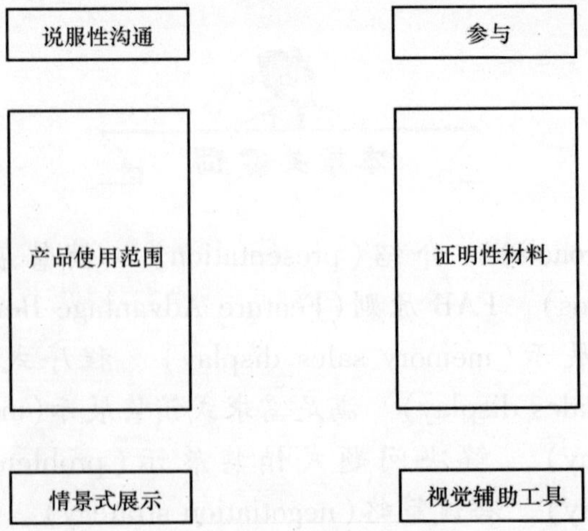

图 9－1　销售展示组合

实践证明，促使最终达成交易的因素有可能是销售人员所表达的内容，也有可能是销售人员采用的展示方式。展示方式中的说服性交流技术包括提问、倾听、逻辑推理、建议和试探性成交等。这些方法有助于发现顾客的需要并与顾客进行有效的沟通与交流。

证明性材料为销售人员的观点提供了最基本的依据。这些材料在证明销售人员诉求主题的真实性和可信度方面能够发挥巨大的作用。如果顾客对产品的某些性能和指标产生异议，销售人员应该在其展示的材料中包括产品的销售记录、确保产品功效的保证书、检验证明、公司的检测结果以及权威检测机构的监测结果等。

无论是用于说明目的还是说服目的，视觉辅助工具都可以通过图形、图片和映像等材料突出产品的特征、优点和益处。视觉辅助工具可以充分吸引顾客的注意力，并激发他们的兴趣，营造一种双向交流和参与的氛围。

一旦销售人员完成了展示，顾客就能够更好地考虑是否购买所推销的产品。推销人员的工作就是把顾客对产品的需求转化为购买欲望，进一步形成自己所推销的产品最能满足购买者需求的态度，必须使顾客相信自己的产品是最好的，而本人也是最值得信赖的供应商，当出现了这种情况后，顾客的购买行为过程就进入到了确信阶段。

影响销售展示效果的因素有两个：①产品本身；②推销人员的展示技巧以及给顾客的感觉。销售展示是顾客了解与体验产品利益的最好时机，也是推销人员阐述产品利益的最好时机，因为进行展示时，销售人员具有以下优势：①顾客已经愿意花一段时间倾听销售人员对产品或公司的介绍；②推销人员能够有顺序地、有重点地、系统地阐述和证明产品的特性与利益。

二、销售展示的原则——FAB 原则

销售展示要遵守 FAB 原则，即产品特性（Feature）、产品优势（Advantage）、产品利益（Benefit）原则，是指运用语言和可视辅助工具对产品的特性、优势和带给顾客的利益进行说服性的解释，这样有助于吸引顾客的注意力和兴趣，调动相互沟通和顾客的参与意识，清晰完整地表达推销人员的商业建议，从而实现销售目标。

（一）产品特性

产品特性即产品的物理特征。所有产品都具有一定的物理特征，例如：大小、颜色、味道、质量、价格、数量、包装、风格、用途、技术、服务、成分、形状、交货、条款等。推销人员对产品特性的描述主要是为了回答“它是什么?”推销人员要结合产品顾客的需求来描述产品的特性，突出产品的优势。

（二）产品优势

当推销人员向顾客介绍完产品的特性，紧接着应阐述由产品的物理特征所带来的相对优势：产品有何用途以及如何帮助消费者解决他们的实际问题。

产品优势的例子如下：

1. 这是市场上最畅销的男士香水。

2. 这种复印机的使用成本最低。

3. 采用我们的财务软件，信息处理速度最快捷、最全面。

4. 我们商品房的户型设计最合理，小区环境也最好。

如何才能让潜在顾客相信推销人员所宣示的产品的优势呢？推销人员要从顾客的角度出发，最好"证明一下产品的优势"，这就要与竞争产品进行比较。在阐述竞争产品的特性时，突出本产品的比较优势，就可以提高达成交易的机会。

（三）产品利益

产品利益，即产品带给顾客的好处。绝大多数顾客感兴趣的是"产品能给我带来什么好处"，而强调产品的特性与优势也是以此为目的的。只要回答了这个问题，就可以激发顾客的购买欲望。以钻石戒指、照相机、汽车润滑油、音乐会门票为例，消费者购买这些产品是因为它们所具有的特性或优势吗？不是，消费者购买的是产品能带来的利益，实情如下：

钻石戒指——成功的象征，或对爱人忠贞不渝的爱情；

照相机——对过去时光或对家人、朋友的记忆；

汽车润滑油——保护引擎，确保行驶安全；

音乐会门票——娱乐、放松、高雅的享受，高社会阶层的显示。

如上所述，顾客购买的正是产品带来的利益，而不是产品的特性与优势。这些利益可以是有实际用途的，也可以是心理感受上的。

在销售展示过程中，推销人员需要精心阐述产品的利益，回答顾客心中"它能给我带来什么好处？"的问题。以吸尘器推销过程为例：

吸尘器的推销人员可以对家庭主妇说："这款吸尘器装备了高速电机（特性），轻轻松松地（优势）就能产生强大的功效（优势），不但可以为您节约 20 ~ 30 分钟的清洁时间（利益），还免去您推动笨重吸尘器的不便（利益）。"

推销人员必须精心准备展示并进行练习，从而确保展示顺利自然地进行。销售展示的准备工作可从三个方面着手：

第一，产品方面。推销人员要事前检查产品的质量与性能，确保与标准相一致；若至顾客处展示，要事先检查电源、展示空间及地点是否符合规定；检查展品、可视辅助工具、证明文件等是否齐备；拟定一份展示清单。

第二，展示场地方面。推销人员要提前布置好展示场地，确保产品及设备处于正常工作状态；准备好欢迎参观者的看板，以增加展示场所的气氛。

第三，推销人员自身。检查服装、仪容是否得体，具体标准参见表 9 - 1 所示；邀请适当数量的潜在顾客参观展示。

三、销售展示的类型

有效的销售展示应有助于解决顾客的问题，而销售展示的有效性则取决于展示方式的恰当选择。在实践中，选择有效的销售展示方式应以对顾客、销售访问目标和顾客需求计划等信息的预先了解为基础。

销售展示是用可见的或可听的方式来解释推销人员的营销计划与商业建议，在众多的销售展示方法中，最常用的主要有以下四种。

（一）记忆式销售展示

记忆式销售展示是指推销人员遵从并熟记一种经过精心设计和测试后形成套路型的展示方式。这种展示使用大量的套路型语言，销售效果也往往取决于那些套路型语言。当推销的是同样的产品，而顾客群的特征又没有明显的变化时，这种方法特别奏效；如果在推销人员缺乏经验，而公司由于各种原因来不及花时间和精力对其进行培训时，这种方法也非常有用。

记忆式销售展示基于刺激—反应模式的原理。该模式认为通过语言和行为的刺激，会引起预期顾客某些对应的行动，即反应。该展示类型认为：推销人员通过产品展示，使顾客与产品直接接触，可以激发他们的购买欲望，进而形成需求；或者是由于顾客正在寻找这类产品，这些需求已经被激发出来了，销售展示起到了加强的作用。

在具体运用这种销售展示的过程中，多数时候推销人员都在说话，而顾客只是偶尔作出反应，推销人员只是对一些事先预料到并设计好答案的问题作出回答。这种展示方式不要求推销人员对顾客的心理感受和反应作出揣度或判断，推销人员只是专注于对产品及利益进行令人信服的阐述分析，即展示，然后要求顾客购买。

记忆式销售展示多用于技术含量不高的产品的电话营销或上门推销活动。为了增加推销活动的情趣，有些公司会设计几套标准化的销售展示方式，各种套路之间的销售语句可以互换，将一些语句作为展示产品利益的主要陈述语句而另一些则作为备选语句来用。概括地讲，记忆式销售展示具有以下优点：

1. 能够帮助缺乏经验的销售人员开展推销活动，并给予他们信心。

2. 能够确保每位潜在顾客都得到精心设计的销售展示。

3. 对技术含量不高的大众产品的上门推销或电视营销，这种方式非常有效。

记忆式销售展示具有以下缺点：

1. 它不要求顾客参与或深度参与，可能会引起顾客的不信任与反感。

2. 它是一种倾力推销或高压推销，推销人员会在很短的时间内向顾客展示完产品，并在预先设定的时机要求顾客购买，而没有将顾客的情况考虑在内，所以往往与顾客的购买时机无法吻合。

3. 由于没有考虑顾客的真实想法，所以这种方式展示出的产品的特性、优势与利益，对顾客来讲可能不是最关心的，没有刺激性。

（二）程序式销售展示

程序式销售展示是指推销人员在了解了潜在顾客有关情况的基础上，认为在相似的情形下，对相似的潜在顾客可以采用相似的展示方式与之接触，最终使其产生购买欲望。

运用这种方式，推销人员在一种标准化语句非常少的情况下进行展示，因此赋予他们更多的灵活性。推销人员首先要熟记开展推销活动时的一些常规,并且在实际操作中要确保顾客的参与,时刻关注他们的心理反应与表情变化。这一常规就是要遵从"注意力—兴趣—欲望—行动"模式,即爱达(AIDA)推销模式(具体内容见本书第二章)。

在推销活动之初,推销人员就掌握着洽谈对话的控制权,然后便引起潜在顾客的注意,激发他们对产品的兴趣,进而刺激他们的购买欲望,使他们坚定购买信心,鼓励他们采取购买行为。

对于那些重复购买的消费品,特别适合采用这种方式进行推销。顾客对公司或产品的情况已经非常了解,推销人员可以利用销售开场白的形式介绍产品的特性、优势和利益,然后通过试探性成交以及回答疑问和消除异议,让顾客对产品进行客观评价,最终达成交易。这类消费品的品牌如高露洁(Colgate)、通用食品(General Foods)、宝洁(P&G)、亨氏公司(H. J. Heinz)、吉利(Gillette)、百事可乐(Pepsi - Cola)等。一般来讲,程序式销售展示方式包括表 9 - 1 中的步骤。

表 9 - 1　程序式销售展示的操作步骤

步骤	行动内容及要求
第一步　制定销售访问计划	分析具体形式 分析顾客的问题并进行预约 订立销售的数量目标 策划展示的具体内容 检查销售展示的材料
第二步　温习计划内容	推销人员在进入零售店之前,重温一下制定的访问计划、销售数量目标、建议订货单等
第三步　问候零售店员工	对零售店员工致以亲切的问候 提醒销售经理留意本品牌产品的销售情况
第四步　检查库存	注意货架上的存货情况 检查产品定价与配送情况 标出缺货的产品 检查补货的速度 注意竞争产品的陈列与销售情况 检查产品的库存情况 找到产品库存缺货的原因 如果需要的话,改正销售计划
第五步　与顾客接触	礼节性地问候,应简短一些
第六步　进行销售展示	使用销售展示辅助工具 要有趣味性、条理性和逻辑性 展示方式要符合经销商的特点 要从经销商的角度进行展示

续表

步骤	行动内容及要求
第七步 达成交易	由销售人员提出订货建议 提供选择机会 消除购买异议,回答疑问 得到实际订单
第八步 购买并保存购买记录	提出交易条件 提供送货日期 访问完成后立即做销售记录和报告
第九步 分析本次访问	回顾访问中的不足之处,并提出改进措施 完善下一次访问

程序式销售展示有许多优点:

1. 能够使推销人员与顾客进行面对面的交流,获得的信息更加直接、真实,能够增加顾客对推销人员和产品的信任。

2. 推销人员能够顺利地处理预见中的各种问题与购买异议,对推销过程充满信心,这样就提高了达成交易的可能性。

3. 顾客看到的都是经过精心设计后的展示过程,其说服力就更强,更容易刺激顾客的购买欲望。

程序式推销展示也有以下不足:

1. 推销人员首先应该了解潜在顾客的有关情况,否则就无法对潜在顾客进行劝说式的销售展示。

2. 在运用程序式销售展示的过程中,要时刻关注顾客的心理反应,针对不同情况采用不同的销售说辞,灵活性较强,因此对推销人员所具有的销售经验与专业素养要求较高,不适合新上岗的销售人员。

3. 程序式销售展示不太适合对资本品的销售,它强调顾客的操作与参与,而大型设备等资本品的销售强调的是特性标准与利益,一般情况下,顾客很难参与到产品的使用操作过程中。

(三)满足需要式销售展示

满足需要式销售展示是指在展示之初,推销人员通过向顾客提出有关顾客需求方面的探讨性问题来认知顾客的需求,然后再有针对性地展示产品,促使顾客产生购买欲望,最终实现销售目的的整个过程。

满足需要式销售展示过程可以分为三个阶段:

第一,需求开发(need - development)阶段。一般来讲,销售访问之初的50% ~60%的时间都用在观察和挖掘顾客的需求问题上。这一阶段通常以一个问题开场,例如:“贵公司有什么需要我帮忙解决的问题?”“您购买这类产品到底是为了什么?”“贵公司需要怎样配制的三维设计平台?”

第二,需求认知(need－awareness)阶段,即使顾客的需求得到确认。一旦推销人员认识到了顾客的需求,就可以通过重述对方的需求问题来控制洽谈过程。

第三,需求满足(need－fulfillment)阶段。推销人员要通过展示使顾客相信,自己的产品正是能够满足他的需求的,以此刺激顾客的购买欲望,最终达成交易。

满足需要式销售展示非常适用于那些科技含量高、单位价值高的技术产品和工业产品的推销。它具有以下优点:

1. 它是一种针对性非常强的展示,自始至终都是围绕某种特定利益的产品或需求展开的,通过提问的方式确认顾客的需求问题,然后再通过展示活动使所推销的产品来满足这种需求,从而达到销售产品的目的。

2. 这种方式具有很强的挑战性和创造性。它要求推销人员创造性地向顾客提出问题,并敏捷地把握和认知顾客的内在需求,再通过创造性的展示活动使顾客确信所推销的产品正是满足他的需要的产品,从而刺激他的购买欲望。

满足需要式销售展示具有以下缺点:

1. 容易引起顾客的反感。在需求开发阶段,对销售人员提出的问题,许多顾客会觉得涉及自己的需要和待解决的问题,这在一定程度上暴露了自己的隐私,因此会非常反感。

2. 要求推销人员具有较高的专业素养与展示技巧。在需求认知阶段,它要求推销人员能够准确、及时地把握顾客的需求问题,并能够将其清晰准确地阐述出来。这就要求推销人员具有较高的专业素养,有一定的观察力和判断力以及语言表达能力,只有这样,顾客才会觉得充满信心和趣味,也才能感觉到销售人员的热情和真诚。

(四)解决问题式销售展示

解决问题式销售展示也称为“调查—建议”型展示,是指推销人员通过数次销售访问或调研才能对顾客的需求问题作出详细具体的分析,然后据此拟定一个旨在解决顾客需求问题的建议,再根据分析和建议进行销售展示的整个过程。分析和建议有书面形式和口头展示两种。

解决问题式销售展示通常包括以下步骤:

1. 说服顾客同意销售人员进行调研分析;
2. 对顾客的潜在需要进行实际调研与分析;
3. 对需求问题达成一致,并明确顾客确实想解决该问题;
4. 提出能够满足顾客需要的商业建议或分析结果;
5. 根据商业建议准备好下一步的销售展示;
6. 进行销售展示,与顾客达成交易。

解决问题式销售展示具有以下优点:

1. 计划周密,针对性强。这种展示方式依据六个步骤依次展开,每一步骤的任务都非常明确,层层递进,安排详尽周密,目标确定。

2. 容易达成交易,效果良好。这种方式需要对顾客的需求进行深度调研,并提出有针对性的解决方案,在此基础上再进行销售展示,刺激顾客产生购买欲望的效果非常明显,容易达成交易。

解决问题式销售展示具有以下缺点:

1. 花费时间较长。首先要说服顾客同意推销人员对其需求进行调查,然后再经过数次的销售访问对顾客的需求问题进行分析、确认,再提出购买建议,最后再进行销售展示。整个过程需要大量的时间,可能需要10多天甚至数月的时间。这不仅是对推销人员的信心的考验,也是对顾客耐心的考验。

2. 适用范围较窄。这种展示方式推行程序复杂,过程漫长,不适合消费品的销售活动,只适合那些工艺复杂、系统的高科技产品。

表9-2阐述了四种不同销售展示方式的特征与区别。不同产品的推销人员可以根据具体情况选择有效的展示方式,提高自己的销售效率。

表9-2　四种销售展示方式的主要特征与区别

特征类项目	记忆式销售展示	程序式销售展示	满足需要式销售展示	解决问题式销售展示
与潜在顾客的关系	交易式	交情式	合伙式	合伙式
使用场合	上门访问新顾客;电话推销	重复购买产品的顾客	新顾客	新顾客
开场白的方式	定式化	提及上次的情况	提出顾客的需求问题	要求对顾客的需求进行研究
展示持续时间	几分钟	半小时左右	数天	数周
需要访问次数	一次	一到两次	多次	经常
洽谈或谈判采用的类型	没有具体类型	几种类型	多种类型	复杂的类型
产品展示的灵活性	没有	适度	较多	较强
顾客对产品的兴趣	已经产生了一定的兴趣	已经产生了一定的兴趣	还没有产生兴趣	不知道
是否预先与顾客联系	通常不联系	经常联系	不联系	不联系
销售产品的类型	简单的,可以试用	简单的,以前购买过	技术含量高的工业品	高科技产品、工艺水平高的工业品
销售产品的举例	化妆品、运动服等	手机、光纤电缆等	复印机、商品房、轿车等	POS系统、财务软件、公司保险等

四、销售展示的具体步骤

不论采用哪一种销售展示的方式，推销人员必须遵循以下三个基本步骤（见图9－2所示）。

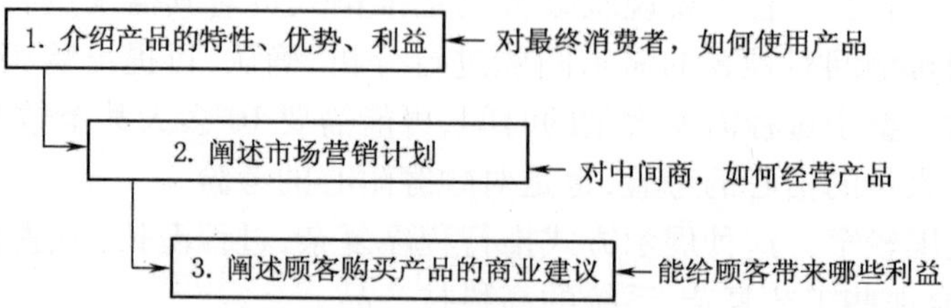

图9－2　销售展示的三个步骤

第一步，完整、系统地介绍产品的特性、优势与利益。这主要用来解释顾客为什么要购买所推销的产品。顾客购买产品的主要原因是：产品的利益满足了顾客的需要或解决了顾客的实际问题。

第二步，介绍自己的市场营销计划。对最终用户来讲，市场营销计划主要是指对他们怎样有效使用产品的建议，包括交货期、安装、维修服务、使用培训以及质量保证书等方面的内容；对中间商来讲，市场营销计划主要是指对他们如何转售或经销产品提出建议，包括广告策略、销售促进、销售队伍管理、贸易展示会等方面的内容。

第三步，详细阐述顾客购买产品时自己拟定的商业建议。商业计划应该包括价目表、装运成本、折扣条件、加价幅度、投资回报率、投资利润、价值分析等内容。

假设某销售人员在向北京地区的一些餐馆和食品超市推销“A品牌”的山东煎饼，表9－3描述了展示过程中三个具体步骤的“FAB”原则。

表9－3　销售人员在展示中运用“FAB”原则

项目	特性	产品优势	利益
A品牌煎饼	1.传统的农家制作手艺；以麦子、高粱、玉米、谷子、地瓜等粮食为原料，经过淘洗、浸泡，然后用石磨磨成糊状物，群众叫“煎饼糊子”；富含维生素A，B，C，D；不含防腐剂 2.食用者拆开包装就可食用	1.薄脆、可口、味美 2.食用方便，营养丰富	1.可以增加早餐的花样品种；提供诱人的特色食品 2.准备时间短，无须增加厨师人手
市场营销计划	3.可及时送货或每星期送货一次 4.由当地配送中心统一送货 5.由特聘专业人员向大家展示食用方式	3.不必准备大量存货 4.随时都可以补货，单（或电话）到送货 5.熟悉并掌握传统的烹饪知识与技巧	3.需要库存空间较小，库存占用资金较少 4.不会出现断货现象
商业建议	6.数量折扣 7.老客户延期付款计划	6.降低成本 7.减少流动资金占用，少支付利息	5.增加企业的经营利润

第二节　洽谈策略

推销洽谈是推销员最重要的工作之一，它是实现成交的过程和手段。洽谈的效果如何，最后能否实现交易，往往取决于推销员在洽谈中的表现。因此，每个推销员都必须研究和掌握洽谈技巧。

推销业务洽谈是推销员与顾客面对面会谈的一种形式，洽谈的目的是为了实现商品销售。本节旨在讨论推销人员进行建设性推销洽谈时所需要的技巧，以及在这种洽谈中双方共同努力，寻求互惠互利的最佳结果。这种建设性洽谈，往往要做好三方面的工作：一是在洽谈时要注意有关问题；二是要掌握推销洽谈的巧技；三是要巧妙运用一定的洽谈策略。

一、洽谈时应注意的问题

推销员在与顾客的销售展示洽谈中要注意以下几个方面的问题。

（一）充分准备洽谈的内容

推销员在拜访顾客以前，需要冷静地、认真地进行思考，把所有的推销要点认真检查一遍。下列几点是推销员检查的重点：是否清楚自己所推销的产品具有的优良品质；该产品能给顾客带来哪些较大的效用；对顾客的拜访是否有益于顾客；再难对付的顾客，通过努力也有可能与其达成交易。

推销人员在推销过程中，要像参赛的运动员一样鼓足勇气，轻装上阵，准备工作必须做好。要多想一些自己过去成功的推销经验，以增强自信心，再接再厉。

推销员要充分调动自身的积极因素，积极性是有感召力的。顾客是不会向一个没有主见、悲观失望、态度冷淡、对失败抱有恐惧心理的推销员订货的。当推销员拜访顾客时，必须保持良好的精神状态。在拜访前，推销员可以外出散散步，或者用习惯的方式休息一下，调整好自己的情绪，给顾客一个好印象。

（二）洽谈前的快速检查

当推销员来到顾客的办公室或者接待室时，要进行最后一次快速检查：

1. 迅速回忆一下每一条推销要点。推销员最好把要点写在顾客目录卡上。如果推销员有记录，可以从头至尾看一遍。

2. 设想一下自己将面临的问题。顾客是自己一个人呢，还是跟他的同事在一起？顾客是紧张呢，还是轻松？顾客的注意力是集中呢，还是分散？

3. 考虑顾客会提出哪些反对意见，自己应如何回答。

4. 准备为顾客解决哪些问题，能满足顾客的哪些需要。

5. 准备怎样开始和结束推销洽谈。

上述5点，将为推销员提供事实根据，使其做到心中有数，遇事不慌。只有这样，推销员才能树立一个坚定的信念：这次拜访肯定会成功。

（三）正确地介绍自己

在事先没有联系就登门拜访顾客的情况下，推销员应该清楚所找的谈话对象。下面两句话的效果是明显不同的，试比较“请告诉张经理，小王想见他”与“我想找贵公司的采购经理”这两句话。如果推销员知道对方的姓名和职务，能正确地称呼他，会谈的气氛就会大不一样。

推销员要对顾客的秘书或接待员表示友好，同时也要向他表示出自己不达目的誓不罢休的决心。推销员的决心如此之大，秘书或接待员就不好意思再拒绝了。对他们表示友好，可以使他们成为自己的盟友。如果推销员对顾客的秘书或接待员表示尊敬，到时候他们会很好地为推销员服务。相反，如果秘书或接待员看到推销员轻视自己，瞧不起自己，其就有可能会报复，有可能把其对推销员的印象告诉经理。如果秘书或接待员询问推销员要谈什么业务，若用“我只想和张经理亲自谈一下”来回答是不合适的。

推销员要经常使用自己的名片。名片的外观要精致、大方，以引起顾客注意，使顾客产生会见自己的想法。如果名片上有可以写字的空白处，推销员可以在上面附上几句简短的话，作为向顾客介绍所推销产品的提示。这是引起顾客兴趣的一种极好的方法，但却很少有人使用。

（四）当顾客不在办公室时

有时，推销员如约拜访，正赶上顾客临时有事不在办公室，此时最好不要留言说自己再来找他。推销员对顾客的拜访一次又一次地扑空，会影响推销员的声誉，挫伤推销员的积极性，使他丧失信心。要让别人认识到推销员的时间是宝贵的，就必须用实际行动来证明这一点。要弄清楚顾客什么时候在办公室，估计什么时候回来。推销员应该把顾客的秘书争取过来，使其成为自己的“内线”。秘书最了解其公司经理的日程安排，所以推销员可以同其约定一个可以见到经理的时间，如果情况发生变化，可以请其打电话告诉自己。

如果顾客在办公室，却告诉推销员他自己没有时间，推销员应该再次主动找他，应该给他打电话以便商定洽谈的时间。

如果顾客让推销员等一会儿，推销员就等一会儿，如果等的时间太长了，他还不接见，就应该提醒接待员自己仍在等待（一般说来，等待时间不超过20分钟）。顾客一般是不会把推销员忘掉不管的。顾客要是让推销员再等一会儿，推销员就应继续再等一会儿。不可性急，但也不要显出过分的耐心。如果推销员还有其他的约会，最好先赴别的约会，然后再回来。否则，推销员的两个约会都可能落空。

（五）不要在走廊与顾客谈话

如果顾客突然从办公室里走出来，要在走廊和推销员谈话，推销员不应接受这种做法，因为在人来人往的走廊里不利于推销工作的展开。推销员可以向顾客作出某种表示，说明自己不愿在走廊与人谈话。如果顾客让推销员站着介绍业务情况，推销员也不应该表示同意。如果推销员站在那里一言不发，顾客会马上意识到这样做有失礼貌，就会建议推销员到他的办公室进行洽谈。如果顾客不理会推销员的表示,推销员可以向四处张望一下,问顾客附近有没有地方可以坐下来进行洽谈,因为自己手头有一些资料需要让他过目。

如果推销机会不理想,宁可将这次机会放弃,千万不要在毫无希望的情况下稀里糊涂地进行推销。如果顾客确实较忙,推销员可以郑重其事地告诉他,自己的销售建议比较重要,不愿在走廊里介绍所推销的产品,并且可以建议顾客约定下次洽谈的时间,也可以主动地提出下次进行洽谈的具体时间。如果推销员意识到自己的拜访的确妨碍了顾客的工作,而顾客出于礼节又没有直率地向推销员提出来,在这种情况下推销员就不要坚持继续谈下去,相反,推销员应征求顾客的意见,是否下次再来更为合适。

如果推销员认为他推销的产品正是顾客需要的,而且掌握了正确的推销方法,但顾客却不愿意同推销员进行业务洽谈,那么就应该找找原因,检查一下初次见面时给顾客留下的印象如何,自己的举止和外表、衣着等方面是否有问题。推销员个人的外表非常重要,即便是成功的推销员,也会由于口臭、指甲太长、发型怪异、衣服款式及其质量以及其他一些问题而遭到顾客的拒绝。因此,推销人员一定要注意自己的外表。在某些情况下,比方说拜访一些工人、机械师和农场工人时,推销员的装束不要过于职业化。

(六)掌握先机

当推销员已与顾客坐在一起,即将开始业务洽谈时,千万不要谦让,不要让顾客掌握主动,要充分利用时间,别让顾客抢先发言。如果顾客先开口说:“我能帮您什么忙?”那么,整个洽谈就会走调。但也有例外,如果推销员是被顾客请来的,那情况就大不相同了。顾客可能在等待推销员报价,或者等待推销员把看法和观点谈出来,或者可能他已与竞争企业的推销员分别洽谈过。这时推销员的所作所为要表现出自己与竞争对手是有区别的,不妨先让顾客开口,自己不作解释,也不争论,然后再征求顾客的意见,问是否可以向他提几个问题。这样做可以准确地判断出顾客存在的疑问。推销员可以这样对顾客说:“在这样重大的问题上,如果我不更多地了解您的问题,就盲目地提出具体的解决办法,那是错误的。”然后,向顾客提问题。

采用这种方法,会使顾客完全置身于洽谈之中,而每次业务洽谈正是推销的良好时机。

许多推销员认为,在业务洽谈开始时,不应该谈及拜访的真正目的,即推销,而应当首先说上几句客套话,以便造成一种融洽友好的气氛。这种看法有好的一面也有不足的一面。所谓好,是因为融洽的气氛肯定会有利于交易的达成。所谓不足,是因为除了说几句客套话以外,还可以通过其他方式来营造融洽的友好气氛,时间是宝贵的。

在洽谈一开始,采用开门见山的方法来讨论顾客的问题、顾客的需要、顾客的愿望,是进行业务洽谈和营造友好气氛的最好方法。这是拜访顾客的目的,也是进行推销的理由。这样做可以一举三得:节省时间、营造一种友好气氛、开始推销工作。

当然,也有一些例外情况。对一些比较熟悉的顾客、爱交谈的顾客和来自郊区的顾客,可以慢慢聊,逐渐地深入下去。

(七)与决策者打交道

在推销过程中,有时与推销员洽谈的顾客是个无权作出购买决策的人,与这种人进行洽谈会浪费很多时间。然而,这些无职无权的人又极不愿意承认这一事实,认为承认自己无职无权有损于自己的声誉。他们表面上往往显得很欣赏推销员的产品,但实质上不可能与推销员达成交易。如果洽谈了很长一段时间,或者推销员已经对他进行了几次拜访,但还是没有达成交易,那就是说推销员有可能一直与一个无关紧要的人物在打交道。除了这个人以外,推销员还应该和该公司的其他人打交道。这样,推销工作才能有所进展。

有这样一个例子:一名推销员与某公司的采购代理商洽谈了6个月,但一直未能达成交易。推销员感到困惑不解。他怀疑自己是否与一个没有决策权的人在打交道。为了证实自己的怀疑,他给这家公司的总机打了一个匿名电话,询问公司哪一位先生主管采购机器。最后,他从侧面了解到主管采购机器事务的是公司的总工程师,而不是那个同自己打了6个月交道的采购代理商。另外,购买机器的决定有可能要由公司的几个有关人员共同研究作出。很显然,出现这种情况,仅仅与其中一个人打交道是不够的。

一般说,与企业的决策者打交道是比较容易的。这些人一般不会摆出趾高气扬的架势,他们了解的情况比较全面,更重要的是他们有权作出决定。因此,在可能的情况下,要先与企业的决策者打交道。如果他们当中的主管人员让推销员和一个职位身份不及他的人物洽谈,推销员不必感到失望,因为他的介绍很重要,这往往使那位将要与推销员打交道的人对推销员另眼看待。

(八)处理好名义买主与实际买主的关系

在推销过程中,推销人员要正确处理好名义买主与实际买主的关系。不要因为某人无权作出购买决定,就轻易将其抛开。比如,不要因为采购代理商无权作出购买决定,就直接与厂方管理部门打交道。许多推销员多少年来一直遭到冷遇,原因就是他们越过了那些他们认为无权作出购买决定的人,因此得罪了一批人。应该与名义上的买主保持密切联系,征得他们的同意并且同他们一道与真正的买主洽谈业务。

一名与某公司打交道达几年之久的推销员从没有与这个公司达成任何交易。后来,他突然发现,这家公司的组织机构并不严密,公司的另一个人可能对推销员的产品感兴趣。这样,推销员就可以利用他的影响促使公司购买自己的产品。在某些情况下,一家公司各成员的权力会发生某些变化,而这种权力变化也会促使推销工作发生根本变化。

一家公司也可能会雇用一些技术顾问。那么,推销员应当与那些技术顾问交谈。这样,他就可以从多方面接触顾客。特别是在推销员和技术顾问进行合作的情况下,对推销活动更为有利。如果推销员本身也是一名专家,他就更会受到顾客的欢迎,也更有可能与真正的买主或用户打交道。这样的推销员会普遍受到顾客的信赖。

(九)遭到拒绝后绝不气馁

有些推销员在遭到顾客拒绝以后,觉得自尊心受到了伤害,再也不去拜访这些顾客了,这是一种错误的做法。如果推销员不是采用倾力推销的方法向顾客推销产品,即使遭到顾客的拒绝,也应该与其友好地握手告别。经过一段时间以后,推销员还应该去拜访这位顾客,因为在这段时间里,情况可能发生了变化:或许推销员已经改变了推销方法;或许推销员对顾客有了更深的了解。虽然让顾客改变自己的决定是一件非常困难的事,但顾客的拒绝并不是不可改变的。

有这样一个例子:在过去的18个月里,一个皮箱推销员对当地一家最大的百货商店的买主进行了20次拜访,但每次都遭到了拒绝。在第21次拜访时,他与买主做成了一笔大生意。那个买主注意到,推销员每次来访时总是提着同一个旅行箱。这个旅行箱是样品。在过去的18个月里,推销员一直使用这个旅行箱,这给顾客留下了深刻的印象,所以决定购买。

有位推销员送给一位从来没有向他买货的顾客一件小礼品。当那位顾客惊讶地问他为什么送礼品给他的时候,推销员笑着回答:“作为我第25次拜访您的纪念品。”这一举动往往是双方良好关系的开端。推销员为什么不能去拜访一下过去曾经拒绝向自己购货或已经停止向自己买货的客户呢?在一笔交易大功告成、顾客兴趣盎然的情况下,推销员应趁热打铁,这样获得成功的希望更大。

当遭到顾客拒绝,再次拜访顾客的时候,推销人员一定要遵守以下原则:任何时候都不要询问顾客是否改变了原有的看法。大量实践证明,顾客最忌讳这一点。推销员最好从其他方面打开突破口,然后进行业务洽谈。

在某些情况下,当顾客本人提起上次推销员拜访的失败时(而推销员自己无论如何不应主动提起),推销员最好说:“上次之所以没有达成交易,是由于我的推销方法有问题,所以您没有购买。不过,我推销的产品还有许多优点……”

(十)经常拜访顾客

有一位非常优秀的推销员在总结自己的成功经验时,常常认为自己的推销方法与其他人的推销方法并没有多大区别。熟悉他并且和他在一起工作的人认为他成功的秘诀是:“总爱拜访顾客。”只要他发现有达成交易的任何一点可能性,他马上就去拜访顾客。在他的竞争对手还没来得及给顾客写信询问或打电话的时候,他已经到了顾客的所在地,并且与顾客开始了洽谈。他常常是获得推销机会的第一名推销员。如果他的推销努力在一定时间没有产生效果,他就再次登门拜访。他不满足于写信或者打电话,在顾客面前,他从不灰心气馁,他是个乐天派。

这名推销员拜访了许多顾客,每次都是成功的。这是因为他不断学习,不断总结,从不满足于现状。他的同事和竞争对手只是满足于把工作做好,而他总是力求精益求精。当他提出的建议改变了顾客对所需产品的原有看法以后,他会感到特别高兴。另外,他从不把自己的建议强加于人,而是经过适当的讨论后才提出来。通过这些讨论证明他对顾客以及顾客的特殊问题和特别需要是十分了解的。他对顾客以及他们提出的问题的了解程度甚至超过了他们自己。他就是这样建立了与顾客的良好关系。

由于他了解自己的工作,并且与顾客建立起一种非常亲密的联系,所以他能够提出一些有说服力的建议。他提出的建议比其竞争对手的建议更好,所以也就更符合顾客的需要。

不要坐等顾客前来登门拜访自己。如果推销员想得到更多的订单,就必须更多地拜访顾客。很多推销员认为拜访顾客太麻烦,得不偿失;另外一些人虽然认为拜访顾客是重要的,但却没有付出必要的努力并持之以恒,这样的推销员很难成功。

二、推销洽谈技巧

不同的推销员,不同的顾客,不同的推销产品,在面对面的推销洽谈中表现出的特点各不相同。但大量实践证明,在推销过程中,有一些技巧是可以概括出来的。这些技巧对推销员的推销活动非常有用,也可以说是一些规律性的知识。

(一)推销洽谈要言之有物

推销员要明白应该向顾客说些什么,即在向顾客推销产品时,什么话能使顾客产生兴趣,引起顾客的购买欲望。在推销洽谈中,推销人员要确保言之有物,就必须解决以下问题:

第一,是否系统地检查过自己的推销要点。

第二,知道应该向顾客介绍哪些推销要点,以及采用什么方式向顾客介绍这些推销要点。

第三,所推销的产品有多种优点,推销员是用几句话把这些优点概括起来向顾客介绍,还是逐一向顾客进行介绍。

第四,推销员是否把自己的产品同竞争对手的产品加以比较。

第五,顾客是否相信推销员说的话,怎样才能知道顾客相信自己的话。

第六,推销人员最近什么时候听了自己的谈话录音。

第七,在与顾客洽谈业务时,每次谈话的时间是否超过了两分钟。

事实上,只有极少数推销员确切地知道如何同顾客进行洽谈,如何向顾客阐述推销要点,以及哪些推销要点具有说服力,哪些没有说服力。绝大多数推销员都是凭个人的直观感觉进行推销的。不管他们的推销技术如何,剖析一下自己所采用的推销方法是改进推销技术的首要条件,而以上提及的那些问题就是推销人员进行自我剖析的开端。

(二)推销语言要悦耳动听

悦耳动听的推销语言常常能打动顾客,使他们对推销员产生好感,进而产生购买欲望,最终达成交易行为。

推销员可以用录音机把自己的声音录下来,放一遍,听一听,也许会感到吃惊。因为自己的声音比自己想象得可能更软弱无力与含糊不清。为此,推销员有必要制定一个改变嗓音的计划。要注意自己说话的内容和说话的方式,然后把这些与自己要表达的意图和要求比较一下。

有"优美动听"的嗓音是一件好事,但同时也有副作用,有时它可能会起到一种催眠的作用。为了避免后一种情况的出现,推销员在说话时,声音要不时变化,讲究抑扬顿挫,这样听起来就不会使人感到枯燥无味了。所以,推销员进行说话和演说的训练是很有必要的。

要强调每一个推销要点,不要因为经常提及这些要点而感到厌烦。对于顾客来说,这是"第一次表演",是第一次听到这些推销要点,不要使顾客感到失望。成功的推销要点是可以重复的。

(三)正确使用推销语言

美国一家百货商店提出了146条论据,证明购买一种可直接涂在脸上而不起泡沫的刮脸香脂是值得的,同时挂起了一条横幅,上面写道:"您不想节省6分钟的刮脸时间吗?"这个办法果然收到了良好的效果,在短时期内,产品销售量增加了102%。

有一家摄影设备邮寄商店是专门推销暗室设备及放大设备的。他们的一则广告是:"备有我们的产品,显影、放大比照像还容易。"这则广告的效果非常理想。

"使用这种牙膏,一天只需刷牙一次。"借助这则广告的威力,一家生产商的牙膏很快打入了市场。

人寿保险代理商发现,把"假定您明天去世"改为"假定您昨天离开人间"更有利于造成一种融洽的气氛。

饮食店招待员发现,把"您喝点什么?"改成选择问句:"您是先喝鸡尾酒,还是先喝开胃酒?""您吃饭时,是先喝红葡萄酒还是先喝白葡萄酒?"更能招揽顾客,增加酒水的销售量。

许多饭店的招待员认为,用"您是喝点咖啡还是吃点甜点心?"这样的问话使顾客感到难以完全拒绝,而"来点甜点心吧?"和"来一杯咖啡吧?"这样两句问话却达不到那样的效果。

在推销中使用选择问句往往可以增加产品销售量。一位剃须刀片推销员认识到:"您需要多少刀片?"这样的词句是不合适的。效果较好的问话应该是:"您是买两盒还是3盒刀片?"假如顾客根本不想买,这样的选择问句也有可能促使他至少买1盒。

保险代理商发现,说服顾客投保家庭综合险比说服顾客投保单一险容易得多,如,火灾险、夜盗险、偷窃险以及水灾险等等。

"假如您为您自己的孩子买药,您是买最便宜的还是买疗效最好的?您的顾客也有孩子啊。"这是一家医药批发商向零售商们推销高档儿童药膏时使用的推销语言。

上述实例都是从推销实践中收集起来的。推销员应当认真考虑这些实例的实用价值,并在推销工作中灵活应用。

下面是一些典型的销售语言,有助于推销员顺利地开展推销业务。

“您要大包装的还是小包装的？要算经济账的话,大包装要比小包装便宜。”(成药)

“马上订阅,本周可以看到报纸——先看报,后付款。”(报纸)

“买一瓶饮用方便、瓶盖易开的饮料吧！”(饮料)

“成打购买,经济实惠。”(瓷器)

“保证折而不皱,欢迎选购！”(内衣)

“家庭适用。”(洗衣粉)

“至少可用半年。”(文具)

“像您这样的经销商,这样的批量正合适。”(向经销商大量批发)

(四)说话要注意节奏

推销洽谈时,推销员说话要有一定节奏,即要注意语速、语调、停顿以及重点等。大量调查表明:一些所谓的细节问题,如停顿、重点、语调和语速,对于成功的推销都是非常重要的。推销人员在说话停顿时,顾客自然会对停顿前后的内容进行回顾。当推销员需要强调销售谈话的某些重点时,停顿是非常有效的。在提出价格时,不应该在中间停顿。推销员还可以使用加强语气的方法强调某些重要问题。推销员可以通过说话的声音和词语的变化来显示出必胜的信念和决心。这样做要比使用一长串形容词的效果好得多。

在推销工作中,两个推销员的销售谈话完全相同、一字不差的情况是不存在的。不同的推销员有着不同的表达方式。即使推销的产品相同、销售条件相同,推销员的销售谈话也会因人而异,大有区别。假如同一公司的两个推销员的销售谈话全然一样,只字不差,那他们说话的声音也会不一样。如果推销员能通过自己的谈话、自己的态度和自己的表情,表现出自己对推销工作的信心和敬业,那就会给顾客留下深刻的印象。

(五)推销员要能说会道

在推销过程中,推销员能说会道是非常重要的,只有这样,他才能迅速地、有说服力地、流利和简练地表达自己的意思。也只有这样,推销员才能对自己所从事的推销工作充满必胜的信念。

任何一个人,只要经过系统的训练,就一定能够提高表达能力。当然,推销员也可以从演说训练中得到好处。一些无所作为的推销员往往说话太多,他不愿意听取别人的意见。他们是失败的演说家,人们常把这类推销员的演说视为“游说术”。应当让顾客发表自己的意见。只要推销员在业务洽谈中,根据顾客的反应适当作一些停顿,顾客肯定就能利用这一机会,抒发己见,打破沉默。

在与顾客洽谈业务时,不少推销员总爱搞“一言堂”,只有他一个人在那里滔滔不绝地讲个没完,不给顾客发表意见的机会。大量试验表明,许多推销员往往低估了由于谈话而耗费掉的时间。有些推销经理一再坚持，在说话时，应当每隔30秒钟停顿一次，使顾客可以对推销员提出的问题作出回答或者加以评论，也可以利用这一间隙向推销员提出某些问题。为了防止出现“一言堂”，建议推销员在业务洽谈开始时，把手表摘下来放在桌面上，并且向顾客说明自己为什么要这样做。这有利于自己掌握洽谈时间和避免出现“一言堂”的情况，而顾客对推销员的这种做法也会感到满意的。

（六）注意推销谈话的细节

1. 密切注意顾客的反应。在推销洽谈中，要根据顾客是否能理解推销员的谈话，及其对谈话中重要情况的理解程度，来调整自己的说话速度。

在向顾客介绍一些主要推销要点和重要问题时，说话的速度要适当减慢，不要像打机关枪似的，那样很难让顾客认识到问题的重要性。推销员要随时注意顾客的反应。如果顾客感到厌烦，那可能是因为推销员过于详尽地阐述了一些简单易懂的问题，说话啰唆，或者是一句话里表达的意思太多的缘故。如果顾客的注意力不集中或者提出了很多反对意见，这说明推销员的谈话速度可能太快了，让顾客“坐了飞机”，不知道推销员谈到哪里了。

2. 把握细节技巧。推销员应该牢记下列洽谈细节：

(1)把“我认为……”改为“您是否认为……”有助于达成交易。

(2)试比较“您已经了解了很多情况，现在可以下决心了吧?”与“现在，我向您证明……”这两种说法，你会发现第一种说法的效果肯定比第二种说法好。

(3)“我相信您已经认识到……”比“您可能还没有考虑到……”更能赢得顾客。

(4)当经销商听到“您应该多购买一些产品”时往往感到闷闷不乐，而“您只有充分利用这一机会，才能获得更大的利润”这句话却能唤起经销商的购买欲望。

(5)说话过多和推销要点过多也会影响交易的达成。

(6)在业务洽谈中只要强调产品的一两个主要优点就够了，这样比泛泛地罗列产品的十多个优点效果好得多。

(7)向顾客逐一介绍产品的优点，效果要好些；而在一句话里同时介绍产品的几种优点，效果就差些。

(8)说话时要多使用主动语态，不要过多地使用被动语态。

(9)对顾客表现出过分热情，反而会适得其反，影响达成交易。

(10)在推销工作中，不要把推销的产品与竞争对手的产品进行比较。

(11)只有自己的推销要点被顾客所接受，才有助于推销工作的顺利进行。

(12)看上去顾客在认真倾听推销员的谈话，其实则不然。

(13)顾客经常口头上说他们相信这些、相信那些，其实，他们相信的东西远比他们承认的少。

(14)说话的时候适时停顿，其效果要比滔滔不绝的长篇大论好得多。

(15)销售谈话不应该是经过充分准备的演讲或个人独白。

3. 避免使用言之无物的词句。在推销洽谈过程中,推销员要尽量避免使用以下词句:"我还想说……""正像我早些时候说过的……""我想顺便指出……""或者,换句话说……""确实……""事实上……""所以说……""是真的吗?""无论如何……""在不同程度上……""您不同意吗?""您可以相信它……"等等。

在说话时,人们往往下意识地使用上述既不能表达具体内容,又不发挥任何作用的词句。如果推销员已经养成了使用这些词句的不良习惯,那就请别人帮助自己改掉这种习惯。

同时,也要避免一些无意义的问话。在交易中促使顾客额外购买某些产品还是可能的,但与推销员的问话有很大关系。"您还想买些什么吗?"这样的问话是毫无意义的,顾客听了就会不假思索地回答说:"什么也不想买了。"为了促使顾客多购买某些产品,推销员应该向顾客提出某些具体的购买建议,当然这并不需要什么复杂的技巧。向顾客传递一个期待的或询问的目光就是一种无声的语言,甚至推销员不声不响地把某一新产品摆在顾客面前也会诱使他购买。

4. 避免使用以"我"为中心的词句。在推销洽谈中,应当尽量避免使用任何形式的以"我"为中心的词句。下面一些词句就不利于推销员和顾客之间发展正常关系,不利于营造良好的洽谈气氛,不利于进行成功的推销。如"我认为……""我的看法是……""如果我是您的话……""依我看……""我要对您说的是……""我不会这样做……""我的意见是……""考虑一下我所说的话吧"等等。如果可能的话,上述大部分话中的"我"字都应当改为"您"字。

在业务洽谈中,推销员应该注意正确地运用语言这一交流工具。有些词句有利于达成交易,有些词句则毫无帮助。人们把这两种效果截然不同的词句分别称为"推销用语"和"非推销用语"。譬如:"价值"一词要比"价格"一词好;"拥有"比"购买"好;等等。

应该让顾客认识到推销员的推销谈话比较重要,这样才能引起他们的注意。每谈一句话,都要检查一下谈话内容是否为顾客所接受,最好反躬自问这样一个问题:"那又怎样呢?"假如推销员的话恰恰需要这样提问,那就证明推销员说的那句话是烦人的、不重要的,是以"我"为中心的。推销员要修改那句话,直到那句话不再适合这样的提问为止。使用这种办法,推销员才能更有效地检查自己的销售谈话,使之更加完善,更加动听。

5. 缩小与顾客的意见分歧。在推销洽谈开始时,有经验的推销员总是避免讨论一些容易产生分歧的问题,而在业务洽谈即将结束时才把这些问题拿出来讨论,这样双方就能够比较容易地取得一致意见了。在整个洽谈过程中,推销员应不断地向顾客提出问题,但在洽谈开始阶段,可以只采用反问的方法提出问题;在洽谈进行到一定阶段时,才能向顾客提出那些推销员想真正得到答复的问题。

(七)分析与顾客的推销谈话

推销员应该认识到:顾客听推销员谈话的精力和耐心是有限的。若要达成一项交易，推销员应令人信服地、直截了当地提出最有力的推销要点。一般说，在每一次业务洽谈中，最有力的推销要点只有三四个，而不是十个或二十个。下面介绍一种推销分析方法，这种方法包括对下列一些内容的分析：所有可以成立的推销要点；推销员通常使用的推销要点和最合适的推销要点。

通过分析，推销员就会知道怎样组织一次有助于达成交易的推销谈话。这样一来，销售谈话的每一个要点都与推销员在洽谈前、洽谈中和洽谈结束时的想法保持一致。

分析推销谈话有10个具体步骤：

第一步，收集推销要点，把所有适用于产品推销的要点统统列出来。

第二步，在推销要点上做上标记。

第三步，在完成上述工作的基础上，准备一份推销评价表，即对推销要点进行打分评估。推销员可以对每一个推销要点进行评分，比如，从0分到10分。评分标准是：①能促使顾客马上订货的推销要点得10分；②能影响顾客最终作出购买决定的推销要点得9分；③效果较好的推销要点得8分；④效果虽然不太理想，但仍然比较重要的推销要点得7分；⑤仅仅值得使用的推销要点得6分；⑥不重要的或者毫无意义的推销要点可以在0～5分之间打分。

从这一分析中，推销员肯定会发现，只有少数几条推销要点能得较高的分数，而大多数的推销要点的得分均在3分到6分之间。这些分数较低的推销要点一般不宜使用，因为它们没有说服力。另外，推销员还会发现，按照步骤二的要求所列出的那些通常使用的推销要点中，有相当一部分要点的得分不到7分，因此，也应当避免使用。

第四步，对顾客需求的分析。准备一份顾客需求检查表，从顾客的角度来检查一下推销员的推销谈话。把顾客的各种购买动机和要求全部罗列出来，从0分到10分，分别标上分数。最理想的情况是：最重要的推销要点恰好与顾客的购买要求相吻合。

第五步，有说服力的推销要点。依照步骤三和步骤四的要求，对推销要点的评价和对购买要点的评价的结果将反映出它们之间的差异，它会使推销员找到两者之间最适当的联系，并使推销员能够围绕顾客的购买动机来进行自己的销售谈话。但是，顾客并不会对所有的推销要点都感兴趣，他们只是对其中一些对他有用处的要点感兴趣。因此，最有说服力的要点是那些无论从推销的角度还是从顾客的角度来评价都能得高分的要点。

第六步，无说服力的推销要点。在这一步里，主要衡量推销要点中的不利条件。对顾客来说，任何一件产品都有不足之处，这就需要通过产品的某些优点来加以弥补。如果推销员的推销要点得4分，而顾客的购买要点得9分，那么，推销员的要点就得负5分。

第七步，补偿推销要点。为了弥补产品的不足之处，推销员必须找到相应的补偿推销要点。从理论上说，推销员所增补的有利条件至少在数量上要和不足之处相等。这种补偿要点包括:一种是推销员的推销要点的得分高于顾客所希望的;另一种是推销员的要点和顾客所要求的相等,两者都是得分高的。

第八步,竞争性推销。一旦顾客产生了购买欲望,他所需要决定的不是是否购买的问题,而是向谁购买的问题,他会对各个竞争企业的产品进行比较,权衡利弊,决定取舍。如果出现这种情况,推销员有必要针对竞争对手的推销要点,从步骤三开始检查自己的推销要点。从步骤四看,不论是谁的产品,顾客的要求总是一样的。同类竞争产品在许多方面有共同点,但它们之间通常也有不同之处。

不难理解,当推销员的产品和竞争对手的产品具有同一优点时,推销员不应当着重介绍这一优点,因为这样做就会间接地为竞争对手的产品做宣传。推销员越大力宣传,对竞争者的产品帮助就越大。面临这种情况,推销员应当着重向顾客宣传自己推销的产品的独特优点。为达此目的,推销员可以使用一些相对来说得分比较低的推销要点,一些优点尽管本身不太重要,但是因为这些是自己的产品与竞争对手的产品的唯一区别,往往也是可以转守为攻、击败对方的。

一旦出现竞争,成功的推销员往往在这一关键时刻发挥出自己的聪明才智,要在两种基本相同的产品中寻找它们的差异,论证自己产品的独具优点。

第九步、第十步,计算正分和负分。现在,推销员可以小结一下,步骤九用来计算推销员的正分,步骤十用来计算推销员的负分,和竞争对手对比一下,但不能贬低竞争对手。

推销员应根据产品和市场变化的新情况,重新分析自己的销售谈话。也可以根据拜访某一顾客的具体情况来修订自己的销售谈话。这样做将促使推销员具体地设计自己的销售谈话,并使自己进一步了解顾客和顾客的需要。

三、推销洽谈策略

不同的顾客有不同的兴趣与爱好,他们的需求也很不同。但大量研究表明,顾客的反应要比人们想象的有规律得多,而且大部分是可以预料的。

在同顾客接触的过程中,推销员们一次又一次地遇到同样的抵触情绪、同样的反对意见、同样的观点、同样的怀疑、同样的态度和同样的动机。顾客对某些问题的看法是那样的雷同,诸如:“价格太贵了!”“市场上出售的其他同类产品比这更便宜。”“我们晚些时候再买吧!”“总的来说不错,不过对我不太适合。”“这不是我可以决定的。”“我们对现在的供应商感到满意。”“如果我们现在就购买的话,那我们的计划就会被打乱了。”“我到时候再找你吧!”等等。这些问题是推销人员经常遇到的。通过调查会发现,不管在什么地方,顾客的回答基本上没有多大区别。这就是在顾客千差万别的需求中的有规律性的东西。

鉴于此,推销员完全可以在事前做好准备,而且也应该在事前做好准备。卓有成效的推销员正是这样做的。准备工作做得越好,推销工作就越有成效。

推销员应该怎样做准备工作呢?下面是一些有关洽谈策略的建议,推销人员可以根据这些建议制定个人的推销计划。

（一）揣度顾客心理策略

古人云："他人之心，予寸度之。"推销员准备拜访何人，应该静思默想，把自己的思路和注意力都集中在顾客身上。有关顾客的情况可以概括为几个方面，推销员应认真揣度：①顾客需要什么？②顾客在工作方面和个人生活方面有哪些奋斗目标？③哪些因素有利于顾客在工作和个人奋斗方面获得成功？④哪些因素不利于顾客在工作和个人奋斗方面获得成功？⑤顾客在公司中起什么作用？⑥顾客对推销员的态度如何？⑦顾客是怎么样的一个人：是心胸开阔的、小心谨慎的，还是慷慨大方的？是墨守成规的、不守信用的，还是胆大妄为的？

上述基本特点很少受外部因素的影响。掌握了这些因素，推销员就基本上掌握了需要拜访的顾客的情况，做到了心中有数，可以有准备地与顾客进行洽谈。

（二）同情顾客策略

如果推销员能够设身处地地为顾客着想，即完全理解顾客，知道顾客的心里在想些什么，就可以对症下药，使推销洽谈富有成效。

推销员是否真能理解顾客，特别是当顾客表现反常或出人意料的时候，推销员能够想象出顾客在想些什么吗？这就是所说的设身处地为别人着想。在推销洽谈的过程中，推销员要尽量多使用"您"字，尽量少使用"我"字。这样既是尊敬对方，也是设身处地为顾客着想。

（三）寻找共同点策略

顾客需要买什么？我需要什么？怎样才能把这两种需要结合在一起呢？推销员首先应向自己提出这些问题，然后自己回答，这样，才能更好地制定出推销计划。只有制定出计划，推销员才能一步一步，有秩序地进行业务洽谈。

在业务洽谈前，如果推销员经过深思熟虑做好充分的准备，就可以控制洽谈的进度，因势利导，使洽谈按自己的设想进行，而不会被顾客的提问缠住，处于被动状态。

（四）营造友好气氛策略

如果推销员和顾客之间的洽谈是在友好气氛中进行的，达成交易就比较容易。在推销洽谈中，推销员和顾客都应该坦率地、轻松地、无拘无束地各抒己见，并且互相同情、互相信任。推销员在说话时不必过分拘谨小心，不要视顾客为敌手。洽谈室内不应当存在紧张气氛。如果气氛发生变化，就请推销员考虑下面第六条、第七条、第八条策略。

如果推销员想在初次见面时就对顾客产生一定的感染力，就必须设法缩短与顾客之间的感情距离。如果顾客是朋友或熟人，情况则正好相反，即推销员与朋友、熟人之间必须保持一定的距离。人们都知道，要影响自己的家庭成员并不是一件容易的事，他们往往更乐于接受陌生人的意见。因此，如果顾客是朋友或熟人，若想影响他，使其产生购买欲望，推销员就应该与其保持一定距离。

(五)说服顾客策略

要想使推销洽谈成功,仅仅了解顾客是远远不够的,还必须能够影响顾客,使其产生购买欲望。推销员自己的信心、想说服顾客的愿望、流利的语言、事业成功的雄心大志、鲜明的个性特征,以及那种向顾客推销产品是为顾客提供某种服务的信念等,所有这一切都是通过推销员的谈话具体表现出来的。

只有上述这一切都被顾客所理解和接受,才说明推销员的说服工作做到了家,才有可能使顾客产生购买欲望。

(六)观察顾客策略

如果推销员只是一味固执地按事先制定好的计划行事,不密切注意顾客的反应,推销洽谈就有可能进行不下去。因为,客观情况在变化,而计划不变。用不变的计划去适应已变化的实际难免会产生偏差。推销员在洽谈时,要密切观察顾客的体态语言,根据顾客的反应来调整自己的推销方案,小心谨慎地进行洽谈。如果融洽的气氛已不复存在,推销员应该参照下面的第八条策略去处理。

(七)肯定答复策略

请考虑这两句话:"杯子一半是满的"和"杯子一半是空的",从逻辑上来说,这两句话的意思是一样的。但从心理学的角度来看,这两句话之间存在着很大区别。否定论点显然没有肯定论点的效力大。所以,当顾客向推销员提出某种要求,而且推销员只能满足顾客的部分要求时,最好把精力集中在力所能及的方面。推销员应该说:"这是我明天早晨要办的第一件事。"最好不要说:"这件事今天办不了啦。"

如要顾客同意推销员的观点,首先必须用提问式的方法开始洽谈,而不应当采用陈述的方法。其次,要很好地组织自己所涉及的问题,可以重复几遍,用这种方法创造一个机会,促使顾客自然而然地作出肯定回答。

如果顾客首先承认推销员在一个次要问题上是正确的,那么他会承认推销员在第二个问题上也是正确的。然后,他就会在一系列小的方面作出某些让步,小的让步又必然导致大的让步。在这个过程中,反问式提问特别有效。例如,"您想保持您的生意兴隆,是吗?""您想阻止您的竞争对手突然跑在您的前面,对吧?""您需要挖掘老产品的潜力,是不是?""您已经想过使用价格比较便宜的材料,对不对?"

(八)次要目标策略

次要目标就是(目标)既不过低也并不十分理想,能使洽谈不完全落空,推销员能够实现的目标。在实践中,许多推销员常把精力和注意力全部集中在主要目标上,而这些主要目标又常常不为顾客所接受。这种情况一经出现,推销员就觉得失去奋斗目标,不知所措了,随之就会作出一些令人遗憾的妥协,或者一无所获,就会把整个交易葬送掉。因此,推销员在进行业务洽谈准备工作时,有必要采取一些措施。例如,在推销洽谈开始之前,可以自问自答以下问题:①如果达不到自己制定的目标,该怎么办?②还有哪些解决办法?③我能想象出哪些可供选择的解决办法，并把它们列入推销计划向顾客提出来呢？④还有没有次要奋斗目标？

针对上述问题，推销员可以有所准备，确定自己的次要目标，以备应急时使用。次要目标的具体形式多种多样，例如，约定好与顾客下一次的会谈日期、了解该类顾客的心理活动特点、怎样对顾客产生吸引力等。

（九）笑到最后策略

当业务洽谈大获全胜时，推销员也不能认为达成交易已成定局，不能露出得意的样子。因为洽谈成功与达成交易还有一段距离，这其中的许多情况都是变化的。常言道："煮熟的鸭子也会飞"，而成功的洽谈仅是实现交易的"雏鸭"阶段。除非交易已经得到了顾客的确认，否则，推销员就不能高兴得太早。因此，推销员有必要向顾客复述一遍双方达成的协议的全部内容。在重复的过程中，顾客可能会提出一些反对意见。对此，推销员要认真地给予解释，打消顾客的疑虑，最终实现商品销售的目的。

思考题

1. 简述记忆式销售展示的概念。
2. 简述程序式销售展示的概念与内容。
3. 简述满足式销售展示的概念与内容。
4. 什么是解决问题式销售展示？
5. 你认为人寿保险的销售人员在推销产品时应选择哪种销售展示方式并应依据怎样的程序一步一步展开？
6. 简述与顾客洽谈时应注意哪些问题。
7. "当遭到顾客的拒绝时，推销人员就应该立刻放弃，转向下一位顾客，否则就是浪费时间"。判断这种观点正确与否并说明理由。
8. 辨析"推销语言要悦耳动听就是要尽量夸大产品的优点，使顾客产生购买欲望"。
9. 辨析"推销人员要能说会道，就是要求推销人员能够将死的说活，活的说死"。
10. 你认为推销洽谈的细节主要有哪些？
11. 在推销洽谈中，如果推销人员常用以下语句："我认为……""我的看法是……""如果我是你……""我要求你……"等，顾客会产生怎样的心理反应？为什么？
12. "他人之心，予寸度之"，在推销洽谈过程中，应该从哪些方面来揣度顾客的购买心理？
13. 应该如何寻找顾客与推销人员的共同点？试举例说明。

14. 在推销洽谈之初，如果顾客的态度非常冷漠，推销人员怎样才能营造融洽友好的洽谈气氛？（请举出4种以上的方法或途径）

15. 辨析“同情顾客就是从顾客的角度来看待问题，看待推销产品”。

16. 顾客答应购买推销的产品，对推销人员来说，这是否就意味着推销活动的结束？

17. 在产品推销过程中，如果实现产品销售是推销人员的第一目标，那么，第二目标、第三目标应该是什么？

18. 你认为在推销洽谈中，推销人员应从哪些方面来观察顾客的反应？

19. 辨析“肯定顾客就意味着顾客总是对的”。

第十章

推销洽谈中的价格策略

本章重点及学习要求

- 掌握顾客价格心理的主要内容
- 掌握推销的心理价格策略
- 掌握报价的基本原则与技巧
- 掌握讨价还价的实质以及应遵循的原则
- 掌握主要推销让价模式的内容及特征

本章关键词

顾客的价格心理(the price psychology of customers)　基于顾客价值的定价(customer value - based pricing)　高价值定价(good - value pricing)　天天低价(everyday low pricing,EDLP)　高低定价(high - low pricing)　整数价格策略(integer price strategy)　尾数价格策略(tail price strategy)　报价策略(quotation strategy)　让价模式(price mode)

成交价格是推销人员在推销过程中经常遇到的问题,也是推销人员在洽谈中必须解决的难题。许多推销活动,最后的成败往往与成交价格有关。现在,大多数推销人员的收入都与成交价格挂钩。在产品成本既定的情况下,企业经济效益的高低直接与产品的销售价格联系在一起。产品价格低,销售企业就会损失部分利益,但相对于购买产品的企业而言,较低的进价会给企业后期的经营带来较多的获利机会。因此,无论是顾客还是推销人员,在产品交易中,都对成交价格都会给予极大的关注。

第一节　顾客的价格心理

为了在推销洽谈中成功地运用价格策略,推销人员首先应该了解在交易过程中,顾客会有怎样的价格心理以及可能采取的价格策略,以此作为推销人员进行报价、还价、让价决策的依据。

一、顾客的价格价值观念心理

顾客的价格价值观念心理是指顾客以自己的价值观念去衡量产品价格的心理。不同的顾客有不同的购买产品与消费产品的价值观念,以不同的价值观念去看待同一产品的同一报价,必然会产生不同的结果。换句话说,顾客的价格价值观念心理是顾客以自己的价值观为标准来衡量产品报价的一种心理。推销人员在向顾客介绍产品时,如果其推崇的产品的优点与顾客的价值观相一致,其价格就易于为顾客所接受,有时即便是价格偏高一点,顾客也会认为物有所值;相反,产品的主要优点或推销人员强调的产品的特点,与顾客的价值观相违背,即使推销人员的报价是合理的,顾客也会认为"不值得以这个价格购买"。

二、顾客的习惯价格心理

由于消费者长期、多次购买使用某些产品,以及对价格的反复感知,形成了消费者对某些商品价格的习惯心理。这种心理一旦形成,就会直接影响消费者的购买行为。这是因为,在现代市场条件下,由于各种因素的影响,消费者很难对形成商品销售价格的生产成本、经营费用等客观标准了解清楚,只能以逐步形成的价格习惯作为判断所购商品的价格是否合理的评价标准。如果某一商品的报价被消费者认定在合理的范围内,他们就会乐意接受,高于这一范围,他们就会拒绝。

消费者的价格心理一旦形成,往往要稳定并持续一段时间,难以轻易改变。而当商品价格必须变动时,消费者会经历一个打破原有习惯、由不适应到适应的相对艰难的过程。为此,推销人员必须清楚地认识到价格的习惯心理对消费者购买行为的影响。在推销过程中,对那些超出习惯价格的推销产品的报价,要慎而又慎。必须调整价格时,要将调整幅度限定在消费者可以接受的范围内,同时要做好宣传解释工作,使顾客尽快接受并习惯新的价格。

三、顾客的感受价格心理

商品价格的高低虽然具有客观的衡量标准,但它毕竟只是一个相对的概念,因为消费者的判定只能来自于与同类或相关产品的比较之中。因此,商品价格反映在消费者心理上,就具有明显的感受性特征。正是因为这一特征要以比较为基础,所以感受中往往就会出现错觉与偏差,这也是推销人员运用各种心理定价策略的主要依据。

四、顾客的敏感价格心理

一般说来,消费者对某种商品的价格在心理上都具有相对稳定的估计,如果突然提高价格就会使消费者在心理上失去平衡。价格提高的幅度过大,则会使消费者感到紧张和不快,产生明显的反感。在经济学中,衡量消费者价格敏感性的一个最常用的指标是消费者的价格弹性,即消费者对价格变动的反应程度。价格弹性用购买量变化的百分率与价格变化的百分率之比来测量。如果购买量减少的百分率大于价格上升的百分率,则需求是富有弹性的,亦即顾客对此种商品的价格较为敏感;如果购买量减少的百分率小于价格上升的百分率,则需求是缺乏弹性的,顾客对此种商品价格的敏感程度就相对弱一些。显而易见,顾客对推销商品价格的敏感性会因商品种类的不同而呈现出程度上的差异。

五、顾客的价格倾向心理

消费者在缺乏关于某类商品的经验和信息,并且坚信可供选择的商品之间存在着质量差异的条件下,往往具有用商品价格代表商品质量的倾向,这就是顾客的价格倾向心理。从逻辑上讲,商品价格与商品质量之间应当具有非常密切的关系,特别是当可供选择的商品之间的价格差别较大时就更是如此。例如,如果一个消费者认为不同品牌的饮水机有着较大的质量差异,并且对饮水机的产品知识知之甚少,他很可能会认为高价格代表产品质量高,如果价格信息是与某著名品牌联系在一起,则价格与质量之间的联系就更加紧密了。当然,当消费者有更多的商品信息和经验可供参考时,价格的质量指向性倾向就会大打折扣。

六、顾客的价格意识比拟心理

推销产品的价格不仅体现产品的价值,在某些消费者的自我意识中还具有体现个人社会、经济地位高低的象征作用。这就是说,消费者在购买商品的过程中,会通过联想与想象等心理活动,把商品价格的高低与个人的偏好、情趣、个性等心理特征联系起来,有意或无意地进行价格比拟,以满足个人的某种社会性需要。

顾客的价格意识比拟主要有以下几种形式。

(一)社会经济地位比拟

有些顾客只购买高档、名牌商品,以显示自己的社会地位和经济地位,并获得心理上的满足。对于这类顾客,如果推销人员推销的是一种高档商品,最好是"一口价",绝对不要与顾客进行讨价还价。

(二)生活情趣比拟

有些消费者既缺乏音乐素养,又没有特殊的生活兴趣,却购置高档音响设备,就是为了给别人留下"生活情趣高雅"的印象,获得心理上的平衡。

消费者的这种价格比拟意识,与消费者自身的价值观、生活态度和偏好情趣等心理特征有着直接的联系。因而,它的表现形式往往因人而异,千差万别。但是,只要这种心理机制作用于消费者,就会使消费者忽略推销商品的价格与价值、品质之间的关系,而过多地注重价格的社会象征意义,试图通过价格选择来满足自身的社会性需要。对此,推销人员在向顾客介绍商品时,要突出商品的社会象征性,以满足顾客的社会心理需求。

七、顾客的价格预期心理

顾客的价格预期心理是指顾客对某种商品的价格在未来一段时期的变化趋势作出预测后产生的心理活动。在市场经济中,供求双方在产品数量与结构方面"结清"是暂时的,供求不平衡则是长期存在的,由供求之间的变化引起价格变化则是经常性的。处于开放的社会环境中的消费者,从自身的利益出发,通常会根据自身的经验和多种信息对某种商品的价格趋势作出预测,并依此进行购买决策。一般来讲,顾客会产生两种不同的价格预期心理。

(一)紧张的价格预期心理

紧张的价格预期心理是指顾客在商品价格上涨时,由于害怕价格再涨而产生的一种紧张心理。这种紧张心理会使顾客在商品价格再度上涨的情况下,迫不及待地加入到抢购的队伍中。

(二)等待的价格预期心理

等待的价格预期心理是指顾客在商品降价时,等待价格再次下降的心理。理论上讲,商品降价应该是消费者购买该商品的最好时机,但是消费者通常认为价格还会进一步下降,往往会持币待购,即使顾客现在需要购买某种商品,也会向推销人员提出降价要求或补偿保证。2001 年 6 月,我国轿车行业中的夏利、富康、奥拓等品牌轿车纷纷降价,其中夏利轿车最高降价额达 15 000 元,但在随后的几个月内,上述轿车的销售量并没有明显增加。在中国即将加入"世界贸易组织"的大环境下,2001 年 7 月、8 月的酷热难以温暖北京冷清的轿车市场,对于此次国产轿车大降价,消费者表现出了少有的冷漠与理性,我国轿车生产企业的寒冬提前来临了! 这种买涨不买落的消费心理,就是典型的顾客价格预期心理。

第二节　推销的心理价格策略

推销的心理价格策略就是在产品推销过程中,根据消费者的心理特点,为迎合消费者的某些心理需要而采取的定价策略。为推销产品制定合理的价格,是推销人员顺利展开推销活动的前提。

在制定推销产品的价格时,企业通常要考虑成本、需求和竞争三种因素。但是一种商品价格的推出,只有获得了目标市场上消费者的认可,才能称为成功的定价。因此,企业在制定产品的推销价格时,必须研究消费者的购买行为,发现制定价格的心理依据,以便制定出企业满意、消费者接受的最佳价格,为推销活动的顺利展开奠定基础。常见的心理价格策略主要有以下几种。

一、整数和尾数价格策略

整数和尾数价格策略是典型的心理定价策略,该策略是运用消费者对价格的感觉、知觉的不同,而制定出的能够刺激他们购买欲望的价格。

(一)整数价格策略

整数价格策略是指企业对所经营的名、特、优商品和高档商品的销售价格定在整数上的一种定价策略,即将商品的销售价格凑成整十、整百、整千,不要留有零头尾数。这种做法可以使消费者产生高层次消费的感觉,从而满足消费者炫耀心理和自尊心理的需要。

(二)尾数价格策略

尾数价格策略是指企业对其所经营的中低档商品和居民日常生活用品,将销售价格采用零头标价的一种策略,例如 9.98 元,而非 10 元。实践证明,消费者更乐意接受尾数价格,他们认为整数价格是一种大概价格,不十分准确,而尾数价格会给人以精确感和信任感。

尾数定价策略应用十分广泛。在美国,5 美元以下的商品,习惯以 9 为尾数;5 美元以上的商品,习惯以 95 为尾数。日本的家用电器,习惯以 50,80,90 日元为尾数。我国的许多商品常以 8,88,98 为尾数。尾数定价法对消费者产生的心理效果如下:①可以使消费者产生物美价廉的心理感受;②可以使消费者相信推销人员在科学、认真地定价,制定出的价格是合理的,有根据的;③使消费者产生一种数字寓意吉祥的感受。

二、声望价格策略

声望价格策略是指企业为满足消费者追逐名牌商品的心理需要,利用商品在消费者心目中的良好声望,把销售价格定得高于同类普通商品的一种策略。

采用声望价格策略的产品必须是高知名度、高美誉度的名优产品,因为消费者购买这类产品不仅仅是为了消费,而是为了显示其所处的社会经济地位。一般商品不易采用这种定价策略,否则会招致消费者的反感,给推销活动造成难以逾越的障碍。

推销人员在采用声望价格策略时,要处理好高知名度、高美誉度的名优产品与普通产品之间的差价幅度,使其差价幅度在消费者认可的范围内。另外,还要注意保持和提高名优产品的质量,加强售后服务,使消费者产生"高价格 = 高质量的产品 + 高质量的服务"的感觉,以巩固该类商品在消费者心目中的地位。

三、招徕价格策略

招徕价格策略是指推销人员在向顾客同时推销两种以上的商品时,按照对顾客有刺激性的价格水平,有意地把一种或几种商品的价格压得很低,以吸引顾客购买的价格策略。

采用招徕价格策略的商品就是我们经常所说的特价商品,它应该是能够对消费者产生吸引力的商品。有吸引力的商品再加上有吸引力的价格,一定会促使消费者产生较强的购买冲动,当消费者决定购买时,通常情况下会产生"由此及彼"效应,会带动其他商品的销售。

推销人员在采用招徕价格策略时,要注意压价的幅度,压价的幅度要足以使消费者动心,但又不能太低,否则就会使消费者对推销商品的质量产生怀疑。

四、习惯价格策略

有些商品的价格长期以来涨幅不大,形成某种程度的固定性,消费者对此已经习以为常,这种价格被称为"习惯价格"。这些商品主要是居民日常生活离不开的生活必需品,顾客长期购买,经常使用,所以对其价格非常熟悉,稍有变动就会察觉出来。在推销的过程中,如果推销价格高于习惯价格,则容易使消费者需求转向其他品牌;低于习惯价格又容易使消费者对产品质量产生怀疑,影响其购买行为。

对待习惯价格,推销人员应力求保持价格的稳定,避免由于价格波动而对需求造成的影响。由于某种原因,必须调整价格时,推销人员可采用三种做法:一是采用换包装或品牌的方法,克服消费者的习惯价格心理而对新价格产生的抵触情绪;二是减少商品原有的重量或数量,有些商品不宜直接提价,就可以采用减少重量和数量的方法,以达到变相涨价的目的;三是用较便宜的原材料代替单位价值较高的原材料。这种方法是价值工程理论的灵活运用,在不影响商品原有使用价值的前提下,企业要积极寻找一些单位价值较低的原材料,以降低生产成本,为产品赢得低成本的竞争优势。

五、折让价格策略

折让价格策略是指在特定条件下,为鼓励消费者多购买,将推销商品以低于原定价格的价格出售给顾客。运用这种策略时,消费者也许会对推销商品的质量产生怀疑,推销人员在介绍商品时要向顾客解释清楚:价格折让是公司实施的一种促进销售的策略,商品质量绝对没有问题。

常见的价格折让主要有以下几种形式:

第一,数量折让价格。根据消费者一次或累计购买商品的数量或金额,在销售价格方面给予一定幅度的优惠。

第二,季节折让价格。为鼓励消费者在销售淡季购买产品而给予的价格优惠。

第三,新产品推广折让价格。这是为了打开新产品的销路,鼓励消费者积极购买新产品而实施的价格优惠策略。

六、撇脂定价策略

撇脂定价策略是指在新产品进入市场的初期,利用消费者的"猎奇"心理,高价投放商品,以期快速收回投资,然后再根据市场销售情况适当降低售价的一种定价策略。

采用撇脂定价策略的好处是:①能够快速收回生产投资,为企业赚取一定利润;②高售价可以提升新产品的品牌资产,塑造其优质产品的形象;③扩大了价格调整的回旋余地,增强了企业的盈利能力。

这种策略也存在一定的不足:在一定程度上损害了消费者的利益;在产品(或品牌)未被市场认可之前,高昂的售价不利于开拓市场;高昂的价格会为企业带来丰厚的利润,丰厚的利润会诱使竞争对手迅速进入,从而加剧竞争,最终迫使企业降低产品价格。

第三节 推销洽谈中的报价策略

在产品推销的价格洽谈中,大多数情况都是推销人员首先报价,然后再与顾客讨价还价,最终达成交易价格,签订产品买卖合同。因此,推销人员应该掌握并运用一定的报价策略,使企业、顾客和自身利益都得到兼顾。

一、报价的前提条件

顾客剩余理论认为:任何顾客在购买一定商品时,根据已掌握的信息资料,心中已形成了一个可接受的预期价格,这种预期价格与商品的实际价格之差就是顾客剩余。其计算公式为:

$$顾客剩余 = 商品的预期价格 - 商品的实际价格$$

顾客剩余越多,消费者的购物情趣越高,就越容易达成交易。消费者对商品的预期价格,则是推销人员需要根据市场调查与预测了解的。推销人员要根据市场上同类商品的供求状况及价格水平来推测顾客已形成的预期价格,这就是推销人员报价的基础。报价策略是推销人员根据以往和现在收集、掌握的,来自各种渠道的商业情报和市场信息,在对其进行比较、分析、判断和预测的基础上加以制定的。因此,掌握行情是报价的基础。市场行情是处在经常不断地变化之中的,这些变化会通过价格的波动表现出来,而价格的波动又会影响市场的波动。因此,推销人员在搜集、积累有关信息、情报和资料的基础上,还必须注意分析、预测市场动向,研究有关商品的市场供求关系及其价格波动状况,这是报价的前提条件。

顾客剩余中的商品实际价格则是交易双方讨价还价的结果。

显而易见,作为卖方的推销人员,总是希望所推销的商品能卖一个好价钱,商品价格当然越高越好;作为买方的顾客(或客户),则希望买进的商品价格越低越好。但是,无论是卖方还是买方,推销人员的报价只有在被顾客接受的情况下才有可能达成交易,因此,价格的确立并不是买卖任何一方一厢情愿的事情。另外,价格水平的高低,要受供求和竞争情况以及谈判对手状况等多种因素的制约。所以,推销人员在向顾客报价时,不仅要考虑按报价所能获得的利益,还要考虑该报价被顾客接受的可能性,即报价成功的概率。要取得报价的成功,就要通过反复比较和权衡,设法找到报价者所得利益与该报价被接受的成功率之间的最佳结合点,即最理想最合适的报价。

二、报价时应遵循的原则与技巧

在商品推销的报价—还价过程中,一般是由推销人员报价,顾客还价,经过买卖双方多次较量后,才能确定成交价格。

报价可能由推销人员提出,也可能由顾客提出。其技巧是:从推销人员来说,一般的报价是最高的可行价。从顾客来说,一般是最低的可行价。但是,从习惯上说,推销人员的报价则是顾客极为关注的。

推销人员的报价为什么往往是最高的?其原因是:

首先,报价给推销人员的要价定了一个最高的限度。一经确定就不好再提出更高的要价了。顾客也不会接受比此更高的价格。

其次,报价又是顾客对推销产品的印象和评价,即该产品值不值这个"价钱"。

再次,报价若高一些,则为以后的还价留有余地,推销人员就有了一个进行交易的"筹码"。

最后,报价往往对成交的价格水平具有实质性的影响。

因此,推销人员认为,要价越高,目标越高,可能获得的利益就越多。有人通过实践认为,倘若推销人员喊价较高,往往以较高的价格水平成交。要价高得出乎意料的推销人员,在推销洽谈不至于破裂的情况下,倘若坚持到底,有时往往会有理想的结果。

综上所述,报价报得高,是合乎情理的,是能够讲得通的。问题在于:不能漫天要价,信口开河,随心所欲。任何一个报价,必须讲出道理来,说出个"所以然"来!如果讲不出更多的理由,则会有损于整个推销洽谈过程,反而会使顾客认为你是在欺骗与掠夺。如果顾客据理质问,推销人员将无言以对,会使自己陷于被动,破坏了相互信任的交易基础,结果可能导致产品推销的失败。

据上所述,推销人员在产品价格策略中,有一个常用策略,称为"喊价要高"的策略。这种策略就是推销人员要价要高,让步要慢。如果采用这个策略,推销人员一开始就能动摇顾客的信心,并且还可以乘机摸清顾客的实力与立场。然而,作为买主的顾客,出价则要低。但是,不论是要价还是回价,出价还是讨价,务必要求合理,不要轻率失去了整个交易。在推销洽谈过程中,推销人员如果能够灵活运用这一价格策略，并争取商榷的机会，则会取得丰硕的收获。

在推销人员报价阶段，值得注意的另一个问题是：最高价的确定必须仔细研究顾客的交易方式和态度，并区别对待。

第一，如果顾客过分追求自己的利益，从一开始就向推销人员施加压力和影响，那么推销人员必须树立信心，以高价向他们施加一定的压力。

第二，如果与顾客进行推销洽谈的不只有我方一家，而是竞争对手较多，那么，则只需把价格定到至少能够引起顾客注意的地步，使之有一定的吸引力，并能维持推销洽谈。

第三，如果顾客一贯与推销人员友好，则报价要稳妥，一般不宜太高。

推销人员在报价时还应注意：报价要明确，没有保留，毫不犹豫，提出报价也不必去作说明。其原因是：顾客对推销人员的报价，通常不会立刻就接受，必然要进行反问。如果推销人员报价后，马上加以说明，反而使顾客意识到，“啊！原来你们关心的是这些问题。”

因此，在推销洽谈时，报价有三条原则，即坚定、清楚、不加解释和说明。

在推销洽谈中，究竟谁先报价？是由推销人员，还是由顾客来报价。这个问题在实践中一直有争论。但不论怎样，都离不开具体分析。

推销人员先报价的有利方面是：先报价的影响大。如果推销人员先报价，实际上为价格洽谈定下了框框，最终的交易价格也将会在此范围内达成。因此，先报价比后报价的影响要大，力度要大。

推销人员先报价的弊病是：顾客听到推销人员的报价后可能对自己预期要价进行调整。由于对推销人员的价格起点已有所了解，他们可以及时修改自己的还价。

因此，究竟谁先报价，则要具体问题具体分析。如果洽谈气氛很激烈，推销人员不妨先报价，以争取主动。如果洽谈气氛很融洽，双方相互信任，则可以相机而行，见机行事。

如果顾客是老客户，双方已经建立了长期友好的合作关系，那么，“谁先报价”已无关紧要了。而且，在商榷买卖合同的各项条款时，也不必逐项议定。因为，以往的常规做法早已得到了双方的确认。因此，需要洽谈的只是少数几个交易条件。

三、报价时的策略运用

制定产品价格政策，并不是推销员职权范围之内的事。但是，由于推销员长期接触顾客，对顾客比较了解，因此，有资格提出一些有利于制定产品价格政策的建议。推销员可以灵活掌握价格，使用“打折扣”的优惠方式，以鼓励顾客经常大量订货，增加销售量。

作为推销员，应想办法把顾客的注意力引向产品的相对价格，使他们不要过多地考虑产品的实际价格。推销员的报价要尽可能体现产品的使用价值，强调产品的性能、特点、实用性和先进性，使顾客了解购买产品后能得到哪些效用，从而认为购买推销产品实用价值是高的,相对价格是低的。也就是说,产品越能满足顾客的某些主要需要,顾客就越觉得这种产品价格便宜。

货款交付方式也会影响顾客对价格的看法。例如,赊购、分期付款、支票、有价证券等一些非现金付款方式,比用现金付款更能刺激顾客的购买欲望。

顾客迫切需要的产品要注意交货期。顾客出于急需而购买产品,推销人员要确保能够按时交货,顾客一般不会过分计较成交价格。

第四节　讨价还价的本质和原则

一、讨价还价的本质

推销人员与顾客之间的关系如果非常融洽,在推销人员报价后,双方就可能很快达成协议。但在多数情况下,顾客不会无条件接受推销人员的报价,他们会努力压低价格,与推销人员讨价还价,尽量争取有利于自己的交易条件。买卖双方在讨价还价中利益本质可以用图 10－1 来表示。

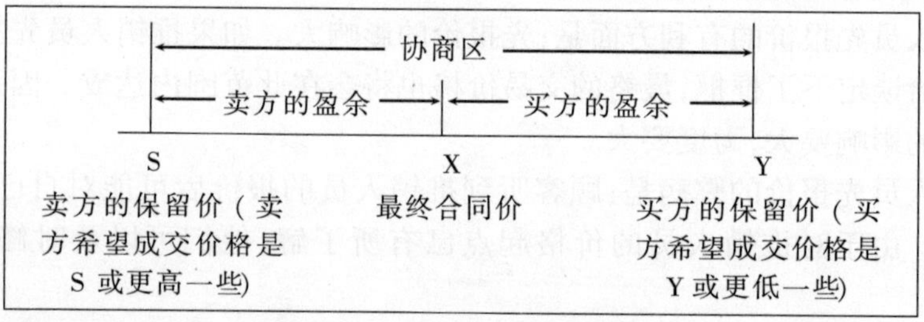

图 10–1　讨价还价中的协商区

在双方的价格洽谈中,各自都在私下里确定了一个可以接受的价格限度:卖方有一个保留价(假设为 S),这是他可以接受的最低的产品出售价格。合同的最终价格假设为 X,如果 $X<S$,对推销人员来说这是难以接受的;如果 $X>S$,那么卖方可以获得一定的盈余。很显然,卖方当然希望盈余越大越好,同时又能与买方保持良好的关系。同样,买方也有一个保留价 Y,即他愿意支付的最高价格,如果 $X>Y$,对顾客(买方)来说则是难以接受的,如果 $X<Y$,那么买方就可以盈余。如果卖方的保留价低于买方的保留价,即 $S<Y$,那么就存在一个协商区,并且最后的交易价格将通过讨价还价来决定。

了解或大概估计出另一方的保留价,卖方把自己的保留价定得比实际数高一些,或买方把自己的保留价定得比实际数低一些,显然是有好处的。然而,买卖双方对保留价透露的程度,他们是运用保留价或者故意运用真真假假的策略,这些都要视讨价还价者的个性、洽谈的环境以及对未来关系的期望而定。

二、讨价还价时应遵循的原则

在讨价还价过程中，不论是推销人员还是顾客都应该坚持一定的原则。这些原则可以概括为以下几点。

（一）将洽谈者与洽谈的问题分开

因为是推销人员与顾客在进行面对面的讨价还价，而不是产品，所以很容易将感情与正在洽谈中的问题的客观是非纠缠在一起。根据洽谈者的个性而不是以洽谈双方的利益去设计谈判问题，可能会使该项推销洽谈毫无成效。如果将洽谈当作对对方意愿的检验，而不是把它当作共同解决问题的活动，这种洽谈也就失去了意义。

首先，将洽谈者与被讨论的问题分开，要准确地理解对方的意图。买卖双方都应当设身处地去理解、支持对方的观点及证据，并设法体会对方提出这一问题的感情程度。

其次，需要对洽谈中掺杂进去或流露出来的感情成分明确地指出，并将其视为是合理的。公开讨论双方的感情因素而不对对方的感情因素采取还击的做法，有助于防止洽谈陷入毫无成效的相互指责。

最后，需要买卖双方之间必须有真正的信息沟通。主动听取对方的发言，并且有所反应，相互沟通对问题的看法，而不是相互指责对方的缺点，直截了当地谈及利害关系所在，将会改善和得到一个满意解决问题的机会。

（二）将洽谈集中在利益上而不是立场上

立场与利益的区别在于：一个人的立场是其进行决策的依据，而一个人的利益则是促使其采取某种立场的基础。因此，在每一个利害关系的问题上，通常可能有好几种立场可以满足利益的需要，在利害和利益关系问题上进行调和，常会收到更好的效果。

（三）创造对双方都有利的交易条件

创造对买卖双方都有利的交易条件，就是设法找到一个更大的馅饼，而不是争论切开的馅饼每一块有多大。确立这样的条件需要洽谈双方想出许多种选择方案，然后才能判断哪个方案最为适用。寻求对买卖双方都有利的选择方案，有利于营造良好的讨价还价的气氛，也有助于买卖双方找到共同利益所在。

（四）坚持客观标准

如果持反对意见的洽谈者不愿妥协，并且坚持认为自己的立场并不是从自身利益出发，那么，最好的策略就是在买卖合同中必须坚持体现不受哪一方单方面立场左右的客观标准。这有助于原则问题获得解决，靠施加压力则无法解决。买卖双方应一起讨论交易中所涉及的问题的客观标准，而不应固执地坚持自己的立场，甚至任何一方都不向对方让步。这种客观标准可以是市场行情、竞争者的价格等。

三、顾客讨价还价的动机

作为产品卖方的推销员，要想在讨价还价中获胜，除了应掌握一定原则以外，还应该了解顾客的真正动机，这样才能有针对性地作出相应的让价策略。

根据调查，在推销洽谈中顾客讨价还价的动机主要有：①想买到更便宜的商品，以获得实惠；②想通过讨价还价来击败推销员，以显示自己的精明；③将推销员的让步视为提高自己身份的象征；④想通过讨价还价来证实自己相信推销人员一定会在价格方面作出让步的看法；⑤想以更低的价格购买商品，旨在向认识的、已购买该商品的相关群体展示自己讨价还价的能力；⑥对推销商品完全不了解，想通过讨价还价来掩饰自己的无知；⑦并不想购买，是通过不合理的低价来拒绝推销员。

第五节　推销人员的让价模式

在推销洽谈中，当推销人员报出一个产品售价之后，顾客可能会说：“这个价格太高了，你把刀磨得太快了！”然后肯定会要求推销人员给予一定幅度的让价。那么推销人员应该如何实施让价步骤，以便尽快地、圆满地与顾客达成交易呢？根据大量的推销实践，可以将推销人员在推销活动中的让价策略概括为九种模式（假定在讨价还价中，要经过四次让价才能达成让双方都满意的成交价格），每一种模式都有其独具的特色。

一、正拐式让价模式

这是一种推销人员态度坚定的洽谈让价模式。在与顾客进行洽谈的初期，对于推销商品的报价，推销人员态度坚决，绝不让价，使顾客认为推销人员妥协的可能性很小，并且不抱有通过洽谈获利的希望，但到了达成交易的关键时候，推销人员一次性地让价到位，会使顾客惊喜异常，加速达成交易。具体形态见图 10 – 2 所示。

（一）正拐式让价模式的特点

1. 正拐式让价模式具有以下优点：

（1）推销人员在价格洽谈之初，报价态度坚定，寸利不让，使顾客意识到遇到了一个难以对付的谈判对手。如果顾客没有更强的毅力与持久的耐心，在推销人员坚定、果断的气势下，最终会接受推销人员的报价，会为推销人员带来丰厚的收益。

（2）推销人员在坚持数次不让价之后，关键时候的一次较大幅度地让价会使顾客惊喜异常，会产生珍惜、感激之情，为达成交易创造了条件。

（3）要么不让价，要么大幅度地让价，会使顾客觉得推销人员豪爽、大气，进而对推销人员产生好感，为以后的交易奠定了基础。

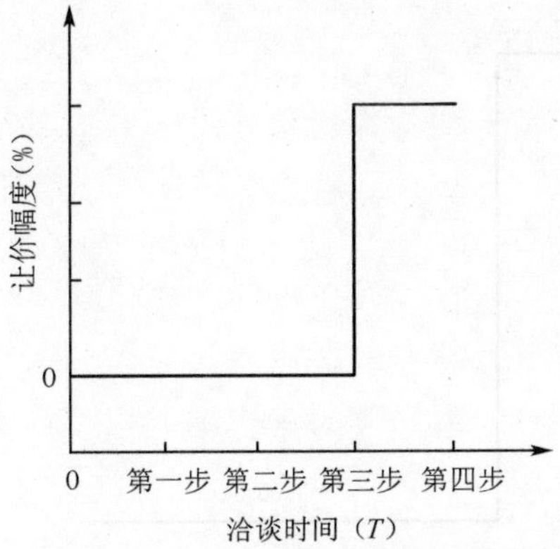

图 10－2　正拐式让价模式

2. 正拐式让价模式具有以下缺点：

(1)在价格洽谈之初，推销人员口气坚定，丝毫没有妥协的余地，会使顾客觉得推销人员态度生硬、冷漠，不近人情，缺乏达成交易的诚意，从而不愿继续洽谈下去，有可能过早地结束洽谈，因此，使推销洽谈过早夭折的风险较大。

(2)如果顾客是个洽谈高手，前几次提出的让价都是试探性的，最后一次幅度较大的让价要求才是他的真实意图，而推销人员恰好答应了顾客的要求，那么，顾客就会认为交易价格还有较大的协商余地，于是就提出了更高的让价要求，但此时推销人员已无利可让，这将导致推销洽谈陷入尴尬、僵持的局面。

(二)正拐式让价模式的适用范围

正拐式让价模式适用于当推销人员为产品推销所花费的精力、时间、交易数量不大，因而宁愿承担失去顾客的风险而不愿违背自己一贯的推销风格的推销洽谈。

二、反拐式让价模式

反拐式让价模式是一种诚恳的洽谈让价模式。推销人员在与顾客讨价还价的一开始，就让出全部可让的利益，以后无论顾客如何要求，也绝不再作让步。具体形态见图 10－3 所示。

(一)反拐式让价模式的特点

1. 反拐式让价模式具有以下优点：

(1)在价格洽谈之初就让出全部可让利润，可以充分地表现出推销人员对达成交易的诚意，迫使顾客尽快进入实质性的价格商谈阶段，同时也为推销人员赢得了洽谈的主动权，使洽谈按照自己的预订计划有步骤地进行。

(2)价格洽谈一开始就大步让利，会使顾客觉得推销人员爽快、坦诚，能给顾客留下非常好的印象，为以后的长期合作奠定良好的基础。

2. 反拐式让价模式具有以下缺点：

(1)洽谈之初就让出全部可让利润，容易使顾客产生极高的期望值。顾客认

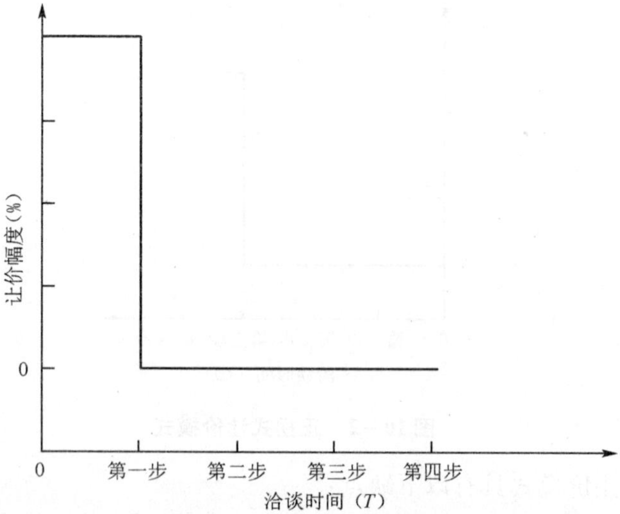

图 10－3　反拐式让价模式

为,一开始就让利如此之多,以后可还价的余地肯定很大,即使推销员不再让价,顾客也会穷追不舍。

(2)会使顾客产生推销人员软弱可欺的错觉。洽谈之初,稍以施加压力,推销人员就大幅度让价,老练的顾客就会认为推销人员幼稚可欺,以后就会变本加厉地提出更高的要求。当推销人员无利可让时,价格洽谈就会陷入僵局。

(二)反拐式让价模式的适用范围

反拐式让价模式适用于以下几种情况:

1. 被动式推销洽谈。当市场上同类产品明显地供过于求时,顾客主动要求推销人员进行价格洽谈,推销人员处于被动地位,洽谈一开始,推销人员就亮出底牌,顾客如果能够接受就可以很快达成交易。

2. 产品推销一方处于劣势时。推销人员可以在洽谈一开始就让出全部可让利润,用实际行动表示洽谈的诚意,从而打动顾客,使其坐下来一起协商有关交易问题。

3. 买卖双方非常熟悉。洽谈一直是在友好的气氛中进行的,由于买卖双方彼此都非常了解,洽谈之初,推销人员主动地、大幅度地让利,既可以表达自己的诚意,又可以提高达成交易的速度,也能为以后的交易创造良好的条件。

三、阶梯式让价模式

阶梯式让价模式是一种每次让价的幅度都相同,平均多次让出全部利润的让价模式。它的特点是推销人员在让价时谨慎小心,让价的步子稳健有节。具体形态见图 10－4 所示。

(一)阶梯式让价模式的特点

1. 阶梯式让价模式具有以下优点:

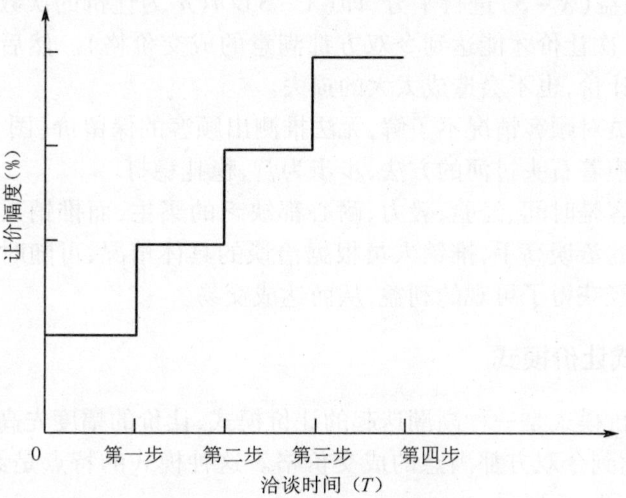

图 10－4 阶梯式让价模式

(1)这种让价模式符合步步为营、稳健妥协的原则。推销人员在价格洽谈中让价的步子平稳，不急不躁，无论面对多大压力，都按照既定计划有步骤地让价，每次让价的幅度都很小并且相同，充分体现了推销人员的精明与智慧。

(2)可随时在双方都满意的价格水平上达成交易。由于每次顾客提出的让价要求都得到了答复和回应，这就给了顾客多次达成交易的机会，使价格洽谈多次处于高潮的状态下，每一次让价所形成的高潮都是一次可能达成交易的机会。

(3)由于每次让价幅度都不大，不会使顾客获利较多，也不会使自己处于被动地位。

(4)如果推销人员的时间紧迫，性情急躁，没有足够的耐心与毅力，这种让价模式可以使推销人员在讨价还价中掌握主动，有足够的时间来磨砺自己的性格，使自己掌握一定的推销技巧与策略，最终达成对自己有利的交易条件。

2. 阶梯式让价模式具有以下缺点：

(1)每次让价都使顾客获得一定的利益，会使顾客认为：只要坚持下去就能够获得更大的利益。因而顾客会不断地提出让价要求，这就延长了价格洽谈的时间。

(2)由于每次让价的幅度都很小，对顾客难以形成较强烈的刺激，洽谈持续的时间越长，顾客失望的心情会越重，最终极有可能达不成交易。

(3)由于每次让价的幅度都很小，由此要求多次的让价才能达到双方都满意的价格，这需要花费大量的时间和精力。如果顾客没有足够的毅力和耐心，就会在半途中结束洽谈。

（二）阶梯式让价模式的适用范围

阶梯式让价模式适用于以下几种情况：

1. 推销员是一名新手，基本上没有价格洽谈的经验。为了谨慎从事，推销人员事先将估计出的最终合同价（图 10－1 中的 X 值）与自己的保留价（图 10－1 中的

S 值)之间的利益($X-S$)进行平分,即($X-S$)/n(n 为让价的次数,在一般情况下 $n=4$,即通过 4 次让价才能达到令双方都满意的成交价格)。然后,即便是承受不了压力而作出让价,也不会造成太大的损失。

2. 推销人员对顾客情况不了解,无法推测出顾客的保留价(图 10-1 中的 Y)。可以采取这种摸着石头过河的方法,步步为营,稳扎稳打。

3. 如果顾客是时间、经验、毅力、耐心都缺乏的买主,而推销人员是经验丰富、善于及时总结的洽谈高手,推销人员根据洽谈的具体情况,可随时决定让利幅度,让顾客认为已经获得了可观的利益,从而达成交易。

四、山峰式让价模式

山峰式让价模式是一种高潮迭起的让价模式,让价的幅度先高后低,然后再逐步拔高,最终达到令双方都满意的成交价格。这种模式的特点是灵活、富于变化。具体形态见图 10-5 所示。

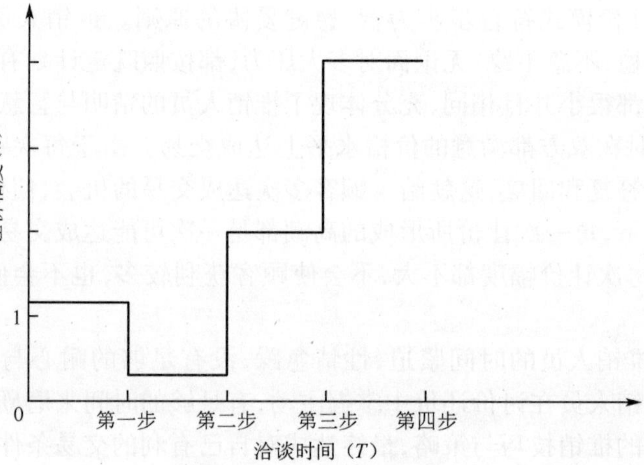

图 10-5　山峰式让价模式

(一)山峰式让价模式的特点

1. 山峰式让价模式具有以下优点:

(1)价格洽谈一开始,推销人员向顾客的让价幅度适中,表现出了较大的诚意和达成交易的积极性,同时也给顾客传递了一个有一定利益可供争取的交易信息,促使价格洽谈顺利地进行下去。

(2)高潮迭起,成交机会较多。推销人员在价格洽谈一开始,就以较大幅度向对方让价,然后再缓慢让价,使顾客产生洽谈已接近尾声的紧迫感与压力,然后推销人员又大幅度让价,会使顾客认为推销人员已作了最大的让价努力,顾客常常在这一时刻产生达成交易的愿望与决定;最后一次大幅度地让价,也常常使顾客大喜过望,促使他们快速作出购买决策。

(3)比较灵活。推销人员可以根据顾客以及洽谈的进展情况决定让价的幅度。这种让价模式应变能力强,是推销人员常用的一种讨价还价方法。

2. 山峰式让价模式具有以下缺点:

(1)让价幅度没有定量标准,尤其是洽谈后期,让价幅度越来越大,会使顾客得寸进尺,胃口越来越大。

(2)本来第二次让价的幅度已经很小,顾客已不再希望获得较大幅度的让价,并且认为洽谈快要结束了。但是推销人员经受不住压力,缺乏耐心,突然又给对方一个较大幅度的让价,会使顾客认为推销人员不诚实,有一种被愚弄、被欺骗的感觉,不利于下一步推销洽谈的进行。

(3)推销人员让价的幅度越大,留给顾客不诚实的印象就越深。因为第一步幅度适中地让价,顾客认为推销人员是可以信赖的。第二步小幅度的让价,会使顾客认为推销人员留利甚少,会或多或少地产生一点同情心。但是第三步以及第四步更大幅度地让价,顾客在吃惊之余,紧接着会产生一种被欺骗、被愚弄的感觉,原先的同情心已荡然无存,相反顾客会觉得该推销员不可信,下一步将会有更大幅度的让价。如果推销人员在其他方面稍有不慎,不信任的感觉会促使顾客果断地中止洽谈。

(二)山峰式让价模式的适用范围

山峰式让价模式适用于以下几种情况:

1. 由于外部情况变化而使推销洽谈有破裂的危险时。由于外部不可控因素的变化,使推销人员在推销洽谈中明显处于不利的地位,精明的顾客也已察觉到了这种变化。这时,推销人员可以声明:由于外部环境的变化,我方不得不忍痛割让利益,从长期的合作关系出发,大幅度让价只为友谊,不谋利益。假戏真做,也许会赢得顾客的信任。

2. 推销员经验丰富的老推销人员。在长期的推销实践中,面对形形色色色的顾客以及复杂多变的环境,他积累了大量规律性的知识,在价格洽谈中通过对顾客的察言观色,能够分析判断出顾客的内心反应与心理预期,巧妙地运用不同幅度地让价来把握洽谈的节奏,以促使顾客达成交易,实现产品销售目标。

五、低谷式让价模式

低谷式让价模式是指推销人员在价格洽谈中的让价幅度先从高到低,再从低到微高的一种让价形态。它是与山峰式让价模式相反的一种价格洽谈形式。推销人员在价格洽谈之初,先大幅度地向顾客让价,然后逐步降低让价的幅度,当顾客购买意向明确以后,再多让一些利益以促使顾客最终作出购买决策。这种让价模式充分体现了推销人员灵活机智的洽谈风格,合作在先,竞争在后,柔中有刚,诚中有力。具体形态见图 10－6 所示。

(一)低谷式让价模式的特点

1. 低谷式让价模式具有以下优点:

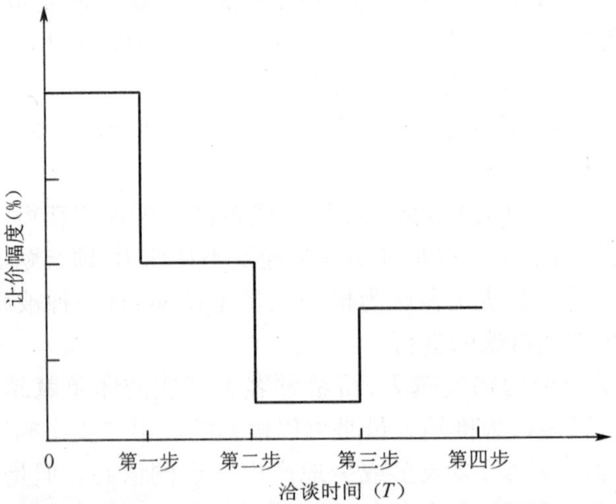

图 10－6　低谷式让价模式

(1)在价格洽谈一开始就较大幅度地让价,表现了推销人员对达成交易的诚意,亦向顾客传达了有较大利益可以争取或者已让顾客获取了较大利益的信息。这是一种合作型的开始,能够赢得顾客的信赖,促使其快速达成交易。

(2)从第二步开始,推销人员对让价采取了非常谨慎的态度,每次让利的幅度都非常小,并且呈递减的趋势。顾客一般会认为在价格折让方面推销人员已作了最大努力,自己已经获利颇丰,从而快速成交。

(3)最后在顾客再度让利的要求下,推销人员又作出幅度稍大一点的让价,顾客在惊喜意外之余,会产生"我确实非常精明"的满足感,同时也将价格洽谈推向了最高潮,通常情况下都能在此价格水平下达成交易。

2. 低谷式让价模式具有以下缺点:

(1)推销人员在价格洽谈之初就让出大部分利益,容易使顾客觉得推销人员软弱可欺,只要施加压力,他们就会作出让步,因而增强了在价格洽谈中必胜的信心,这就给下一步的洽谈增加了难度。

(2)开始的较大幅度让利与后来的小幅度让利形成了强烈的对比,容易使顾客错误地认为推销人员越来越轻视自己,从而对推销人员的合作态度产生怀疑。

(二)低谷式让价模式的适用范围

低谷式让价模式由于灵活性、可信性较强而深受推销人员的青睐。在价格洽谈中,它符合合作协商的要求,既有好的开端,又有满意的结果,同时又能营造融洽的洽谈气氛,为买卖双方的长期合作创造了条件。它适用于经验丰富的老推销人员在价格洽谈中运用,因为只有他们才能够把握开始的让价幅度与最后让价幅度的恰当分寸,使每一次让利都能够充分调动顾客的购买热情,最终实现产品销售的目标。

六、虎头蛇尾式让价模式

虎头蛇尾式让价模式是指推销人员在价格洽谈中的让价幅度由大到小，逐次下降的一种模式。这种模式运用起来显得自然、流畅，符合大众的价格心理，符合推销洽谈的一般规律。它具体形态见图 10－7 所示。

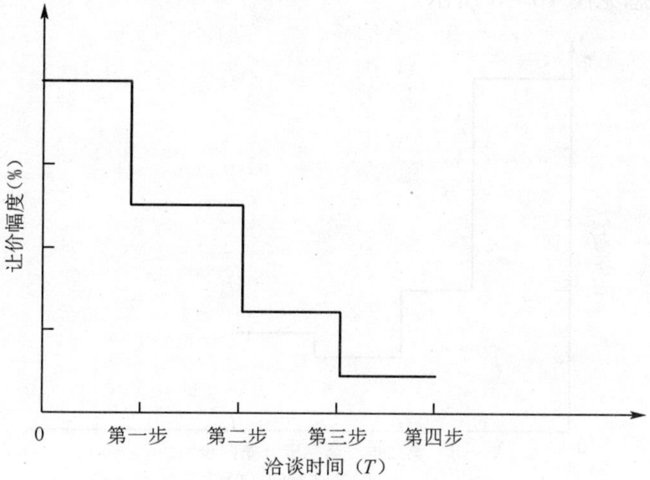

图 10－7 虎头蛇尾式让价模式

（一）虎头蛇尾式让价模式的特点

1. 虎头蛇尾式让价模式具有以下优点：

（1）推销人员在价格洽谈之初就以较大幅度向顾客让利，能给顾客留下态度坦诚、风格爽朗的印象，为下一步价格洽谈的顺利进行创造了良好的条件。

（2）让价幅度由大到小，既合乎人情，也合乎规律，运用起来显得自然、流畅，无须推销人员格外谨慎小心，也易于为顾客接受，让价节奏和谐、匀称、顺理成章。

（3）这种让价模式能够使顾客感到推销人员已作了很大让利努力，确实已经无利可让，再要求推销人员大幅度让利就有点不合情理了。在此情况下，容易达成交易。

2. 虎头蛇尾式让价模式具有以下缺点：

（1）这种让价模式会使买卖双方在讨价还价时感到洽谈气氛越来越沉闷，并且难以形成高潮，最终由于无法进一步刺激顾客的购买欲望而失去达成交易的机会。

（2）这是一种常用的洽谈模式，在运用时买卖双方都缺乏新鲜感。

（二）虎头蛇尾式让价模式的适用范围

虎头蛇尾式让价模式是一种惯用的价格洽谈方式，适用于任何产品的推销让价，也适用于任何推销人员。尤其是当顾客对推销产品的购买热情不高，推销人员为了吸引顾客，可首选这种让价模式。

七、断层式让价模式

断层式让价模式是指推销人员在价格洽谈一开始就让出大部分利益，向顾客表示出极大的诚意，第二步再小幅度让利，然后表示已无利可让，最后再让出微利的一种讨价还价模式。这是一种近似软弱的让价模式，使顾客觉得推销人员诚挚可信。具体形态见图 10－8 所示。

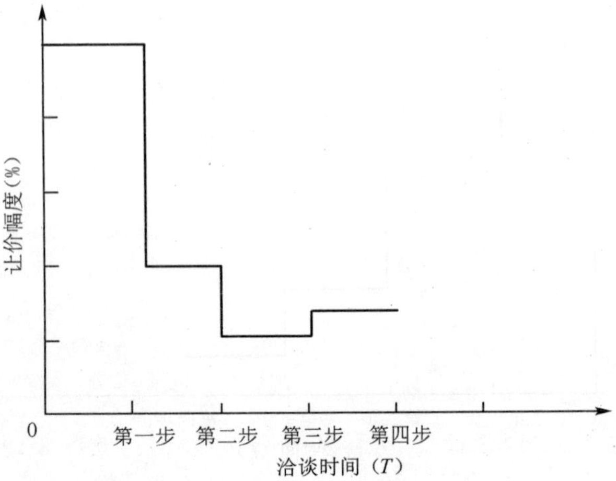

图 10－8 断层式让价模式

（一）断层式让价模式的特点

1. 断层式让价模式具有以下优点：

（1）推销人员在价格洽谈的第一步让价幅度很大，向顾客表现出了较大的诚意。

（2）第二步、第三步说明推销人员在让利方面已经作了最大努力，会使顾客对推销人员产生一定好感。

（3）买卖双方经过无利可让的对峙阶段后，推销人员又向顾客让出了一点利益，可以使顾客感到难以拒绝推销人员的盛情而最终决定购买产品。最后一次让利幅度虽然不大，但却能够刺激顾客的购买冲动，形成一个洽谈高潮。

（4）最后一次让价的幅度非常小，但它却体现了现代市场经济的精髓，即企业的经营活动要从消费者的需求出发，要尽量满足消费者的需求。

2. 断层式让价模式具有以下缺点：

（1）由于在价格洽谈之初让利幅度较大，易被顾客认为推销人员软弱可欺，尤其是洽谈进行到第二步以后，对于一个经验丰富并且注重利益的顾客来说，他是不会轻易满足和甘心的，推销人员在第三步就很难坚持不让利。第四步微小的让利也很难满足顾客贪婪的胃口，也就难以促使他们作出购买决策。

（2）在价格洽谈一开始就向顾客让出大部分利益，可能会失去本来可以争取的利益。因为推销人员没有对顾客进行任何试探就主动让出较大幅度的利益，具有较大的风险性。

(3)该模式中的第三步难以把握。在顾客的让利要求下,拒绝顾客会使他们感到难堪,他们在恼怒之余极有可能中断洽谈;如果不拒绝,则意味着既定的推销策略失败了。

(二)断层式让价模式的适用范围

断层式让价模式适用于以下情况:

1. 当洽谈的整体情景对推销人员非常不利,为了笼络住顾客,使其坐下来继续洽谈必须作出较大幅度的让利时。

2. 由于多种原因,推销人员急于达成交易,不愿意失去顾客或中断洽谈。

3. 顾客不是那种防卫意识很强、只考虑自身利益而丝毫不关心推销人员利益的人。

八、钩勾式让价模式

钩勾式让价模式是一种非常奇特的价格洽谈模式,它是指推销人员在价格洽谈的前两个步骤中就让出全部利益,第三步甚至赔出部分利益,第四步再讨回赔利的一种让价方式。

钩勾式让价模式是由断层式让价模式发展而来的,它的风格诡诈果敢,极富戏剧性和风险性。具体形态见图 10-9 所示。

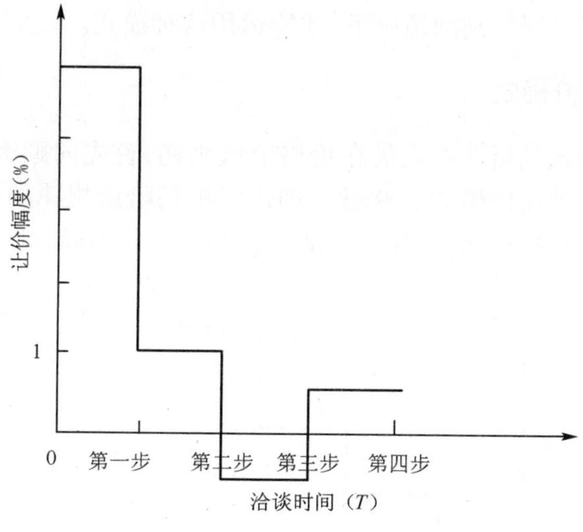

图 10-9　钩勾式让价模式

(一)钩勾式让价模式的特点

1. 钩勾式让价模式具有以下优点:

(1)由于推销人员在价格洽谈的第一步、第二步已经让出了全部可让利益,因此对顾客具有较强的吸引力。运用这种模式有时可以发挥挽救僵局、起死回生的作用,使洽谈继续进行下去。

(2)在让价的第三步,让出不该让的利益,将推销产品的价格降到成本以下的水平,必然会产生使顾客难以抗拒的诱惑力。

(3)当顾客被推销人员前所未有的让价幅度所吸引,进而作出购买决策以后,推销人员可利用各种借口,赢得顾客的同情,将赔进去的利益再讨回来。这样既能达成交易,又没有造成任何损失。

2. 钩勾式让价模式具有以下缺点:

(1)推销人员在价格洽谈的头两步就已让出了全部可让利益,容易使顾客产生更大的获利期望,顾客往往就有了足够的心理准备去争取更大幅度的让利。这样的开局总是不利于推销人员的,也难以在平等互利的基础上达成交易。

(2)第三步的赔本销售,风险非常大。在以后的过程中,推销人员如果不能巧妙地讨回赔利部分,达成交易就意味着推销人员承担损失。

(3)当第四步讨回赔利时,如果推销人员所用的借口不当,就会被顾客认为言而无信,推销人员在顾客心目中的形象会一落千丈,极有可能丧失达成交易的机会。

(二)钩勾式让价模式的适用范围

钩勾式让价模式适用于买卖双方已经陷入僵局或处于破裂边缘时的推销洽谈。洽谈情景对推销人员非常不利,而推销人员又不愿轻易放弃,在此情况下,推销人员只好以前所未有的让利幅度来吸引顾客,使洽谈继续下去。另外,推销人员必须在完全有把握讨回赔利的情况下,才能运用这种模式。

九、高峰式让价模式

高峰式让价模式是指推销人员在价格洽谈之初,首先向顾客让小利然后逐步增加让利幅度的一种让价模式。这是一种违背推销洽谈规律的让价模式,它的特点是步步攀升的让价幅度,直至让出全部可让利益。具体形态见图 10 - 10 所示。

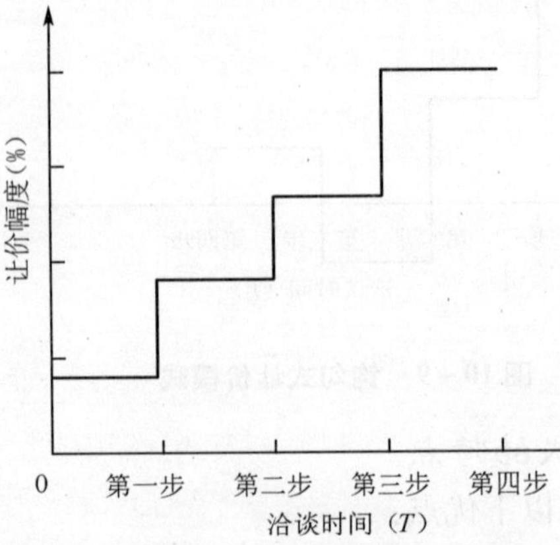

图 10 - 10　高峰式让价模式

（一）高峰式让价模式的特点

1. 高峰式让价模式具有以下优点：这种让价模式的优点是在价格洽谈的过程中，能够不断地制造出洽谈高峰，每一次大幅度的让价都有可能使买卖双方达成交易。

2. 高峰式让价模式具有以下缺点：

（1）在价格洽谈开始时，较小幅度的让价会使顾客认为推销人员缺少洽谈的诚意，因而难以吸引顾客。

（2）逐步增加的让利幅度，会使顾客认为：只要向推销人员施加压力，就会得到更大幅度地让利回报，顾客会因此而提出更高的让利要求，很难达成交易。

（二）高峰式让价模式的适用范围

在一般情况下，推销人员在价格洽谈中很少运用这种模式。除非推销人员对顾客经过试探性的小幅度让价以后，发现没有大幅度地让利不足以打动顾客，才可以运用这种让价模式。但是必须作一定的修正，例如，在第三步、第四步采取中断让价的具体措施，或许能够促使顾客达成交易。

思考题

1. 什么是顾客的价格价值观念心理？

2. 简述顾客的习惯价格心理。

3. 什么是顾客的感受价格心理？

4. 什么是顾客的敏感价格心理？

5. 什么是顾客的价格倾向心理？

6. 何谓顾客的价格意识比拟心理，它有几种表现形式？

7. 什么是顾客的价格预期心理，它有哪两种表现形式？

8. 何谓推销的心理价格策略？

9. 简述整数和尾数价格策略，尾数价格策略会产生怎样的心理效果？试举例说明。

10. 简述声望价格策略的适用范围。

11. 什么是招徕价格策略？

12. 什么是习惯价格策略，它适用于哪些商品？

13. 什么是折让价格策略，它有哪几种主要形式？

14. 何谓撇脂定价策略？

15. 推销人员在报价时应遵循哪些基本原则？推销人员报价时的前提条件是什么？

16. 在产品推销过程中，应该由推销人员先报价，还是让顾客先报价，为什么？

17. 简述顾客进行讨价还价的本质。

18. 推销人员在与顾客讨价还价时应遵循哪些原则?

19. 你认为顾客讨价还价的动机主要有哪些?

20. 简述正、反拐式让价模式的特征及适用范围。

21. 简述阶梯式让价模式的特征及适用范围。

22. 简述山峰式让价模式的特征及适用范围。

23. 简述低谷式让价模式的特征及适用范围。

24. 简述虎头蛇尾式让价模式的特征及适用范围。

25. 简述断层式让价模式的特征及适用范围。

26. 简述钩勾式让价模式的特征及使用范围。

27. 简述高峰式让价模式的特征及适用范围。

28. 如果你是一名品牌知名度不高的葡萄酒的推销新手,在上门推销葡萄酒的过程中,你认为应该采取哪种讨价还价模式?为什么?

29. 如果你是一名家庭财产保险推销员,已有 5 年的推销经验,在向居民推销保险产品时应运用哪种讨价还价模式?

30. 如果你是一名为 0~3 岁儿童智力开发产品服务的推销人员,在推销洽谈中你应该突出服务产品的哪些方面?采用何种让价模式与顾客讨价还价?

第十一章

顾客异议及处理技巧

本章重点及学习要求

- 掌握顾客异议产生的原因及类型
- 掌握处理顾客异议的原则、时机与具体方法
- 掌握几种典型顾客异议的产生原因、表达时机与处理技巧

本章关键词

顾客异议（customer objections） 处理异议（handling objections） 处理异议的技巧（the skill of handling objections） 顾客的心理障碍（psychological barriers to customers） 补偿顾客异议（compensate the customer） 合并顾客异议（merge customer objections）

在推销实践中，如果顾客主动提出购买商品或者签订购销合同，那么达成交易就非常容易。但是，多数情况是，推销人员必须妥善处理顾客的各种异议，才能促使顾客下决心购买产品。处理购买异议是推销活动的一个必然环节，它是达成交易必须跨越的障碍，它能够激发推销人员的进取心，并使其产生锲而不舍的激情和周旋取胜的信心。从这个意义上讲，推销员遇到顾客异议时，其推销工作才真正开始。一名推销员只有正视顾客异议的存在，才能够以冷静、豁达的态度看待它。只有妥善处理了顾客异议，才能够使顾客作出购买决策，最终达成交易。

第一节　顾客异议及其产生的原因

一、顾客异议的含义

顾客异议，也称为顾客购买异议。购买异议，是指顾客对产品、推销人员或产品生产企业表现出的怀疑、否定或反对意见的统称。

由于产品销售活动受到多种因素的影响，任何一笔交易的达成，都不是一帆风顺的，顾客肯定会提出各种各样的购买异议。无论何种形式的异议，实质上都是顾客关心推销产品的形式，是顾客对推销产品感兴趣的表现。也正是顾客的购买异议，为推销人员提供了展示和施展其推销才能的机会。

产品推销过程是一个克服阻力的过程，要妥善处理好顾客的购买异议，首先必须正确认识和把握顾客购买异议。

二、顾客异议的客观作用

（一）顾客异议有助于达成交易

在多数情况下，由于顾客对推销的产品感兴趣，才从多方面来考虑利弊，权衡得失，发表个人看法。因此，顾客的购买异议，绝非对产品不感兴趣，而是由于购买疑虑。图 11－1 证实了这一点：当顾客产生异议时，达成交易的概率是 64%；当顾

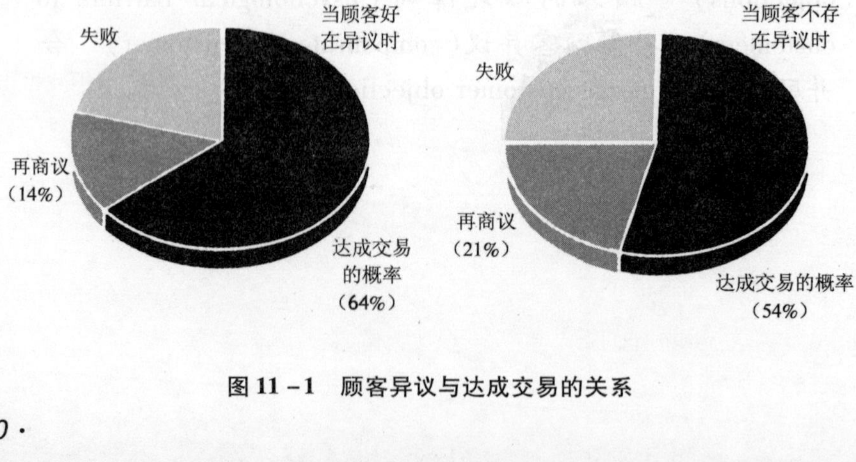

图 11－1　顾客异议与达成交易的关系

客没有异议时，达成交易的概率只有54%。如何因势利导，消除这种疑虑，是推销工作的开始，也是促使消费者产生购买欲望的动力。

在推销工作中，推销人员不应该害怕顾客提出购买异议。没有异议就意味着顾客对推销产品不感兴趣，推销人员也就难以窥测到顾客的偏好与兴趣，推销工作也就无法高效地进行下去。因此，顾客异议是顾客对推销产品产生兴趣的标志，它是达成交易的希望。

（二）顾客异议是企业了解市场动态、开发适销产品的信息来源

在与顾客面对面的接触中，顾客异议为推销人员提供了许多有价值的信息，有利于推销人员正确、及时地了解与掌握推销过程中顾客的心理活动，为推销策略的运用与调整创造了条件。

顾客对推销的产品提出异议，说明顾客不仅对推销的产品感兴趣，而且已经在考虑购买产品的细节问题了。有经验的推销人员可以从中获得3种信息：①确认进一步激发购买、产生购买欲望的最佳时机；②通过留意顾客对现有产品的不满与抱怨，了解顾客的新需求；③发现现有产品及销售工作中存在的缺点与不足。

对第一种信息，推销人员要因势利导，趁热打铁，促使顾客达成交易，绝不能坐失良机；对第二类信息，推销人员要尽快将其反馈给企业，加快企业开发新产品的速度，尽快满足市场上出现的新需求，为企业赢得竞争优势；对第三类信息，则要特别重视，切实对现有产品及现有销售体系进行改进，以塑造良好的企业形象。

有关研究表明，在产品推销中80%的失败是由于顾客对所推销的产品（或服务）不了解所造成的。因此，顾客提出购买异议，就等于向推销人员传递了“我对你的产品感兴趣，但我对此不了解”的信号，需要推销人员提供更多的资料和服务来答疑解惑。

（三）顾客异议可以促使企业提高服务质量、赢得竞争优势

经验丰富的推销人员都有这样的体会：爱挑毛病的顾客多半是诚心购买产品的人。这句话对推销人员认真对待顾客的购买异议很有启发性。在日常生活中，当别人向你抱怨时，往往是真情的流露。但在产品推销过程中，这也是一种逼迫推销员就范的手段，企图要推销员降价或在其他方面作出让步。这也说明，他们确实要购买推销产品，需要推销人员认真对待。

三、顾客异议产生的原因

造成顾客购买异议的原因很多，既有顾客方面的，也有产品、推销人员、生产企业以及推销环境方面的。这些原因相互联系，相互影响，相互转化，从而使顾客异议的产生显得错综复杂，难以捉摸。这就需要推销人员通过调查研究，分析出导致顾客产生异议的主要原因，以便及时地将其控制和消除。一般来说，导致顾客产生异议的原因主要有以下几类。

（一）顾客方面的原因

由于顾客方面的原因而导致购买异议的产生主要集中在顾客的需要、支付能

力、决策能力以及顾客的消极心理等方面。

1. 顾客的需要。顾客的需要是顾客产生购买行为的根源。如果顾客认为自己不需要某产品，自然就会拒绝购买，对推销人员来说，通常这种拒绝是难以更改的。例如，顾客从不吸烟，对于上门推销的戒烟产品就不会有丝毫的购买欲望。

但是，顾客认为不需要并不等于真正不需要。在现实生活中，许多顾客没有真正认识到自己的需要。有的顾客对产品的功能、用途不了解，盲目地认为自己不需要这种产品；有的顾客固守以往的生活方式，不愿意改变自己的生活习惯，对新产品持排斥态度；有的顾客根据自己以往的经验以及相关群体的影响形成偏见，认为上门推销的产品质量都有问题，从而对上门推销的产品一概拒绝。由此可见，顾客产生购买异议的根源主要是顾客对推销的产品不了解以及顾客的偏见心理。如果顾客对推销的产品有一定需要，并且有支付能力，顾客购买异议则意味着顾客还没有被说服，顾客的需求意识还没有被唤醒，推销人员的卖点诉求还没有打动顾客，仍无法使顾客产生购买冲动。

2. 顾客的支付能力。在市场经济中，顾客的需求与货币支付能力是形成购买力的两个基本条件，支付能力也是鉴定准顾客的标准之一。如果顾客缺乏支付能力，就会以各种借口拒绝推销的产品。顾客缺乏支付能力的原因有多种：

(1) 顾客的财务状况不佳，难以购买某类单位价值较高的产品。这种情况是推销人员经常遇到的。这种情况的出现有可能是推销人员在寻找准顾客时，没有作彻底的市场调查，将无支付能力的顾客列入准顾客的名单。果真如此，推销人员应果断放弃该顾客，联系其他客户，以免浪费时间和精力。

(2) 顾客只是暂时存在财务问题。例如，发生了呆账、死账，而暂时无法购买所推销的产品。

(3) 顾客已购买或订购了其他产品，暂时没有多余的预算资金来购买所推销的产品。针对这种情况，推销人员要有耐心，要尽量争取客户下一年度或下一季度的订单。

需要注意的是：某些顾客说没有资金，仅仅是拒绝推销人员的一个借口，而有的顾客则用其他异议来掩盖资金不足的问题。这就需要推销人员通过观察和分析，揭示被大量复杂现象所掩盖的客观本质。

3. 顾客的购买决策权。顾客的购买决策权是决定交易成功的一个重要条件，如果顾客无权决定是否购买所推销的产品，无权决定购买推销产品的价格水平，无权决定购买推销产品的数量，在此情况下，顾客就有可能提出购买权异议而拒绝推销人员。这就需要推销人员通过市场调查，了解顾客的决策结构，了解谁是真正的购买决策者。只有这样，才能减少产品推销的盲目性，提高推销活动的工作效率。

4. 顾客的心理障碍。顾客的心理障碍是造成购买异议的重要原因之一。其主要表现在 4 个方面：

(1) 认知障碍。认知障碍主要表现为推销人员的购买建议与顾客所持有的观点有明显的差距，使推销人员的洽谈说服失败。推销人员要说服顾客购买产品，首先要了解顾客对推销产品的态度，消除自己的推销建议与顾客观点之间的差距。顾客在对推销的产品进行判断时，总是依据自己的购买经验、购买习惯、兴趣偏好等综合形成的标准，距离该标准较近的商品信息容易被消费者接受，而远离该标准的商品信息则被消费者所拒绝。

（2）情绪障碍。顾客的情绪是客观现实与主观需要之间关系的反映，这种需要如果得到满足，就会引起积极情感，否则，就会引起消极情感。当消费者对某产品形成一定的态度以后，总会伴随着一定的情绪成分。当推销人员的购买建议与顾客持有的态度之间差距较大时，必然会激起消费者的对抗情绪。对推销人员来说，应尽量减少这种对抗情绪。

心理学的研究表明，任何人的心理活动在不同时期都有情绪占上风和理智占上风的交替过程。情绪占上风时，就形成了情绪障碍。所以推销人员的劝导说服工作，只有当顾客处于理智占上风时才能奏效。

（3）行为障碍。有些顾客出于自尊或其他原因，而不愿改变其错误的表示，并拒绝推销人员的购买建议，于是顾客的表示就成为推销人员洽谈说服工作的行为障碍。推销人员越是介绍产品的优点和提出购买建议，顾客就越觉得自己有必要提出一些不同的看法或观点，以显示自己的独特之处，证明自己的特点或才能。顾客的这种行为不仅给推销工作造成较大的阻力，而且会对公共场合中的其他顾客产生消极的影响。针对这种情况，推销人员在态度上要充分尊重顾客，不要直接与顾客争辩，在耐心倾听顾客意见的同时从正面对其进行说服引导。

（4）群体障碍。群体障碍源于顾客的从众心理。任何人的行为都受相关群体的影响，一个人的相关群体就是能直接或间接影响他的态度或行为的所有群体。人们至少在3个方面受到相关群体相当大的影响：相关群体会影响一个人的态度和自我观念，因为人们通常都希望能够顺应潮流；相关群体能够产生某种令人遵从的压力，影响人们对产品和品牌的实际选择；相关群体向人们展示新的行为和生活方式。在推销过程中，推销人员必须注意顾客的相关群体的价值观念与品牌偏好，尽量利用相关群体的行为规范来说服顾客接受自己的购买建议。

（二）产品方面的原因

只有当产品能够满足顾客的需要时，它才能被顾客接受。由于产品是一个综合概念，它涉及产品的功能、质量、款式、规格、价格、服务等内容，因此，顾客的购买异议也极有可能源于产品本身。

1. 产品的质量。产品质量是指产品满足人们需要的效用程度，即产品功能的耐用性。产品质量包括内在质量特征，如产品的结构、性能、精度和纯度、物理性能和化学成分等；外部质量特征，如产品的外观、形状、色泽、手感、气味、光洁度等。产品的质量特征可以概括为产品性能、寿命、可靠性、安全性和经济性5个方面。如果顾客认为产品的质量方面存在问题就会提出异议。这类异议包括：①产品的上述质量特征方面确实存在着缺陷，难以满足顾客的需要；②顾客缺乏经验或从主观上考虑，以质量为由拒绝推销人员的购买建议；③顾客由于担心购买不当，而以产品质量不佳为借口来拒绝购买;④顾客由于没有购买决策权,而以产品质量为由拒绝购买;⑤推销人员的语言或行为不当,使顾客对产品质量产生怀疑;⑥顾客为了压低产品价格,以产品质量不好为借口,等等。

这些购买异议形成的原因非常复杂,要想理清楚比较困难。但有一点必须坚持,即不能向顾客推销质量有问题的产品。当顾客提出产品质量异议时,要找出引起顾客异议的真实原因,帮助顾客正确认识产品的质量标准。

2. 产品的价格。价格因素是形成顾客购买异议的主要因素之一,当顾客认为推销的产品价格较高时就会与推销人员讨价还价,通过一定幅度的让价,当价格达到顾客心理预期水平时,才能达成交易,否则就会提出价格异议。

顾客认为产品价格偏高的原因是多方面的。例如,顾客基于对同类产品或替代产品价格的比较;顾客的经济状况、支付能力;顾客对该价格的心理预期,等等。如果顾客认为产品的价格过高,就会导致价格异议或财力异议产生;如果顾客认为产品的价格过低,则会导致产品质量异议或需求异议的产生。例如,过低的销售价格会使顾客对产品质量产生怀疑,因为"一分钱一分货"的观念在消费者心目中已经根深蒂固了。购买过低价格的产品,会使一部分顾客的自尊心受到伤害。因此,推销人员要认真研究和掌握消费者的价格心理,以便采取相应的推销策略,消除顾客的价格异议。

3. 产品的服务。服务是产品整体概念中的外延部分。推销服务有着丰富的内容,既有业务技术方面的服务,也有满足顾客心理需要方面的服务。顾客对推销服务提出异议,原因就是顾客对推销服务提出了更高的要求。有些技术含量较高的产品,其售后服务的质量决定着产品的销售规模。在激烈的市场竞争中,如果推销人员不能提供比竞争对手更周到、更全面的服务,不能使消费者"买得放心,用得舒心",就会使顾客感到推销人员缺乏提供销售服务的诚意,顾客就会提出服务异议。对推销服务的具体异议主要包括:对质量保证服务的异议;对安装、调试及检修等现场服务的异议;对备品配件供应服务的异议;对技术培训服务的异议以及对满足顾客心理需要服务的异议等。

(三)其他方面的原因

顾客提出购买异议的原因,除了顾客因素、产品因素外,还有其他一些因素。例如,推销人员因素、推销环境因素、推销信誉因素等都是形成异议的直接因素。

1. 推销员的个人因素。由于推销员个人因素而导致顾客产生购买异议,主要是由于推销员没有注意推销礼仪,不讲究推销艺术,采用的推销方法不当等原因引起的。推销人员的推销行为引起顾客的不快,有的甚至引起顾客的厌恶与反感,自然要遭到顾客的冷遇与拒绝。另外,在推销洽谈中,推销人员的洽谈策略运用不当,言词过于犀利,话题直奔"买与不买"的结论时,也容易招致顾客的反感。

2. 推销信誉不佳。某些推销员所在的企业有较高的知名度,但美誉度较差。这类企业发生过损害消费者利益的事件,并且没有妥善处理,给消费者留下了极坏的印象,严重地损害了推销信誉。有些顾客对这类企业积怨较深,对该企业的推销人员也一概拒之。针对这种情况，推销人员除了耐心进行解释说服外，更重要的是以实际行动取得顾客的信任，重新建立良好的推销信誉。

3. 推销信息不充分。在产品推销过程中，推销人员要向顾客提供大量的信息。但是由于顾客的接受能力和理解能力方面的问题，或者向顾客提供信息的方法欠妥，顾客认为自己所掌握的信息仍不足以进行购买决策时，就会提出异议，希望推销人员提供更多的信息。当顾客认为推销人员提供的信息不真实时，更容易引起异议，甚至会产生逆反心理。

顾客难以决定是否购买所推销的产品，难以决定购买哪种型号的产品时，需要推销人员提供更多更准确的信息，引导顾客作出正确的购买决策。

4. 推销环境不佳。推销环境不佳是指顾客所处的外部客观环境不利于产品推销。由于顾客是社会人，他与外部环境有着密切的关系，当外部环境发生变化时，必然使顾客的购买行为发生变化。例如，当国民经济处于低谷时，消费者会调整自己的经济预期，采取收缩型的购买行为。此时向顾客推销产品，往往会事倍功半。

导致顾客购买异议的原因有很多，推销人员应该通过推销调查，探索研究各种顾客购买异议的真正原因，采取灵活多变的推销策略，最终实现销售产品的目的。

四、顾客异议的表达时机

由于推销产品、推销环境以及推销对象的不同，顾客提出异议的时间也就有一定的差异。一般说来，顾客提出购买异议的时间主要有以下几种。

（一）首次见面

许多顾客在与推销人员见面之初就提出购买异议，例如，“我不想购买推销的产品。”“我很忙，请不要打扰我！”推销人员应该预料到顾客可能提出的异议类型，事先准备好说服顾客的应对措施，以便积极主动地消除顾客异议。

（二）产品介绍阶段

在推销人员详细介绍产品各种性能的过程中，顾客会随时提出各种各样的问题与质疑。通过分析这些问题和疑问，推销人员可以发现顾客的兴趣所在，及时调整自己的洽谈策略，最大可能地刺激顾客的购买冲动。如果顾客面无表情，一言不发，就很难判断产品介绍的效果，也无法窥测到顾客的内心世界。大量实践证明，最挑剔的顾客，最有可能达成交易。

（三）推销结束阶段

顾客的购买异议往往在推销人员认为将要达成交易时提出。妥善地处理这一阶段的顾客异议尤为重要，如果处理得不好，前面所有努力都会付之东流。这一阶段的购买异议大多数是顾客要求推销人员让利的借口，推销人员要审时度势，采取灵活的措施尽量满足顾客的要求，不能让以前的所有努力毁于一旦。

第二节　顾客异议的处理技术

一、处理顾客异议应遵循的原则

在产品推销过程中，顾客异议多种多样，处理方法也千差万别，推销人员要根据具体情况灵活运用。但有一些规律性的知识需要推销人员掌握和遵循。在处理或转化顾客异议时，推销人员应该把握以下基本原则。

（一）避免争论

产品推销过程本质上是一个人际交往的过程。推销人员应该与顾客保持良好的、融洽的关系，使顾客觉得你是他们的助手和顾问，可以向他们提供许多帮助和建议。与顾客争论是推销洽谈的一大禁忌，争论往往会使双方不欢而散。推销人员要想避免与顾客发生争论，可以从以下方面入手：

1. 时刻想到与提出异议的顾客是朋友，不是敌人，是盟友，不是对手。这样，才能保持平和的心态，保持与顾客的友好关系，顾客也会对推销人员产生好感。要让顾客自己思考，自己分析判断，而不是被迫作出决定。

2. 顾客异议总有一定道理。对许多推销员来说，这个观点是难以接受的。实际上，说服诱导的目的不是明辨是非，销售洽谈也不是澄清事实的讨论会。推销的目的在于提供产品和服务，满足顾客的需要。顾客是产品销售的对象，顾客的所有意见都应该成为产品销售的行动方向。当然，认为顾客有一定道理，并不意味着顾客总是正确的，推销员只能一味地迎合顾客。抱怨常常是一种消极处事的表现，偏激的异议也包含有不合理的成分。因此，推销人员要将争论视为不理性的失策行为，尽量克制和回避争论，使推销活动在一种和谐愉快的气氛中进行。

（二）避开枝节问题

在推销洽谈过程中，推销人员切忌为一些与推销产品联系不大或毫无联系的问题与顾客发生争论，这样会使推销洽谈远离销售主题，最终导致推销活动的失败。

在复杂的社会环境中，在多种文化的交错影响下，我们只能用一个大致的标准来衡量和分析顾客的消费心理与购买行为。有些消费者的古怪思想与偏执行为在一般人眼里是难以理解的，推销员的任务不是去改造这类顾客，而是在理解的基础上运用一定的策略与技巧说服他们，使他们对推销的产品产生兴趣，进而产生购买欲望。

（三）既要消除异议，又不能伤了感情

推销人员必须做到在不伤害顾客感情的前提下，消除或转化顾客的购买异议。尽量做到：

第一，对顾客不要有思想障碍，不要责怪顾客提出的购买异议，更不能申斥顾客，要维护顾客的自尊心。顾客的异议即便是错误的，也要给其台阶下。

第二，为了防止顾客形成偏执，推销人员可以运用一定的技巧转移洽谈话题，找到双方的共同点。

第三，在回答顾客的问题之前，推销人员先作一些让步，从正面肯定顾客的异议，然后再婉转地指出顾客异议的片面之处，这样既可以消除顾客咄咄逼人的气势，也不会招致顾客反感。

二、处理顾客异议的时机选择

选择适当的时机答复顾客异议是处理顾客异议的重要内容之一，它与答复内容、答复技巧具有同等的重要性。

（一）预先回答顾客异议

在推销过程中，推销人员如果觉察到顾客将提出某方面的购买异议，就应该抢在顾客的前面答复问题，这是处理顾客异议的最佳时机选择。因为这样，推销人员可以掌握主动，按照自己的意思推敲、使用措辞，将顾客异议消除在萌芽之中，为推销洽谈有计划地推行创造条件，也避免了纠正顾客的看法或反驳顾客的观点而引起的争论。另一种情况是，在推销洽谈一开始，就向顾客介绍产品的缺点与不足，这样会使顾客觉得推销人员很诚实，没有欺骗自己，给顾客留下了非常好的第一印象，而第一印象常常会发挥先入为主的效应。

有经验的推销员在洽谈开始之前，就知道顾客会对所推销的产品提出哪些异议，并且还知道不同类型的顾客会提出怎样的异议，这样就有时间考虑这些异议并准备好应对策略，在具体洽谈中就可以按图索骥，将顾客的疑虑与问题消除在无形之中。如果推销人员难以准确把握顾客的购买心理，弄不清楚顾客的疑虑与问题，就不宜盲目地答复顾客异议。有些异议已超出了产品销售的范围，不是推销人员能够答复的。

（二）延时回答顾客异议

推销人员通常在 5 种情况下推迟答复顾客的疑虑与问题：

1. 不能立即给顾客一个满意的答复，或者没有足够的资料作说服性的回答，应当暂时将顾客异议搁下，等时机成熟时再具体答复。如此处理，说明推销人员对待顾客异议持谨慎态度，不会影响顾客对推销人员的信任。相反，顾客会觉得该推销员稳重、老练，值得信赖。

2. 如果立即答复顾客异议，会对推销洽谈的说服工作产生不利影响，影响推销计划的有步骤实施。

3. 如果顾客异议会随着推销洽谈的不断深入而逐渐转化、淡化或消失，则没必要马上回答顾客的异议。

4. 如果顾客异议远离推销主题，或者对这一异议的回答会涉及一些对顾客来说没有任何实际意义的问题时，推销人员可以不马上答复。

5. 如果推销人员预计推迟回答异议，可以降低顾客的抵触情绪，或者顾客会替推销人员回答时，可以不马上答复。

延时回答在上述情况下是处理顾客异议的最佳策略。它有利于推销人员进行周密思考,有针对性地灵活处理购买异议。但是,当顾客情绪激动,强烈反对推销人员的观点时,如果不立即回答,或者回答时不斟酌,就有可能使推销洽谈过早地夭折。

(三)不答复顾客异议

如果顾客提出的异议不是真正的反对意见,而只是一种借口或者情绪不佳时的发泄,推销人员可以不予理睬。当顾客异议只是一种自我表现时,推销人员最好不予反驳。因为让顾客感到自己正确比否定顾客更有利于产品销售。当顾客情绪不佳时,提出异议是顾客发泄的一种有效方法,此时顾客需要的只是倾听。推销人员要勇于充当"受气包"和"撒气筒",全神贯注地倾听顾客诉说。当顾客情绪平静下来时,就会产生一份歉意或内疚,在他们看来,购买产品是在感情方面补偿推销人员的一种最佳选择。

(四)立即答复顾客异议

一般说来,顾客都希望推销人员能够尊重和听取自己的意见,并立即作出满意的答复。在产品推销过程中,对直接影响顾客购买决策的异议,推销人员要及时予以答复,否则顾客就会认为推销人员无法解决这些问题,还会对推销人员提供的产品信息的真实程度产生怀疑。

在推销实践中,顾客会提出各种各样的异议,有的异议与推销产品密切相关,有的则远离了销售主题。由于知识层次、社会经验方面的局限,推销人员不可能对每一个异议都及时准确地予以答复。这就要求推销人员思维敏捷,具有较强的分析判断能力,从顾客异议中分辨出直接影响产品销售的部分,并准确及时地予以答复解决,以赢得顾客的信赖;对那些远离销售主题,自己又知之甚少的异议,最好的策略就是不予答复,否则稍有差错就会引起顾客反感,使自己处于被动地位。

三、处理顾客异议的方法

在产品推销过程中,顾客不提任何异议就签订购买协议或马上购买产品的情况是很少见的。相反,顾客提出各种购买异议后,经推销人员运用一定的技术方法妥善处理,再达成交易的情况则是普遍现象。因此,顾客异议产生后的处理技术成为处理顾客异议的关键部分。

处理顾客异议的方法受制于产品销售的目的,以追求长期推销效果为目标的推销员,推销活动具有双重目的,既要实现产品销售,又要满足顾客需求,与顾客建立长期稳定的合作关系。在推销过程中,只能使推销的双重目的统一起来,才能促进交易的达成,实现长期的销售目标。

在产品推销过程中,常见的处理顾客异议的方法主要有以下几种。

(一)补偿顾客异议法

补偿顾客异议法是指推销人员利用顾客异议以外的该产品的其他优点或长处对顾客异议涉及的短处进行补偿或抵消的一种方法。补偿法适用于顾客的反对意见确有道理的情况，这时推销人员采取否认的态度和反驳的策略是不明智的。在推销实践中，当顾客冷静地提出一些确实存在的购买异议时，推销人员应客观地对待，通过详细的产品介绍使顾客既看到产品的缺点，也清楚认识到产品的优点，并且确信优点大于缺点，该产品值得购买。用顾客拒绝产品的理由来回答，用顾客的观点否定顾客的反对意见。当顾客意识到"瑕不掩瑜"时，就有可能购买该产品。

例如，顾客说："IBM 电脑确实不错，就是价格高了点！"这是一种客观的购买异议。推销人员不应该反驳和否定，应该在肯定的基础上加以补偿。"价格确实有点贵，但质量可靠呀，在 10 年之内几乎不会出现故障，也不会出现因为电脑出现故障而影响您做事的情况。对您来说，最宝贵的是时间，您购买了 IBM 电脑就相当于配备了一位能干的助手，您不用再为修理电脑而花费大量精力和时间了，您的工作效率肯定会提高。多花一点钱买一台放心电脑，对您来说太值了！"推销人员运用补偿法承认顾客异议，并突出了诉求重点，抵消和补偿了顾客异议，使顾客在心理感受方面找到了平衡，有利于交易的达成。

1. 运用补偿法处理顾客异议有许多优点：

（1）推销人员运用补偿法处理顾客异议，在承认和赞美顾客反对意见的基础上，保持了良好的人际关系，营造了融洽的洽谈气氛。

（2）推销人员既肯定顾客异议，又通过耐心的解释，使顾客最终认识到推销产品的优点完全可以补偿其不足，购买该产品是物有所值的。

（3）运用补偿法，有利于推销人员进行重点推销。

（4）运用补偿法处理顾客异议，有利于推销人员与顾客建立长期良好的合作关系。

2. 运用补偿法处理顾客异议亦有以下不足：

（1）推销人员首先要承认、肯定顾客异议，如果不能及时予以解决，就会使顾客误认为推销人员无法解决自己的疑虑与问题，进而放弃购买愿望。

（2）肯定、承认顾客异议就是对顾客提反对意见的一种鼓励，必然会助长顾客的气焰，会使购买异议增多，增加达成交易的难度。

（3）肯定、承认顾客异议，会使顾客的自尊心、虚荣心得到满足，他们会更加自以为是、沾沾自喜，在某些疑虑与问题上纠缠不清，浪费了大量宝贵时间，降低了推销效率。

（二）转化顾客异议法

顾客异议既是达成交易的信号，也是达成交易的障碍。转化法就是利用顾客异议积极的一面来处理异议。利用顾客异议积极的一面去克服顾客异议消极的一面，将顾客拒绝购买的理由转化为说服顾客，使其产生购买欲望的理由，将顾客异议转化成达成交易的信号。例如：

顾客说："您的成品油又涨价了。"

推销人员说："每公升涨了 0.20 元。根据市场行情，下个月还会再涨，您最好多买几桶油储备着，可以节约一部分资金。"

把顾客拒绝购买产品的理由转化为说服顾客的理由，促使顾客产生购买欲望，最终达成交易。

1. 运用转化法处理顾客异议具有以下优点：

(1)可以充分地利用顾客的反对意见，将其转化为说服顾客的正当理由。这是一种典型的“借力打力”策略，将不利于产品销售的因素巧妙地转化为促进产品销售的有利因素。

(2)在维护顾客自信、自尊的前提下，显示了推销人员看待问题的前瞻性，更容易使推销人员在处理顾客异议方面掌握主动。

(3)可以保持良好的人际关系和融洽的洽谈气氛，有利于建立长期的合作关系。

2. 运用转化法处理顾客异议具有以下缺点：

(1)如果转化的理由不充分，就不足以使顾客心悦诚服，还有可能弄巧成拙，使顾客产生逆反心理，直接影响交易的达成。

(2)顾客之所以提出反对意见，希望推销人员能够提供更多的信息资料来消除其疑虑，对此推销人员并没有直接回答，而是转化了问题，有可能引起顾客的反感和不满，进而产生抵触情绪。

(三)合并顾客异议法

逐一回答顾客提出的反对意见不仅要花费大量精力，延长洽谈时间，也有可能导致推销人员的观点前后矛盾或难以自圆其说。将顾客的几种异议合并起来，同时回答几个异议就可以避免陷入上述困境，也可以削弱这些异议对达成交易的影响。

当有的顾客出于恶意反对或自我表现的需要而提出一些情绪化的购买异议时，推销人员不能与之争辩，以免顾客恼羞成怒，断然拒绝购买。最好的方法就是暂时置之不理，然后用合并顾客异议的方法，将有关异议合并，或者用一两句话应付过去。

如果顾客提出的购买异议是真正的反对意见，但推销人员暂时没有有效的解决方法，或者处理这种异议的时机还不成熟，推销人员就可以运用合并顾客异议法将其合并掉，留待时机成熟时再妥善处理。

(四)肢解顾客异议法

肢解顾客异议法就是将顾客的反对意见细分成许多部分，然后再逐一答复或与顾客逐项进行讨论。推销人员通过运用肢解顾客异议法，引导顾客具体分析自己提出的购买异议，可以使顾客认识到异议的某些不合理性，进而放弃异议，达成交易。

如何肢解顾客异议要根据推销人员的需要和具体情况而定。肢解顾客异议的重点应该是肢解顾客主要观点的论据，并通过顾客认同的逻辑推理，在顾客参与的讨论中将其结论性的论点推翻。推销人员在肢解顾客异议时需要注意，不能肢解顾客的主要观点，因为其背后是顾客的尊严与自信，否则就会引起顾客反感，进而妨碍交易的达成。

例如,某货车推销员向我国山西省的一位个体煤炭经营者推销一种大型卡车,顾客认为自己不需要大型卡车,而某种品牌知名度较高的中小型卡车才是自己需要的。推销人员认为该顾客确实需要大型货车,而不是中小型卡车,于是他将顾客异议的论据肢解为几个部分。首先,推销人员指出,需要哪种型号的货车取决于运载货物的重量、行驶道路的路况以及在什么季节行驶等因素。在求得顾客认同后,推销人员分析道:在我国北方,居民冬季取暖以煤炭为主,而在黄土高原上行驶的运煤汽车经常会超载。在得到顾客的肯定以后,推销员与顾客一起讨论决定是否值得购买一辆运输车的两个关键因素是:价格和使用寿命。顾客与推销员都认为:经常超载会缩短卡车的使用寿命,而大马力卡车的使用寿命则相对较长一些。最后推销人员计算出了卡车的使用寿命与销售价格、使用寿命与经济效益之间的对应关系,使顾客认识到自己需要使用寿命较长、价格偏高的大型卡车,进而产生了购买欲望。

在肢解顾客异议时,推销人员要注意,有些顾客异议只是顾客根据自身经验进行的主观判断,大多没有经过科学的分析或论证,往往比较含糊、笼统,还需要通过深入的分析与肢解得到妥善处理。

(五)重复与削弱顾客异议法

重复与削弱顾客异议法是指针对某些不确切的、夸大了的反对意见,推销人员先用婉转的语调将顾客异议复述一遍,使其变得较为确切、温和,甚至改变了它的性质,然后再予以答复的一种处理方法。重复与削弱顾客异议法的核心,即通过重复来削弱顾客异议的尖锐程度甚至改变其性质,来缓和洽谈气氛。例如:

顾客:“又涨价了,真没想到价格涨得这么快!”

推销员:“您认为这些产品的价格真的不便宜,是吗?”

或者:“是啊,我也有同样的感觉,价格涨得真快!”

推销人员的一句话就可以使洽谈气氛缓和下来,大大削弱了顾客异议的尖锐程度。仅用重复和削弱顾客异议的方法适用于顾客言词比较激烈、抵触情绪严重、不确切的或被夸大了的顾客异议。这类反对意见不能马上妥善处理,经过“降温”以后,再予以答复。仅用重复和削弱顾客异议法不能有效转化顾客异议,还需要与其他处理顾客异议的方法结合起来使用,才能消除顾客的疑虑或问题,最终达成交易。

(六)引申归谬法

引申归谬法是指在推销洽谈过程中,推销人员既不接受购买异议,也不削弱异议,而是将顾客异议进行引申分析,详细说明顾客异议的内在含义及其可能产生的后果,引导顾客最终认识并且承认其异议是错误、荒谬的一种方法。

推销人员在推销洽谈中要正确地使用引申归谬法并不是一件容易的事。第一个难点在于引申,要进行合情合理、顾客乐于接受的引申非常困难,需要推销人员思维敏捷,知识全面,逻辑推理正确;第二个难点是该方法本身,引申法的最后结果是归谬，即全盘否定顾客的意见和观点，容易引起顾客反感。所以，推销人员在使用引申归谬法时一定要慎重。

（七）有效比较法

有效比较法是指在推销洽谈过程中，推销人员不直接反驳顾客的购买异议，而是通过与顾客对可以考证的具有可比性的事件进行比较，使推销产品的优点突显出来，以此打动顾客，最终消除顾客异议的一种方法。

直接反驳顾客的意见或建议，常常会激怒顾客，而没有针对性地介绍产品的特点顾客，往往又听不进去。“有比较才有鉴别”。推销人员运用有效比较法，可以使推销产品的优点突显出来，更容易感染顾客，使他们产生购买欲望。有效比较法既适用于推销产品的使用价值，也适用于产品价格、工艺水平、质量效用等方面的比较。

例如，一位家具经销商在向顾客推销产品时说：“您认为我的卧室柜比别人的价格高一些，这的确是事实，但贵有贵的道理：第一，我的卧室柜的门用的是产自巴西的整段榉木制成的，木质坚硬、细腻，木纹自然、流畅，而且烤漆也是上等的；第二，柜子的把手与合页都是从意大利进口的，工艺水平上乘，不论您使用多长时间，质量方面绝对不会出现问题；第三，柜子的两个侧面与背面所用的板材，都是进口的高密度防火压缩板；第四，柜子底部的每个抽屉使用起来都非常灵活，精制、耐用，无论您怎样拉，都能运转自如。从以上这些特点来看，您多花一点钱买一套‘用起来放心，看起来舒心’的卧室柜，您说值不值？”

（八）反问逼退法

反问逼退法是指推销人员在难以说服顾客的情况下，通过对顾客异议提出反问，迫使顾客自省，进而放弃异议的一种处理方法。反问逼退法适用于洽谈气氛不融洽，或者顾客比较固执难以被说服，或者顾客的反对意见确实难以答复等情况，推销人员可以根据顾客异议提出反问，变被动为主动。例如：

顾客：“你的卧室柜的价格太高了！”

推销员：“高吗？您认为怎样的价格您才能接受呢？”

或者：“您认为这样高质量的卧室柜应该卖多少钱？”

反问逼退法是一种言词激烈的处理顾客异议的方法，常常会引起顾客的反感。推销人员在反问时，如果语气不够婉转，会让人觉得咄咄逼人，容易激怒顾客。

（九）例证约束借鉴法

例证约束借鉴法是指在推销洽谈中，推销人员通过列举、举证让顾客信服的有关实例来说服顾客，从而迫使顾客放弃购买异议的一种方法。在现实生活中，大多数顾客出于自尊、自信的需要，都喜欢自己对事物作出判断。但鉴于所掌握的知识、经验和判断能力等方面的限制，他们面对复杂的事物又显得手足无措，无法很快认清事物的本质，常常拖延作出购买的决策。有时，他们也喜欢将复杂的事物简单化。那些被顾客羡慕的或刻意模仿别人的看法或做法，以及那些被顾客认为经营有方的企业的做法，常常被他们所推崇，或者认为值得借鉴，认为它们是证明自己的判断或选择正确的有利证据。这就是例证约束借鉴法产生的理论依据。推销人员在使用例证约束借鉴法处理顾客异议时,要注意以下几点:

第一,首先要了解影响顾客购买行为的主要因素有哪些。在相关群体中,顾客期望归属的崇拜性群体是什么?他们购买或使用产品的例证对顾客来说是否熟悉?

第二,例证要具体,并且可以考证。推销人员不能随意编造故事来欺骗顾客,例证必须是真实的,已经发生了的。在对工业品用户和经销商使用例证约束借鉴法时,应该提供资格和能力证明或提供当面所需的资料,以便于顾客自己进行分析判断。

第三,如果所举例证涉及自己的老客户,应注意为老客户保守商业秘密和个人隐私。

(十)岔开拖延法

岔开拖延法是指在推销洽谈过程中,顾客情绪亢奋,连续不断地提出许多购买异议,回答时机尚不成熟或者回答可能导致顾客提出更多的购买异议而无限地延长洽谈时间时,推销人员通过谈论其他事情而将话题岔开,把眼前的异议拖延至适当的时机再进行答复的一种处理异议的方法。

运用岔开拖延法,推销人员可以避开顾客情绪激昂时的不利环境,巧妙地缓和洽谈气氛,把握推销洽谈的主动权,寻找使推销洽谈深入下去的切入点,以便刺激顾客的购买欲望,最终达成交易。

当推销人员感到顾客提出的购买异议是一种恶意反对,是怨恨情绪的一种发泄或者是自我表现时,他应在作出理解与尊重的表示后,巧妙地转移话题,使顾客的情绪平静下来,以便掌握推销洽谈的主动权。运用岔开拖延法时,推销人员要注意岔开的时机一定要恰当、自然,不能使顾客有所察觉,否则会引起顾客反感。

第三节 典型顾客异议的处理技巧

一、处理价格异议的技巧

(一)价格异议产生的原因

在同顾客进行推销洽谈时,顾客可能对推销产品的价格提出不同意见。这时,推销员应该清楚顾客在价格上到底有哪些疑问,为什么会产生这些疑问。只有搞清了这些问题,才能有目的、有针对性地向顾客说明情况,消除他们的疑虑,实现商品销售的目的。

在一般情况下,顾客提出价格异议主要有以下原因:

一是顾客是想试验一下推销人员对推销的产品售价的态度。顾客总是想方设法迫使推销人员报低价,同时把这次报价与上次报价相比较。在这种情况下,推销员既要不为之所动,又要保持一种礼貌,报价态度要坚定,并且不在价格问题上纠缠，巧妙地将谈话中心转向产品的特征和优点上。

二是推销人员对推销产品的介绍或宣传不充分，没有促使顾客产生购买欲望，或者顾客的购买冲动不强烈。针对此种情况，推销员一定要避开价格，反复宣传产品的使用价值，强调产品的优点。

三是类似的竞争产品的价格较低。顾客经过比较后，认为推销员向他们推销的产品价格太高。这样，推销员最好就价格问题作某些解释，使顾客明白一分钱一分货，弄清楚价格不同的原因，并且客观地指出顾客在进行价格比较时所忽略的方面。除非是单位价值较高的商品，顾客大多数的购买行为都属于简单的购买行为。在他们看来，同类产品都是相似的，但实际上这些产品却存在着一定差异。推销员要让顾客看到自己推销的产品的优点，了解自己产品的价格高于同类竞争产品的价格的原因，使他们产生"物有所值"的感觉。

四是顾客对产品价格有"货比三家"的习惯。理性购买者都希望能买到便宜的商品，因此，他们习惯于在商品质量及价格上挑毛病，这也是买方市场条件下一种普遍现象。对待这种情况，推销人员最好的办法是面带微笑，对顾客的反对意见置若罔闻，将自己的话题都集中在产品的优点上。如果推销的是一些大批量生产的产品或规格化产品，可以先提供一些价格高的产品，让顾客把精力花在讨价还价上，然后再推销价格比较低的产品，这样，顾客就会感到价格比较合理了。总之，要避免与顾客发生正面冲突，"顾客是上帝"的经营理念不仅要体现在商品销售过程中，而且要体现在推销洽谈过程中。

五是顾客认为推销员是在利用卖方市场或是在控制了市场的有利条件下，迫使自己向推销员购买产品，因而在价格上提出异议。这时，推销员必须及时声明丝毫没有强迫顾客购买的意图，进而与顾客进行坦率的交谈，消除他的疑虑。

六是多次重复购买的老客户，他们对某品牌产品已有一定的忠诚度，想以较低的价格获取较多的实惠。推销员必须耐心地向顾客解释，产品价格已经是成本价与一点微利了，价格已无法再降。或者再从别的方面向顾客提供一些便利，比如尽快交货或免费提供某些服务等，以便保住老客户。

七是顾客目前的经济状况不佳。如果推销人员发现顾客目前确实没有足够的现款，可以主动建议他使用别的支付方式，帮助顾客解决想买商品而又缺现款的问题，如分期付款、赊销等。

八是顾客总的经济状况不好。在某些情况下，顾客说自己的经济状况不佳，可能是推销人员的说服工作不到位，顾客没有产生购买欲望，或者购买欲望不强烈。但如果推销人员经过调查，发现该顾客确实是无力购买自己的产品，那么，最好是立即停止推销，但不能挫伤顾客的自尊心，要与顾客搞好关系，将其视为潜在顾客。

以上八种情况，如果在推销洽谈中遇到了，推销人员应认真对待，酌情处理，无论是否能够达成交易，都应尽最大努力使顾客满意。

（二）处理价格异议的技巧与策略

成交价格问题直接涉及买卖双方的经济利益，是影响推销活动的重要因素。

在推销洽谈中,提出产品价格异议的顾客有时会一个劲地杀价,并且会告诉推销员,他未必一定会买你的产品,同样的产品,其他公司开价更便宜。

产品销售不该只求价廉,还应当注重物美。就算顾客装出对产品的质量满不在乎的样子,推销人员也应该让顾客知道所推销的产品质量上乘。如果顾客只关心产品销售价格的话,推销人员可以用这样的话来表达自己的观点:"我明白,您想了解底价是多少,所以我想您应该首先了解一下我的产品的特色,这样,您就会清楚我的产品到底贵不贵了。"

在推销洽谈中,处理价格异议的具体技巧有以下几种:

1. 多介绍产品的优点。产品的优点是指产品的质量、功能、品牌、包装、设计、声誉及服务等方面超越竞争产品的优势。通常情况下,产品价格与产品的优势相关,优势产品其价格相对高一点,劣势产品其价格要低一点。但顾客并未认识到产品的优势,这就需要推销人员改变谈话的焦点,告诉顾客购买推销的产品物有所值,推销人员可以这样说:"好吧,让我们先把价格问题放一放。告诉我,您买这件产品派什么用场?"顾客回答以后,推销人员就开始谈所推销的产品如何能够满足他的需求。

2. 把推销的产品从同类产品中区分开来。处理顾客价格异议的另一个技巧就是推销人员必须先证明自己的产品与众不同,才能证明该产品更好。一般情况下,如果顾客看不出产品之间的差别,他就会购买价格最便宜的。如果在有关你的产品是否仅仅是一件普通的产品的争论中,顾客占了上风,那么他就会产生价格异议,就会认定该产品就是一件非常普通的产品,此时,推销人员决不能赞同顾客的看法。

如果所推销的产品与竞争产品在外观上几乎一样,也总会有办法加以区分的。推销人员可以向顾客指出,公司有完善的售后服务,保证送货上门,产品经久耐用,还可以向顾客介绍产品的生产工艺以及公司的良好声誉等。实践证明,推销的产品在外观和价格方面与同类产品越是相似,顾客在决定购买时越是感情用事,就越需要推销人员证明自己的产品是如何的出类拔萃。

在证明自己所推销的产品与众不同时,要十分小心。在推销人员看来,自己的产品与竞争产品之间有着天壤之别。但对于顾客而言,这种差别不一定那么明显。因此,如果想证明自己的产品高人一筹,比如所用原材料如何上等,那么推销人员就必须确定这一点对顾客来说非常重要。否则顾客就会说:"就算你用的钢材异常坚固,那又有什么用呢?他们的产品也挺适用,而且售价非常便宜。"

3. 了解顾客究竟想要什么。对于价格异议,不同的顾客提出异议的目的是不同的。有的顾客的确只是想少付点钱,通过调查发现,只有少数情况如此。大多数情况下,顾客提出价格异议的目的是:

(1)能从推销人员那里获得额外的价格优惠,这使他在公司里或家人面前显得更加精明。如果推销人员能让顾客在别的方面有所表现,要尽可能地给顾客一个机会,比如,给他较多的赠品、黄金会员卡等,满足顾客这方面的需求,但不能降低产品售价。

(2)一种成就感。一些喜欢提出价格异议的顾客一定要看到推销人员难受,才会觉得心满意足。在价格洽谈中,他们赢了,推销员输了,他们才会购买产品。

(3)希望买到更有价值的产品。当产品的价格超过了它的价值,顾客就会提出价格异议。但是,当顾客发现推销的产品还具有其他方面的价值时,他就会接受既定价格,提出价格异议只是侥幸心理的一种体现。

4. 向顾客提出要求。当顾客提出价格异议时,推销人员要想搞清楚顾客是真的很在乎价格,还是出于"便宜一点是一点"的世俗心理,最简洁的办法就是向顾客提出要求。告诉顾客,你愿意按他提出的价格达成交易,但他必须多购买你的产品。如果顾客不很在乎成交价格,那么,推销人员就巧妙地将价格问题踢给了顾客。如果顾客很在乎成交价格,那么他很愿意继续洽谈下去。例如:

顾客:你得把价格再降 10%,否则,我们将把生意给其他公司。

推销员:我们同意将产品销售价格再降 10%,但您得保证明年购买我们产品的数量将增加 20%。

顾客:增加 20% 的购买数量? 我们可以将生意再做大一些,但 20% 太多了。按照你的提议,我们公司一年的全部同类产品的采购额都得给你了。

推销员:好吧,您看这样行不行,我们再降价 5%,您只需再签一份合同,保证使用我们公司的配套产品和配套服务。这不会多花费你们采购预算的一分钱,不过,您得再签一份服务合同。

顾客:我们接受 5% 的折扣。当然,还要再看看服务合同的价格条款,如果你的出价比我们现在的供应商低,那我们就成交了。

推销人员在处理顾客异议时,向顾客提出要求,就能够了解在价格上所作的让步能够得到多大回报。在上面的例子中,推销员就试图向顾客要回点什么。这种处理价格异议的方法,常能使那些并不十分在乎价格的顾客适可而止。

二、处理购买决策权异议的技巧

在推销洽谈过程中,顾客有时会说"我做不了主","这事我无权决定"等。顾客可能真的没有购买决策权,也可能是找借口搪塞。对顾客的这一购买异议,推销人员必须正确鉴别,然后才能妥善地加以处理。

(一)鉴别顾客是否真的具有决策权

下面的几种方法,有助于推销人员鉴别顾客是否真的具有购买决策权:

1. 请顾客签合同。只有真正的决策者才有权签订产品购买合同。如果顾客不签,就可以询问他应该找谁。一般情况下,顾客会告诉推销员真正的决策者是谁,也许那才是推销员想要找的人。

2. 询问顾客公司去年的订货计划是如何制定的。如果顾客承认对去年的情况不甚了解,那么顾客就可能不是决策者,因为,顾客去年没有参加产品购买决策,今年的情况极有可能还是一样的。

3. 询问顾客公司采购预算的情况。顾客可能会告诉推销员,这是商业秘密,但如果他承认自己没有参与产品采购预算的编制,那就等于告诉推销员,他在买卖业务中同样没有决策权。如果顾客不知道公司采购预算的具体情况,就说明他绝对不是公司决策层的成员。

4. 出示推销意向书后,询问顾客还有谁应该看到这份意向书。如果有,推销员可以告诉顾客,假如有幸知道此人的姓名,自己将乐意把推销意向书的复本邮寄给他,或者请顾客代为转交。

5. 向这家公司的其他人询问谁是真正的决策者。一般来讲,公司秘书往往具有敏锐的观察力,她们常常与公司决策层的成员打交道,知道谁是真正的决策者。推销人员如果能够得到她们的信任和帮助,那将会受益匪浅。与推销员洽谈的顾客出于防范心理,给推销员的回答常常模棱两可。但是,他的同事、公司的其他职员相对要坦率一些,他们会告诉推销员谁是公司真正的决策者。

(二)请顾客向他的老板引荐

顾客想购买推销的产品,但没有决策权时,推销员可以请顾客将自己引荐给他的老板,要让顾客明白,这样,他就不必再为那些自己原本不太了解的事情而劳心费神了。推销人员可以对顾客这样说:“好吧,我明白,您无法拍板成交。您看是否可以这样,麻烦您帮我联系一下您的老板,让我们见一次面,到时候我们 3 人一起再谈谈?”假如顾客对推销的产品确实感兴趣,并且不觉得这样做会对他产生不利,也许他会助推销员一臂之力。

(三)把求购意向书写成书面形式

当顾客在推销洽谈一开始就说:“我无权决定购买,但我可以将你(产品)的情况反映给老板。”推销人员要明白,这类顾客在公司里通常充当“千里眼、顺风耳”的角色,负责将市场行情及时地向公司决策者汇报,他们无权进行决策,但却能够影响公司的经营决策。针对这类顾客的购买决策权异议,推销人员所要做的,就是将自己的求购意向写成书面材料,请顾客将其转交给老板。求购意向书应该言简意赅,越醒目,越容易引起上司重视。意向书的文字形式一定要有吸引力,让老板一看就能对推销的产品产生兴趣。

三、处理顾客财力异议的技巧

有的顾客在推销洽谈中会说:“你的产品确实不错,可惜我兜里没钱”,“我非常喜欢你的产品,但公司预算已经用完了”,“非常抱歉,公司预算中没有购买该产品的计划”,等等。或许顾客认为告诉推销人员自己没钱,就可以摆脱推销员的纠缠了。但对于推销员而言,推销工作刚刚开始,首先必须确定眼前的这位自称“兜里没钱”的顾客究竟属于哪一种类型,然后才能运用不同的策略与技巧处理相关事宜。

(一)确定“兜里没钱”的顾客的类型

在推销洽谈中,以下几个问题可以帮助推销员确定提出财力异议的顾客的类型：

问题1：询问顾客："最近，您有没有打算向其他供应商订购同类产品？"如果顾客的回答是肯定的，那么就与"兜里没钱"无关了。顾客只不过是没有钱购买你的产品，但却有钱购买竞争对手的产品。接下来，推销人员就要运用一定的策略和技巧说服顾客，使他将购买竞争产品的预算转购自己的产品。

问题2：询问顾客："您认为我应该怎样做，您才能给我一次机会？"如果顾客动了恻隐之心，对推销员说："好吧，给你一次机会，你先报个价。"接下来的问题与"兜里没钱"关系不大了。在这种情况下，顾客声称没钱购买只是一种讨价还价的策略，其目的要求推销员给予一定幅度的让价。

问题3：询问顾客："在未来一段时间内，您打算购买本产品吗？"或者"今后您会购买此类产品吗？"如果顾客没有考虑到公司业务将来的发展趋势，他也就不清楚推销的产品所能带来的效用。这与"兜里没钱"完全没有关系，顾客只是以此为借口。

（二）突出推销的产品价格低廉的特点

如果所推销的产品在价格方面比同类产品便宜，那么就具有一定的竞争优势。推销员可以帮助顾客算一算经济账，用数字告诉顾客，购买所推销的产品能为他节省多少钱；如果所推销的产品并不是同类产品中最便宜的，推销员就应该向顾客说明，推销的产品所具有的各种优点同样能为他节省一大笔开支：

第一，如果所推销的产品是高效能的，推销员可以帮助顾客计算一下，在特定情况下，产品的高效能意味着公司少投入多少资金。

第二，如果所推销的产品经久耐用，质量上乘，推销员可以帮顾客算一下，产品使用寿命延长将意味着在设备更新方面节省多少资金。

第三，如果所推销的产品的技术工艺水平先进，能够适应科技的不断发展，推销员就可以询问顾客，将公司的有关设备更新一次需要多少投入。

第四，如果所推销的产品能够为顾客带来潜在的效用，那也可以帮顾客计算一下，这些潜在效用的市场价值是多少。

（三）确定新的预算资金何时到位

如果顾客"兜里没钱"是由于资金暂时不足，或者下一年度的预算资金还没有到位，推销人员可以询问顾客："贵公司下一计划年度的预算资金何时才能到位？"一旦得知顾客预算资金的到位时间，推销人员就应该早做准备。顾客的预算资金一旦到位，他就会有很大的选择余地。推销人员必须先发制人，否则竞争产品的推销人员蜂拥而至时，就有可能落选。

（四）请顾客试购推销的产品

如果顾客下一年度的预算资金6个月以后才能到位，推销人员可以这样说："我对贵公司暂时的资金困难十分理解，您确实需要我的产品，贵公司能否先试购少量推销的产品或者先付一部分货款，这样既解决了您的应急之需，也解决了资金不足的问题。等到预算资金到位时，您再补齐货款，您看这样行吗？"如果顾客接受了推销员的建议,那么在以后的一段时间内,他就可以全面了解产品的卓越品质,他的公司也将享受产品带来的效用,这笔交易就算是达成了。否则,当顾客的预算资金到位时,他对所推销的产品仍然一无所知,就无法作出有利于该推销产品的购买决策。

(五)帮助顾客发掘潜在资金

在产品推销过程中,如果推销员与顾客已经建立了长期友好的合作关系,完全取得了顾客的信任,非常熟悉顾客的经营业务,扮演的是一名推销员兼顾问的角色,与顾客之间的价格洽谈会是在一种心平气和、融洽和谐的气氛中进行的。由于与顾客非常熟悉,并且已经赢得了顾客的信任,当顾客提出财力异议时,推销员可以通过提出以下问题来化解顾客的购买异议:

问顾客:“能否将原定于购买其他同类产品的资金用来购买我的产品?”

问顾客:“是否从其他项目上节余部分开支,用于购买我的产品?”

如果由于时间关系,顾客所在公司本财政年度行将结束,致使生意无法成交,那么推销员就可以建议顾客在下一年度的财政预算到位之前先行订购自己的产品。可以问顾客:“您是否愿意以分期付款或延期付款的方式购买我的产品?”

由于与顾客已经建立了长期良好的合作关系,对于推销员的上述要求,顾客一般都会给予积极的答复。

四、处理“抱怨一切”异议的技巧

在推销产品过程中,推销人员会遇到“抱怨一切”式的购买异议,这类顾客觉得什么都不顺心,一切都不尽如人意,对推销的产品总是说三道四,而且还要强迫推销员赞同他的观点,推销员的每一项提议都会遭到他的极力反对。处理这类顾客异议常用的技巧有以下几种。

(一)用玩笑的方式回敬顾客

在处理这类顾客异议之前,推销员首先要对顾客的禀性进行调查,充分了解与自己打交道的顾客的性格偏好,搞清楚顾客的抱怨是源于其性格,还是源于推销的产品。一般来讲,大多数“抱怨一切”的顾客都是由于性格在作祟,“抱怨一切”已经成了这类顾客的处事风格,不一定代表公司的既定政策或决策方向。通常情况下,当顾客开始抱怨一切时,推销人员如果能够用玩笑的口气适时地予以回敬,顾客就会有所收敛,也会更加敬重推销员。

顾客:我简直难以相信,我们订购的货物到现在还没有到齐,你们的工作效率怎么会如此的低下?

推销员:瞧瞧,您还这么说呢!您哪一次是准时赴约的?上次我请您喝茶,你迟到了半个多小时。

(二)改变与顾客之间的关系

俗话说“江山易改,禀性难移”,作为产品销售人员,推销员无法改变顾客的禀性。如果顾客天性喜欢抱怨,那正是他在产品买卖关系中显示出来的真情的流露。

推销人员无法改变顾客个人的习性，但可以改变自己与顾客相互之间的关系。面对“抱怨一切”的顾客，推销员如果一直处于被动地位，就应该仔细地想一想，自己目前处理顾客异议的方式是否奏效，是否需要从根本上进行调整。有些喜爱“抱怨一切”的顾客越是看到推销员处于窘迫的被动状态就越是觉得推销员软弱可欺，他们就会表现出更大的不满，以此来考验推销员的忍耐力。

推销人员在价格洽谈中应避免锋芒毕露，因为“抱怨一切”的顾客尽管在表面上咄咄逼人，但内心里却非常胆小怕事，在某种程度上，他会认为推销员的这种洽谈方式是一种威胁，因此，他们会将抱怨的矛头直指推销员个人。推销人员要想改变与顾客之间的关系，最好的办法不是改变自己的处事方式，而是更多地倾听顾客的心声，从顾客的角度来看待顾客异议，并与之产生共鸣。如果推销员能够真正做到理解顾客，分清哪些抱怨是出自顾客内心的，哪些只是流于形式的，什么是顾客真正关注的，那么，这对改善推销员与顾客之间的关系将非常有利。

（三）将不同性质的抱怨区别开来

面对“抱怨一切”的顾客异议，有经验的推销人员会将顾客的诚恳意见与故意刁难的行为区分开来。如果一时难以将二者完全区分开来，那就先要扪心自问，顾客这样做的真实意图是什么？大多数“抱怨一切”的顾客的目的是要推销人员确保产品交易中的所有细节都完美无缺。或许顾客是一名完美主义者，在工作中，事情不论大小对他来说都一样重要，在推销洽谈中，他会将这种处事风格强加于推销人员。对此，推销员最好向顾客保证：交易中所有细节问题都将引起足够重视，自己将亲自安排交易事务。

另一种情况就是顾客自身有一定的心理障碍。有一部分顾客或许由于能力有限而不被公司重用，或许与公司同事之间的人际关系不佳，或许家庭的压力太大等，造成心理失常，不能以平常心态来对待采购业务的问题，而将自己积压的不满情绪发泄在推销产品或推销人员身上，这类顾客一般不具备真正的购买决策权。

如果推销员无法根据自己的经验将顾客的诚恳意见与故意刁难区分开来，可采用以下方法。

1. 直接询问。直接询问顾客：“您真是思维敏捷，很高兴您能够提出这些问题。但您提到这些问题，究竟是因为您确实认为非常重要呢，还是只不过说给我听听而已？”

2. 请顾客把意见写下来。如果推销员无法确定顾客对自己所提意见的重要程度，那么就请顾客将这些意见写下来，以信件的形式寄给自己的业务主管。当下次顾客再提出这些问题时，推销员就可以直接问他：“您没有将这些问题寄给我们经理吗？”这样就将处理问题的责任推给了顾客，顾客也不会再纠缠这些问题了。

3. 试问顾客，如果这些问题得到妥善解决，他是否会立即购买推销的产品。如果顾客承诺，只要解决这些问题，就能与推销员达成交易，那么推销员就应该认真对待顾客提出的意见和建议；如果顾客支支吾吾，“顾左右而言他”，就说明推销员已经镇服了顾客的恶意刁难。

(四)与顾客交朋友

实践证明,当推销员与那些爱抱怨的顾客成为朋友以后,他们就会停止抱怨。有的顾客抱怨起来会喋喋不休,他会认为:“我没有购买你的产品,我不受你的约束,所以我无所顾忌,爱怎样说就怎样说。”这时,推销人员不能太在乎顾客的抱怨,应该认识到顾客的抱怨是其真情流露的一种形式,要以亲切友好的方式对待顾客。推销人员可以对顾客说:“我听了您的意见,觉得合情合理。如果您方便的话,我们找个地方一起吃顿饭吧,边吃边聊。”如此的以诚相待,即便是铁石心肠的顾客也会被打动的。

(五)其他技巧

如果推销员已经用尽办法,但顾客仍然无休止地抱怨时,可以试试以下方法:

第一,推销人员的脸皮要厚一点,对顾客的抱怨视而不见。

第二,承认顾客的抱怨事出有因,并告诉顾客,自己正处于两难境地。

推销人员可以这样说:“瞧,我很清楚您非常重视这些问题,我已经认真地作了记录,将把您的意见和建议转达给我的上司。不过,您确实让我感到非常为难。我自认为在公司里干得不错,如果我同意您的观点或者按照您的要求签订合同,那必将危及我的职位。我确实想做成这笔交易,但希望您能体谅我的难处。”

第三,请顾客不要再谈论这方面的问题。推销人员在运用第二种方法仍无法奏效的情况下,就应该以坚定的口气要求顾客:放弃对该问题的进一步讨论。

推销人员可以这样要求顾客:“我确实无法在此问题上与您展开更深入的讨论了,因为那必将危及我在公司的职位。我很高兴您对我们的产品(或公司)提出了这么些中肯的意见和建议。这些问题非常重要,我也十分重视。但除此之外,作为一名基层的产品销售人员,我实在不能再说什么了。在以后的交往中,如果您能放弃讨论这些问题,我将感到非常欣慰。谢谢!”

第四,如果顾客针对某一问题一直抱怨不休,推销员就可以复述一遍顾客的话,然后以开玩笑的口气告诉顾客:“这一问题你已经说过多次了,我已经耳熟能详了。”

思考题

1. 何谓顾客异议?顾客异议有哪些客观作用?

2. 导致顾客提出购买异议的原因有哪些?

3. 简述顾客心理障碍的主要内容。

4. 当顾客说:“谢谢,我们不需要这种产品”时,是否意味着顾客确实不需要推销的产品,推销人员就应该立即放弃,转向别的顾客?

5. 当顾客说:“你的产品非常好,但我无权决定购买”时,是否意味着顾客不是所在企业的决策成员，推销员向其推销产品是一种无效劳动？

6. 简述处理顾客异议的几种时机选择。
7. 简述补偿顾客异议法的内容及优缺点。
8. 简述转化顾客异议法的主要内容。
9. 简述合并顾客异议法的主要内容。
10. 简述肢解顾客异议法的主要内容，并举例。
11. 简述重复与削弱顾客异议法的主要内容及特征。
12. 什么是引申归谬法？运用这种方法的难点何在？
13. 简述有效比较法的内容。
14. 简述反问逼退法的内容。
15. 简述例证约束借鉴法的主要内容。运用这种方法应注意哪些问题？
16. 简述岔开拖延法的内容。运用这种方法的前提条件是什么？
17. 当顾客提出价格异议时，推销人员应该运用哪些处理技巧与策略？
18. 如何鉴别顾客是否具有商品购买决策权？
19. 当顾客提出财力异议时，推销人员应如何应对？
20. 面对“抱怨一切”的顾客，推销人员怎样才能展开有效的推销活动？

第十二章

达成交易的提示与服务策略

本章重点及学习要求

- 掌握达成交易的有关提示
- 掌握推销服务策略的具体内容

本章关键词

成交阶段(closing stage)　跟进和维持(follow - up)　提供选择(provide choice)　满足顾客的特殊需要(meet the special needs of customers)　售后服务策略(after - sale service strategy)　顾客的维系(the maintenance of the customer)　客户关系管理(customer relationship management,CRM)

第一节 达成交易的有关提示

大量实践证明,下列提示对推销员实现商品销售是非常有用的。结合有关推销事务,我们将详细介绍这些提示,推销人员应该记着它们,并在具体的推销活动中灵活地运用。

一、直接或间接地向顾客表示

一个文具用品推销员对顾客说:"请不要错过这次机会,现在就订货吧!现在订货,我们就能在年内向您交货。您一年需要多少信封?"

保险推销员对顾客说:"马先生,不管怎么说,您的房屋需要保险,您最好马上就投保。只要您现在一投保,您的房子马上就会得到保护。房子以及房内的东西总共值多少钱?"为了促使马先生作出投保决定,保险推销员说了上面一番话,目的是为了邀请顾客马上投保。

从上面的例子可以看出,推销员在向顾客作出直接或间接的表示以后,应马上向顾客提出一个诱导性问题。提出这种诱导性问题的前提是:顾客对所推销的产品的印象不错,但又不愿意过多地考虑是否作出购买决定。这样一来,达成交易就成了当务之急。

二、为顾客提供选择

推销员在推销产品时,向顾客提供两种不同的选择,使顾客在两者之中择其一,而不让其有可能作出类似于"什么也不买"的第三种选择。

不要让顾客过多地考虑"我应该不应该买呢"这样的问题。相反,要把顾客的思路引导到"我应该选择 A 呢,还是选择 B"上,向顾客提供两种选择会减少被顾客拒绝的危险。

一家纽扣厂的推销员问顾客:"你们现在需要 100 箩纽扣?"其实,这个推销员估计顾客只会订购 40 箩纽扣。不过,他发现使用这种提问方法,常常可以售出更多的纽扣。

一个小汽车推销员问顾客:"王先生,您喜欢哪一种型号的小汽车?大型的,还是小型的?"

推销员向顾客提供的选择可以是多方面的:数量、质量、型号、颜色、具体交货条件和精细加工等等。

在向顾客写信推销或者答复顾客的问询函时,也可以使用这种选择的方法。如果推销员能向顾客提供几种选择,自然就有理由去拜访顾客,与他面洽并把选择的优缺点告诉他。

不管推销哪一种产品,都可以用选择方法去诱导顾客购买。要动脑筋多提供一些选择方法,即使各种选择之间只有微小的区别,推销员也应当尽量使用这种方法向顾客推销。

三、少提容易遭到顾客反对的问题

在推销过程中，不要向顾客发布“最后通牒令”，例如：“您还不作购买决定？”“您买这种材料吗？”“我们能否今天就达成协议？”“您是否接受我的销售建议？”等等。类似问话，只能说明推销员的推销方法欠妥。

“最后通牒”式的问话常会使顾客感到尴尬。为了摆脱来自推销员的压力，顾客会拒绝所有销售建议。“最后通牒”式的问话也违反了销售心理学的一条规则：避免提问一些容易遭到反对的问题。大量实践表明，用“最后通牒”式的问话来征求顾客的意见，只会招至否定的回答。例如，“让我们坐下来谈一谈您需要订哪些货吧！”这样的问题只会招至否定的回答：“不，我现在什么也不想买。”

除“最后通牒”式的问话以外，推销员也应该避免使用否定形式的提问。否定形式提问的效果更糟糕。“您对购买我们的食品罐头不感兴趣，是吗？”“您不喜欢使用我们的绝缘材料吗？”等，往往容易得到顾客肯定的答复。因此，推销员在向顾客提问题时，提问的语气应该是肯定的。

四、诱导顾客同意自己的看法

一个做生产技术的推销员采用了这样一种方法：他提出了一系列问题，而顾客对他的问题总是给予肯定的回答。通过这种方法，他诱导顾客在一些小的问题上作出了决定。

问：那么，您同意有效的经营管理可以提高企业的利润水平？

答：对。

问：专家的建议是否也有助于获得利润呢？

答：有助于。

问：过去我们的建议对您有用吗？

答：有用。

问：在目前的市场条件下，进行技术改革是否有利于开发新产品呢？

答：应该说是有利的。

问：如果把产品的加工做得再精细一点，那是否有利于贵厂产品在市场上销售呢？

答：是的。

问：在一定时期内，以合理的价格推销质量较好的产品，您是否会得到更多订单？

答：是的！

问：在试用我们的生产技术之前，您还需要了解哪些情况？

答：不需要了。

问：如果您按照我们的生产技术进行试验，并且对试验的结果感到满意，您是不是就准备在一定的时间内采用我们的方法?

答:是。

问:我可以把您说的话向我们公司汇报吗?

答:可以!

从上述对话中可以看出推销员逻辑思维层层深入的过程。当然,推销员必须有胆略,抓住时机,步步深入,引导顾客作出一个又一个决定。

五、多问一些检查性的问题

在业务洽谈过程中,推销员应向顾客提问一些检查性质的问题,来了解顾客对产品所抱的态度,检验顾客是否有购买意图。每当推销员向顾客介绍推销要点时,都应该使用这种方法。凭借这一方法,许多推销员不但可以在困难的推销环境中得到顾客的订单,而且还能缩短推销洽谈的时间,较快地得到订单。

例如,某推销员向顾客示范所推销的洗衣机,引起顾客很大兴趣。顾客说:“这台洗衣机真不错,它肯定能给我们带来很多便利。”推销员接过他的话茬马上说:“这台洗衣机还是值得买的,对吗?”根据顾客对这一检查性质的问题所作的回答,推销员可以断然采取措施:马上促使顾客作出购买决定;或继续深入销售谈话,以便进一步刺激顾客的购买欲望,并且在购买使用洗衣机的必要性方面做文章。

推销员对产品价格的解释吸引了经销商。经销商说:“说得对。只要想到这台洗衣机能给人们的生活带来的方便,价格就不算贵,值得买。”经销商的肯定回答使推销员有机会向他提同一个检查性质的问题:“那最好马上展出这台机器,与广大买主见面,并尽快销出去。您说呢?”在这种情况下,即使顾客作出否定的回答,洽谈也不会就此终止。如果顾客同意购买,这笔交易就宣告达成了。

为了检查推销员对价格的解释是否为顾客所接受,推销员应该问:“使用这种方法,一年最起码可以节省300元。您知道吗?”“当然,要计算出精确的数字是不可能,大约300元吧!”为了促使顾客作出购买决定,推销员可以向顾客再提一个检查性的问题:“所以,我们可以这样假定:您越是尽快地使用这种方法,您节省的钱就越多。对吧?”请注意,在这里推销员明智地避免了使用“购买”一词。

对上述检查性的问题,顾客的回答有三种:肯定的、不置可否的、否定的。

只要推销员的问题是用正确的方式提出来的,只要推销员的话是用正确的方法表达的,顾客虽然对此作出否定回答,但那并不是完全拒绝推销员的报价,而仅仅是拒绝推销员所说的某一点或某一方面。例如:“不,不管您怎么说,我看不值得买。”尽管顾客的回答是否定的,但达成交易的可能性并没有因此而减少或消失。所以,推销员要了解顾客有哪些反对意见,并且应当和顾客在一起进行讨论。

如果顾客作出不置可否的回答,那说明顾客还没有接受推销员的推销要点,也许是由于某种未被发现的因素在影响顾客的心理,使顾客犹豫不决,或者顾客并无别的意思,只是想推迟作出购买决定。在这种情况下,推销员要细心观察,耐心说服。

如果顾客的回答是肯定的，推销员对情况的估计也是正确的，顾客很快就会作出购买决定。

还有一种提问方法，其效果也非常显著。“是什么因素促使您向我们订货呢?”“是什么因素促使您接受我们的报价呢?”“是什么因素促使您同意呢?”通过这种提问，推销员很快就会了解顾客的态度，并且据此决定下一步的工作。

六、分阶段决定

为了便于顾客作出决定，推销员应把需要讨论的问题分为几部分。“昨天我们已经谈妥……今天我们讨论……下一次我们将讨论……”这种方法使讨论富有戏剧性，有层层深入的感觉。

七、促使顾客在一些重大原则性问题上作出决定

在重要的洽谈中，推销员最好将原则性的问题与细小的枝节问题区别开来。一些辅助事项、确切的说明和精确的计算等，应当在由中低级职员参加的洽谈会上进行讨论。高级洽谈会必须简短、实际、集中，应该讨论一些原则性问题。如果推销内容比较复杂，可以分阶段进行。

八、概括购买产品的好处

在推销过程中，对有利于购买的一切因素进行高度概括是圆满结束洽谈的一种有效方法。在推销洽谈时，要把所有的有利因素醒目地写在一张双方都可以看到的大纸上。由于在洽谈过程中顾客随时都可以看到这些因素，所以就会收到较好的直观效果。

推销员也可以把产品的优缺点、有利和不利因素全部写下来。这样顾客就可以清楚地认识到：购买该产品会给他带来哪些好处和不利。

在推销过程中，对有利因素的重复会发挥明显的启发作用。顾客可能在推销员重复第四遍的时候才注意到这些推销要点。另一方面，如果推销员在最后阶段提出一些新的要点，推销洽谈就有反复的危险，因为这些新要点将会引起顾客重新考虑，因而推迟购买决定。

九、尽量让顾客作出部分决定

不要迫使顾客作出困难的、全盘的购买决定。在促使顾客作出购买决定之前，推销员应该有步骤地向他提一些问题，让他就交易的各个组成部分作出决定，也可以就一些特殊要求、特殊条件等作出决定。特别是汽车推销员，因为汽车部件多、结构复杂，所以使用这种方法比较合适。下面是一个汽车推销实例中的对话：

推销员：您喜欢哪一种颜色？

顾客：蓝颜色。

推销员：您需要一顶太阳篷吗？我们有些轿车就配有这种太阳篷。尤其在夏

天,轿车还是有必要配备太阳篷的,对吗?

顾客:您说得对,但太阳篷太贵了。

推销员:要不了多少钱。

顾客:是吗?

推销员:各种型号的汽车都装有雾灯。因为当您在秋天、冬天或者在春天比较寒冷的日子里行车的时候,雾灯是必不可少的。

顾客:我认为配备雾灯不必要的。它只会抬高汽车价格。另外,在天气不好的情况下,我肯定不会经常开车外出的(否定的回答)。

推销员:把座位往后推到这个位置。您坐在里面感觉舒服吗?坐在这个座位上开车感到很方便吧?

顾客:还可以。不过我想座位还是稍微高一点好。

推销员:把座位调高一点很容易。您看还有哪些地方需要改进?

…………

如果推销员分阶段有步骤地向顾客介绍产品,顾客就不必马上作出是否正式购买的决定。如果他对推销员的某一推销要点作出否定的回答,例如,对话实例中关于雾灯和座位高低的问题,它对交易并没有什么危险,因为它只否定了产品与顾客个人愿望有关的部分。尽管推销员和顾客之间有分歧,但只要这种分歧只是涉及某个具体问题,那它就不会对达成交易产生危害。

"你们办公室需要多少部电话分机?"推销电话设备的小张问顾客。

"这里一部;经理办公室需要两部;秘书、仓库、会计室各一部。"

"就这么多吗?"

"对,就这么多。"

"产品定价部门不需要电话吗?"

"那里不需要。"

"这里有两种型号的电话机,您看喜欢哪一种?"

"看起来都不错,不过我还是喜欢左边的那种样式。"

"要是把内线电话跟外线接上,这样既可以打内线电话,又可以打外线电话,这不是两全其美吗?"

"那当然好了。但是花钱也多了。"

"花不了多少钱。这是价格表,您看看……我们是否一起到各办公室走一走,看一看在什么地方安装电话比较合适?办公室的那部电话就安在这里好吗?"

…………

十、满足顾客的特殊要求

有些时候,顾客可能用提出希望或者提出反对意见的方式来表达他们的特殊要求。在这种情况下,如果可以改动某些销售条件,使之更能满足顾客的特殊要求,那么,推销员就应该做某些适当的变动。这样做顾客就会更加关注所推销的产品,增加购买的可能性。

…………

顾客:我不喜欢产品表层的处理方法,乍看上去不结实。

推销员:如果我们改进产品的表层,使之增加防腐能力,那您会感到满意吗?

顾客:就这一点而言,那当然好啦!不过,5 个月才能交货,是否时间太长了一点?

推销员:如果我们把交货时间缩减为 3 个月,您能马上决定吗?如果可以,我们马上开始生产。现在,销售季节还没有真正开始呢?

…………

如上所述,用提问的方法进行推销,效果一般比急于推销要好。例如:“我们完全可以把产品的表层加工得更好一点。”“我们完全可以在 3 个月内交货。”这种方法对顾客没有约束,而且只意味着推销员还要进一步与顾客进行讨论。用这种提问方法进行推销,有利于推销员在顾客表示同意购买以前,或者在推销员同意顾客的特殊要求以前,不作出让步。下面再举一些例子。

一家女式服装生产企业的推销员问一家时装店的老板:“如果我们把服装式样加工成这些图片上的款式,您会感到满意吗?”

一家家具厂的推销员问顾客:“如果我们把家具腿缩短 5 厘米,您是否觉得这样会更好看一些?”

顾客:“这台印刷机跟我原先想象得不一样。”

推销员:“您觉得哪些地方需要变动?我们尽可能满足您的要求。”

为了迎合顾客的某些特殊要求,主动向顾客提出改变产品式样或者重新设计,这样,顾客就会更加愿意购买所推销的产品。假如推销员有机会提出某些改动会迎合顾客的要求(尽管顾客并没有公开提出这些要求),那么,推销员就应该高高兴兴地利用这种机会。但是,是否值得这样做,要根据当时的具体情况,并考虑这样做可能会带来的组织工作和费用问题。

十一、四步骤程序

一名成功的推销员将四步骤程序归纳为:

第一,尽量总结和强调顾客和我的看法的一致点。

第二,引导顾客同意我的观点,从而达到双方看法一致。

第三,把所有尚待解决的问题和有争议的问题搁置一边,暂不讨论。

第四,与顾客一起商定怎样进行讨论。共同商量怎样阐明一些重要问题。考虑到顾客有不同的看法,所以应该在下一阶段再进行讨论。

十二、预料事态的发展

不要与顾客争论是否应该购买的问题,而应当与顾客讨论一下交货的细节问题,诸如订货、付款条件以及其他与购买有关的问题,要考虑顾客已经订购的产品并且开始使用这些产品后的情况。虽然推销员并没有讨论购买决定的问题,但实际上顾客已经作出了购买决定。

"您是下星期就需要这些产品,还是下月需要呢?"办公设备推销员采用了选择式的提问方法。

木材推销员向顾客建议:"张先生,要不要给你们的仓库经理打一个电话,问一问你们是否能够接受六七月份分4批交货的条件?"

在向一些小零售商推销现金收款机的时候,推销员问顾客:"我们可以答应你们在6个月内付款的条件,这样,你们的问题就解决了吧?""您对哪些产品最感兴趣?""首先更换哪些机器?""我们明天就开始安装好吗?"

再如:"如果一个星期以后进行第一次测量,你们很快就会知道这样一来能节省多少资金。""我们的工程师能否在本周末迅速检查一下安装的情况呢?""你们春节商品展销会的开幕式,正是向顾客介绍这个新款式的好机会。需要我们给你们送二三件样品吗?"

这样提出问题和建议就可以把顾客的思路引导到订货的选择上。因为顾客还没有提到真正的购买决定,所以,预料事态的发展,认真加以准备是非常必要的。

推销员要注意:不能在订货单上玩弄花招;不要把钢笔递给顾客,不要把圆珠笔硬塞到顾客手中,逼迫顾客就范;在顾客还没有同意订货之前,不要将顾客的订货草率地记录在案;不要因为急于达成一个对双方都有约束力的协议,就迫使顾客签字,履行正式手续。

十三、推销的产品正是顾客所需要的

如果让顾客购买所推销的产品,那么推销员就必须有这样一种信念:自己所推销的产品正是顾客所需要的。顾客在听完推销要点和情况介绍以后可能作出不购买的决定,为此,推销员不必一筹莫展、心灰意冷,要通过讨论的方式、说话语调的变化、姿势和外表动作向顾客表示出自己对最后结果是冷静而充满信心的。不要向顾客提出一些有损于个人身份和人格的请求。如"帮一帮我的忙吧!""想一想我们做了多年的交易吧!""我们花了多少时间来讨论这个问题!""我们上次帮了您的大忙。""因为你们的订货对我来说至关重要……""因为我们曾给过您很多的生意机会……"这样的语言等于乞求,等于哄骗。尤其在即将达成交易的时刻,推销员特别容易采用这种乞求的方法。这种乞求只会降低推销员的人格。通过这种方式得到的订单,推销员迟早要付出双倍的代价。顾客到时候会这样说:"上次我帮了您的忙,现在我想我有理由希望……"

如果推销员确信顾客马上就会作出购买决定,一定要镇定,尽量避免谈论购买决定等有关事宜。例如,一个钢产品推销员不应说:"如果您购买这种高质量的锰合金钢……"而应说:"当您使用这种锰合金钢……"一个汽车推销员不应说:"如果您购买这辆小汽车……"而应说:"经过两三个星期的试车以后,您就会感到……""这台洗碟机可于春节之前交付使用,正好赶上过节时家中有很多东西要洗。”“在不到 1 个月的时间里，您的速记员的工作效率将会大大提高。”这种说法肯定胜于“如果您购买这台洗碟机……”和“如果您决定在办公室使用我们这种装有特制弹簧的打字用座椅……”的说法。

在结尾阶段，推销员不能流露出任何忙乱慌张的迹象，否则，顾客就会下意识地受到推销员情绪的影响，或者顾客就会产生怀疑，认为推销员之所以这样完全是为了获得订单。在这个关键时刻，推销员要控制说话的声音，吐字要清楚，说话要有说服力，还要信心坚定，要若无其事，表现轻松自如。推销员忧虑和紧张的神态往往会影响顾客，使他有意或无意地推迟购买。一个有经验的顾客说：“只要看一看推销员坐在椅子上的姿势我就知道他是否紧张。”在比较和衡量购买的好处和坏处的时候，一些微不足道的小事有时也会发挥决定性的作用，影响大局。

推销员过分急切和过分自信的表现也会影响顾客的购买欲望。越希望顾客订货，就越要小心谨慎。在洽谈结尾阶段，推销员说话要慢一些，多停顿一些，让顾客有喘息机会，有时间认真思考。推销员要采用“无负重无压力”的推销方法，洽谈的气氛本来已经很紧张，就不要再制造紧张气氛了。如果推销员使用订货簿的话，最好在洽谈一开始时就把它放在桌面上，千万不要问顾客是否想购买、买什么、谁买、怎样买和买多少等一类的问题。

十四、让顾客试用产品

把所推销的产品留给顾客，让顾客试用一段时间，是一种非常有效的推销方法。推销员把新的真空吸尘器留给顾客使用一个星期以后，再从顾客手中拿走时，顾客就会留恋不舍，甚至会产生缺少它就无法生存之感。

如果顾客在另一城市有某种业务关系，可以建议他驾驶新车到那个城市进行业务活动。推销员可以作为一名乘客同他一起驱车前往。这样一来，两个人就有很多时间在一起讨论新车的优点，顾客也会慢慢地适应这辆新车的运转情况。

如果顾客不完全相信产品的优点，可以把产品留给他试用。如若他不满意，还可以退回来。当然，要让他在规定期限内退还。

一家办公室设备生产商让推销员尽量把机器留给顾客试用 6 ~ 10 天。实践证明，这样做，每 5 台机器就可以售出 3 台。推销经理说：“这完全是一个推销方式的问题。在试用期间，我们还可以帮助顾客维修他的原有机器和设备。这样，顾客就不得不在试用期以内使用我们的机器。”

十五、趁热打铁

如果只经过一次业务洽谈就达成了交易，那太理想了。推销员也可因此而节省很多时间。在第一次业务洽谈时，顾客作出购买决定的可能性最大，推销要点也最清楚，顾客也最容易接受，对销售条件的争论也不甚激烈。第一次洽谈，往往占用很长时间。推销员非常害怕遭到顾客的拒绝，所以往往不敢引导顾客作出购买决定，而只是希望，在业务洽谈继续进行时，顾客会突然打断他的谈话，兴高采烈地表示购买。如果顾客不声不响,无所表示,推销员就不知所措,以为时机还不成熟,因此,就会直接或间接地把本来经过努力可以达成交易的大好时机错过。

一个有经验的推销员说:“我当然不会愚蠢到这种地步,我肯定不会对顾客说让他一直考虑到我下次再来拜访时再作决定。”每当推销员不作明确表示,不直接引导顾客订货,而只是继续销售谈话或者等待顾客作出某种表示时,实际上就是间接地鼓励顾客。通过向顾客提出检查性的问题,推销员就能判断顾客作出购买决定的时机是否成熟。如果推销员和顾客洽谈得太多,那就会错过合适的销售机会。一旦错过了合适的机会,就应寄希望于下一次,而且千万不要再错失良机。

十六、学会打歼灭战

推销员要将自己的推销努力集中在说服顾客接受某个对他作出购买决定有重要影响的问题上。这样做可以大大缩减洽谈的时间。但是,使用这种方法是比较困难的,也不能经常使用。下面举例说明:

推销员:在开始之前,我能否直接问您一个问题?如果这台机器的生产效率起码比您现在使用的机器的生产效率高20%,您有兴趣购买吗?

顾客:那您得先让我心服口服。

推销员:您承认生产效率是一个决定性的因素吗?

顾客:承认。

推销员:是否可以这样假定,如果我有令人信服的证据,生产效率确实可以提高20%,您就购买这台机器?

顾客:可以这样认为!但是您必须拿出证据来,而且价格要合理。

推销员:我想您已经从我们的小册子上看到了机器的价格。

顾客:看过了,价格还是比较合理的。

…………

使用这种方法,整个洽谈就会集中在某一具体问题上。因此,推销员就没有必要对产品的其他优点作长篇大论式的介绍和解释了。如果在这一决定性的问题上达到了预期目的,那就有可能达成交易。使用这种方法,还可以节省大量时间并且使整个推销洽谈简单化。

十七、鼓励顾客提出反对意见

当一个已经对产品产生兴趣的顾客还在犹豫不决,迟迟不作出购买决定的时候,可能有这样几种原因:他还有一些反对意见;他感觉自己还缺少全盘考虑;他本人无权作出决定;不与妻子或上司商量不能作出决定;他觉得产品的缺点与优点相等。这时,向顾客提出问题是发现这些原因的最好办法。这样,推销员就能诱导顾客暴露出埋藏在内心的反对意见。

“不,我还要想一想。”一个经销商说。很显然他还在犹豫。推销员回答说:“您还有不明白的问题吗?”或者,“您还是不太相信,对吗?”最后一句话是后半阶

段洽谈的关键。到了这个时候,顾客不得不道出原因。他的回答可能有下面几种:

其一,“嗯,我真不知道说什么好。像这种重要订货,我确实需要时间进行考虑。”这说明顾客犹豫不决,可能是因为他的购买欲望还没有受到强力刺激的原因。遇到这种情况,推销员有必要重复一下最重要的推销要点。

其二,“可以肯定,您的产品还是不错的。不过我们还可以等一等,用不着那么着急。”从这句话可以看出顾客已经产生兴趣,但他的购买欲望还没有受到充分的刺激。推销员不但要刺激顾客的购买欲望,而且还要讲出购买的原因,使顾客认识到马上购买是明智的,等待,特别是长时间的等待是一种失策行为。

其三,“嗯,我还是认为价格偏高了一点,这与我的想象不大一样。”“我不太喜欢这种装配方法。”“这种东西看上去挺美观,恐怕不耐用吧?”“很好,不过还有一些毛病。”所有这一切充分说明推销员还没有成功地消除一些有事实依据的反对意见。在某种情况下,由于工作没有做到家,推销员只好从头做起。

其四,“我想等董事会讨论一下再说。”“还需要让我们的出口经理审查一下这份合同。”“我自己不能决定。”如果出现这种情况,那可能是推销员还没有同真正的买主打交道;或者是顾客对产品还有疑虑;或者是顾客对自己的看法吃不准,不能下决心。一旦发现问题的关键所在,推销员必须当机立断,马上决定是应该进一步刺激顾客的购买欲望,还是用直接或间接的方式同幕后的决策人打交道。

其五,“没有,我想不出还有什么具体问题。”顾客如果这样回答,或者用同样的腔调,或者用不肯定的口气回答,只要推销员再进一步加以引导,他可能很快就会作出购买决定。

另外,推销员应该记住:顾客在回答检查性的问题时,他可能会作出某种解释。他不愿意作出购买决定可能有几种原因。在某种程度上,推销员可以用下面的方法来解决:等顾客回答以后,推销员可以再追问一个问题:“我明白了,您现在不能作出决定就是因为这个问题吗?”顾客往往有下面几种回答:“是的。”“不,不仅如此,我想价格确实太高了。”“我不知道,我现在还不太清楚。”第一种回答直接承认推销员是对的。第二种回答要么只是一个借口,要么顾客不作出购买决定还有其他原因。第三种回答表明顾客本人也不知道是什么原因。不管哪种情况,使用检查性质的提问方法都是有好处的。任何时候,推销员都应该尽量了解顾客究竟有哪些真正的反对意见,尤其应该了解在公开的反对意见背后可能掩藏着的真正动机。

一个有经验的推销人员建议使用激将法,如“还有另外一个原因吧?”如果顾客刚才谈的原因是真正的原因,他就会重复一遍,并且觉得推销员的问题提得古怪。如果不是真正的原因,他就会被推销员的问题问住,只好说出真正的原因。

一个向董事会提供服务的颇有经验的推销员通过“看上去您太犹豫了”这样的话,发现了隐藏在顾客心里的许多真正的反对意见。

十八、如果顾客没有作出决定，应主动与顾客保持联系

推销员要分清楚顾客为什么不能马上作出决定的客观原因、借口、犹豫不决这三者之间的区别。如果顾客确实有原因，极力劝说他马上作出决定和对他施加压力都是错误的。相反，在这种情况下，推销员应该建议顾客推迟作出决定，这样双方可以建立起一种真诚的信任关系。如果顾客只是找借口或处于举棋不定的境地，就可以这样对他说："您为什么今天不能作出购买决定呢？其实，您今天就作出决定与您下星期才作出决定得到的好处是相同的。"或者，"您现在就作出决定不是很简单吗？既省事，问题也易于解决。"或者，"如果您现在就决定购买的话，我们明天就可以安装机器，后天，您就可以使用了。"在这种情况下，要使顾客清楚地认识到早作决定就会早受益。"如果您今天签字，明天您就能收到第一批订货。"

在某种情况下，推销员没有必要理会顾客的拖延策略。如果推销员坚持不让步，那么，他就会发现顾客是有购买意图的，仅仅是不愿意和盘托出罢了。任何时候只有找出正当理由才能说服顾客马上购买。甚至还可以有分寸地给顾客加以指点，并告诉他如果现在不购买，他将后悔莫及甚至蒙受不同程度的损失和影响。

如果顾客确实需要与公司的负责人讨论和分析有关购买事宜，他的这种要求自然应当受到尊重。但是，任何人也不会阻止推销员参加他们的讨论；任何人也不会阻止推销员向他们提供一些有价值的资料；任何人也不会阻止推销员向提出意见的人征求意见。

另外，推销员也可以送给对方一些补充材料，并在日后亲自取回。这样做就发挥了提示的作用。推销员可以把产品留给顾客试用，或者提出为顾客试装，或者明确地告诉顾客，他将得到哪些特殊保证，或者向顾客表示自己可以在某些方面作出一些让步。在交易处于危险境地时，这往往是一个有决定意义的因素。

有人建议推销员把重要的推销要点保留起来，作为一手绝招在最后的决定时刻提出来，这种建议是不现实的。任何一名明智的推销员都不应把重要的推销论点保留到整笔交易处于告急阶段才提出来。这种在最后时刻突然放松条件的做法看上去与倾力推销很相似，同时这很容易引起顾客的怀疑和反感。当然，在经过长时间的洽谈以后，推销员对顾客的某些要求作出某些让步则是另外一个问题。

十九、写确认信

给顾客写确认信是一种经常使用的推销方法。在信中要用高度概括的语言重复双方在业务洽谈中所达成的协议，并将顾客购买推销产品将得到的好处重申一遍。这样做有以下几点好处：

第一，书面形式要比口头表述更为准确。经过冷静的思考以后，推销员对推销要点才能比较容易地找到一些恰当的措辞，避免一些不恰当的措辞，还可以对推销员曾说过的某些话加以修正。此外，推销员还可以对顾客的态度，以及他的一些特殊问题和特殊要求进行全面的考虑。

第二,送给顾客一份书面材料,有助于顾客进一步考虑。书面材料有利于顾客重新考虑推销员的销售条件。尽管推销员与顾客并不朝夕相处,但是,推销员还可以继续影响他。

第三,书面材料往往可以给销售报价增加较强的可靠感。

第四,书面材料能给人一种强烈的直观感觉,它的效果明显好于口头洽谈。

第五,顾客在讨论购买决定时,也可能讨论推销员的确认信。这样,推销员就有机会用间接的方式影响一些他不可能亲自接洽的顾客。

任何时候推销员都应当掌握主动权。顾客没有再次主动联系推销员的义务。推销员应该积极争取再次拜访顾客,或者下一次再继续讨论。推销员应该掌握主动,"我是下星期一给您打电话还是等到下星期五再给您打电话?"要使用选择式提问方法。如果顾客主动提出给推销员打电话,而到时他又不亲自跟你联系的话,那么,他往往同意过一段时间以后再跟推销员联系。

同样,推销函件不应该用"我们盼望您的答复"这样的话结尾。信的结尾应当这样写:"过几天,我们将冒昧同您联系,了解一下我们为您提供的资料是否详尽,了解一下您还需要知道哪些情况。"

二十、绝不放弃

即使顾客作出否定回答,也不应放弃推销努力。从长远观点来看,否定回答是可以改变的。事情都是千变万化的,新情况随时都有可能出现。在新情况下,顾客会重新考虑自己的购买决定。推销员往往可以直率地向顾客提问为什么拒绝购买所推销的产品。这样一来,推销员就会了解更多的情况。其中有些情况在下次拜访同一顾客的时候,是非常有用的。有些情况则有助于推销员以批判的眼光分析自己的推销工作,防止一些新问题的出现。

"您拒绝购买我的产品是因为我的言行举止不当吗?"如果如此提问的话,表明推销员有意识地把顾客拒绝订货看成是推销员本人的过失,而不是产品的问题。推销员还可以发现一些对将来的工作有帮助的东西。

"为什么?"推销员如果想了解顾客拒绝购买的原因,一个比较有用的词句是"为什么",这样一个简单而直率的问题需要顾客作出同样坦率的回答。从对顾客的每一次拜访中,无论是成功还是失败,检查一下自己为什么得到订单或者没有得到订单的原因。这样多问几个为什么,对推销工作会有一定的好处。没有得到订单不是一件丢脸的事情,但是,不清楚为什么没有得到订单则几乎是一种犯罪。

第二节　推销服务策略

商品推销中的服务策略主要是指售后服务策略。人们通常认为将商品销售出去,推销活动即告结束,至于出售以后的事,便漠不关心了。像这样的推销,实际上已犯了严重的错误,那就是忽略了商品的售后服务。没有售后服务的推销,在顾客的眼里,是没有信用的推销;没有售后服务的商品,是一种最没有保障的商品;而不能提供售后服务的推销员,也是不能信任的推销员。

售后服务是推销的一部分。有远见的推销员,对于具有延续性推销作用的商品售后服务,更是不可掉以轻心。现在就让我们来讨论一下什么是商品的售后服务,以及如何做好售后服务。

一、推销商品的售后服务

凡与所推销商品有连带关系且有益于购买者的服务,均属于商品的售后服务。这包括商品信誉的维护和商品资料的提供两方面内容。

(一)维护推销商品的信誉

售后服务最主要的目的是在维护商品的信誉。一件品质优良的商品,在销售时总是强调售后服务的,在类似或相同商品销售的竞争条件中,售后服务也常是顾客决定取舍的重要因素。因此,商品的售后服务也就代表了商品的信誉。一般商品信誉的维护工作有下列两种:

1. 商品品质的保证。推销员在出售商品之后,为了使顾客充分获得"购买的利益",他必须常常做些售后服务,这不只是对顾客道义上的责任,也是维护自身商誉的必要行动。譬如电信器材商出售了一部电话交换机,为了使这部交换机发挥应有的功能,就应该定期进行检查保养的工作。

2. 服务承诺的履行。任何推销员在说服顾客购买的当时,必先强调与商品有关,甚至没有直接关联的服务。这些服务的承诺,对能否成交是极重要的因素,而如何确实地履行推销员所作的承诺则更为重要。有些推销员往往在推销洽谈中,漫不经心地向顾客提出商品出售后的某种服务,结果后来却忽略了,因此很容易与顾客发生误会或不愉快,如此这样,顾客岂会"再度光临"?

例如,有位保险推销员,在跟顾客签订合同时说每个月的10日来收取保费,结果收了几个月后,就不按时收了,不是提早就是拖后,给顾客造成了很大的不便,这就违背了当初的承诺,实际上就等于降低了商品的信用。又如有的推销人员,在与顾客进行推销洽谈时,提出不少的优惠条件、承诺,如,买了该产品以后,就可以成为该产品顾客联谊会的永久会员,可以享受一些永久性的特别服务。但实际情况却不尽其然。如此的生意只是一锤子的买卖,而且还会留个招摇撞骗的恶名。这种做法,不仅损坏了推销员个人的信誉,而且也损坏了产品生产企业的形象。

(二)提供推销商品的有关资料

使顾客了解商品的变动情况,是推销员的一种义务。在说服一位顾客以前,推销员通常需将有关商品的简介、使用说明及各项文件资料递交给顾客参考,而在顾客购买之后,却常疏于提供最新的资料,这样是不妥的。

推销员必须认识到:发展一位新顾客远不如维持一位老顾客重要,前者的投入远远大于后者,后者带来的收益远远大于前者。发展新顾客在功能上是属于"治标",而真正能维持老顾客才算"治本"。维持顾客的方法,除了使顾客对推销人员以及推销商品产生信赖之外,推销员能继续供给顾客有关商品的最新资料,亦是一项有力的售后服务。所谓商品的资料,包括以下两种:

1. 有关商品商情报道的资料。有许多商品,其销售资料常以报道性的形式记载,推销员用它作为赠送顾客、联络感情的工具,这是最好不过的。譬如销售钢琴的,每个月有一份音乐及乐器简讯,按时寄给顾客,一方面可以给顾客参考,一方面借以报道商情。这样的做法,可以使顾客对商品产生持续的好感,在连续商品资料的影响下,由于间接宣传效果,往往又可以导引出更多的顾客。

2. 有关推销商品的资料。当商品销售出去以后,顾客基于某些需要,常常希望了解商品本身的动态资料。例如,药品的推销,当推销员将同一企业生产的抗生素送交至西药房后,如果该抗生素在成分、规格、等级方面有任何变动时,这些资料都应该立刻提供给西药房。

(三)制定推销商品的赔偿制度

商品在销售过程中,不仅要发生"商流",而且要发生"物流",即商品的位移。因此,发生商品损坏是难以避免的。由于生产与消费之间的矛盾以及生产方面的原因,必然会产生售后退货现象,对此,推销人员要妥善处理退货与不良品,帮助企业建立赔偿制度。

二、顾客的维系

顾客的维系,是兼指推销员本身以及产品的生产销售组织与顾客的维系。此种维系工作是售后服务的主体,售后服务是否圆满,应视是否充分地做到了与顾客间的维系工作。推销人员的售后服务工作,本质上就是为了维系顾客。优良的售后服务,无论对推销员个人,还是对商品生产企业,都是极为重要的。

(一)联络感情

售后服务的大部分工作,实际上就是联络顾客的感情。由交易而产生的人际关系,是一种自然而融洽的关系。人常常因为买东西而与卖方交上朋友,推销员及其推销组织同样因为与顾客的交易促成了深厚的友谊,于是顾客不但成为商品的购买者、使用者,而且也变成销售组织的拥护者与推销员的好朋友。一般与顾客进行感情联络的方法主要有:

1. 拜访。经常去拜访顾客是很重要的事。拜访不一定非要销售商品,主要是让顾客觉得推销员关心他,也愿意对所推销的商品负责。推销员的拜访不一定有任何目的,也许只是问好,也许是顺道而访。推销人员在拜访顾客时,要遵循一个原则,即尽可能地把拜访做得自然些,不要使顾客觉得推销员的出现只是有意讨好自己,更不要因为拜访,而给顾客的生活带来不方便。

2. 书信、电话联络。书信、电话都是推销人员用来联络顾客感情的工具。当推销员需要将有些新资料送给顾客时,可以用书信的方式并附上便笺;当顾客个人、家庭及工作上有喜忧婚丧变故时,致函示意,贺年、贺节、贺生日等等,通常顾客对推销员的函件会感到意外和喜悦。以电话与顾客联络所发挥的效果是不可忽视的，偶尔简短几句问候，会使顾客觉得很高兴。这里要注意，交谊性的电话，用词要适当，问话要得体，不能显得太陌生，也不能表现得太热情。

3. 赠送纪念品。赠送纪念品，是一种常见的招徕手法，有些销售组织对其顾客一直做着很周到的服务，经常给老顾客赠送一些纪念品。纪念品的价值不一定很贵。赠送纪念品主要发挥两种作用：一是满足普通顾客喜欢贪小便宜的心理；二是可以使纪念品成为推销人员再次访问顾客或探知有关情报的手段或借口，这是成功推销的捷径。

（二）搜集情报

搜集情报，是售后服务的另一个目的。许多精明的推销员利用各种售后服务增加与顾客接触的机会，以实现搜集情报的目的。因此，推销人员应该把握任何一次售后服务的时机，尽量去发掘有价值的顾客，搜集任何有益于商品推销的情报。推销人员在售后服务中，要想有效地搜集有关情报，必须注意以下几点：

1. 了解顾客背景。在与顾客联系感情时，不论是在拜访之中、电话洽谈之中、顾客的办公室里，还是在其他场合，推销人员都该巧妙地通过询问和观察测知顾客的背景情况。这包括顾客的家庭状况、职业、受教育程度、经济状况、宗教信仰等。对顾客的背景资料，推销员应该花工夫去整理、研究。接触对象多了以后，很可能获得有利于推销的线索，因为，对顾客的背景了解得越多，就越能把握顾客。

2. 连锁推销。老顾客可以成为推销员的义务“通信员”，一位以真诚、热情打动顾客的推销员，碰见一些热心助人的顾客，许多事情的沟通都会很顺利地进行。推销员请顾客连锁介绍，由顾客口中道出的“情报”，一定具有某种程度的价值。因此，在推销员进行售后服务工作的每一种场合，除了以售后服务的热忱让顾客感觉有所便利外，应该向顾客探讨一些有利于连锁推销的情报。或者，请顾客在某一路线、某一范围，代为打听有价值的信息。依靠连锁推销以获取情报，在做法上必须极度谨慎，以免引起顾客的反感。

思考题

1. 辨析“要尽量反对顾客提出购买异议”。
2. 辨析“顾客只有购买了推销产品才能使用产品，否则就容易损坏产品”。
3. 辨析“当顾客提出特殊要求时，应该尽量拒绝”。
4. 辨析“要尽量诱使顾客按照推销员自己的思路进行购买决策”。
5. 辨析“如果顾客没有购买推销产品，推销人员以后就不要再与他联系了，以免浪费时间”。
6. 在推销服务中，如何维护推销的商品的信誉？
7. 在推销服务中，推销人员应向顾客提供哪些有关推销商品的资料？

第十三章

推销人员业绩考评与管理

- 掌握推销人员业绩考评的概念、作用与操作程序
- 掌握推销人员业绩考评的主要指标与方法
- 掌握对推销人员进行监督的主要内容
- 掌握激励推销人员的依据
- 掌握提高推销人员工作效率的有效途径

销售业绩考评(evaluation of sales performance)　顾客访问完成率(customer access completion rate)　订单平均订货量(order average order quantity)　销售量(quantity of sales)　销售费用(selling expenses)　监督与激励(supervision and incentive)

第一节 推销人员业绩考评

一、推销业绩考评的概念及作用

所谓业绩，是指完成工作的效率和效果。推销人员的工作业绩是决定企业产品销售工作效果的关键。推销人员业绩考评就是对企业推销人员完成工作职责、所取得的工作的效率和效果的考核与评价。

推销人员业绩的考评是对推销工作的总结、检查和评价，对于促进推销人员提高工作效率具有非常重要的作用。

（一）业绩考评是销售管理人事决策的重要依据

推销业绩是每个推销员工作能力和工作效果的最后结果的综合反映，因而业绩考核往往作为销售管理人事决策时重要的参考指标。企业在决定推销人员的升迁、任免、调遣、加薪等问题时，都要以推销人员的业绩考评作为重要的依据。对推销人员的业绩考评，具有人事管理的作用，有助于人才适才适用，业绩与利益挂钩。

（二）业绩考评是激发推销员工作激情的动力

业绩考评的另一个目的是使推销员了解自己工作的效果与企业期望值之间的关系。通过制定科学、合理的业绩标准，使推销员有明确的奋斗目标；通过对推销员业绩的考评，可以让推销员清楚地看到自己对企业的贡献；通过业绩评价和奖惩，可以使推销员得到相应的激励和惩罚。这些激励和惩罚，可以不断地激发推销人员工作的热情，进一步完善推销工作。

（三）业绩考评是企业制定营销政策和战略的参考

推销员的业绩在一定程度上反映了企业市场营销的业绩。当企业推销员的业绩普遍下降时，企业领导就应检查企业的营销战略和政策是否适应新的市场形势，是否存有某些方面的不足，然后采取措施加以改进。当企业推销业绩无显著地上升时，说明企业已采取的各种推销措施尚无成效，企业就可通过分析，采取相关措施。当企业推销员的业绩普遍上升时，说明企业制定的推销措施是正确的，已开始取得成效，企业可制定下一步计划。

（四）业绩考评是甄选、培训推销员的依据

通常情况下，甄选优秀推销员要依靠对推销员业绩的考评。通过对推销员业绩的考评，不仅能甄选出优秀的推销员，将其委派到重要的工作岗位上，而且有助于发现每个推销员的工作特长，为更好地发挥每个推销员的长处提供依据。

二、推销人员业绩考核的程序

推销人员业绩考核作为推销管理工作的重要环节，要有组织、有秩序地进行。为此，应遵循以下程序。

（一）确定分析计划

为了提高考核的准确性，对推销人员的业绩考核应有计划地进行。确定分析计划要包括分析的目的和要求，分析的内容和范围，分析工作的组织和分工，分析的资料来源，分析的方法等。在分析计划的执行过程中，如果出现新问题、新情况，应及时加以补充和修改，以确保分析工作的正常运转，提高分析效果。

（二）收集分析资料

分析资料是进行业绩考核的重要依据，分析人员应全面、系统、完整地收集有关资料。一般来说，分析资料主要包括：各项销售计划、预算、定额、责任指标等计划资料，各项业务核算资料，各种内外部报表资料，同行业有关资料，有关合同、协议、决议等文件报告资料，以及各种环境状况、市场状况、顾客意见等销售调查资料。

（三）研究分析资料

对所收集的资料要进行整理、分析和研究。对不正确的资料应剔除，对不可比的资料要予以调查，对符合实际的、有用的资料进行归纳、分类、整理，运用不同的分析方法进行比较分析，找出实际与计划、与上期、与先进水平的差异，确定应当研究的重点问题，然后，分析形成差异的原因，分清主次，测定各项因素的影响程度，以找到问题的关键，最终为解决问题提供思路。

（四）作出分析结论

进行业绩考核主要是为了肯定成绩、总结经验、发现问题、吸取教训，以挖掘潜力，制定最佳销售组合，实现更多的利润。在分析结论中，对各项销售业绩的评价应当切合实际，并对其中的问题提出切实可行的改进措施、建议和实施方案。同时，还应对以往分析中所提出的改进措施、建议和实施方案的效果作出分析和评价。

（五）撰写分析报告

业绩考核报告是向销售主管部门、推销人员和有关领导汇报分析情况的书面资料。分析报告的撰写因分析内容不同而有所区别，如有的是全面分析，有的是专题分析，有的是定期分析，有的是日常分析，侧重面都是不一样的，但其基本要求是一致的，即要求实事求是，客观全面；重点突出，防止面面俱到；对情况的说明要真实、准确，作出的结论要有根据，避免主观臆断，提出的改进措施、意见和方案要具体、可行；文字力求简明扼要，图表力求清晰易懂。另外，业绩考核报告应及时送达有关部门和人员，提高其时效性，真正为提高销售管理水平，扩大销售业绩作出贡献。

三、推销人员业绩考核的指标

推销人员的业绩考评，是一种以价值量（如金额）、实物量（如数量）和劳动量（如工作时间）为计算单位，结合定性分析（如工作态度），进行记录、计算，反映企业销售人员推销业务动态和效果的活动。要搞好推销人员业绩考评，必须建立科学的考评指标体系。在实际工作中，一般采取下列指标作为推销业绩的考评指标。

(一)顾客访问完成率

顾客访问完成率是指一定时期(如1年、1个月)内,推销员实际访问顾客的次数或顾客数与计划规定的访问标准的比例。其计算公式为:

$$顾客访问完成率=\frac{实际访问顾客的次数}{计划访问顾客的次数}\times 100\%$$

或

$$顾客访问完成率=\frac{实际访问的顾客人数}{计划访问的顾客人数}\times 100\%$$

访问顾客是推销员的职责之一,也是推销工作的基本内容。顾客访问完成率的高低,可以反映推销员工作态度的好坏,即顾客访问完成率高,说明推销员工作积极性高,工作态度好;反之,亦然。

(二)订单平均订货量

订单平均订货量是指推销人员在一定时期内获得的订单或合同的订货总量(额)与订单或合同总数的比值。其计算公式为:

$$订单平均订货量=\frac{订单或合同订货总量(额)}{订单或合同总份数}\times 100\%$$

订单平均订货量,既反映了推销员争取的订单数目,又体现了订单的容量。它适用于考评那些推销价格低、品种规格多、用户分散、订单订货量少的产品的推销员的工作业绩。

(三)销售量

销售量是反映企业推销效果的重要指标之一。在其他因素不变的情况下,多销才能多得。正确进行销售量核算,是准确考评推销业绩的重要方法。

所谓销售量考评,是指通过统计一定时期内企业售出商品的数量,来反映推销业务活动的成果。一般说来,销售量是指企业在一定时期内实际推销出去的产品数量。它包括按合同供货方式或其他供货方式售出的产品数量,以及尚未到合同交货期提前交货的预交数量,但不包括外购产品(指由外单位购入、不需要本企业任何加工包装,又不与本企业产品一起作价配套出售的商品)的销售量。

销售量的统计方法主要有:

1.采用送货制(包括到港交货与出港交货)的产品,在与运输部门办好托运手续后即算销售量,统计时以承运单位的日戳为准。

2.采用提货制的产品,在与需方办妥货款结算手续并开出提货单后即算销售量,统计时以提货单上的日期为准。

3.采用买主分类法的产品,按其不同的分类统计已售出的产品数量。如按顾客年龄统计儿童、青年、中年、老年购买某一产品的数量,或者按顾客所在区域统计销售量等。

无论采取上述哪种统计销售量的方法,若出现下面几种情况,必须冲减销售量:

一是交货后退回的本年度合格产品并再次入库的,应冲减销售量,如顾客发现对产品的品种、规格或性能购买有误时要求退货的产品。

二是交货后退回修理的产品，如果修复后不交原用户而另待销售的，应冲减销售量。

通过销售量核算，可以分析企业产品推销计划完成、超额完成或未完成的原因；销售量的升降趋势；市场占有率变化趋势以及从销售量的构成上分析销售品种的变化、新用户的变化、销售地区的变化、销售对象所属部门或主管系统的变化等等，从而为制定推销策略提供依据。

（四）销售收入

对推销人员来说，就是要求他们在推销活动中善于聚财理财，搞好销售收入的核算工作。销售收入是销售量的货币表现，是以价值形式反映推销成果的一个指标。当推销员推销的不是单一品种的产品，而是不同规格、型号、品种的产品时，为了比较各个推销员的推销成果，就必须进行销售收入的核算。

进行销售收入核算，首先要了解有关产品的销售价格，然后再结合销售量统计数据，换算成销售收入。对推销员来说，应该根据自己推销产品的实际情况，先分别计算所推销的各种产品的销售额，然后再进行汇总，得出自己完成的全部销售收入。

核算销售收入，可具体分为计划销售收入、实际销售收入和单位产品销售收入3种。各种销售收入的核算方法如下：

1. 计划销售收入。其计算公式如下：

计划销售收入 = 计划期产品销售量 × 单位产品销售价格

2. 实际销售收入。其计算公式如下：

实际销售收入 = 实际售出产品数量 × 单位产品销售价格

3. 单位产品销售收入。其计算公式如下：

单位产品销售收入 = 单位产品销售成本 + 单位产品销售税金 + 单位产品销售利润

通过销售收入核算，可以检查和核实推销人员完成推销计划的情况，判断和确认推销人员的实际推销能力以及对比和分析推销费用状况，从而帮助推销人员树立信心，改进工作方法，获得更好的推销效果。

（五）销售费用

销售费用核算是通过记录、计算销售费用的使用情况，反映推销和经营活动中活劳动和物化劳动消耗的情况，达到节约开支的目的。销售费用的内容因企业性质不同而异。工业企业销售费用包括开展沟通扩大销售渠道、向用户宣传介绍产品、激发市场需求、开拓新市场、保持本企业产品在市场上的竞争能力等一系列推销活动所耗费的人力、物力、财力的货币表现形式。具体包括：

1. 销售经费。它包括推销人员的工资、差旅费、邮电费、接待费、仓库管理费、推销调研费，参加有关部门召开的订货会、展销会以及企业举办的各种类型的推销会议的费用等。

2. 广告宣传费。它是指组织和参加产品展销会、博览会、示范表演、印制产品样本、产品目录和通过各种媒体进行产品推销宣传所支出的费用。

3. 销售服务费。它包括技术培训费,编印产品使用说明书,建立用户档案的费用,为用户检修、安装产品费用、设置服务网点、购置服务用车和各种低值易耗品(如工具、器材)等费用。

4. 包装费。它主要是指发运产品的二次包装装潢和宣传用包装的费用。对保护产品质量和外形的包装物,由于它与产品实体有不可分割的联系,所以这类包装的费用一般直接计入产品的产成品成本内,而不列入销售费用。

5. 运输费。它是指按照买卖合同规定的在买方所在地供货而由供方送货上门的运输费和产品在供方企业保存期间的移动费用。如果产品是在供方所在地交货,则产品由供方所在地运至需方所在地的运输费,属于垫付性质,不应算做销售费用。

6. 其他销售费。它包括商标注册设计费、购买销售用器材和工具的费用、补充产品在保管期内的自然损耗和仓库租赁费用,等等。

销售费用核算要贯穿在销售费用的预算、发生和结果全过程中。为了做好销售费用的核算工作,要做好以下几项基础工作:

1. 加强对原始记录的管理。对于发生的每一笔销售费用,都要确保原始记录的完整、准确。

2. 建立和健全必要的监督考察制度。要用文字、条例和流程图等方式,将销售费用核算的内容和程序固定化、规范化,并纳入岗位责任制中,使考核工作有健全的制度和明确的标准。

3. 做好报表的审查工作。销售费用最终反映在财务报表上。财务报表中销售费用科目是检查核算销售费用的重要资料,要认真审查财务报表,从中发现和解决问题。

通过销售费用的核算,可以对每一项开支的用途、时间和作用等内容进行审查和控制,检查其是否符合预算项目开支、是否出现了乱用或违反财经纪律的情况。

(六)销售利润

满足社会需要和获得较好的经济效益是企业开展生产经营活动的目的,企业经济效益究竟如何,可通过销售利润的核算来加以衡量。

销售利润核算就是在销售收入核算与销售费用核算的基础上,通过对二者的对比分析,来反映企业推销业务和经营活动的经济效益。

在我国,工业企业的销售利润由两部分构成:一部分是产品销售利润,即企业出售自制产品、半成品及对外承做工业性作业所取得的利润。其计算公式为:

$$产品销售利润 = 产品销售收入 - 产品销售成本 - 产品销售税金$$

其中:

$$产品销售收入 = \sum(每种产品销售数量 \times 单位产品销售价格)$$

$$产品销售数量 = 期初产品结存量 + 本期产品产量 - 期末产品结存量$$

产品销售成本＝(期初产品结存量×上期末单位产品生产成本)＋
[(本期产品产量－期末产品结存量)×本期产品生产成本]＋
本期销售费用

产品销售税金＝产品销售收入×税率

销售利润的另一组成部分叫其他销售利润，是指企业销售多余材料、外购件和非工业性劳务所取得的利润。其计算公式为：

其他销售利润＝其他销售收入－其他销售成本－其他销售税金

销售利润是企业生产经营成果，特别是推销成果的集中体现，加强销售利润的核算，可以促使企业根据市场需要，生产适销对路的产品，提高销售量，降低销售费用，增加销售利润。

(七)货款回笼率

在现代会计制度中，产品销售行为是以回收货款之后才告结束，推销员也只有在完成货款的回笼之后，其业绩才受到评价。因此，应将"销售产品→回笼货款"视为销售行为的一个循环过程。

对企业而言，只有完全回笼货款之后，企业才能真正实现利润，而货款回笼率是反映企业效益状况的一个指标。货款回笼率是指在一定时期内(如1个月、1年)，企业所销售产品的已收货款与应收货款之比。其计算公式为：

$$货款回笼率=\frac{已收货款}{应收货款}\times 100\%$$

货款回笼率越高，说明资金周转越快，企业经济效益就越好；反之，则说明资金周转慢，企业的经济效益不理想。

四、考评推销人员业绩的信息来源

做好推销人员业绩考评工作需要信息反馈，需要经常从推销人员那里得到有关信息，来正确评估他们的工作成绩。最重要的信息来源于销售报告，其他来源有个人观察、顾客的信件与评价、顾客调查以及与其他推销人员的交谈。

销售报告分为销售活动计划和销售活动成绩报告两部分。销售活动计划是推销人员的工作计划，由推销人员提前1个星期或1个月提交，说明计划进行的访问和巡回路线。该计划可指导推销人员安排好活动日程，向管理部门报告他们的行踪，并为管理部门衡量其计划与成绩提供依据。管理部门可根据推销人员编制计划和执行计划的能力来评估他们。管理部门接到推销人员的计划后，有时也会与推销人员接触，提出改进建议。

许多企业现在已开始要求推销人员制定销售区域的年度推销计划，在计划中提出发展新客户和增加与现有客户交易的方案。此种计划的形式差异很大，有些企业要求对销售区的发展提出一般性意见，有一些企业则要求列出详细的预计销售量和利润估计值。此类报告可使推销人员起到市场营销经理和利润中心的作用，他们的销售经理将对计划进行研究，提出建议，并以此作为制定销售定额的依据。

推销人员把他们完成的销售活动记录在访问报告中，根据访问报告，销售管理部门就可以了解推销人员的活动，显示顾客账户的状况，并提供以后进行访问时的有用信息。推销人员还需提交费用开支报告，据此报销其全部或部分开支。一些企业还要求其他类型的报告，如有关新客户的报告、失去老客户的报告以及当地商情和经济状况的报告等。

由于这些报告提供了原始数据，销售经理可从中获得反映销售业绩的关键数字：

一是每个推销员每天销售访问的平均次数；

二是平均每次销售访问中接触顾客的时间；

三是平均每次销售访问的收入；

四是平均每次销售访问的费用；

五是每次销售访问的招待费；

六是每百次销售访问所获订单的百分比；

七是每一时期新客户数；

八是每一时期失去的顾客户数；

九是推销人员费用占总销售额的百分比。

根据上述资料，企业销售管理部门可以判断：推销人员每天的访问次数是否太少？每次的访问时间是否太长？招待费用是否太多？每百次访问是否成交了足够的订单？是否发展了足够的新顾客和保持了与老顾客的关系？

五、推销人员业绩考评的方法

推销人员的报告连同其他报告和管理者的观察，提供了评估推销人员业绩的原始材料。正确评估的作用在于：促使管理部门为判断销售成绩的好坏，制定出明确的标准；促使管理部门收集关于每个推销员全面的信息；推销人员知道他们终有一天要与销售经理坐在一起，解释他们工作所以取得成绩或失败的原因。

常用的评估方法主要有以下几种。

（一）推销业绩的横向比较法

推销业绩的横向比较法是把各个推销人员的销售成绩进行排队比较。这种比较方法只有在各地区市场潜量、工作量、竞争激烈程度、企业推销努力等等没有差别或差别不大的情况下才有意义。

当前的销售量并不是衡量推销员成就大小的唯一标准，管理部门应予以重视的是每个推销人员目前所创的纯利有多少。这就需要检查每位推销人员所出售的产品销售组合和销售费用。更重要的是要考核顾客对推销人员服务的满意程度。

（二）推销业绩的纵向比较法

推销业绩的纵向比较法是将推销人员现在的销售业绩与其过去的业绩进行比较。这种方法应能直接表明推销人员工作进展的程度，表 13 – 1 就是一例。

表 13-1　推销人员业绩评价表

推销地区:上海 推销人员:小王				
项目 \ 年份	1996	1997	1998	1999
1. 产品 A 的净销售额(元)	251 300	253 200	270 000	263 100
2. 产品 B 的净销售额(元)	423 200	439 200	553 900	561 900
3. 净销售总额(元)	674 500	692 400	823 900	825 000
4. 产品 A 定额的百分比(%)	95.6	92.0	88.0	84.7
5. 产品 B 定额的百分比(%)	120.4	122.3	134.9	130.8
6. 产品 A 的毛利(元)	50 260	50 640	54 000	52 620
7. 产品 B 的毛利(元)	42 320	43 920	55 390	56 190
8. 毛利总额(元)	92 580	94 560	109 390	108 810
9. 销售费用(元)	10 200	11 100	11 600	13 200
10. 销售费用与总销售额之比(%)	1.5	1.6	1.4	1.6
11. 销售访问次数	1 675	1 700	1 680	1 660
12. 每次访问成本(元)	6.90	6.53	6.90	7.95
13. 平均客户数	320	324	328	334
14. 新客户数	13	14	15	20
15. 丧失客户数	8	10	11	14
16. 每个客户平均购买额(元)	2 108	2 137	2 512	2 470
17. 每个客户平均销售毛利(元)	289	292	334	326

销售管理部门可以从这张表中了解到有关推销员小王的许多情况。小王的总销售量每年都在增长(第三行)。但这并不一定意味着小王做的工作非常出色。对各种产品的分析表明,他推销产品 B 的销售量大于推销产品 A 的销售量(第一行和第二行)。对照这两种产品的定额(第四行和第五行),他在增加产品 B 的销售量上取得的成绩可能是以减少产品 A 的销售量为代价的。根据毛利(第六行和第七行)表明企业推销产品 A 所赚的利润比产品 B 多,而小王以牺牲利润较大的产品为代价,推销了销量较大、毛利较低的产品。虽然他在 1998 年与 1999 年之间增加了 1 100 元的总销售额(第三行),但其总销售额所获得的毛利实际减少 580 元(第八行)。

虽然总费用占总销售额的百分比看起来似乎得到控制,但销售费用(第九行)却在不断增加(第十行)。小王销售费用总额上升的趋势似乎无法以访问次数的增加予以说明(第十一行),这或许与其取得新顾客的成就有关(第十四行)。然而,他在寻找新客户时,很可能忽视了现有的客户,这可从每年失去客户数的上升趋势(第十五行)得到说明。

最后两行表明了小王的每个客户的销售额和毛利的水平与趋势。当把这些数值与整个企业的平均数值进行对比时才更有意义。如果小王每个客户的平均毛利低于企业的平均数,也许是因为他选错了客户,或者是因为他对每个客户的访问时间不足。他的年访问次数(第十一行),表明他每年对客户的访问次数低于企业的平均水平。如果他所在的销售区的距离与其他推销员的平均距离并无多大差别,这可能意味着他并没有在整个工作日内工作,也许是他的访问路线计划不理想,也许是未能缩短等候时间,也许是他在某些客户身上花费的时间太多,等等。

大部分推销人员认识到,他们的推销活动需要投入一定的费用,因此他们的努力也应该有所收获,他们还认识到,产出必须大于投入。至于推销人员实际上对数量指标了解多少,则决定于他们为之工作的公司以及公司的管理方式。在有些公司中,资料是混乱的,推销员对于他(她)自己花费的成本到底是多少不清楚,不知道他(她)自己到底创造了多少净收入。而在另一些公司里,数据资料是非常完整的、公开的。

如果我们拥有关于成本、利润和推销时间等合适的资料,就可能为每一位顾客、顾客群、顾客类型或区域市场等编制出一份简单的损益账。这本账可以历史数据为基础,作为公司销售计划的组成部分。在此过程中,信息是以预测和估计为基础的。

表 13 - 2 表示的是 5 位顾客的损益账。其中列出了对每一位顾客的销售额、利润、市场营销成本和推销费用、对利润和运营的净贡献,以及在销售中贡献所占的比重。表中的数据不言自明,通过这张表,我们可以清楚地看到,用销售利润所占比重来衡量,就会看到哪一位顾客给我们带来了最好的回报:即 C 顾客,这项指标为 24.59%。

表 13 - 2　5 位顾客的损益账　　单位:元

财务项目 \ 顾客名称	A 顾客	B 顾客	C 顾客	D 顾客	E 顾客
1. 年内销售额	1 800 000	1 300 000	1 450 000	1 700 000	2 400 000
2. 已供产品成本在销售额中的百分比(%)	70.0	70.0	67.5	72.5	75.0
3. 产品成本	126 000	910 000	978 750	1 232 250	1 800 000
4. 销售毛利	540 000	390 000	471 250	467 500	600 000
5. 市场营销成本(直接成本 + 市场营销总费用分摊)	90 000	65 000	72 500	85 000	120 000
6. 财务费用(根据对每一位顾客的信用计算)	45 000	16 250	27 200	21 250	90 000
7. 推销费用	2 200	12 000	15 000	7 500	30 000
8. 市场营销、推销和财务成本总额	157 000	93 250	114 700	113 750	240 000
9. 净利润额	383 000	296 750	356 550	353 750	360 000
10. 净利润率(%)	21.28	22.80	24.59	20.80	15.00

产生这个结果的原因是:低生产成本、相对低的信用条件和低的推销费用。从生产率角度来看,这个顾客最具吸引力,尽管用其他绝对指标来衡量,其他的顾客产生了更高的利润(A 和 E 的贡献最高,但与投入的成本相比较,E 的生产率最低)。

另一个例子见表 13－3。这里分析的是推销员推销的 3 种产品的损益账。表中列出了 3 种产品的价格、相对成本、利润、市场营销成本和推销费用、单位产品利润与销售价格百分比,以及用单位产品净利润对推销成本之比表示的推销效率等。数值越高,完成推销任务的生产率就越高。

表 13－3 3 种产品的净利润

产品名称 / 财务项目	A 产品	B 产品	C 产品
1. 单位产品价格(元)	600	800	1 450
2. 单位销售费用(元)	68	71	72
3. 单位毛利(元)	192	232	406
4. 单位市场营销费用(元)	48	64	72
5. 单位推销成本(元)	42	80	72.5
6. 市场营销与推销总费用(元)	90	144	144.5
7. 单位净利润(元)	102	88	261.5
8. 净利润率(%)	17	11	18
9. 净利润/单位推销成本	2.43	1.1	3.61

还可以根据其他成本因素或企业其他推销活动,提出其他的组合与排列结果。列举上述例子的目的,是为了说明在推销中,成本分析有助于推销人员深入了解多产品和多顾客环境中的相对生产率。

(三)推销人员品质评价法

推销人员品质评价法的具体内容通常包括推销员对企业、产品、顾客、竞争者、销售区或职责的了解程度。推销员的个性特征如举止、仪表、言谈和气质等也可予以评价。销售管理部门还可对任何有关推销员工作动机与依从上级的问题加以评价。销售经理还应查核推销人员是否熟悉和遵守有关法规。企业应把上述各方面的评价标准公之于众,使推销人员知道企业对他们的工作是如何评价的,从而努力改进自己的工作。

(四)对照表法

企业销售组织在对推销人员的实际销售能力、计划能力、洽谈成交能力等逐项进行考评时,要尽可能地做到公正客观,但在实际操作中还是有一定困难的。因为这些项目都是抽象的并且带有一定的主观性,要想客观地考评实在是很困难的。

对这一问题美国营销专家普洛波斯特想出了一个解决办法,即凭空核评推销人员的计划能力。企业可以先制定几项表现计划能力的项目,然后要被考核的人对这些项目一一作是与否的回答,这样就可以得到比较具体、客观的考评结果。

例如，在考核推销人员的计划能力时，可以按照下列各项来考核：

“制定计划时，是否时常参照过去的数据？”

“制定计划时，是否时常引进统计方法？”

“制定计划时，是否会把文字整理、分成条列式？”

“制定计划时，是否使用图表，制定计量的目标？”

“制定计划时，是否把实现的手段加以详细分析？”

这种将推销人员的计划能力分成若干因素，而让被考核人作是或否的回答的方法，被称为普洛波斯特法。

这是一个非常有效的考核方法，20 世纪 50 年代曾经风行于日本，可是要设计出上述问题，也是非常困难的事，而且这必须由企业各部门、各个组织层次分别制定，操作起来很费时间。

（五）考评尺度法

考评尺度法是一种将业绩考评项目都给予具体衡量的尺度，管理人员依据平时对推销人员工作状况的观察，对各考评项目一一打分，然后再逐项汇总起来，所得总分就是该推销人员业绩考评的结果。

（六）多项目综合考评法

多项目综合考评法是一种既简单又便于操作的考评推销人员业绩的方法。参阅表 13－4 就可知道，把被考核人的考核因素分成工作的实绩、能力、服务态度等几大类，评语则不论好坏，都分散在各大类中，在看过所有的评语后，认为某一评语下得很适当，就在这项评语上打个具体分数。分数在这张表上也可以不表示出来，每个项目都散布着与分数无关的评语，所以考核人只有看完全文否则无法确定最适当的评语。多项目综合考评法可将推销人员业绩考评中人为的错误与偏差降到最低程度。企业如果想在考核因素上加上权数的差别，就可以把权数放上去并加以记分，然后依据汇总分数来决定推销人员业绩的名次。

表 13－4　推销人员成绩考评表

项目		考评因素					记分	权数（%）	评分
工作实绩	工作品质或正确度	错误百出，根本不能正确地工作，即使要求注意，一会就忘记，总是一错再错	工作还算正确，所有工作要点基本上都能领会	小错误时常发生，不过只要加以指点，马上就会察觉，而且也知道改正	工作正确无比，无懈可击	几乎不会出错，通常的工作都能放手交办			
	工作速度	工作稍微慢一点，有时需要别人帮忙	工作特别快捷，经常做得比别人多很多	工作能力一般	做事缓慢，不能完成一般人所能完成的工作	工作很快，经常可以取得超越一般人的工作成绩			

续表

项目		考评因素					记分	权数(%)	评分
能力	工作技能	工作技能差	具有能够做完自己分内工作的能力,通常一切业务都有能力处理	目前工作所需的技能并不充分具备,日常作业不能应付	目前工作所需的技能都已充分具备,并且富有研究能力	对目前的工作大体上都懂,只不过需要时时指正。对目前的工作懂得很多,不属于本身的工作也能潜心研究			
能力	开发能力	只能对以前同事所开发的顾客做习惯性访问,要自己去开发几乎不可能,业绩也是每况愈下	具有实现目标的强烈欲望,会自动开发新顾客,而且对既有顾客的销售额也在不断增加,业绩有显著的提高	在普通情况下,对于被指派去开发新顾客的事项,还算有效	在指派的范围内提高新顾客的开发业绩还算不错,既有顾客的销售额也在增加,成效正在逐渐扩大	对于开发新顾客这件事并不高明,往往要靠上司及先进同事的支援,才会开发些新顾客			
	创造力	肯下功夫研究,对于改良方面有成就,经常会想出新的主意来,效果也不错	偶尔有创见性和建设性的意见。主张也不少,只是大多不得当	根本没有创造力	时常有建设性的意见和主张,偶尔也有成效	很少拿出有新意和创见性的意见			
态度	积极性	缺乏工作积极性,要他专做的事有时不会做	态度积极,交给他办的事都能忠实处理,在改进方面有时也有建议	对需要努力的工作总是厌烦,必须提高工作热情	工作非常积极,在改进方面有很多建设性的建议	日常工作决不拖延,都能如期完成			
	责任感	凡是交给他的工作大致都能接受。可是不能完全交给他负责处理	总是主动负起责任,不会逃避责任,自己分内的工作都能处理好	大体上所有要他负的责任都能高高兴兴地接受	将任务交给他时,总是不大高兴接受,需要不断监督	较难办的工作总是欣然接受,事后几乎不需要检查			
	协调性	对人或环境都能适应协调,与上司或同事从未有过没有意义的摩擦	损人利己,与上司和同事都相处得不好	在达到目标时,尚能与上司和同事协调,不过并不是使对方心悦诚服而协调的	表面上虽然还能协调,但是说话不投机时,就会在背后说坏话	为了达到目标能与上级及同事协调,和全体同事也能同舟共济,工作努力			

接着就把考评结果记入表 13 –5 的成绩评定表内。如果只是考评推销人员工作的正确度、速度、技能、开拓力、创造力、责任感、协调性等能力的话，只要用多项目成绩考评表就可以了。

表 13 –5　推销人员成绩评定表

<table>
<tr><td colspan="7">综　合　评　定　栏</td></tr>
<tr><td colspan="4">一、这个人在本公司招聘推销人员时前来应试的话，在下列各项中你将采取哪几项？（请在该项打○号）</td><td colspan="3">二、在短期考评内，你所看到的这个人的工作情形，适合采用下列评语中的哪一项？</td></tr>
<tr><td colspan="4">• 一定录用
• 要录用也可以
• 如无其他问题的话，可以录用
• 勉强可以录用
• 不会录用</td><td colspan="3">• 像他这样很快就熟练工作的人，再难找出第二个人
• 像他这样很快熟练工作的人，实不多见
• 像他这样很快熟练工作的人，只有一部分人
• 这只是普通程度
• 他的工作进步几乎停止了</td></tr>
<tr><td>评分统计</td><td colspan="6"></td></tr>
<tr><td>所在部门</td><td>职　位</td><td>姓　名</td><td>出生年月</td><td>进入公司时间</td><td>基本薪酬</td><td>评　　定</td></tr>
<tr><td></td><td></td><td></td><td></td><td></td><td></td><td></td></tr>
</table>

推销人员业绩考评是一个系统工程，既涉及每一位推销人员能力与表现，也与企业的管理水平有着密切的关系。在具体考核时，也可以结合以上内容，根据表 13 –6来判断企业推销管理工作的实际情况。

表 13 –6　推销管理审计表

推销管理审计项目	分数		
	0	1	2
一、公司有没有明智稳妥的推销政策			
1. 我们认为，优秀的销售是所有业务中最重要的因素	0		
2. 我们知道，推销对于成功非常重要，我们也理解营销组合中的其他因素也都很重要		1	
3. 我们的推销政策与市场营销策略结为一体。同时，我们一直在寻求与顾客相关并为他们接受的推销方式			2
二、推销是不是市场营销管理的一部分			
1. 不是。推销与市场营销完全是两码事	0		
2. 这两种职能联系密切。但我们认为，推销会给我们带来实际结果		1	
3. 推销是市场营销组合中的一部分，它属于市场营销管理范畴			2
三、怎样确定推销队伍的规模			
1. 在能够承受的条件下，人越多越好	0		
2. 通过比较每个人计划销售量与预期销售量，来决定推销人员的数量		1	
3. 在市场营销计划中进行详细的计算，即：访问率 × 每次访问实际销售的平均值 × 需要实际销售额的人员数量			2

续表

推销管理审计项目	分数		
	0	1	2
四、公司是否为每一位推销人员提出了明确的业绩标准 1. 没有。我们希望队伍中的每个人都努力工作 2. 是的。每位推销人员都有年度销售目标 3. 为每人确定详尽的、定量的和定性的目标，它反映了对他(她)的预期结果	0	1	2
五、公司是否将本公司的推销方法与主要竞争对手的推销方法相比较 1. 没有。我们的推销队伍是最棒的 2. 是的。我们雇到竞争对手的推销员以后，就要搞清楚它们是怎样运行的 3. 我们始终观察竞争对手的行动、销售手段、培训、激励方式和创造性等。我们推销人员的部分职责是观察和报告	0	1	2
六、推销队伍成员是否得到培训 1. 我们认为，最有效的培训方法是边干边学 2. 由在相同行业中已经工作一段时间的老推销人员来培训新的推销员 3. 我们设计了系统的培训办法，部分由内部人员管理，部分由外部专家管理。每一位推销员在工作生涯中，要经历一系列的培训计划。此外，培训方法将随着需要不断变化	0	1	2
七、怎样激励推销人员 1. 他们非常清楚，他们的职位是由他们的工作方式和结果决定的 2. 在接近实际规定的销售水平时，他们开始获得额外佣金 3. 用经济和非经济两种方式激励推销人员，它们构成推销计划的一部分，并与每一领域的销售目标有关。每一个目标都是可以度量的、相关的和公平的	0	1	2
八、推销员能否相互之间交流观点和情报资料 1. 否。如果他们想交流感兴趣的东西，请找老板去 2. 我们欢迎来自市场的有用信息 3. 我们建立了一套制度，收集和显示推销人员交流的观点和情报。书面表达程序是需要的	0	1	2
九、推销人员是否相信目标程序与潜在顾客的“吸引力”有关 1. 不相信。我们根据每天访问顾客的次数来判断推销人员 2. 是的。我们要求推销人员当遇到好的潜在顾客时，应对他们集中投入时间 3. 我们给每位推销员一份“辨识表”，使他们能够将推销精力集中于最佳潜在顾客身上	0	1	2
十、推销管理者是否计算“损益账” 1. 否。无法实施这种管理方法 2. 是的。这种分析主要适应于整个推销队伍 3. 是的。我们一直根据推销员对顾客的推销结果控制损益。每个人都认识到“产出必须大于投入”。我们鼓励推销人员自己进行这种分析	0	1	2
十一、最后结果 最高分是 20 分，只有极少的公司能获得此分。下列分数表明： • 15 ~ 20 分，很优秀 • 10 ~ 14 分，优秀 • 5 ~ 9 分， 一般 • 0 ~ 4 分， 差			

第二节 推销人员的监督和激励

一、对推销人员的监督

对新的推销人员不仅要分配一个推销地区，给予一份薪酬、福利待遇和进行培训，而且还要对他们进行监督。通过监督来指导和激励推销人员把工作做得更好。有许多资料表明，许多企业在推销队伍的管理上存在着效率不高的现象。对20世纪90年代（美国）《财富》杂志公布的世界500家大企业中257家企业的一项调查披露了如下情况：

54%的企业对推销人员的时间使用还未进行过有组织的研究，尽管大多数调查对象认为时间的利用是一个可改进的领域；

25%的企业没有建立按销售潜量将客户进行分类的制度；

30%的企业没有使用推销人员访问客户日程表；

51%的企业没有规定访问客户多少次为最为经济的标准；

83%的企业没有确定每次访问大约应持续的时间；

51%的企业没有使用事先准备好的销售介绍资料；

24%的企业没有制定对客户的销售目标；

72%的企业没有制定对客户的利润目标；

19%的企业不使用客户访问报告制度；

63%的企业在其产品覆盖地区没有使用事先规定的访问路线；

77%的企业在时间安排和地区管理上没有借助计算机来进行。

各企业监督自己的推销人员的严密程度是各不相同的。如果推销人员的报酬主要以佣金方式支付，并指望由他们自己去寻找潜在客户时，推销人员所受限制一般较少，多一些自由行事。对那些领取固定薪金的和必须负责一定数目客户的推销人员，则应进行较多的监督。

（一）制定客户目标和访问标准

大多数企业根据对各客户的销售量、可能取得的利润和业务发展潜力，把客户分成A，B，C3个等级。他们对各种客户都规定了每一时期的访问次数。A级客户可能一年得到9次访问，B级6次，C级3次。这种访问定额须视竞争对手的访问定额以及预期客户的订货量而定。

真正的问题是期望从某一特定客户那里获得多少销售量，而这些销售量则是每年访问次数的函数，美国推销专家梅格（Magee）曾做过一次实验，把相似的客户随机地分为3组。要求推销人员用在第一组客户上的推销访问时间每月不超过5小时；第二组5至9小时；第三组9小时以上。结果表明增加访问时间可使销售量增加，唯一的问题是销售量的增长幅度是否与成本费用的增长幅度相等，这一问题难以确定。

（二）确定潜在目标客户和访问定额

各企业通常都规定推销人员应花多少时间来发展新客户。例如，美国的斯巴特·弗雷特企业（Spector Freight）要求其推销人员把25%的时间用于访问潜在的客户，而经过3次访问仍未成功时便可终止访问。一般来讲，对新客户推销人员经过3次访问仍未成功时便可终止访问。

企业应该规定推销人员发展潜在客户的定额，否则，大多数推销人员会把他们的大部分时间用于现有的顾客。现有顾客比较确定，推销人员可依靠他们达成交易，而潜在顾客却可能从未有任何生意成交。除非对推销人员发展新客户实行奖励，否则他们就会尽量避免开发新客户。在开发新客户之前，推销人员必须用一定的模式来估计潜在客户的价值，以决定开发与否。

推销人员需要用一种有效的方法来估计访问各种潜在客户的价值，以便确定合适的目标客户并有效地利用推销时间。这种方法借鉴了投资理论，因为访问所花的时间可视为对每一潜在客户的一种投资。

首先，如果潜在客户有望成为现实客户的话，推销人员就应对该潜在客户的业务量作出估计。潜在客户的业务量可视为一种可延续多年的贴现收入。其计算公式为：

$$Z=\sum_{t=1}^{\bar{t}}\frac{mQ_t-X}{(1+r)^t}$$

式中：Z为从一位新客户那里得到的未来收入的现行价值；

m为销售毛利；

Q_t为在t年时间内从新客户得到的预期销售量；

X为每年保持客户关系所需费用；

r为企业的贴现率；

t为年数；

$\bar{t}$为新客户可望仍留作企业客户的年数。

根据上述公式，推销人员就可以估计：如果潜在客户成为现实顾客时，他每年将从企业购买Q_t单位的产品。每单位产品的利润为m，减去联系顾客所需费用X，这一情况将持续t年，未来收入按利率r贴现。

下一步是考虑使潜在客户变为现实客户所需的投资，可用以下公式计算出该项投资额。

$$I=n\cdot c$$

式中：I为使潜在客户变为现实客户所需的投资额；

n为使潜在客户变为现实客户所需的访问次数；

c为每次访问的费用。

对潜在客户的访问次数会影响潜在客户转变为现实客户的概率，即：

$$p=p(n)$$

潜在客户的达成交易的价值会由于转变概率的影响按比例地减少。综合上述各因素，便可得出计算其潜在客户的价值（V）的投资公式：

$$V=p(n)\sum_{t=1}^{i}\frac{mQ_t-x}{(1+r)^t}-n\cdot c$$

由上式可知，潜在客户的价值取决于预期收入的现值减去转变为现实客户所需的投资成本。预期收入的现值与投资成本均取决于预计访问潜在客户的次数 n。只要知道转变概率的函数，预计的或最佳的访问次数便可计算得出。

此公式可编入计算机程序。推销人员坐在终端机前，输入对每个潜在客户所预期的业务交易量的估计值、最大转变概率的数据等，便可得到按照投资价值排列的所有潜在客户的评价表以及每一潜在客户所得的最适宜的访问次数。

（三）有效地使用推销时间

推销人员应懂得如何有效地使用时间进行商品推销活动。由于一些推销人员把许多时间都用在了非销售活动中，因而有计划地安排时间显得尤其重要。图 13－1是对推销人员时间利用情况的调查，其结果显示，在平均每周46.5 小时的工作时间里，推销人员只把 25.4 小时用在了产品销售活动中。那么，如何有效地利用推销时间呢，一种方法是定出年度访问日程表，列出在哪个月份要访问哪些客户和潜在客户以及进行哪些具体活动。

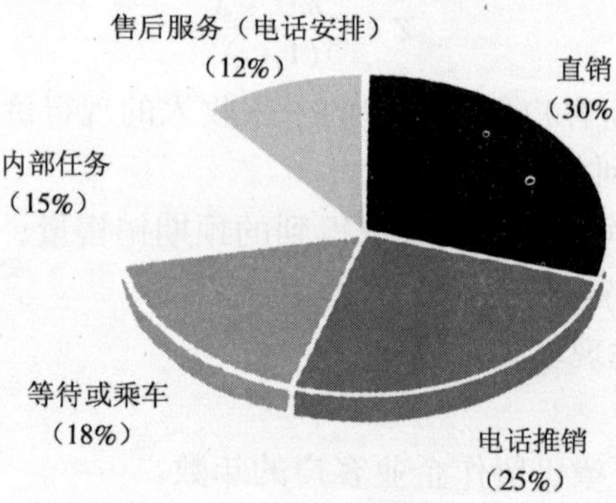

图 13－1　推销人员的时间利用调查

资料来源：Adapted from Dartnell 28th Sales Force Compensation Survey（1994－1995）

另一种方法是时间及责任分析法。推销人员的推销时间主要包括以下部分：

1. 路途时间。在执行某些推销任务时，旅行的时间可达总时间的 50% 以上。如果使用较快的交通工具，路途时间可以减少，当然这将会增加费用。在西方发达国家，许多企业鼓励推销人员乘飞机旅行，以提高推销时间占总时间的比率。

2. 进餐与休息时间。推销人员的部分工作时间用于吃饭和休息。

3. 等候时间。它包括推销人员在客户接待室等候客户的时间。除非推销人员能利用等候时间来做计划或撰写报告，否则这些时间便虚度了。

4. 洽谈销售的时间。它是指与客户面谈或电话商谈所用的时间，可分为“社交性谈话”(用于讨论其他事情的时间)和“商谈销售”(用于讨论推销产品的时间)两部分。

5. 管理事务的时间。这一项包括的内容十分复杂,其中有用于写报告、参加销售会议和与企业其他人员商讨生产、交货、开发票、销售业绩以及其他事务的时间。

实际上,用于面对面的销售时间往往非常少,只占整个工作时间的25%。如果能把面对面推销的时间由25%提高到30%的话,这样便可提高20%的实际销售时间。各企业都在不断地寻找各种方法帮助推销人员更有效地利用时间。这些方法包括:训练推销人员使用“电话的力量”,简化记录保管表格,利用计算机制定访问计划和设计访问路线,提供有关顾客的市场营销研究报告等。

为了加强对推销人员的管理,可以将推销人员划分为内业推销员和外业推销员。内业推销员有三种类型:

一是技术援助人员。他们提供技术资料和解答顾客的问题。

二是销售辅助人员。他们为外业推销人员在事务性工作方面提供支持,他们在访问前确定约会时间、进行信用调查、跟踪交货进程和当顾客无法与外业推销人员取得联系时解答他们提出的问题。

三是电讯市场营销人员。他们用电话找到新的客户线索,审查其资格并向他们推销。一位电讯市场营销人员在一天之内可通过电话同50位顾客联系,相比之下,一位外业推销员一天只能接触4个顾客。内业推销员主要完成下列任务:①交叉推销同一产品;②增加订单;③介绍企业新产品;④发展新客户和重新激发老客户;⑤多注意被疏忽的客户;⑥跟踪和核查直接邮购顾客的资格。

内业推销员为外业推销员节约了时间,可使他们把更多的时间用于对主要客户的销售工作、寻找新的主要潜在客户并将其转变为现实客户。同时,内业推销员可用更多时间检查库存、跟踪订单执行进程、与较小客户进行电话联系等工作。外业推销人员的报酬主要以刺激性报酬为基础,而内业推销人员则以薪金加奖金为基础。

为了减少对外业推销员的时间需求,许多企业已扩大了业内推销员的规模和责任。美国推销专家纳拉斯和安德逊在对美国135家电子产品配销商的调查中,发现平均57%的推销人员是内业推销员。对此,经理们提出如下理由:①外业推销员访问成本逐步上升;②计算机网络和高科技电讯设备的使用日益广泛。

提高推销人员工作效率的最为有效的手段之一就是鼓励推销人员使用新的技术设备,如台式和手提式计算机、录像机、电视录像带、移动式电话、电子邮件、电话会议等。要让推销人员的推销业务“电子化”,这样可以大大加快有关商品销售和存货信息的传递。现在,专门的以电脑为基础的决策辅助系统已为销售经理和推销人员研制出来了。尽管使用还不普遍,目前我国已有1/3的企业的推销人员使用计算机对客户的订单进行登记,核对订单状况、库存状况并进行销售预测,更多的企业正准备在区域管理、客户管理、销售访问日程编排和新客户预测方面使用计算机软件。现已取得如下成果:

一些使用计算机软件的企业由于减少了推销人员旅行和文书工作的时间,对客户的访问安排更为合理,更加有效,因而使推销人员的推销时间增加 5% 到 10%。一些人寿保险公司收集的证据表明,其代理商的销售额增长幅度高达50%,这完全归因于他们使用了计算机软件,从而使他们的推销更为有效,每年能会见更多的客户。

二、对推销人员的激励

(一)激励推销人员的原因

有些推销人员即使没有管理部门的任何督导也会尽心竭力地工作。对他们来说,推销是世界上最令人神往的一种工作,他们胸怀大志,工作主动。但是大多数的推销人员需要鼓励和特别的刺激,才能使他们的工作达到最高水平。现场推销工作尤其如此,其理由如下:

1. 工作的性质。推销工作经常受到挫折,推销人员通常要独立工作,他们的工作时间是无规律的,并且经常离家在外。他们面临着有进取心的富有市场意识的竞争对手。由于条件限制,他们常常无法去做为赢得客户所必须做的事情,有时他们会失去经过艰苦努力而争取到的大订单。

2. 人固有的"懒惰本性"。管理学中的"Y 理论"认为:人的本性是懒惰的,不愿承担责任。大多数人如果没有特别的激励,例如,金钱的获得和社会的承认,就不能发挥其全部才能。

3. 推销员个人的问题。有时推销人员会为个人问题而苦恼,例如,家里有人生病、婚姻不和谐以及负债等。

美国推销专家福特·沃克(Walker)成功地对激励推销人员的问题做了研究,并提出了激励的基本模式:

激励…→努力…→成绩…→奖赏…→满足
↑……………………………………………↓

上述模式表明对推销人员的激励越大,他作出的努力也就越大;更大的努力将会带来更大的成绩,更大的成绩将会带来更多的奖赏;更多的奖赏将会产生更大的满足感;而更大的满足感将产生更大的激励作用。企业销售管理部门必须使推销人员领悟和相信这种连锁反应的作用,为此要做好以下工作:

1. 应使推销人员认识到,通过更加努力推销或经过培训后把工作做得更细致,便可销售更多的产品。但是,如果销售量主要取决于经济条件或竞争行动的话,这种连锁反应便会受到某种程度的损害。

2. 应使推销人员认识到,得到成绩突出奖是要付出额外努力的。但是,在确定奖励标准时,如果只凭管理人员的主观臆断,定得过低或定得不合理,这种联动作用就会受到损害。

激励推销人员的有效方法是对他们的推销工作进行奖励。最有价值的奖励是增加工资,随后是提升、个人的发展和作为某群体成员的成就感。价值最低的奖励是好感与尊敬、安全感和表扬。换句话说，工资、有出人头地的机会和满足内心的需要是对推销人员最为强烈的激励，而安抚和安全感的激励较弱。大量实践表明，激励因素作用的大小是随着推销人员的人口统计性特征的不同而有一定的差异。具体表现为：

(1)年龄较大、任期较长的推销人员和那些家庭人口多的人比较更重视金钱奖励。

(2)未婚的或家庭人口少、受过较多正式教育的年轻人对金钱奖励不太重视。

(3)未婚的或家庭人口少、受过较多正式教育的年轻人对较高层次的奖励(表扬，好感与尊重、成就感)更为重视。

(二)奖励推销人员的依据

对推销人员进行奖励，首先要确定奖励的依据。常用的奖励依据是销售定额和一些辅助激励因素。

1. 销售定额。许多企业为其推销人员确定销售定额，规定他们一年内应推销的商品数量，并按商品分类确定，报酬往往与定额的完成情况直接联系。

销售定额是在制定年度市场营销计划的过程中确定的。企业首先要确定一个可能达到的合理的预测销售指标，这将成为规划生产、工人数量和资金需要的依据。然后管理部门为各区域和地区确定销售定额，加起来一般高于预测销售指标。销售定额之所以定得比预测销售指标高，目的在于促使销售经理和推销人员竭尽全力去工作。如果他们完不成定额，企业仍可完成销售预测这一目标。

各地区的销售经理将定额分配给本地区的推销人员，而推销人员之间存在个人差异，某些人适合高定额，某些人则适合中度定额。美国推销专家赫克特(Heckert)认为：

“销售定额的实践经验表明，推销人员的反应是不完全一致的，特别是最初阶段更是这样。其实在实行任何一种标准时均会出现此种情况。一些人受到激励，因而发挥出最高效能。一些人则感到气馁，某些销售主管人员在确定定额时对人的因素极为重视。然而从长远的观点来看，优秀推销人员对精心设计的定额将会作出积极的反应，特别是当报酬按工作成绩作适当调整时更是如此。”

定额可按销售金额、单位销售量、毛利、推销努力程度或推销活动和产品类型来确定。对个别推销员确定销售定额时，应考虑多种因素，包括推销员前期的销售业绩及其销售区域的预计销售潜量，对推销员工作抱负的判断，推销员对压力、激励的反应等。有关这方面的具体情况如下：

(1)推销员 j 在 t 时间内的销售定额为 Q_{jt}，此定额应高于其上年的销售量 $S_{j,t-1}$，即

$$Q_{jt} > S_{j,t-1}$$

(2)如果推销员 j 在 t 时间内的销售定额定得高，该推销员在该地区的预计销售潜力 S_{pjt} 与他上一年度销售之间的差异就会更大，即

$$Q_{jt} \sim (S_{pjt} - S_{j,t-1})$$

(3)推销员 j 在 t 时间内的销售定额定得越高,他对压力的反应也就越大,即

$$Q_{jt} \sim E_j$$

上述3种情况可合成一个方程式,用来确定推销员的销售定额:

$$Q_{jt} = S_{j,t-1} + E_j(S_{pjt} - S_{j,t-1})$$

因此,推销员 j 在 t 时间内的定额应至少等于他前期的实际销售量,加上其销售区的预计销售潜量与上年的销售量之间的差别的若干比值 E_j。他对压力的反应越积极,其定额的比值就越大。

2. 辅助激励因素。许多企业用一些辅助的激励因素来激发推销人员努力工作,如定期的销售会议可为推销人员提供一个社交的机会,一次摆脱日常工作的休息,一个与"企业的头面人物"会面和交谈的机会,一次与较大的团体交流感情的机会,等等。其中尤其是销售会议,这是一种重要的沟通和激励工具。

辅助激励因素大体上可以分为非现金津贴和销售竞赛两种。

非现金津贴也称为额外津贴,越来越多的公司用这种方式奖励高级销售人员。额外津贴的优点,主要表现在它们是满足人的认可需求和激励性补偿的理想方式。常用的额外津贴形式主要有:

(1)额外带薪休假。

(2)俱乐部会员卡,如高尔夫球、网球俱乐部会员卡等,也适用于销售人员的家人。

(3)为销售人员的家人提供疗养和公费旅游。

(4)员工子女教育补贴。

(5)对公司休闲设施的使用权。

(6)销售人员免费使用公车。

(7)无息或低息贷款,特别是对购房和对家属子女的教育贷款。

(8)公司股票的认购权。

(9)增加人身保险的种类和缴保金额。

(10)对超过公司医疗费用的花费进行补偿。

有些企业利用销售竞赛的形式来激励推销人员,鼓励他们更加努力地去推销。奖品可以是汽车、旅行、裘皮大衣、现金或表扬。这种竞赛的奖励面应适当放宽,使较多的推销人员能有得奖的机会。如果只有少数人能得奖或者几乎每个人都能得奖,那就失去了激励的作用。

销售竞赛日期不应预先通知,否则,一些推销人员会把一些销售推迟到销售竞赛的初期进行。此外,还有些人可能会在竞赛期间虚报销售量,顾客只表示购买意向而在销售竞赛期过后不能实现。

销售竞赛通常持续一两个月。对美国657家公司的一项调查表明,有56%的销售竞赛活动采用非现金激励的形式,有44%的销售竞赛活动采用专项现金激励。问卷调查显示,26%的被调查者认为非现金性激励更能体现"奖品价值",具

体见图 13－2。研究表明,实物性奖品常使获胜者想起他们为之付出的努力。

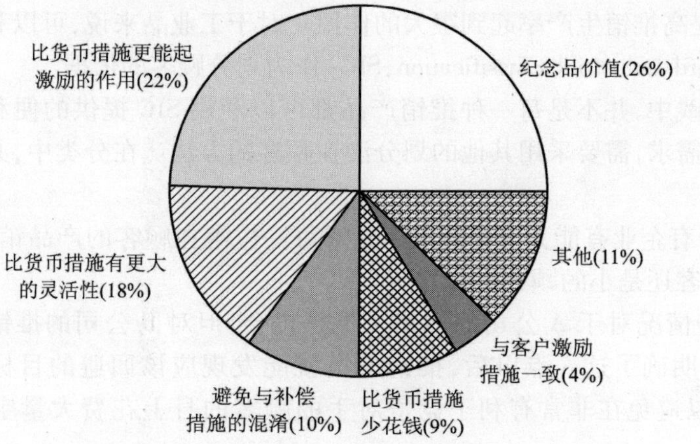

图 13－2　为什么公司使用非货币的激励措施

资料来源:"The Rewards of Nocash Incentive," Sales Marketing management (April 1987).

第三节　提高推销人员业绩的途径

推销队伍是一种既宝贵又成本高昂的资源,如果将招聘、雇佣、培训和管理一名推销员的直接和间接费用加起来,管理者就会发问:"我们是否从每一位推销员身上得到了足够的回报?""我们应如何提高推销人员的工作效率?"

本节将探讨提高推销人员业绩的途径。

一、判别谁是"最理想的顾客"

企业销售部门要求推销员每天多次访问顾客而其中一个不足之处,是只注重访问次数而忽略了访问质量。如果将一名推销员的工作重点放在对少数的、重点的顾客的访问上,将会取得更好的效果。我们设想推销员已经知道他们的顾客或者潜在顾客可以分为以下 4 种类型:

A. 理想的顾客

B. 良好的顾客

C. 一般的顾客

D. 较差的顾客

此时,他们就能以更有效的方法来安排自己一天的推销活动,即在 A 或 B 顾客身上多下工夫和花费较多时间,在 C 顾客身上花平均标准的时间,在 D 身上花很少或不花什么时间。这意味着,可以将访问集中于理想的潜在顾客身上,而对达成交易的概率较小的潜在顾客则少花时间和精力。

我们可以准备一张“目标表”,用来区别有哪些推销因素对潜在顾客具有吸引力,它对于提高推销生产率起到很大的作用。对于工业品来说,可以利用标准工业分类(Standard Industrial Classification,SIC)作为划分顾客的依据。

但在实践中,并不是每一种推销产品都可以利用SIC提供的便利。为了更加适应企业的需求,需要采用其他的划分潜在顾客的方法。在分类中,必须注意以下几点:

1. 很少有企业有能力准确地提出针对每一位潜在顾客的产品销售目标额,无论是大的顾客还是小的顾客。

2. 某些情况对于A公司的推销人员是机会,但对B公司的推销人员来说就未必如此。明确了这一点以后,推销人员就能发现应该回避的目标。通过这样的做法,可以避免在非常有利于竞争对手的顾客的身上花费大量宝贵的时间和精力。

3. 推销人员可以根据自己的需要,将顾客划分成不同的类型。具体准则如下:

(1)顾客的生产经营规模和(或)它的消费水平。

(2)潜在顾客所在的区域市场的特征。

(3)公司产品、技术和生产工艺水平。

(4)决策者的个性和(或)动机(如只想从大公司或小公司购买)。

(5)顾客的地理分布状况。

推销人员还可以提出和选择其他的准则,这需要进行大量烦琐的数据分析。然而,一旦完成了这些工作,发现了“理想的”或者“良好的”顾客或者顾客群,就会为一个具有更高生产率和更有效的推销组织提供非常重要的推销手段。

二、了解顾客的决策层

推销人员通常不是向某一个顾客推销产品,而是与一定相关群体中的消费者打交道,例如,“决策者”“购买者”“影响者”“使用者”“倡议者”等。这些人在产品购买决策中都发挥着不同的作用,有时候起着支持作用,有时候起着反对作用。一名优秀的推销员必须清楚“目标顾客”是如何进行购买决策的,以及其中每一位成员在购买决策中发挥的作用。

如果客户是大型公司,那么问题就会变得很复杂。在公司决策层中存在着很多的成员,推销员必须用多种方式与每一位决策成员交流。要做到这一点是很不现实的、低效率的,而且与所有成员都接触也是很不慎重的。推销人员可以利用市场营销组合中其他方法与决策层中不太重要的成员进行接触。例如,通过资料传送、电子邮件、展览和会议等形式。对于决策层中的核心成员,推销人员必须与之交流,在交流中可以实现以下目标:①推销人员必须以最有效的成本效益法实现整个交流计划;②决策层中的每一位成员必须得到正确的信息,信息量不要太多,也不要太少;③需要交流的所有信息必须集合成为一个促进产品销售的紧密的“整体”;④推销人员必须将精力集中于顾客购买决策层中最关键的人物。

为了搞好与客户公司决策层有关成员的交流,推销人员应该做好以下工作:

一是将每一位最有希望的潜在顾客的个人档案集合起来。这种档案一般包括以下项目:①年报和公开的账目;②剪贴该公司的公开资料;③公司文献和产品规格;④组织结构图;⑤组织中的领导人物;⑥最理想的是公司经营业绩与竞争者情况的比较。

如果档案是完整的,内容是最新的,那么,推销员将精力集中于自己能力所及的顾客身上,努力与顾客建立长期的良好的伙伴关系。

二是准备出一份详尽的、有关决策层成员(decision making unit,DMU)的名单以及市场营销机构人员名单,设计出一份全面的交流计划。用最有效的生产率和成本效益方法瞄准每一位 DMU 成员。推销员是一种稀缺资源,他们精力必须集中于那些在 DMU 中发挥最大作用的成员身上。

表 13-7 说明的是针对 DMU 成员准备的一体化交流计划的方法。只有在推销人员拥有很少的、大的潜在顾客的条件下,才能进行如此详细的分析。如果产品销售市场是由成千上万的顾客组成,推销人员是无法进行这种分析的。实际上,很少有公司会不厌其烦地收集有关顾客的各种日常信息,即便目标市场上只有十几个客户公司的时候,也很难做到这一点。

表 13-7 针对 DMU 成员准备的一体化交流计划的方法

交流工具 DMU 成员	行业新闻	技术新闻	推销人员	直接邮寄	展览	其他
一、公司内部的						
1. 执行董事						
2. 市场营销经理						
3. 产品经理						
4. 财务主任						
5. 研究开发主任						
6. 其他董事成员						
7. 采购员						
8. 总工程师						
9. 质量管理员						
10. 产品用户						
11. 其他						
二、公司外部的						
1. 咨询员						

续表

DMU 成员 \ 交流工具	行业新闻	技术新闻	推销人员	直接邮寄	展览	其他
2. 财务顾问						
3. 广告代理商						
4. 公关代理人						
5. 设计师						
6. 其他						
打分:4 分:很重要;3 分:重要;2 分:较重要;1 分:可考虑;0 分:无关						

三、充分利用内部信息

很多管理者没有意识到在公司内部存在着大量有价值的信息。这一点对于跨国经营的多样化公司来说,显得尤为突出。

英国一家经营领域涉及工程、电气设备的大公司,5 位高级推销员代表公司不同的部门前往中东的某一地区开展推销活动,他们之间互不了解。有两个人在飞机上相遇,有两个人在旅馆里结识。每个人都对这个市场有一定程度的了解,如果将他们各自掌握的有关目标市场的信息集中起来,就可以勾勒出目标市场的基本轮廓,那么由这 5 名推销人员组成的一支推销队伍就变得非常强大。由此可见,对于所有的推销队伍来说,建立一个简单的、用以收集和交流内部信息以及“谁知道什么”的制度是非常必要的。

在许多企业里,推销队伍由很多人组成。他们花费了大量的工作时间与顾客打交道。他们通常作为企业的“千里眼”“顺风耳”。不可避免的是,在这些人员中,总有一些人了解的情况比其他人多一点,全面一点。这时,特别需要一位很有能力的管理者制定一种制度,将所有市场信息收集起来,建立信息共享的机制。在大部分推销员必须完成的传统的报告制度中,应该划分出一块地方,要求他们填上可能对其他人有价值的市场信息。

四、向“明星推销员”学习

推销队伍是一个以销售业绩为标准的金字塔型的组织。经过完全一样的培训后,管理者不要指望所有的推销员都会具有相同的价值观念、行为准则以及工作业绩。企业的推销队伍中既包括贸然行事的人,也包括顽强工作的人。前者充满热情、创新精神和具有较高工作成效,后者工作刻苦,但见效很慢。

如果给推销员的工作业绩打分,管理者就可以将最好的 10% 命名为“明星推销员”;接下来的 20% 为“良好推销员”;再接下来的 30% 为“一般推销员”;最后的 40% 为“有问题的推销员”。具体情况如图 13 – 3 所示。

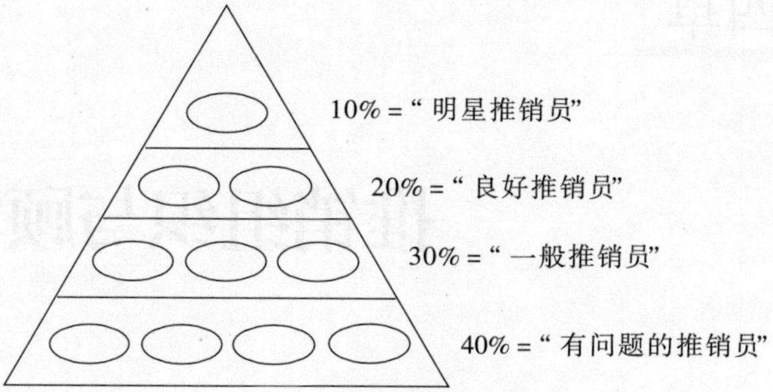

图 13-3 根据整体有效性对推销队伍的分类

根据工作业绩的高低将推销人员划分为不同的类型后，就会发现这样一个问题：为什么“明星”推销员与一般推销员的销售业绩之间存在着如此大的差距？

如果能够更具体地确定“明星”推销员在顾客面前是怎样做的，怎样与顾客交流信息，进行计划、管理时间、利用销售工具等，就会为培训其他人员制定新的方法。只有详尽地了解推销和购买环境，才能深入地认识上面的问题，这有助于发现进一步提高生产率的途径。

思考题

1. 简述推销业绩考评的概念及作用。
2. 简述推销人员业绩考核的主要指标。
3. 销售量的统计方法主要有哪几种？
4. 简述销售费用指标的具体内容。
5. 什么是货款回笼率？
6. 什么是顺位法？试举例说明。
7. 你认为多项目综合考评法应该包括哪些具体项目？
8. 如何确定潜在目标客户与访问定额？
9. 推销人员的推销时间主要由哪些因素构成？
10. 为什么要对推销人员进行激励？
11. 简述激励推销人员的主要依据。
12. 评价推销人员工作业绩的信息来源是什么？
13. 如何判断谁是最理想的顾客？
14. 怎样才能提高推销人员的工作业绩？

第十四章

推销组织与顾客管理

本章重点及学习要求

- 掌握推销组织在企业营销活动中发挥的作用
- 掌握推销组织的工作目标
- 了解销售经理的主要职责
- 掌握设立地域型、产品型、顾客型、职能型推销组织的要求及特征
- 掌握顾客管理的主要内容
- 掌握处理顾客投诉的原则与程序

本章关键词

销售组织(sales organization)　销售组织的职能(the function of the sales organization)　地域型的销售组织(regional sales organization)　产品型销售组织(product type sales organization)　顾客型销售组织(customer type sales organization)　职能型销售组织(functional sales organization)　重点客户(key customers)　顾客价值(customer value)　顾客投诉管理(customer complaint management)

第一节　推销组织的建立

一、推销组织在企业中的地位

近几年来,随着我国社会主义市场经济的不断发展,企业间的竞争日趋激烈,人们的市场营销意识也逐渐增强。但是,在对市场营销的理解和运用方面,企业更多地侧重于产品促销方面的工作,大部分营销预算花费在广告宣传和各种促销活动上,却忽略了最为基础的产品销售的管理工作。这样,从短期来看,可能有所收效,但随着企业的不断发展,有些表面上异常繁荣的企业,由于销售管理工作跟不上,会出现经营混乱、效率低下、后劲不足的现象。因此,企业经营管理者,既要考虑企业的短期效率,又要兼顾企业的长远发展,销售管理工作不能忽视。在销售管理工作中,建立精简高效的销售组织是企业各项经营工作的龙头,是企业经济效益最直接的创造者,在企业经营管理中具有举足轻重的地位。

在企业的经营实践中,推销部门是企业产品销售组织的重要组成部分,建立精简高效的推销组织是销售管理的一项重要内容。推销组织在企业整体营销管理中的职能可用图 14－1 来表示。

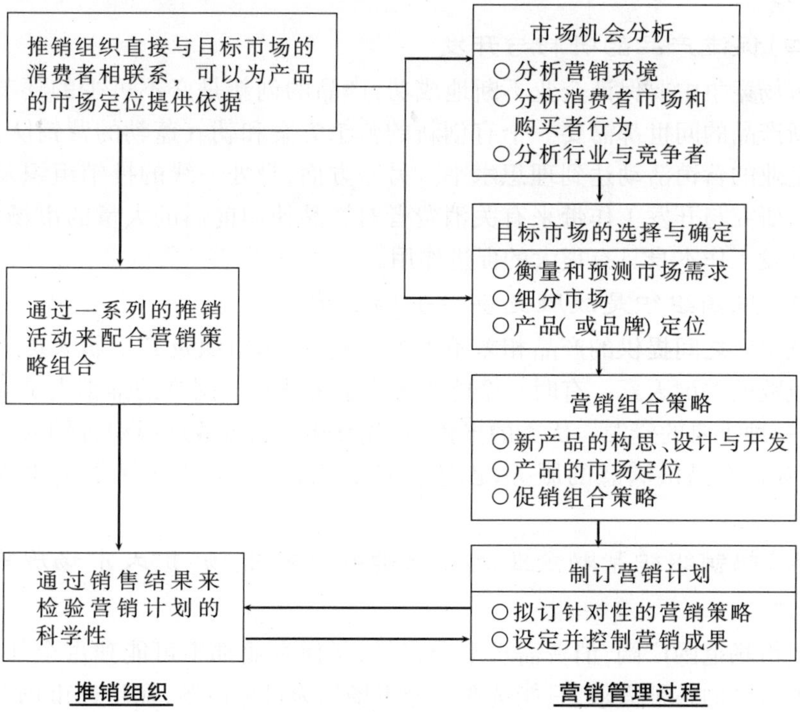

图 14–1　企业推销组织在营销管理过程中的职能

结合图 14－1 的内容，企业推销组织在整体营销管理过程中的作用可以概括为以下几个方面。

（一）推销组织代表着企业运营的最后一个关键环节

企业经营者努力不懈地去研究和了解顾客的需求与欲望，生产出符合消费者的产品，建立了自己的分销渠道和设计了包装及合理的物流系统。但如果没有推销组织科学的管理工作，产品就销售不出去，就会前功尽弃。产品销售是企业运营中最后一个环节，也是决定企业运营成败的关键。推销组织在这个环节中起着极其重要的作用。

（二）推销组织实现企业的收益目标

企业内很多支出，如工资、器具和原料等费用或投资的收回都有赖于收益的支撑。推销组织通过组织推销人员将产品送达到顾客手中，从而获取足够的收益，实现企业的利润目标。

（三）代表企业与客户建立良好的关系

推销组织的下属人员在对外销售产品、洽谈业务时，往往是作为企业的代表，这些人对企业的成败负有重大的责任。推销组织如果能使下属人员执行企业的基本策略，使顾客感到满意，对本企业更具信心，推销组织及其下属人员便是真正地代表了企业本身。成功的推销组织能够认清和解决客户的疑难，建立与客户之间的良好关系。

（四）促进产品的研制与开发

在市场竞争中要保证企业不断地成功，产品的创新是必不可少的环节。几乎每一种新产品的问世都需要一个有创新的营销方案和朝气蓬勃的营销队伍，这样才能使企业的营销活动达到理想水平。另一方面，身处一线的推销组织及其推销人员可为研究与开发工作带来有关消费者对产品使用前后的大量的市场信息，对研究与开发工作本身具有很大的促进作用。

（五）推销组织是战胜竞争对手的法宝

当竞争者之间提供的产品相差不大的时候，推销组织及其下属人员就成为决定竞争成败的关键因素。有时一个能为客户解决技术上困难的推销人员对企业来说，更是一种重要的资源。优秀的推销组织能适时地、有效地组织推销人员拜访潜在顾客，为顾客提供满意的服务，创造优良的销售业绩，从而使本企业战胜竞争对手。

（六）推销组织帮助企业选择正确的目标市场，扩大市场规模，提高竞争能力

现代市场范围广阔，消费需求复杂多样，任何企业都不可能独占全部市场，满足所有消费者的各种需求，只能选择部分市场作为目标市场，在目标市场上求得发展。企业推销组织协助营销部门通过运用市场细分理论，可以帮助企业正确选择目标市场，把市场机会转变为企业机会，集中人、财、物力从事生产和营销，提高产

品竞争能力，使自己在整体市场上的劣势变为局部市场上的优势；推销组织通过运用市场发展理论，帮助企业选择适宜的市场发展战略，通过密集化、一体化、多元化和扩展、维持、收缩等战略选择，扩大企业的市场规模，提高市场占有率；推销组织通过运用市场竞争理论，可以帮助企业掌握制定市场竞争战略的原则和对竞争战略的组合运用，根据企业与市场的相对位置选择和运用进攻型、防守型、渗透型、低成本、产品差异、优势经营等战略，从而大大提高企业的竞争能力。

（七）推销组织可以帮助企业建立需求型的管理体制

在市场经济条件下，企业要直接面对市场，以适应需求作为一切活动的中心。为此，需要建立相应的管理体制，从组织上和制度上明确企业内部不同部门之间的职能。而推销组织可以帮助企业明确市场营销部门与其他职能部门之间的关系。

发达国家的企业实践表明，建立需求型的管理体制，使整个企业成为一个市场营销组织，是企业主动适应和有效驾驭市场的理想体制模式。这一体制可以保证以承担市场营销职责的推销组织及其所属人员为纽带，直接建立企业与市场的联系；可以确立市场营销职能的核心地位，以推销组织为中心，协调与生产部门、财务部门、人力资源管理部门以及公关宣传部门等各职能部门的关系；可以按照营销活动的内在联系，建立从市场调研、确定目标市场，制定营销战略，运用营销组合，到对营销过程进行信息反馈和控制等一整套科学系统的管理程序。因此，推销组织帮助企业建立需求型的管理体制，对于企业适应市场经济的要求，提高管理的现代化水平具有重要意义。

二、推销组织的职能

推销组织在企业中的职能可以概括为计划职能、执行职能和控制职能。在完成不同的职能时，推销组织的工作侧重点各不相同。

（一）计划职能

推销组织在计划工作中的任务是，通过寻找和评价机会，来确定市场营销战略和贯彻战略决策的行动计划。

1. 寻找机会。寻找机会是指推销部门组织有关人员在市场上寻找有利的发展机会。例如，踢球就要不断寻找破门机会，打仗也要不断寻找有利的进攻或反击机会。在市场上，新开办企业的推销组织需要寻找进入市场的机会，老企业的推销组织需要不断寻找生存和发展的机会。

具体说，新企业需要考虑做什么生意有前途；对于已处在某个行业的老企业，需要考虑向什么方向发展，才能保住和扩大自己的主业。在变化不定的市场上，企业不能以不变应万变，不能抱着老一套不放，必须不断制定新战略、新计划，从而在不断变化的环境中搜索新的机会。

2. 制定市场营销战略。战略的制定是在寻找和评价机会的基础上进行的。战略，是指为了达到市场营销目标而制定的方案或重大措施，或者说是一个企业在某一市场上应该干什么的“总设计”。不是所有的有利机会都可以转化为市场营销战略,推销组织必须在企业总目标和企业资源的限制范围内,对可能的机会进行评价,在此基础上,先制定出市场营销目标,然后再制定出市场营销战略。

3. 贯彻战略的行动计划。行动计划是市场营销战略的具体体现,推销组织要组织有关人员,针对企业的具体情况和市场的变化趋势,以书面的形式编写出贯彻营销战略的行动计划。其内容包括实施战略的决策、实施战略所必须完成的全部活动以及完成各项活动的具体期限等。这种行动计划通常称为"市场营销战略计划"。

(二)执行职能

企业推销组织要负责市场营销战略计划的执行。在计划的执行过程中,推销组织要做好组织、协调,激励和信息沟通等项工作。

1. 组织。推销组织的执行职能中的组织工作,将涉及全体销售人员的组织结构和相互关系,包括把他们联系在一起并协调其活动的权力和责任界限。产品销售工作是一个复杂的系统,涉及各方面的人员,如销售经理、推销人员、服务人员和广告人员等。他们组织得好坏,将对计划的完成有巨大影响。

2. 协调。它包括协调推销人员的活动;协调本企业内部有关人员的活动,如生产、财务和人力资源管理部门的负责人;以及协调本企业同其他有关企业的活动,如广告公司、经销商和储运公司等。

3. 激励。激励是指从物质和精神两方面调动下属销售人员的工作积极性。

4. 沟通。沟通是指与有关方面沟通信息,没有良好的沟通,就不能达到协调和激励的目的。推销组织同企业最高领导人的信息沟通,能使市场营销活动同企业的目标保持一致;同企业其他部门的沟通,能取得各方面的理解和支持;在所属营销部门内部,推销组织同下级的沟通,能使各种推销努力相互配合。

(三)控制职能

为了确保执行有效,推销组织就必须对执行过程进行控制。控制的主要任务就是针对计划检查计划执行情况,找出二者之间的差距及造成差距的原因,以供修订计划和重新制定新计划时使用。推销组织实施控制的主要手段是财务分析和市场营销研究,具体如:①保存执行销售利润计划的材料;②保持推销费用的控制;③编制产品(或品牌)经理的预算;④就执行策略的最有利时机提出建议;⑤测定促销的效果;⑥分析媒体的生产成本;⑦评估顾客及地区的赢利能力;⑧提出销售导向的财务报告;⑨协助直接客户优化采购和存货政策;⑩教育销售部门了解政策的财务意义。

有些管理学家认为,在推销组织的上述职能中,虽然贯彻或执行战略计划花去推销组织的大部分时间,但对营销活动的成败来说,计划职能最重要。而推销组织在计划工作中制定销售战略最重要,因为一时的战略性决策,对企业的经营将有长期的全面性影响。如果战略正确,执行较差一点也可取得成功;如果战略错了,认真执行也不会取得成功,甚至会执行得越认真,造成的损失越大。例如,决定生产一种过时的产品或劳务,可能生产得越多,积压越多,损失越大。这正如著名管理学家彼得·德鲁克所说:"做恰当的事比恰当地做事更重要。"

三、推销组织的工作目标

现代企业推销组织的工作目标大体可以概括为三个方面。

(一)对市场需求作出快速反应

推销组织要使营销组织不断适应外部环境,并对市场变化作出积极反应。把握市场变化的途径是多种多样的,营销研究部门、推销人员以及其他商业研究机构都能为推销组织提供各种市场信息。了解到市场变化后,推销组织的反应则涉及整个经营活动,从新产品开发到价格确定乃至包装都要做相应的调整。

(二)使市场营销效率最大化

企业推销组织内部存在许多专业化部门,为避免这些部门间的矛盾和冲突,推销组织要充分发挥其协调和控制的功能,确定各自的权利和责任。

(三)代表并维护消费者利益

企业一旦具备了市场营销观念,自然要把消费者利益放在第一位。这里,主要由推销组织及其下属承担这项职责。虽然有的企业利用营销研究人员的民意测验等来反映消费者的呼声,但仅此是不够的,必须在管理的最高层面上设置销售组织,以确保消费者的利益不至受到损害。

四、销售经理的职责

销售经理作为销售组织的负责人,要依据公司的整体规划全面负责本部门的业务和人员管理,努力实现预定的销售目标。概括地讲,销售经理的职责主要有几方面:①组织人员进行市场调查,进行销售预测;②制定尽可能量化的销售目标;③编制销售计划;④确定销售策略;⑤设计销售组织管理模式;⑥组织推销人员的招聘、选拔、培训及提升;⑦制定推销人员的报酬制度;⑧制定推销人员的激励方案;⑨对销售业绩进行评估;⑩考核推销人员的工作绩效;⑪对重点客户进行拜访;⑫对销售渠道进行管理;⑬督促应收货款的回收;⑭协助促销部门进行销售促进。

如果说过去销售经理的主要任务,都集中在对内部所有营业人员的管理上,倾向于激励业务人员去实现销售任务,那么,现在销售经理必须对推销组织的各种功能和销售活动付出更多的精力,用心去指导和协调,否则很难实现销售任务。

销售经理应该主动向下属授权,尤其是对外地区分公司的经理授权,使他们的管理工作有较大的自主性。并且协助他们编制销售计划,对产品销售、促销活动和市场调查进行有效监督和指导。

销售经理可以利用表 14-1 来检查自己的工作,作为改进管理的依据或参考。

表 14－1　销售经理管理工作检查表

管理工作类别	具体项目	是	否	备注
市场动态	1. 对自己销售的产品在市场上的定位是否清除			
	2. 能否掌握自己的产品因季节变化而拟订的生产计划			
	3. 是否了解自己的产品在市场上的占有率			
	4. 是否清楚自己的产品在市场上失败的原因			
	5. 是否定时进行市场调研			
销售目标	6. 销售目标与公司整体目标是否一致			
	7. 有没有具体的销售目标来激励推销人员			
	8. 公司每月的销售量是否波动过大			
	9. 销售目标与实际情况之间是否存在较大差距			
	10. 是否有销售得越多亏损就越多的现象			
推销人员的能力	11. 是否对推销人员进行过适当的培训			
	12. 掌握的客户的数量是否有偏高或偏低的情况			
	13. 推销人员的流动率是否太高			
	14. 推销人员的工作资历是否太浅			
	15. 推销人员处理其他事情花费时间、精力是否过大，而无法专心于销售洽谈			
	16. 现有的推销人员是否有不称职的			
销售策略	17. 是否发现现有的销售策略不太适用，难以推展			
	18. 是否有突破销售瓶颈的具体方案			
	19. 是否提出过良好的广告创意			
	20. 是否有促销附加值较高的产品			
	21. 发现销售策略中的错误时，能否及时改正			
销售管理	22. 销售会议是否太多或太少			
	23. 能否及时掌握推销人员的活动状态			
	24. 能否做好向上、向下和平行的沟通			
	25. 是否花太多的时间和精力在公司行政事务上，而忽略了对销售业务的指导和监督			
数据管理	26. 应收账款数量是否过大			
	27. 呆账数目是否过大			
	28. 各推销人员的销售责任额是否合理			
	29. 是否经常将销售目标与实际情况进行比较			
	30. 推销人员的销售成绩与其收益所得是否有明确的挂钩比例			

第二节　推销组织的几种类型

为了实现企业的经营目标，必须根据企业的具体情况选择合适的推销组织形式。大体上，推销组织的种类可以划分为地域型推销组织、产品型推销组织、顾客型推销组织和职能型推销组织 4 种。

如果一家企业只把一条产品线的产品销售给一个最终用户时，其推销人员的组织结构就比较简单。该企业可采取按地理区域划分推销队伍结构；如果企业向多种类型的顾客销售多种产品，可能需要一种按产品划分的或按市场划分的推销队伍结构。

一、地域型推销组织模式

地域型推销组织是一种最简单的推销组织模式，即每个销售经理被指派负责一个地区，作为该地区经销该企业全部产品线的唯一代表，而销售经理则向更高一级的销售主管负责。图 14－2 表明按地区规划的销售组织模式。

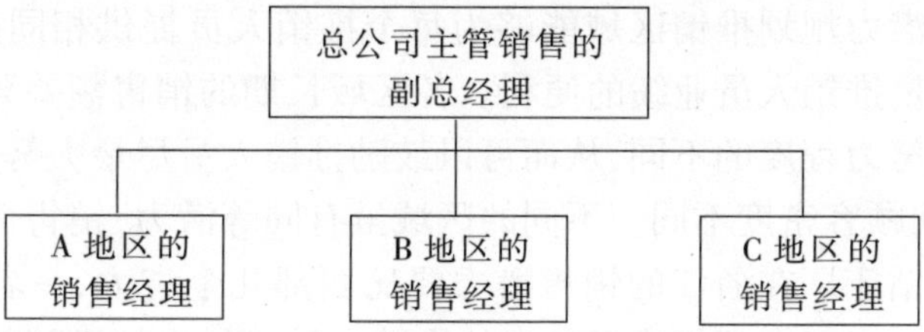

图 14–2　地域型推销组织模式

某公司是一家大型消费品生产企业，它的产品销售活动面向全国，它按照地理区域设置其推销组织机构，如图 14－3 所示，该机构设置包括：1 名负责全国销售业务的销售经理，4 名区域销售经理，24 名地区销售经理，192 名地方销售经理和 1 920名推销人员。

地域型推销组织模式有许多优点，可以归纳为：

第一，推销人员的责任明确。由于一个地区只设一个销售经理，所以该销售经理必须承担由于个人的销售努力的不同而带来的地区销售业绩的褒贬。

第二，地域责任能够促使销售经理与当地商界和个人加强联系。这种联系有助于提高销售经理的销售业绩。

第三，每个推销人员只在一定的区域内集中地开展销售活动，差旅费开支相对较少。

企业在规划销售地理区域时，要考虑地理区域内的某些特征，例如，各区域是否易于管理；各区域销售潜力是否易于估计；他们用于推销的全部时间可否缩短；每个推销人员的工作量和销售潜力能否均等，这些区域性特征通过对区域单位的

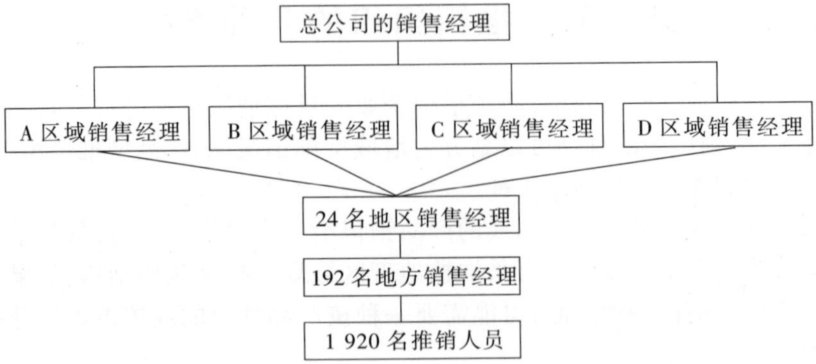

图 14–3　某公司的销售组织结构

大小和形状的决定来体现。

（一）设计推销区域的规模

推销区域的规模可按同等销售潜力或推销人员相等的工作量来具体设计。这两个设计标准有不同的优点和缺陷。

按同等销售潜力规划推销区域能够为每个推销人员提供相同的收入机会，也给企业提供了衡量推销人员业绩的便利。各区域长期的销售额差异可以反映出各推销人员能力和努力程度的不同，从而可以鼓励推销人员尽最大努力去工作。

但是，区域间顾客密度不同。不同的区域虽有同等潜力，销售情况却可能大不相同。一家大型钻床厂在浙江的销售潜力要比西部几个省大，一名负责浙江省的推销员可以用大大小于在西部边远各省的推销人员所付出的推销努力就能完成相同的销售额。

派往地区较广而顾客人口较少的的区域的推销人员，比起派往其他区域来说，要么相同的努力只获得较少的销售额和较少的收入，要么通过额外努力才能获得同等的销售额。一种解决办法是：对西部推销人员付给较高的报酬，以补偿他们额外的努力。但是这样会降低西部区域的销售利润。另一种解决办法是：承认区域间存在着销售潜力大小的差异，将能力较强、资历较深的推销人员派往较好的地区。

还可用相等销售工作量来规划推销区域，使每个销售经理都能全力从事自己主管区域内的销售工作。然而这也会造成区域间销售潜力有某些差别的结果。当推销人员被付以同样的固定工资时，这是不成问题的。但是，如果销售经理的报酬部分是依据销售成绩给付的，那么尽管各区域间工作量相等，但各地区对推销人员的吸引力却会不同。销售潜力高的区域，可以支付较低的报酬，或者可派经验丰富的人员到销售潜力较大的地区去。

（二）确定销售区域的具体形状

区域一般由一些较小的地区单元，如县或地区所组成，这些小单元合在一起达到一定的销售潜力或工作量,形成一个销售区域。划分销售区域时要考虑自然界线的位置,相邻区域的一致性、交通便利与否等因素。许多企业喜欢销售区域呈一定形状,因为区域的形状如何会影响销售成本、覆盖的难易和推销人员对工作的满意程度。最常见的销售区域的形状有圆形、苜蓿叶形和楔形。今天,在划分销售区域时可用计算机模型来设计销售工作量或销售潜力,并能设计出最短的出差时间。

二、产品型推销组织模式

产品型推销组织是指在企业内部建立产品经理组织制度,以协调职能型推销组织中的部门之间的关系。企业所生产的各类产品差异很大,产品品种太多,以致按职能设置的推销组织无法处理的情况下,建立产品经理组织制度是适宜的。其基本做法是,由一名产品销售经理负责,下设几个产品线经理,产品线经理之下再设几个具体产品经理去负责各具体的产品销售工作,见图 14 - 4 所示。

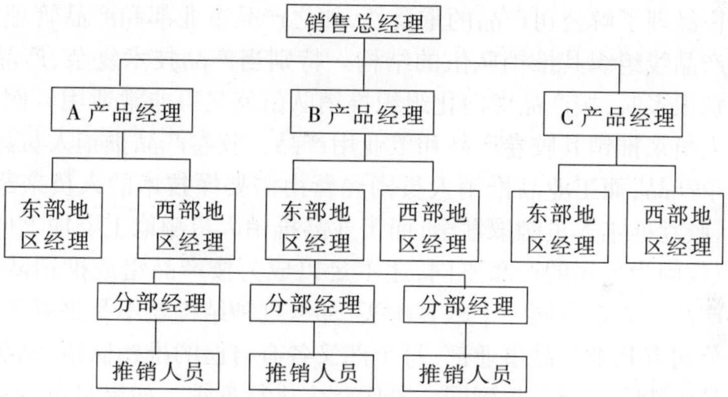

图 14-4 产品型推销组织模式

产品型推销组织模式首先出现于美国宝洁公司,当时一种新的"佳美"牌香皂销售得不好,于是派了一位年轻的经理专门负责这种产品的销售工作。这位年轻的经理名叫尼尔·麦克埃利(Neil H. McElroy)(后来成为宝洁公司的总经理),他做得十分成功,宝洁公司立即增设了其他产品经理。

自此以后,不少企业,尤其是食品、肥皂、化妆品和化学药品等行业,都建立了产品管理组织。例如,通用食品公司,在其所属邮购部就采用了产品管理组织:有负责销售麦粉、猫狗食品、饮料的独立产品经理;在麦粉产品群中,又有负责销售营养麦粉、儿童香甜麦粉、家庭食用麦粉和混合麦粉的独立产品经理;营养麦粉产品经理则管理若干个品牌经理。

产品销售经理的职责是制定产品开发计划,并付诸实施,监测其结果和采取改进措施。具体可以分为 6 个方面:①发展产品的长期经营和竞争战略;②编制年度销售计划和进行销售预测;③与广告代理商和经销代理商一起研究广告的文稿设计、节目方案和宣传活动；④刺激推销人员和经销商经营该产品的兴趣；⑤搜集产品、市场情报，进行统计分析；⑥提出产品的改进意见，以迎和经常变化的市场需求。

产品型推销组织模式的优点在于产品销售经理能够有效地协调各种销售职能，并对市场变化作出积极反应。同时，由于有专门的产品经理，那些较小品牌的产品不会受到忽视。不过，该组织形式也存在不少缺陷：

第一，缺乏整体观念。在产品型推销组织中，各个产品销售经理相互独立，他们会为保持各自产品的利益而发生摩擦，事实上，有些产品可能面临着被收缩和淘汰的境地。

第二，部门冲突。产品销售经理未必能获得足够的权威，以保证他们有效地履行职责。这就要求他们得靠劝说的方法取得广告部门、业务部门、生产部门和其他部门的配合与支持。

第三，多头领导。由于权责划分不清楚，下级可能会得到多方面的指令。

由于销售经理了解公司产品的重要性，加之产品事业部和产品管理的发展，使许多公司按产品线组织其推销队伍的结构。特别当产品技术复杂、产品间毫无关联或产品类别很多时，按产品专门化组织推销队伍就显得非常适用。例如，柯达公司利用推销人员来推销其胶卷产品和工业用产品。胶卷产品推销人员经营分销任务繁重的简单产品，而工业品推销人员则经营由需要懂技术的人员来经营的复杂产品。因此，胶卷推销人员赚取薪金，而工业品推销人员赚取工资加上佣金。

当然，仅仅因为公司的产品不同，还不足以成为按产品组成推销队伍的理由。公司的各种产品如果都由同一个顾客购买，那么这种结构就不是最好的。例如，美国巴克斯特公司有几个产品事业部，每个部又各有自己的推销队伍，结果不同事业部的推销人员可能会在同一天到同一家医院去进行推销。如果只派一名巴克斯特的销售员代表公司的全部产品线去该医院，成本就节约多了。

三、顾客型推销组织模式

企业常常按照顾客类别来组织销售队伍。公司对不同的行业安排不同的销售队伍，按大客户或一般客户安排推销人员，按现有业务或新业务发展安排不同的销售队伍（见图 14－5 所示）。例如，美国国际商用机器公司就在纽约为金融界和经纪人客户分别设立了单独的销售处，在底特律为通用汽车公司设计了一个销售处，在附近的迪邦又为福特汽车公司设立了一个销售处。

顾客型推销组织模式的最大特点就是客户专门化，它最明显的优点就是每个推销人员对顾客的需求特点非常熟悉。美国通用电器公司曾一度根据产品（风扇马达、开关等）专门组织其推销人员，因为顾客是按行业需要购买风扇马达和开关的，所以后来又改为按市场（例如，空调机市场、汽车市场）专门化地组织其推销人员。

按顾客专门化地组织推销人员有时能节约总的销售费用。一家抽水机制造商

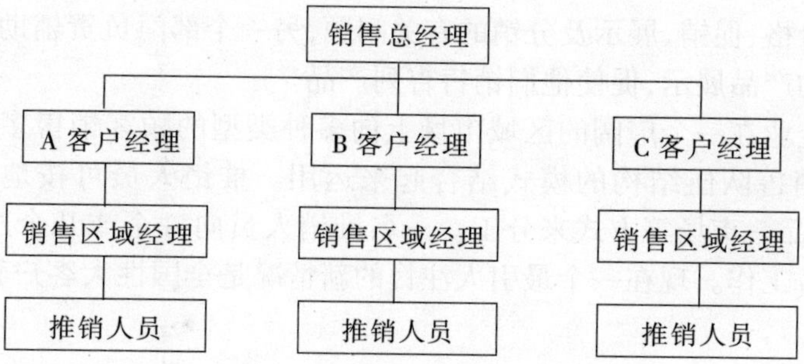

图 14-5　顾客型推销组织模式

曾经派受过高级培训的销售工程师向零部件制造商和批发商推销,以后公司将销售队伍分开,向批发商推销产品的销售队伍由技术较差、工资也较低的推销人员组成,因而节约了费用。顾客型推销组织模式的主要缺点是:如果各类顾客遍布全国,那么,企业的每个推销人员都要花费较多的差旅费用。

四、职能型推销组织模式

当企业只有一种或很少几种产品,或者企业产品的销售方式大体相同时,按照销售职能设置组织结构就比较有效。但是,随着产品品种的增多和市场的扩大,这种组织形式就暴露出发展不平衡和难以协调的缺点。既然没有一个部门能对某产品的整个销售活动负全部责任,那么,各部门强调各自的重要性,以便争取到更多的预算和更大的决策权力,致使销售总经理无法进行协调。推销人员不可能擅长所有种类的销售活动,他可能是某一项具体销售工作的专家(例如,网络销售、向零售商批发等),基于这一想法有些公司采用了职能型销售组织模式。

由于这种模式所需管理费用较大,因此,规模较小的公司不宜采用。产品线较多、规模较大的公司,其产品销售覆盖市场范围广泛,很难协调不同的销售职能,故多采用这种专业化程度较高的推销组织模式(见图 14-6 所示)。

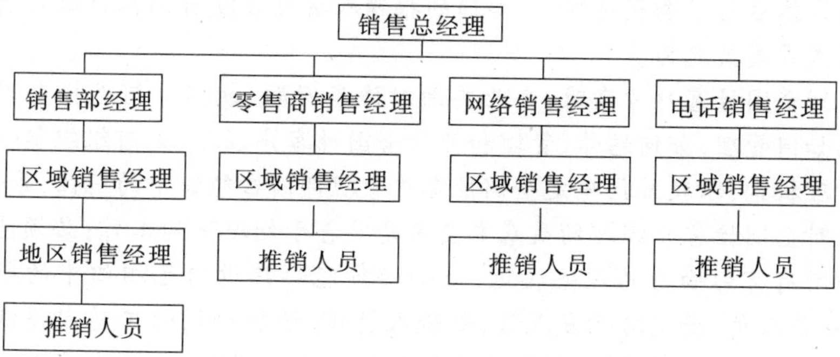

图 14-6　职能型推销人员模式

美国吉列公司的产品销售组织采用的就是这种模式:一个部门负责销售产品及协调产品价格、促销、展示及分销的有关问题,另一个部门负责辅助零售商,指导并检查他们的产品展示,促使他们销售吉列产品。

当一家企业在一个广阔的区域市场上向多种类型的顾客销售多种产品时,它常常把几种销售队伍结构的模式结合起来运用。推销人员可按地区—产品、地区—市场,产品—市场等方式来分工。一名推销人员向一个或几个产品线经理和部门经理报告工作。现在一个最引人注目的新情况是全国性大客户管理部门的发展(见链接)。

链接:

全国性大客户管理的现状及运行方式

当一家企业向许多小客户销售其产品时,它采用一种由每个推销人员负责处理数家客户的传统推销人员组织结构。如果企业有一家大客户,则常指定高一级的销售经理去处理,这样的大客户又被称为重要客户、主要客户或大企业客户。如果该客户是个大企业,在全国各地有许多分部而且又受制于许多有权势的买家(例如,美国的西尔斯公司或通用汽车公司),有可能作为全国性客户,他们指派专人或专门的销售小组来处理。如果销售商手中有几个这样的客户,就有可能组织起一个全国性的客户管理部。该企业将通过该部向较大的顾客销售,而通过普通的推销人员向较小的顾客销售。像施乐公司这样的企业通过全国性客户管理部大约处理650个全国性客户。

全国性客户管理部门所以获得发展有以下几个原因:因为通过合并和收购,购买者日益集中,购买者客户的数目虽有所减少,但他们在企业销售额中所占的比重却在不断扩大。因此,10%最大的客户可能就实现了企业50%以上的收入;另一个原因是许多购买者对某些产品多采用集中采购的方式,而不是交由各地的分支机构分别采购。这样就增强了他们与卖方讨价还价的能力。对卖方来说,他们则应更加注意这些买主。还有另一个原因:由于产品日益复杂,所以购买组织中更多的群体参与了购买选择,而普通的推销人员可能没有向客户进行有效销售所需的权威或覆盖能力。

在规划全国性客户方案时,企业要面对许多问题,包括如何选择全国性客户和对他们如何管理,如何培养、管理和评价全国性客户经理,如何组织起一个全国性客户管理机构,以及如何确定全国性客户管理部门在组织中的地位,等等。

企业对全国性客户经理的最基本要求是要善于处理下列工作:必须能与购买者机构中所有有影响力的人士接近;他们必须能够接近自己组织中的所有的群体,包括推销人员、研究与开发人员、制造人员等,协调他们的工作以便满足购买者的需要。这样,全国性客户经理就能把本企业的所有复杂部门与采购企业的所有复杂部门联系起来。实际上,在许多机构中他们被称为"关系经理"。

随着市场和经济条件的变化，企业必须重新考虑其销售队伍结构。在这点上，施乐公司是个范例：

施乐公司下设几个推销人员组织。主要的一个部门负责销售影印和复印机设备；而其他部门则销售打字机、印刷设备、办公室设备等。随着办公室设备不断实行电子化，施乐公司决定把这些不同的推销人员组织解散。这样公司的各个推销组织便不会为销售各种办公用品与设备而访问相同的顾客，并试图说服顾客购买他们分别销售的产品而使顾客无所适从。施乐公司把这种新的销售组织分为4个组：

1. 全国性客户经理。全国性客户经理以分散在多个地点的机构为该地较大的客户服务。

2. 主要客户经理。主要客户经理在该地区为主要的客户和其他一两个客户服务。

3. 客户代表。客户代表为具有5 000～10 000美元销售潜量的标准商业客户服务。

4. 市场营销代表。市场营销代表为其他客户服务。

每个组都面临一个不同的销售周期并按不同的薪酬制度得到报酬。因为每个推销人员需要学会如何向顾客介绍推荐施乐公司的全部产品线，所以在采取这一步骤时，施乐公司的推销人员都须接受深入地和长期地再培训。

第三节　顾客管理

产品推销活动的对象是顾客，对顾客有关情况的分析研究直接决定着推销人员的销售业绩。因此，必须依据一定的标准对顾客进行分类管理，以便确定不同的拜访时间、洽谈方式和销售策略，最终实现扩大产品销售的目的。对顾客的管理主要集中在确定顾客的类型、掌握顾客的数量、估算顾客的潜力、确定重点顾客以及处理顾客的投诉等方面。

一、确定顾客的类型

顾客虽然购买推销人员所销售的产品，但具体到每位顾客的购买时间、购买数量、交易条件等是不尽相同的，只有对顾客进行分类管理，根据顾客的不同特点采取不同的销售策略以满足他们的需求，才能取得理想的销售业绩。可以依据以下标准对顾客进行分类。

（一）顾客购买公司产品的时间

根据顾客购买本公司产品时间的不同，可以将其分为现有顾客和潜在顾客。

现有顾客是指已经购买了本公司产品的顾客。这些顾客由于已经购买并使用过或正在使用本公司的产品，对本公司的经营环境、产品以及交易条件都比较熟悉,因而在以后的推销业务中对其销售产品要相对容易一些。但是,对于那些购买过本公司产品却不满意的顾客来说,以后对其销售或者扩大产品销售却是十分困难的。

潜在顾客就是那些有支付能力并且在未来一段时间内对推销产品有需求的未来购买者,他们是公司业务发展的希望。潜在顾客的数量越多,公司产品的销售前景就越好。

(二)顾客购买公司产品的数量

按照顾客购买公司产品数量的多少,即顾客对公司产品销售额和销售利润的贡献大小,可将其划分为 A,B,C 三种类型。具体情况为:

A 类顾客:对公司销售额和销售利润具有重大贡献的购买者。

B 类顾客:一般的购买者。

C 类顾客:那些对公司销售额和销售利润目标贡献很小的购买者。

如果从顾客数量在公司总客户数量中的比重与相应的销售额比重来分析,A,B,C 三类顾客具体情况如表 14－2 所示。

表 14－2　A,B,C 三类顾客对公司的重要程度

具体项目	客户数量比重(%)	销售额比重(%)
A 类客户	15	65
B 类客户	20	20
C 类客户	65	15
合　计	100	100

从表 14－2 中可以看出,A 类顾客在企业的总客户中数量占 15%,但其产品购买量却占公司总销售额的 65%,因而是推销工作的重点对象,需要重点访问,重点接待。

二、掌握顾客的数量

顾客数量是指公司全部顾客的总数量。顾客数量是决定产品销售总量的关键因素之一,它包括现有顾客数量和潜在顾客数量两部分内容。现有顾客的数量可以通过汇总推销人员的销售记录来确定,潜在顾客数量则可以通过汇总顾客资料卡中的准顾客数来确定。

为了搞清楚顾客的数量,推销人员必须根据需要设计自己的顾客登记表。顾客登记表一般按照顾客所在销售区域的不同地区来设立,填写顺序可按顾客所在行业排列,也可按顾客的购买产品的数量或预计购买量来排列,见表 14－3。

表 14－3 顾客登记表

产品销售区域：				产品线：
项 目	姓名或名称	地 址	联系电话	邮 编
现有顾客				
潜在顾客				

三、估算顾客的购买潜力

顾客购买潜力是指一定时期内顾客对某种商品的潜在需求量，它也是决定市场顾客需求总量的一个重要因素。由于顾客的购买潜力是未来一定时期内的购买量，因而只能是一种大概的估计值。现有顾客的购买潜力可以通过一段时间内顾客使用产品的频率以及每次使用产品的数量来具体计算。其计算公式如下：

现有顾客的购买潜力＝顾客使用某产品的频率 × 顾客每次使用该产品的数量

潜在顾客的购买潜力，只能通过与购买过推销产品并且购买规模相近的顾客比较才能够得到。由于顾客的购买行为受多种因素的影响，所以顾客购买潜力只能是一个估计值，难以做到精确无误。准确把握顾客的购买潜力，可以使推销人员做到心中有数，增强他们的自信心。当推销实绩与购买潜力估计值出入较大时，他们就能够主动地检查自己的工作，及时发现问题，解决问题。

推销人员在对销售区域内的每一位顾客需求预测的基础上，可以得到顾客需求总潜力。这项工作可以利用表 14－4 来完成。

表 14－4 顾客潜力估算表

顾客姓名或名称	行 业	产 品	顾客人数	使用率	顾客潜力
（1）	（2）	（3）	（4）	（5）	（6）＝（4）×（5）

四、确定重点顾客

顾客管理的主要工作之一是确定管理的重点。如前所述，按照顾客对公司销售业务的贡献大小可以将其分为 A，B，C 三类，如图 14－7 所示。其中 A 类顾客数量少，但其购买量却占了公司产品销售总额的 65%。因此，A 顾客就是公司的重点顾客。20% 的顾客（称为 B 类顾客）占了公司产品销售总额的 20%；65% 的客户只占了总销售额的 15%。图 14－7 是表 14－2 的形象化，更加直观地反映了 A，B，C 三类客户在企业销售量中价占的比重。在此处需做的工作是运用正确的方法将顾客按其重要程度区分开来。从理论上讲，确定重点顾客主要考虑两个因素：一是考虑该顾客在推销人员全部销售量和销售利润中所作的贡献；二是分析推销人员在该顾客身上所花费的时间数量。计算二者的差额就可以得出其重要程度。一般说来，差额越大，该顾客对推销人员来说就越重要。根据这一理论，常用来确定重点顾客的方法主要有顾客预期价值法和顾客综合分析法两种。

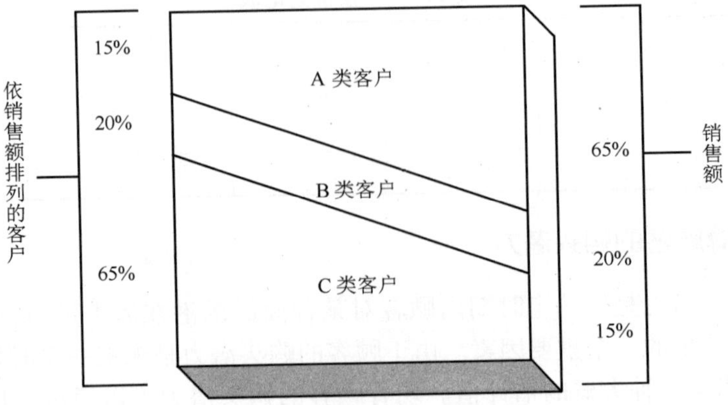

图 14－7　典型的客户划分

资料来源：Reprinted by permission from Sales & Marketing Management magazine. Copyright 1977.

（一）顾客预期价值法

顾客的预期价值是指某顾客在一定时期内能够带给推销人员的产品销售量价值。由于顾客分为潜在顾客和现有顾客，其预期价值的计算方法也完全不同。潜在顾客预期价值的计算公式如下：

$$EV = MP \cdot ES \cdot P$$

式中：EV 为顾客预期价值；

MP 为潜在顾客的市场需求潜力；

ES 为在市场需求潜力中推销人员可能得到的产品销售的预期份额；

P 为获得这一预期份额的可能性。

推销人员要根据自己所推销产品的特征、市场环境以及与该顾客的交往关系等因素确定潜在顾客预期份额。大量实践证明，得到预期销售份额的可能性，一般可以分为 3 个等级：最高为 80%，平均为 50%，最低为 20%。根据上述要求，推销人员就可计算出潜在顾客的预期价值，见表 14－5。

表 14－5　潜在顾客预期价值估算表

项目 / 潜在顾客	需求潜力（MP）	预期销售份额（ES）	预期销售份额的可能性（P）	预期价值（EV）
甲　顾　客				
乙　顾　客				
丙　顾　客				
丁　顾　客				

注：可能性设置，最高为 80%，最低为 20%，平均为 50%。

对现有顾客来说，推销人员已经用耐心和技巧敲开了他们购买推销产品的欲望之门，美妙的销售成果已经催开了推销人员与顾客之间的友谊之花。在未来的发展中，推销人员所关心的仅仅是运用何种策略才能促使顾客增加推销产品的购买数量。对现有顾客预期价值的计算公式是：

$$EV = CB + (AV \cdot P)$$

式中：EV 为现有顾客的预期价值；

CB 为当前已有的业务量；

AV 为未来时期内现有顾客购买产品的预期量；

P 为推销人员获得这一增加量的可能性。

根据上述公式，推销人员就可以计算每一位现有顾客的预期价值，具体见表 14－6。

表 14－6　现有顾客预期价值计算表

项目 现在顾客	重复购买数量 （CB）	预计购买增加量 （AV）	预计购买增加量 的可能性（P）	预期价值 （EV）
甲顾客				
乙顾客				
丙顾客				
丁顾客				

注：可能性设置，最高为 80%，最低为 20%，平均为 50%。

利用上述公式和表 14－6，推销人员就可以将全部顾客的预期价值计算出来，然后将他们从高到低排队，其中，最前面的 15% 的顾客为 A 类顾客，也就是公司的重点顾客，需要重点管理；接下来的 20% 的顾客为 B 类顾客；剩下的 65% 为 C 类顾客，推销人员只需花费一般数量的时间和精力。

（二）顾客综合分析法

顾客综合分析法是一种运用顾客的吸引力和推销人员的实力来确定重点顾客的方法。顾客吸引力是指顾客购买推销产品的能力，购买得越多，吸引力就越大。衡量顾客吸引力的主要指标有：顾客的规模、购买潜力、购买增长率、顾客的财务状况、企业声誉等。将这些指标确定不同的等级，就可以计算出每位顾客的吸引力，见表 14－7。

推销人员实力是指推销人员及其所代表的公司在向顾客销售产品时的实力地位。在市场经济条件下，买方市场的大规模形成促使众多同类产品的生产商竞相向消费者销售产品。推销人员的实力越强，销售成功的可能性就越大。衡量推销人员实力的指标主要有：推销人员的推销经验与技巧、以往与顾客的关系、推销产品的知名度、公司的声誉、与购买决策人的熟悉程度、与产品使用人的关系，等等。将这些指标确定为不同的等级，就可以估算出推销人员的实力，见表 14－8。

表 14－7 顾客吸引力估算表

指标 ＼ 指标估价 ＼ 顾客	甲顾客	乙顾客	丙顾客	丁顾客
顾客规模				
购买潜力				
购买增长率				
顾客的财务状况				
顾客的声誉				
……	……	……	……	……
合　计				

注:指标的多少和指标的内容可以根据顾客的实际情况而定。

指标等级可以分为 4 等,依次为 4,3,2,1,其中 4 为最高,1 为最低。

表 14－8 对推销人员实力的估算

指　标 ＼ 指标估价 ＼ 顾　客	甲顾客	乙顾客	丙顾客	丁顾客
推销人员的销售经验与技巧				
以往与顾客的交往				
推销产品的知名度				
公司声誉				
与购买决策人的熟悉程度				
与产品使用人的关系				
其　他	……	……	……	……
合　计				

注:指标的多少和指标内容可以根据实际情况而定。

指标估价可以分为 4 等,依次为 4,3,2,1,4 为最高,1 为最低。

将表 14－7、表 14－8 计算得出的数据放在顾客综合分析图中,就可以得出顾客的类型。在图 14－8 中,纵坐标表示顾客的吸引力,横坐标表示推销人员的实力。如果按照 5 项指标计算,每一位顾客的最高得分是 20 分,最低得分为 5 分。如果使用的指标多于 5 项,其分数可以变化,但得出的结果是一样的。如图 14－8 所示,图中第一部分的顾客是 A 类,第二部分的顾客是 B 类,第三部分的顾客是 C 类,第四部分的顾客是 D 类。针对不同类型的顾客,推销人员就可以制订不同的访问计划,安排不同的访问时间,运用不同的洽谈策略。

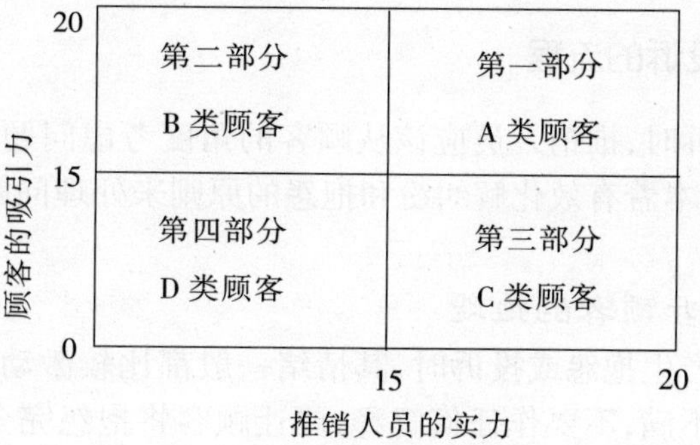

图 14-8　顾客综合分析图

第四节　顾客投诉的处理

处理顾客的投诉是顾客管理的一项重要内容。出现顾客投诉并不可怕，问题是如何正确看待和处理顾客的投诉。一个企业要面对各式各样的顾客，每天进行大量复杂、烦琐的销售业务，要使每一项业务让每一位顾客感到满意是很难的。因此，推销人员要加强与顾客的联系，倾听他们的不满，不断改正推销业务中的错误与不足，弥补和挽回给顾客带来的损失，维护企业的声誉，提高产品品牌的知名度，为不断巩固老客户、吸引新顾客而努力。

一、顾客投诉的种类

在销售业务中出现的顾客投诉主要表现在以下几个方面。

（一）产品及其质量方面的投诉

顾客对产品质量的投诉，主要包括产品在质量上有缺陷，产品规格不符、产品技术规格超过误差标准、产品故障、产品品牌、产品式样、花色品种以及产品包装等方面内容。

（二）买卖合同投诉

买卖合同投诉主要包括产品数量、等级、产品规格、交货时间、交货地点、交易条件、结算方式与原买卖合同的有关条款不符等。

（三）货物运输投诉

货物运输投诉主要包括产品在运输过程中发生超规定的损坏、丢失和变质或因包装、装卸不当而造成的的损失等。

（四）服务投诉

销售服务有着丰富的内容，既有业务技术方面的服务，也有满足顾客心理需要的服务。顾客在这些服务项目上都可能产生不满，进而投诉。对销售服务的投诉具体包括：对质量保证的投诉，对安装、调试及检修等现场服务的投诉，对产品供应服务的投诉,对技术培训服务的投诉以及对满足心理需要服务的投诉等。

二、处理顾客投诉的流程

当发生顾客投诉时,推销人员应该从顾客的角度考虑问题,不能够推诿搪塞,更不能责怪顾客,要本着有效化解纠纷和抱怨的原则来处理问题。为此,要遵循以下程序。

(一)认真倾听顾客的抱怨

当顾客对企业产生抱怨或投诉时,其情绪一般都比较激动,接待人员要冷静,认真地倾听顾客的不满,不要作任何解释,要让顾客将抱怨完全发泄出来,使顾客心情平静下来,然后再询问一些细节问题,确认问题的所在。

在倾听时,要运用一些肢体语言,表达自己对顾客的关注与同情。例如,目光平视顾客,表情严肃地点头,使顾客充分意识到推销员在默认他的问题。

(二)同情顾客的遭遇

在倾听了顾客的抱怨以后,要站在顾客的立场来看待、处理问题,即支持顾客的观点,使顾客意识到推销人员或企业非常重视自己,他的问题对企业来说很重要,企业管理层将全力以赴来解决问题。对有关问题的问讯,语言要尽量婉转,不要使顾客产生被审问、被怀疑的感觉。例如,“非常抱歉,我对事情的整个过程不了解,请您复述一遍好吗?”“对不起,有一个细节我想核实一下,请您……”

(三)真诚地道歉

不论责任是否在企业,管理人员都应该以“顾客永远是对的”为原则,真诚地向顾客道歉,并感谢他们发现了企业经营中存在的问题,必要时还可以聘请他们做企业的顾问,请他们参与企业的经营活动。对企业而言,如果没有顾客的投诉或抱怨,常常认识不到自身的不足与问题,也难以有效完善其经营管理活动。因此,正确地处理顾客的投诉与抱怨,也是企业的一种公关途径。以顾客为鉴,可以了解目标市场的需求趋势,洞察自身的不足与缺点,调整自己的经营策略,为企业在激烈的市场竞争中赢得优势。

(四)提出解决方案

对顾客的投诉与抱怨,企业管理层应该提出解决方案。在制定解决方案时,要考虑以下问题:

1. 了解并掌握问题的关键所在,分析发生问题的严重性。通过倾听顾客对抱怨的阐述,来判断问题的严重性,了解顾客对企业的期望。例如,顾客对购买了企业中不新鲜或变质的食品进行投诉,就必须了解顾客是否已经食用,食用的数量有多大,给顾客造成的危害程度,顾客希望企业给予怎样的赔偿,赔偿金额是多少等。

2. 确定责任归属。有时顾客投诉的责任不一定在销售部门,可能是生产厂家造成的,也可能是顾客自己的缘故。例如,顾客没有看包装上的说明而将产品生食,造成肠胃不适,误以为是产品质量有问题;罐装饮料中有异物等。如果责任在生产厂家,销售部门要协助解决;如果责任在顾客,企业要有使顾客信服的解释;如果责任确实在销售部门，在合理的范围内，应该给顾客一个满意的答复。

3. 按照企业既定的办法与规定处理。在产品销售过程中，发生顾客投诉与抱怨的情况是难免的，企业对此事先一般都制定了处理办法与规定。事件发生时，对于常规性的抱怨，可以遵照既定的办法处理，如退换产品等；例外事件发生时，要遵照既定的原则进行处理，同时要有一定的弹性，使双方都能够满意，因为例外事件影响较大，一经媒体曝光会造成难以估量的损失。

4. 明确划分处理权限。企业要视顾客投诉或抱怨的影响程度（或危害程度）来划分处理的权限，如产品退换，推销人员就可以办理；对顾客的赔偿问题则必须由销售管理人员或其他管理人员来处理。顾客投诉和抱怨一旦发生，根据其影响程度的大小来确定处理人员，可以使顾客的问题迅速得到解决，为企业赢得主动。

5. 与顾客协商处理方案，使他们同意处理方法。在通常情况下，顾客的要求与企业的应允会有一定的差距，这就需要对顾客做耐心的说服工作，使顾客从实际出发，抛弃不切实际的想法，冷静地坐下来共同协商、处理问题。

（五）执行处理结果

处理方案一经协商同意，就要尽快执行。首先要拟订有关协议，协议一式3份，企业与顾客各1份，中间人1份。顾客方面的签字者必须是经事人，或者是经事人委托的代表；企业方面的签字人必须是法人代表，或者是法人代表委托的有关人员。协议一旦签订，就具有法律效力，受法律保护。

如果顾客的投诉已被新闻媒体报道过，要将处理结果及时通报给有关媒体，这不仅能够澄清视听，而且可以从正面树立企业的形象，扩大企业的知名度。

（六）反省检讨

对顾客的每一次投诉，企业都应该指派专人登记备案，并定期分析、检查产生问题的原因。如果责任在产品推销人员，应追究其责任，并制定有关规定，杜绝此类事件的再度发生；如果是例外事件，应制定出处理的原则，以便以后有章可循。

三、顾客投诉管理表格

企业在处理客户投诉的过程中，需要设计、填制、整理一系列顾客投诉表格，以使投诉问题有序地解决。表14－9至表14－13是意向性有关客户投诉的管理表格，供推销人员和推销组织参考。

表14－9 客户投诉登记表 年 月 日

<table>
<tr><td colspan="2">投诉顾客姓名或名称：</td><td>地 址：</td><td>联系电话：</td></tr>
<tr><td colspan="2">受理日期：</td><td colspan="2">受理编号：</td></tr>
<tr><td colspan="4">客户要求</td></tr>
<tr><td rowspan="2">受理单位意见</td><td>质量管理单位</td><td>受理单位</td><td>营业单位</td></tr>
<tr><td></td><td></td><td></td></tr>
</table>

主管： 科长： 制表：

表 14－10　客户投诉调查表　　　　年　　月　　日

受理案件		投诉原因	处理经过	处理建议	
编号	内　容			对　策	改　进

营业单位：　　　　质量管理单位：　　　　受理单位：

表 14－11　顾客投诉处理表

客户名称		订单编号		制造部门		交运日期及编号	
品名及规格		单　位	交货数量		金　额		
投诉理由 经办人意见							
推销组织意见							
采购部门意见							
制造部门意见							
研究开发部门意见							
客户要求	赔　偿	折　价		退　货		其　他	
	元	%　元		数量：　金额：			
财务部门意见							
销售经理批示							
副总经理批示							
总经理批示							

表 14－12　客户投诉处理通知书

发文号：　　　　　　　　　　　　　　　发文日：　　　年　　月　　日

客户姓名或名称			
订单编号		问题发生单位	
订购日期		制造日期	
索赔数量		制单号码	
索赔金额		订购数量	
		处理期限	
发生原因及调查结果		客户要求： ○ 退货 ○ 退换 ○ 打折扣 ○ 到客户处更换产品 ○ 其他	
		营业部观察结果	
处理及公司对策		公司对策实施要领	
		对策实施确认	

表 14－13　客户投诉统计表

投诉		客户	品名规格	交运		不良品数量	投诉内容	责任单位	处理方式			损失
日期	编号			日期	数量				退货	折价	赔款	

思考题

1. 简述推销组织在企业营销管理中发挥的作用。
2. 简述推销组织的主要职能。

3. 推销组织的工作目标是什么?

4. 作为企业销售组织的主管,销售经理应该承担怎样的职责,并通过什么方式来检查自己的管理工作?

5. 地域型推销组织具有哪些优点,试举例说明。

6. 设立地域型推销组织时应考虑哪些因素?

7. 什么是产品型推销组织?

8. 什么是顾客型推销组织?

9. 什么是职能型推销组织?

10. 将顾客划分为 A,B,C 三类的主要依据是什么?

11. 如何估计顾客的购买潜力?

12. 简述顾客预期价值法的主要内容。

13. 什么是顾客综合分析法?

14. 顾客投诉可以划分为哪些类型?

15. 简述处理顾客投诉的流程。

16. 你认为处理顾客投诉时应掌握什么原则?

附录

推销业务常用表格

- 掌握推销活动常用表格的格式
- 掌握各种推销表格的主要项目与内容

一、销货日报表

销货日报表

单位：　　　　　　　　编号：　　　　　　　　　　　　年　　月　　日

经办人	送货单编号	品种摘要	产品规格	产品单价	数　量	金　额	备　注
今日合计							
昨日销货累计				昨日收款累计			
今日销货累计				今日收款累计			

总经理：　　　　销售经理：　　　　主管：　　　　会计：

二、销售送货单

销售送货单

客户名称：　　　　　客户地址：　　　　　客户电话：

编　　号：　　　　　　　　　　　　　　　　　　　年　　月　　日

产品品名	产品规格	数　量	单　价	金　额	备　注
合计人民币　　万	仟	佰	拾	元整	

发票号码：	经办人		客户签章	
本交易在货款未付清或票据未兑现偿付之前，产品的所有权仍属本企业所有，接受人绝无异议，本企业无须经法律程序随时取回本货物或代替物清偿				

三、退货清单

退货清单

客户名称：　　　　编　　号：　　　　　　　　　　　　　年　　月　　日

产品品名	产品规格	数　量	单　价	金　额	备　注
合计人民币　　　　万　　　　仟　　　　佰　　　　拾　　　　元整					
备注					

总经理：　　　　销售经理：　　　　会计：　　　　经办人：

四、交货通知单

交货通知单

编　　号：　　　　　　　　　　　　　　　　　　　　年　　月　　日

……………企业　　　　　　　承蒙惠顾，贵公司所订购的产品如下

合同编号	产品品名	产品规格	数　量	单　价	金　额	备　注
合计人民币　　　　万　　　　仟　　　　佰　　　　拾　　　　元整						
上列货物总计装　　件　　　箱，今日由　　　　　（货运、邮局）奉上敬请验收，如3天内未收到时，请即来函告知，以便查询为盼。 此　　致 ________________公司敬启						

本公司经销单位		单位主管		本公司经办人		制表	

五、估价单

估价单
QUOTATION

日期
DATE：　　年　　月　　日
保价单编码
OUR REF NO：________

顾客
MESSRS ________

交货地点
DELIVERY：签约后　　天(个月)

总金额
PRICE：
合计人民币　仟　佰　拾　万　仟　佰　拾　元整

付款方式
PAYMENT：________

估价有效期限
VALIDITY：________

备注
REMARKS：________

项目 ITEM	品名 DESCRIPTION	数量 QTY	单位 UNIT	单价 UNIT PRICE	总价 AMOUNT

六、客户交易记录卡

客户交易记录卡

客户名称：　　　　客户地址：　　　　客户电话：　　　　年　　月　　日

年度	订购日期	出货日	批　号	产品品名	产品规格	数　量	金　额	累计金额

七、客户管理卡

客户管理卡

推销区域： 编 号： 制卡日期：

客户公司名称				开户银行	
公司地址				银行账号	
公司电话				兑现情形	
发票统一编号				账户资金余额	
负责人	公司法人代表		联系电话	付款方式	
	地址			付款日期	
	决策者		联系电话	具体付款人	
	地址			公休日	

公司成立日期	年 月 日	公司注册资本额		公司经营范围	
与本企业开始交易日期	年 月 日	本公司的经办人		客户公司的经办人	
使用本公司的主要产品的品名		使用本公司主要产品的规格		经办实权者的性格及嗜好	

营业概况	营业范围	内销： 外销：		
	营业性质			
	营业状态			
	送货情形	整批送货 分批送货		
	职员人数		备注	
	营业旺季月			
	最高购买额			
	月平均购买额			
	年平均购买额			

八、准客户访问记录卡

准客户访问记录卡

推销区域：　　　　编　　码：

填 表 人：　　　　建卡日期　　　　　　　　　　　　年　　月　　日

客户名称		企业法人代表		业务负责人	
客户地址				联系电话	
客户来源			理想拜访时间		
拜访次数	拜访日期	商谈者	拜访内容		下次访问
可能成交项目及金额					
主要竞争对手及产品品牌					
业务对象的信用程度					
目前未达成交易的主要原因					
拟订对象		客户登记	A B C D		
备注					

九、客户信用分析卡

客户信用分析卡

推销区域：　　　　日　期：　　年　月　日
客户名称：　　　　客户编码：
客户地址：　　　　联系电话：

一、客户分析______

1. 客户公司成立日期：
2. 注册资本额：
3. 组织形态：
4. 营业形态：
5. 公司经理的情况　姓名：　年龄：　文化程度：
　住址：　电话：　性格概况：
6. 自己是否拥有住房？　□有　价值人民币：
7. 有无投资其他事业？　□有　价值人民币：
8. 客户营业场所是　□自有　□承租　□其他
9. 客户平均每日销售额，人民币：
10. 是否为本产品在该地区的主力店？　□是　□不是
11. 付款方式：　□现金　□单位支票　□其他
　银行账号：　财务主管：
12. 与本公司的产品交易开始于：　年　月　日
　以往的交易方式：
13. 实际付款期限为自发货日起　天，喜欢用现金折让：□喜欢　%，
　□不喜欢　%。
14. 收款注意事项：
15. 过去3年的交易实绩：　年　人民币
　年　人民币
　年　人民币
16. 付款记录：□优良　□普通　□还可以　□不好

二、信用限度建议：______

1. 目前信用限度：人民币______元　建议或应修改信用限度为：人民币______元
2. 信用条件拟建议或修改为：______
　区域负责人：______主管：______

三、信用评定：______

1. 信用限度为人民币：　元
2. 信用条件修改为：
3. 客户等级：
　□A　□B　□C

四、营业状况

1. 营业面积：______平方米
2. 流动资金：______元人民币
3. 库存产品现值：______元人民币
4. 日均销售额：______元人民币
5. 营业人员：______

备注	

主管：　　填表人：　　填表日期：

十、推销工作日报表

推销工作日报表

推销组织：　　　　　　填表人：　　　　　　日期：

项　次	时　间	销售工作内容

今日工作成果	明日工作安排	工作经验(心得及建议)	
		主管批示	

十一、过期应收账款报告表

过期应收账款报告表

已购买产品的客户	负责人	地　址	联系电话	销售时间	未收金额

与本公司往来情形	货款未付原因

客户目前情况概述：

现有资产状况概述：

总经理：　　　　　　销售经理：　　　　　　销售人员：

十二、销售业绩增减变动月报表

销售业绩增减变动月报表

编码：　　　　　　　　　　　　　　　　　　　　　　　　　　　　制表日期：

推销人员姓名	客户数量				销售金额					备注
	原有	新增	删减	现有	原客户	新客户	本期销售	上期销售	增加（%）	
合计										

总经理：　　　　　销售经理：　　　　　销售主管：　　　　　制表人员：

十三、销售业务每月订购表

销售业务每月订购表

年　　月　　日

编号	客户名称	客户地址	联系电话	品名货号	数量	金额	送货期限	处理者	备注

合计金额：人民币　　　元　　　累计金额：人民币　　　元　　　填表日期：

十四、推销人员工作日报表

推销人员工作日报表

推销区域：　　　　推销员姓名：　　　　填表日期：　　年　　月　　日

项次	访问客户	访问时间	访问目的						商谈结果			客户种类			预定访问时间	备注
			订货	收款	开发	服务	说明	其他	决定	未定	失败	开发	新增	原有		
1																
2																
3																
4																
5																
6																
7																
8																
9																
10																

今日访问户数		本月累计访问户数		今日营业总计		明日计划访问户数	
本月经营目标		已完成目标累计		今日收款总计		本月收款累计	
市场动态				主管评估工作价值			
品质反应							
接洽情况							
建议事项							

销售经理：　　　　主管：

十五、产品销售计划表

产品销售计划表

产品编号	产品规格	去年销售量		产品单价	月		月		月		月		月		月	
		旺季	淡季		销售量	销售额	销售量	销售额	销售量	销售额	销售量	销售额	销售量	销售额	销售量	销售额

续表

销售经理：　　　　　　销售主管：　　　　　　填表时间：

十六、新开发客户报告表

新开发客户报告表

推销区域：　　　　　　推销组织：　　　　　　填表时间：

客户名称		客户负责人	
客户公司地址		联系电话	
业务主办人员			
销售产品品牌			
第一次交易额			
开拓过程			
备注			
销售经理批示			

销售主管：　　　　　　销售人员：

十七、应收账款催收通知

应收账款催收通知

年　　月　　日

客户户名	应收账款余额		过期未收天数				备　注
	日　期	余　额	30 天以内	60 天以内	90 天以内	90 天以上	

续表

合计							

此致____

____

十八、客户资料卡

客户资料卡

推销区域：　　　　　　　　　　　　　　　　客户等级：

编　　号：　　　　　　　　　　　　　　　　填卡日期：

客户名称：

客户负责人：

营业地址：

采购人员：　　　　　　　协办人员：

联系电话：

洽谈时间：

付款方式：　　　　　开户银行：　　　　　银行账号：

往来厂商：

客户的统计性特征（年龄、职业、文化程度、家庭人口、经济收入、家庭财产状况等）及其嗜好：

客户成交内容：

十九、年度月绩统计表

年度月绩统计表

营业年度：　　　　　销售组织：　　　　　销售部门：　　　　　编号：

月份 名称	1月	2月	3月	4月	5月	6月	7月	8月	9月	10月	11月	12月
合计												

销售经理：　　　　　部门主管：　　　　　销售人员：

二十、营业年度第×季销售目标管理表

营业年度第×季销售目标管理表

客户名称：　　　　　编号：　　　　　制表时间：

产品名称	累计	月份			月份			月份		
		销售目标	实际完成	完成率（%）	销售目标	实际完成	完成率（%）	销售目标	实际完成	完成率（%）
甲产品	当月									
	累计									
乙产品	当月									
	累计									
丙产品	当月									
	累计									
丁产品	当月									
	累计									
合计	当月									
	累计									

二十一、售后服务报告表

售后服务报告表

推销区域：　　　　　　　　销售组织：　　　　　　　　制表时间：

客户名称		客户地址：	联系电话：
巡回日期	年　月　日	巡回时间：　时　分	
巡回时发现的问题		对存在问题的分析	
对本案的意见		对本案的处理措施和方法	
备　注			

销售经理：　　　　　　　　核实：　　　　　　　　填表人：

参考文献

[1] Bobert B Cialdini. Principles of Automatic Influence in Personal Selling: Theroy Research, and Practice[M]. Lexington, Mass: Lexington Books, 1984.

[2] Alan C Reddy, David P. Campbell. The Path to wealth[M]. Westport, CT: Quorum Books, 1994.

[3] James C Anderson, James A. Narus. Partnering as a Focused Market Strategy[J]. California Management Review, 1991.

[4] David Mercer. High-level Selling[M]. Houston: Gulf Publishing, 1990.

[5] Bob Stone, John Wyman. Sucessful Telemarketing[M]. Englewood cliffs, N. J., Prentice-Hall, 1995.

[6] Mark H MeCormack. What They still Don't Teach You at the Harvard Business school[M]. New York: Bantam Books, 1989.

[7] Kerry L Johnson. Mastering the Games—The Haman Edge in Sales and Marketing [M]. Louis and Ford, Tustin, CA., 1993.

[8] Robet B Miller, Stephen E Heiman. Conceptual Selling[M]. Berkeley, Calif: Miller-Heiman, 1987.

[9] Theodore Levitt. Industrial Purchasing Behavior[M]. Cambridge, Mass.: Division of Research, Graduate School of Business Administration, Harvard University, 1965.

[10] Neil Rackham. Spin Selling[M]. New York: MeGraw Hill, 1988.

[11] Larry Wilson. Counselor selling[M]. Edina: Wilson Learning Corporation, 1971.

[12] Coppett John, William A Staples. Professional Selling: A Relationship Management Process[M]. Cincinnati: Southwestern Publishing Co., 1994.

[13] Vavra, Terry. Aftermarketing[M]. New York: Irwin Publishing Co., 1992.

[14] Lee Strobel. God's Outrageous Ctaims[M]. Grand Rrapids MI: Zondervan Publishing House, 2002.

[15] AI paul Lefton Jr. The Lucky Seven: How to Roll into Sales[J]. Business Marketing, 2006: 107 - 112.
[16] George Meadow. Selling Has Changed[J]. Sales & Managment, 2000(7).
[17] John Jobs. Watch Those Buyers[J]. Sales & marketing Management, 1997(10).
[18] Shari Couldron. Virtual Manners[J]. workforce, 2004(2).
[19] Marjorie Brody. Etiquette for the New Millennium[J]. Successful Meetings, 2000(3).
[20] Dorothea Johnson. Five Tips for International Handshaking[J]. Sales & Marketing Managment, 1997(7).
[21] Laura P Hartman. Perspectives in Business Ethics[R]. Burr Ridge, IL: Mc Graw - Hiee/Trwin, 2002.
[22] Sam Todd. World - Changging Lay ministry[J]. Texas Episcopalian, 2002(2).
[23] Malcolm Fleschner. Anatomy of a sale[J]. Selling Power, 1999(2).
[24] Philip Proctors. A Well - Bread Sale[J]. Selling Power, 2000(9).
[25] William F Kendy. Time management[J]. Selling Power, 2000(8).
[26] Dick McNeal. Sales and Technology[J]. Sales & Marketing Management, 1997(2).
[27] G Berton Latamore. Perfect match[J]. Selling Power, 2000(9).
[28] Leslie Stark. Sales Communication[J]. Sales Bulletin, 1995(1).
[29] John Lewis. What Does lt Take TO Be a Leader? [J]. Sales & Marketing Management, 1997(9).
[30] Tony Seideman. On the Cutting Edge[J]. Part 2, Sales & Marketing Management, 1997(6).
[31] Philip Proctors. A Well - Bread Sale[J]. Selling Power, 2000(9).
[32] Julie Hill. Cofronting the Ring of Rudeness[J]. Presentation, 2000(3).
[33] Karen Starr. Blue Ribbon Trainig: Dupont Merck's Formata for Technology Training wins Awards[J]. Personal Selling Power, 1996(10).
[34] Dorothea Johnson. Five Tips for International Handshaking[J]. Sales & Marketing Management, 1997(7).
[35] Anne M Phaneuf. IS it Really Better to Give? [J]. Sales & Marketing Management, 1995(9).
[36] Sarah Lorge. Learning to Love Change[J]. Sales & Marketing Management, 1999(5).
[37] Kate Bertrand. Reorganiging for sales[J]. Business Marketing, 1990(2).
[38] Malcolm Fleschner. Anatomy of a Sale[J]. Selling Power, 1999(2).
[39] Michael Hammer, James Champy. Reengineering the Corporation[M]. New York:

Harper Collins,1993.

[40] Kevin Waters. H – P's Sales Soar[N]. USA Today, 1996(4).

[41] Joseph A Belliggi, Robert E Hite. Supervising Unethical Saleforle Behavior[J]. Journal of Marketing, 1989(4).

[42] Sarah Lorge. Why It Pays to Be Curious[J]. Sales & Marketing Management, 1998(8).

[43] Charles M Futrell. ABC's of Relationship Selling[M]. Burr Ridge, IL: Richard D. Irwin, Inc., 1997.

[44] Melinda Ligos. Point, Click and sell[J]. Sales & Marketing, 1999(5).

[45] Ginger Trumfio. Cultivating Your Network[J]. Sale & Marketing Management, 1994(1).

[46] Phillip R Cateora. International Marketing[M]. Burr Ridge, IL:Richard D. Irwin Ine., 1996.

[47] (美)小唐纳德·W. 杰克逊. 推销——市场营销中的个人力量[M]. 王雪松,译. 北京:中国经济出版社,1996.

[48] (日)原一平. 推销之神原平[M]. 胡栋梁,胡艳红,译. 北京:中国经济出版社,1992.

高等院校经济与管理核心课
经典系列教材

◎ 市场营销专业

现代市场营销学

营销战略

国际市场营销学

消费者行为学

现代推销学

服务营销与管理

营销渠道决策与管理

现代市场调查与预测

现代物流概论

电子商务基础教程